湘西苗族
民间传统文化丛书

【第三辑】

苗师『不青』
敬日月车祖神科仪

【第一册】

石寿贵◎编

中南大学出版社
www.csupress.com.cn

出版说明

罗康隆

　　少数民族文化是中华民族宝贵的文化遗产，是中华文化的重要组成部分，是各民族在几千年历史发展进程中创造的重要文明成果，具有丰富的内涵。搜集、整理、出版少数民族文化丛书，不仅可以为学术研究提供真实可靠的文献资料，同时对继承和发扬各民族的优秀传统文化，振奋民族精神，增强民族团结，促进各民族的发展繁荣，意义深远。随着全球化趋势的加强和现代化进程的加快，我国的文化生态发生了巨大变化，非物质文化遗产受到越来越大的冲击。一些文化遗产正在不断消失，许多传统技艺濒临消亡，大量有历史文化价值的珍贵实物与资料遭到毁弃或流失境外。加强我国非物质文化遗产的保护已经刻不容缓。

　　苗族是中华民族大家庭中较古老的民族之一，是一个历史悠久且文化内涵独特的民族，也是一个久经磨难的民族。纵观其发展历史，是一个不断迁徙与适应新环境的历史发展过程，也是一个不断改变旧生活环境、适应新生活环境的发展历程。迁徙与适应是苗族命运的历史发展主线，也是造就苗族独特传统文化与坚韧民族精神的起源。由于苗族没有自己独立的文字，其千百年来的历史和精神都是通过苗族文化得以代代相传的。苗族传统文化在其发展的过程中经历的巨大的历史社会变迁，在一定程度上影响了苗族传统文化原生态保存，这也就使对苗族传统文化的抢救成了一个迫切问题。在实际情况中，其文化特色也是十分丰富生动的。一方面，苗族人民的口头文学是极其发达的，比如内容繁多的传说与民族古歌，是苗族人民世世代代的生存、奋斗、探索的总结，更是苗族人民生活的百科全书。苗族的大量民间传说也是苗族民间文学的重要组成部分，它所蕴含的理论价值体系是深深植入苗族社会的生产、生活中的。另一方面，苗族文化中的象形符号文化也是极其发达的，这些符号成功地传递了苗族文化的信息，从而形成了苗族文化体系的又一特点。苗族人民的生活实践也是苗族传统文化产生的又一来源，形成了一整套的文化生成与执行系统，使苗族人民的文化认同感和族群意识凸显。传统文化存在的意义是一种文化多元性与文化生态多样性的有机结合，对苗族文化的保护，首先就要涉及对苗族民间传统文化的保护。

《湘西苗族民间传统文化丛书》立足苗族东部方言区，从该方言区苗族民间传统文化的原生性出发，聚焦该方言区苗族的独特文化符号，忠实地记录了该方言区苗族的文化事实，着力呈现该方言区苗族的生态、生计与生命形态，揭示出该方言区苗族的生态空间、生产空间、生活空间与苗族文化的相互作用关系。

本套丛书的出版将会对湘西苗族民间传统文化艺术的抢救和保护工作提供指导，也会为民间传统文化艺术的学术理论研究提供有益的帮助，促进民间艺术传习进入学术体系，朝着高等研究体系群整合研究方向发展；其出版将会成为铸牢中华民族共同体意识的文化互鉴素材，成为我国乡村振兴在湘西地区落实的文化素材，成为人类学、民族学、社会学、民俗学等学科在湘西地区的研究素材，成为我国非物质文化遗产——苗族巴代文化遗产保护的宝库。

（作者系吉首大学历史与文化学院院长、湖南省苗学学会第四届会长）

总 序

刘昌刚

　　苗族是一个古老的民族，也是一个世界性的民族。据 2010 年第六次全国人口普查统计，我国苗族有 940 余万人，主要分布在贵州、湖南、云南、四川、广西、湖北、重庆、海南等省市区。国外苗族约有 300 万人，主要分布于越南、老挝、泰国、缅甸、美国、法国、澳大利亚等国家。

一

　　《苗族通史》导论记载：苗族，自古以来，无论是在文臣武将、史官学子的奏章、军录和史、志、考中，还是在游侠商贾、墨客骚人的纪行、见闻和辞、赋、诗里，都被当成一个神秘的"族群"，或贬或褒。在中国历史的悠悠长河中，苗族似一江春水时涨时落，如梦幻仙境时隐时现。整个苗疆，就像一本无字文书，天机不泄。在苗族人生活的大花园中，有着宛如仙境的武陵山、缙云山、梵净山、织金洞、九龙洞以及花果山水帘洞似的黄果树大瀑布等天工杰作；在苗族的民间故事里，有着极古老的蝴蝶妈妈、枫树娘娘、竹简兄弟、花莲姐妹等类似阿凡提的美丽传说；在苗族的族群里，嫡传着槃瓠（即盘瓠）后世、三苗五族、夜郎子民、楚国臣工；在苗族的习尚中，保留着八卦占卜、易经卜算、古傩祭祀、老君法令和至今仍盛行着的苗父医方、道陵巫术、三峰苗拳……在这个盛产文化精英的民族中，走出了蓝玉、沐英、王宪章等声震全国的名将，还诞生了熊希龄、滕代远、沈从文等教育家、政治家、文学家。闻一多在《伏羲考》一文中认为"延维"或"委蛇"指伏羲，是南方苗之神。远古时期居住在东南方的人统称为"夷"，伏羲是古代夷部落的大首领。苗族人民中确实流传着伏羲和女娲的传说，清初陆次云的《峒溪纤志》载："苗人腊祭曰报草。祭用巫，设女娲、伏羲位。"历史学家芮逸夫在《人类学集刊》上发表的《苗族洪水故事与伏羲、女娲的传说》中说："现代的人类学者经过实地考察，才得到这是苗族传说。据此，苗族全出于伏羲、女娲。他们本为兄妹，遭遇洪水，人烟断绝，仅此二人存。他们在盘古的撮合下，结为夫妇，绵延人类。"闻一多还写过《东皇太一考》，经他考证，苗族里的伏羲就是《九歌》里的东皇太一。

《中国通史》(范文澜著，人民出版社 1978 年版第 1 册第 19 页)载："黄帝族与炎帝族，又与夷族、黎族、苗族的一部分逐渐融合，形成春秋时期称为华族、汉以后称为汉族的初步基础。"远古时代就居住在中国南方的苗、黎、瑶等族，都有传说和神话，可是很少见于记载。一般说来，南方各族中的神话人物是"槃瓠"。三国时徐整作《三五历纪》吸收"槃瓠"入汉族神话，"槃瓠"衍变成开天辟地的盘古氏。

在历史上，苗族为了实现民族平等，屡战屡败，但又屡败屡战，从不屈服。苗族有着悠久、灿烂的文化，为中华文化的形成和发展做出了巨大贡献，在不同的历史阶段，涌现出了许多可歌可泣的英雄人物。

苗族不愧为中华民族中的一个伟大民族。苗族文化是苗族几千年的历史积淀，其丰厚的文化底蕴成就了今天这部灿烂辉煌的历史巨著。苗族是一个灾难深重的民族，又是一个勤劳、善良、富有开拓性与创造性的伟大民族，还是一个世界性的民族，不断开拓和创造着新的历史文化。

历史上公认的是，九黎之苗时期的五大发明是苗族对中国文化的原创性贡献。盛襄子在其《湖南苗史述略·三苗考》中论述道："此族(苗族)为中国之古土著民族，曾建国曰三苗。对于中国文化之贡献约有五端：发明农业，奠定中国基础，一也；神道设教，维系中国人心，二也；观察星象，开辟文化园地，三也；制作兵器，汉人用以征伐，四也；订定刑罚，以辅先王礼制，五也。"

苗族历史可以分为五个时期：先民聚落期(原始社会时期)、拓土立国期(九黎时期至公元前 223 年楚国灭亡)、苗疆分理期(公元前 223 年楚国灭亡至 1873 年咸同起义失败)、民主革命期(1873 年咸同起义失败到 1949 年中华人民共和国成立)、民族区域自治期(1949 年中华人民共和国成立至今)。相应地，苗族历史文化大致也可以分为五个时期，且各个时期具有不尽相同的文化特征：第一期以先民聚落期为界，巫山人进化成为现代智人，形成的是原始文化，即高庙文明初期；第二期以九黎、三苗、楚国为标志，属于苗族拓土立国期,形成的是以高庙文明为代表的灿烂辉煌的苗族原典文化;第三期是以苗文化为母本,充分吸收了诸夏文化,特别是儒学思想形成的高庙苗族文化;第四期是苗族历史上的民主革命期(1873年咸同起义失败到1949年中华人民共和国成立),形成了以苗族文化为母本,吸收了集电学、光学、化学、哲学等基本内容的东土苗汉文化与西洋文化于一体的近现代苗族文化;第五期是苗族进入民族区域自治期(1949年中华人民共和国成立至今),此期形成的是以苗族文化为母本,进一步融合传统文化、西方文化、当代中国先进文化的当代苗族文化。

二

苗族是我国一个古老的人口众多的民族,又是一个世界性的民族。她以其悠久的历史和深厚的文化而著称于世,传承着历史文化、民族精神。由田兵主编的《苗族古歌》,马学良、今旦译注的《苗族史诗》,龙炳文、龙秀祥等整理译注的《古老话》,是苗族古代的编年史和苗族百科全书,也是苗族最主要的哲学文献。

距今7800—5300年的高庙文明所包含的不仅是一个高庙文化遗址,其同类文化还遍布亚洲大陆。其中期虽在建筑、文学和科技等方面不及苏美尔文明辉煌,却比苏美尔文明早2300年,初期文明程度更高,后期又不像苏美尔文明那样中断,是世界上一直绵延不断、发展至今,并最终创造出辉煌华夏文明的人类文明。在高庙文化区域的湖南省常德市安乡县汤家岗遗址出土有蚩尤出生档案记录盘。

苗族人民口耳相传的苗族古歌记载了祖先蝴蝶妈妈及蚩尤的出生:蝴蝶妈妈是从枫木心中变出来的。蝴蝶妈妈一生下来就要吃鱼,鱼在哪里?鱼在继尾池。继尾古塘里,鱼儿多着呢!草帽般大的瓢虫,仓柱般粗的泥鳅,穿枋般大的鲤鱼。这里的鱼给她吃,她好喜欢。一次和水上的泡沫"游方"恋爱而怀孕后生下了12个蛋。后经鹡宇鸟(有的也写成鸡宇鸟)悉心孵养,12年后,生出了雷公、龙、虎、蛇、牛和苗族的祖先姜央(一说是龙、虎、水牛、蛇、蜈蚣、雷和姜央)等12个兄弟。

《山海经·卷十五·大荒南经》中也记载了蚩尤与枫树以及蝴蝶妈妈的不解之缘:"有宋山者,有赤蛇,名曰育蛇。有木生山上,名曰枫木。枫木,蚩尤所弃其桎梏,是为枫木。有人方齿虎尾,名曰祖状之尸。"姜央是苗族祖先,蝴蝶妈妈自然是苗族始祖了。

澳大利亚人类学家格迪斯说过："世界上有两个苦难深重而又顽强不屈的民族，他们就是中国的苗族和分散在世界各地的犹太民族。"诚如所言，苗族是一个灾难深重而又自强不息的民族。唯其灾难深重，才能在磨砺中锤炼筋骨，迸发出民族自强不屈的魂灵，撰写出民族文化的鸿篇巨制。近年来，随着国家民族政策的逐步完善，对寄寓在民族学大范畴下的民族历史文化研究逐步深入，苗族作为我国少数民族百花园中的重要一支，其历史足迹与文化遗址逐渐为世人所知。

苗族口耳相传的古歌记载，苗族祖先曾经以树叶为衣、以岩洞或树巢为家、以女性为首领。从当前一些苗族地区的亲属称谓制度中，也可以看出苗族从母权制到父权制、从血缘婚到对偶婚的演变痕迹。诸如此类的种种佐证材料，无不证明着苗族的悠远历史。苗族祖先凭借优越的地理条件，辛勤开拓，先后发明了冶金术和刑罚。他们团结征伐，雄踞东方，强大的部落联盟在史书上被冠以"九黎"之称。苗族历史上闪耀夺目的九黎部落首领是战神蚩尤，他依靠坚甲利兵，纵横南北，威震天下。但是，蚩尤与同时代的炎黄部落逐鹿中原时战败，从此开启了漫长的迁徙逆旅。

总体来看，苗族的迁徙经历了从南到北、从北到南、从东到西、从大江大河到小江小河，乃至栖居于深山老林的迁徙轨迹。5000 年前，战败的蚩尤部落大部分南渡黄河，聚集江淮，留下先祖渡"浑水河"的传说。这一支经过休养生息的苗族先人汇聚江淮，披荆斩棘，很快就一扫先祖战败的屈辱和阴霾，组建了强大的三苗集团。然而，历史的车轮总是周而复始的，他们最终还是不敌中原部落的左右夹攻，他们中的一部分到达西北并随即南下，进入川、滇、黔边区。三苗主干则被流放崇山，进入鄱阳湖、洞庭湖腹地，秦汉以来不属王化的南蛮主支蔚然成势。夏商春秋战国乃至秦汉以后的历代正史典籍，充斥着云、贵、湘地南蛮不服王化的"斑斑劣迹"。这群发端于蚩尤的苗族后裔，作为中国少数民族的重要代表，深入武陵山脉心脏，抱团行进，男耕女织，互为凭借，势力强大，他们被封建统治阶级称为"武陵蛮"。据史料记载，东汉以来对武陵蛮的刀兵相加不可胜数，双方各有死伤。自晋至明，苗族在湖北、河南、陕西、云南、江西、湖南、广西、贵州等地辗转往复，与封建统治者进行了长期艰苦卓绝的不屈斗争。清朝及民国，苗族驻扎在云南的一支因战火而大量迁徙至滇西边境和东南亚诸国，进而散发至欧洲、北美、澳大利亚。

苗族遂成为一个世界性的民族！

三

苗族同胞在与封建统治者长期的争夺征战中，不断被压缩生存空间，又不断拓展生存空间，从而形成了其民族极为独特的迁徙文化现象。苗族历史上没有文字，却保存有大量的神话传说，他们有感于迁徙繁衍途中的沧桑征程，对天地宇宙产生了原始朴素的哲理认知。每迁徙一地，他们都结合当地实际，丰富、完善本民族文化内涵，从而形成了一系列以"蝴蝶""盘瓠""水牛""枫树"为表象的原始图腾文化。苗族虽然没有文字，却有丰富的口传文化。这些口传文化经后人整理，散见于贵州、湖南等地流传的《苗族古歌》《古老话》《苗族史诗》等典籍，它们承载着苗族后人对祖先口耳相传的族源、英雄、历史、文化的再现使命。

苗族迁徙的历程是艰辛、苦难的，迁徙途中的光怪陆离却是迷人的。他们善于从迁徙途中寻求生命意义，又从苦难中构建人伦规范，他们赋予迁徙以非同一般的意义。他们充分利用身体、语言、穿戴、图画、建筑等媒介，表达对天地宇宙的认识、对生命意义的理解、对人伦道德的阐述、对生活艺术的想象。于是，基于迁徙现象而产生的苗族文化便变得异常丰富。苗族将天地宇宙挑绣在服饰上，得出了天圆地方的朴素见解；将历史文化唱进歌声里，延续了民族文化一以贯之的坚韧品性；将跋涉足迹画在了岩壁上，应对苦难能始终奋勇不屈。其丰富的内涵、奇特的形式、隐忍的表达，成为这个民族独特的魅力，成为这个民族极具异禀的审美旨趣。从这个层面扩而大之，苗族的历史文化，便具备了一种神秘文化的潜在魅力与内涵支撑。苗族神秘文化最为典型的表现是巴代文化现象。从隐藏的文化内涵因子分析来看，巴代文化实则是苗族生存发展、生产生活、伦理道德、物质精神等文化现象的活态传承。

苗族丰富的民族传奇经历造就了其深厚的历史文化，但其不羁的民族精神又使得这个民族成为封建统治者征伐打压的对象。甚至可以说，一部封建史，就是一部苗族的压迫屈辱史。封建统治者压迫苗族同胞惯用的手段，一是征战屠杀，二是愚昧民众，历经千年演绎，苗族同胞之于本民族历史、祖先伟大事功，被慢慢忽略，甚至抹杀性遗忘。

一个伟大民族的悲哀莫过于此！

四

历经苦难，走向辉煌。中华人民共和国成立后，得益于党的民族政策，苗族与全国其他少数民族一样，依托民族区域自治法，组建了具有本民族特色的少数民族自治机构。千百年被压在社会底层的苗族同胞，翻身当家做主人，他们重新直面苗族的历史文化，系统挖掘、整理、提升本民族历史文化，切实找到了民族的历史价值和民族文化自信。贵州和湖南湘西武陵山区一带，自古就是封建统治阶级口中的"武陵蛮"的核心区域。这一块曾经被统治阶级视为不毛之地的蛮荒地区，如今得到了国家的高度重视，中央整合武陵山片区4省71个县市，实施了武陵山片区扶贫攻坚战略。作为国家区域大扶贫战略中的重要组成部分，武陵山区苗族同胞的脱贫发展牵动着党中央、国务院的心。武陵山区苗族同胞感恩党中央，激发内生动力，与党中央同频共振，掀起了一场轰轰烈烈的脱贫攻坚世纪大战。

苗族是湘西土家族苗族自治州两大主体民族之一，要推进湘西发展，当前基础性的工作就是要完成两大主体民族脱贫攻坚重点工作，自然，苗族承担历史使命责无旁贷。在这样的情境下，推进湘西发展、推进苗族聚集区同胞脱贫致富，就是要充分用好、用活苗族深厚的历史文化资源，以挖掘、提升民族文化资源品质，提升民族文化自信心；要全面整合苗族民族文化资源精华，去芜存菁，把文化资源转化为现实生产力，服务于湘西州经济社会的发展。

正是贯彻这样的理念，湘西土家族苗族自治州立足少数民族自治地区的民族资源特色禀赋，提出了生态立州、文化强州的发展理念，围绕生态牌、文化牌打出了"全域旅游示范区建设""国内外知名生态文化公园"系列组合拳，使得民族文化旅游业蓬勃发展，民族地区脱贫攻坚工作突飞猛进。在具体操作层面，州委、州政府提出了"以'土家探源''神秘苗乡'为载体、深入推进我州文化旅游产业发展"的口号，重点挖掘和研究红色文化、巫傩文化、苗疆文化、土司文化。基于此，州政协按照服务州委、州政府中心工作和民生热点难点的履职要求，组织相关专家学者，联合相关出版机构，在申报重点课题的基础上，深度挖掘苗族历史文化，按课题整理、出版苗族历史文化丛书。

人类具有社会属性，所以才会对神话故事、掌故、文物和文献进行著录和收传。以民族出版社出版、吴荣臻主编的五卷本《苗族通史》和贵州民族出版社出版的《苗族古歌》系列著作为标志，苗学研究进入了一个新的历史时期。

湘西土家族苗族自治州政协组织牵头的《湘西苗族民间传统文化丛书》记载了苗疆文化的主要内容，是苗族文化研究的重要成果。它不但整理译注了浩如烟海的有关苗疆的历史文献，出版了史料文献丛书，还记录整理了苗族人民口传心授的苗族古歌系列、巴代文化系列等珍贵资料，并展示了当代文化研究成果。

　　党的十八大以来，以习近平同志为核心的党中央，以"一带一路"倡议为抓手，不断推进人类命运共同体建设，以实现中华民族伟大复兴的中国梦为目标，不断推进道路自信、理论自信、制度自信和文化自信。没有包括苗族文化在内的各个少数民族文化的复兴，也不会有完全的中华民族伟大复兴。

　　因此，从苗族历史文化中探寻苗族原典文化，发现新智慧、拓展新路径，从而提升民族文化自信力，服务湘西生态文化公园建设，推进精准扶贫、精准脱贫，实现乡村振兴，进而实现湘西现代化建设目标，善莫大焉！

　　此为序！

2018 年 9 月 5 日

专家序一

掀起湘西苗族巴代文化的神秘面纱

汤建军

2017年9月7日，根据中共湖南省委安排，我在中共湘西州委做了题为"砥砺奋进的五年"的形势报告。会后，在湘西州社科联谭必四主席的陪同下，考察了一直想去的花垣县双龙镇十八洞村。出于对民族文化的好奇，考察完十八洞村后，我根据中共湖南省委网信办在花垣县挂职锻炼的范东华同志的热诚推荐，专程拜访了苗族巴代文化奇人石寿贵老先生，参观其私家苗族巴代文化陈列基地。石寿贵先生何许人也？花垣县双龙镇洞冲村人。他是本家祖传苗师"巴代雄"第32代掌坛师、客师"巴代扎"第11代掌坛师、民间正一道第18代掌坛师。石老先生还是湘西州第一批"非物质文化遗产（以下简称'非遗'）保护"名录"苗老司"代表性传承人、湖南省第四批"非遗"名录"苗族巴代"代表性传承人、吉首大学客座教授、中国民俗学会蚩尤文化研究基地蚩尤文化研究会副会长、巴代文化学会会长。他长期从事巴代文化、道坛丧葬文化、民间习俗礼仪文化等苗族文化的挖掘搜集、整编译注及研究传承工作。一直以来，他和家人，动用全家之财力、物力和人力，经过近50年的全身心投入，在本家积累32代祖传资料的基础上，又走访了贵州、四川、湖北、湖南、重庆等省市周边20多个县市有名望的巴代坛班，通过本家厚实的资料库加上广泛搜集得来的资料，目前已整编译注出7大类76本2500多万字及 4000 余幅仪式彩图的《巴代文化系列丛书》，且准备编入《湘西苗族民间传统文化丛书》进行出版。这 7 大类 76 本具体包括：第一类，基础篇 9 本；第二类，苗师科仪 20 本；第三类，客师科仪 10 本；第四类，道师科仪 5 本；第五类，侧记篇 4 本；第六类，苗族古歌 13 本；第七类，历代手抄本扫描 13 本。除了书稿资料以外，石寿贵先生还整理了 8000 多分钟的仪式影像、238 件套的巴代实物、1000 多分钟的仪式音乐、此前他人出版的有关苗族巴代民俗的藏书 200 余册以及包括一整套待出版的《湘西苗族民间传统文化丛书》在内的资料档案。此前，他还主笔出版了《苗族道场科仪汇编》《苗师通书诠释》《湘西苗族古老歌话》《湘西苗族巴代古歌》四本著作。其巴代文化研究基地已建立起巴代文化的 3 大仪式、2 大体系、8 大板块、37 种苗族文化数据库，成为全国乃至海内外苗族巴代文化资料最齐全系统、最翔实厚重、最丰富权威的亮点单位。"苗族巴代"在 2016 年 6 月入选第四批湖南省"非遗"保护名录。2018 年 6 月，石寿贵老先生获批为湖南省第四批"非遗"保护项目"苗族巴代"代表性传承人。

走进石寿贵先生的巴代文化挖掘搜集、整编译注、研究及陈列基地，这是一栋两层楼的陈列馆，没有住人，全部都是用来作为巴代文化资料整编译注和陈列的。一楼有整编译注工作室和仪式影像投影室等，中堂为有关图片及字画陈列，文化气息扑面而来。二楼分别为巴代实物资料、文字资料陈列室和仪式腔调录音室及仪式影像资料制作室等，其中 32 个书柜全都装满了巴代书稿和实物，真可谓书山文海、千册万卷、博大精深、琳琅满目。

石老先生所收藏和陈列的巴代文化各种资料、物件和他本人的研究成果极大地震撼了我们一行人。我初步翻阅了石老先生提供的《湘西苗族巴代揭秘》一书初稿，感觉这些著述在中外学术界实属前所未闻、史无前例、绝无仅有。作者运用独特的理论体系资料、文字体系资料以及仪式符号体系资料等，全面揭露了湘西苗族巴代的奥秘。此书必将为研究苗族文化、苗族巴代文化学和中国民族学、民俗学、民族宗教学的学者，以及苗族地区摄影专家、民族文化爱好者提供线索、搭建平台与铺设道路。我当即与湘西州社科联谭必四主席商量，建议他协助和支持石老先生将《湘西苗族巴代揭秘》一书申报湖南省社科普及著作出版资助。经过专家的严格评选，该书终于获得了出版资助，在湖南教育出版社得到出版。因为这是一本在总体上全面客观、科学翔实、通俗形象地介绍苗族巴代及其文化的书，我相信此书一定会成为广大读者喜闻喜阅、喜欣喜爱的书，一定能给苗族历代祖先以慰藉，一定能更好地传播苗族文化精华，一定能深入弘扬中华民族优秀传统文化。

2017年12月6日，我应邀在中南大学出版社宣讲党的十九大精神时，结合如何策划选题，重点推介了石寿贵先生的苗族巴代文化系列研究成果，希望中南大学出版社在前期积累的基础上，放大市场眼光，挖掘具有民族特色的文化遗产，积极扶持石老先生巴代文化成果的出版。这个建议得到了吴湘华社长及其专业策划团队的高度重视。2018年1月30日，国家出版基金资助项目公示，由中南大学出版社挖掘和策划的石寿贵编著的《巴代文化系列丛书》中的10本作为第一批《湘西苗族民间传统文化丛书》入选。该丛书以苗族巴代原生态的仪式脚本(包括仪式结构、仪式程序、仪式形态、仪式内容、仪式音乐、仪式气氛、仪式因果等)记录为主要内容，原原本本地记录了苗师科仪、客师科仪、道师绕棺戏科仪以及苗族古歌、巴代历代手抄本扫描等脚本资料，建立起了科仪的文字记录、图片静态记录、影像动态记录、历代手抄本文献记录、道具法器实物记录等资料数据库，是目前湘西苗族地区种类较为齐全、内容翔实、实物彩图丰富生动的原生态民间传统资料，充分体现了苗族博大精深的文化内涵和艺术价值，对今后全方位、多视角、深层次研究苗族历史文化有着极其重要的价值和深远的意义。

从《湘西苗族民间传统文化丛书》中所介绍的内容来看，可以说，到目前为止，这套丛书是有关领域中内容最系统翔实、最丰富完整、最难能可贵的资料了。此套书籍如此广泛深入、全面系统、尽数囊括，实为古今中外之罕见，堪称绝无仅有、弥足珍贵，也是有史以来对苗族巴代文化的全面归纳和科学总结。我想，这既是石老先生和家人以及社会各界对苗族文化的热爱、执着、拼搏、奋斗、支持、帮助的结果，也体现出了石寿贵老先生对苗族文化所做出的巨大贡献。这套丛书将成为苗族传统文化保护传承、研究弘扬的新起点和里程碑。用学术化的语言来说，这300余种巴代科仪就是历代以来的巴代所主持的苗族祭祀仪式、习俗仪式以及各种社会活动仪式的具体内容。但仪式所表露出来的仅仅只是表面形式而已，更重要的是包含在仪式里面的文化因子与精神特质。关于这一点，石寿贵老先生在丛书中也剖析得相当清晰，他认为巴代文化的形成是苗族文化因子的作用所致。他认为：世界上所有的民族和教派都有不同于其他民族的文化因子，比如佛家的因果轮回、慈善涅槃、佛国净土，道家的五行生克、长生久视、清净无为，儒家的忠孝仁义、三纲五常、齐家治国，以及纳西族的"东巴"、羌族的"释比"、满族的"萨满"、土家族的"梯玛"等，无不都是严格区别于其他民族或教派的独特文化因子。由某个民族文化因子所产生出来的文化信念，在内形成了该民族的观念、性格、素质、气节和精神，在外则形成了该民族的风格、习俗、形象、身份和标志。通过内外因素的共同作用，形成支撑该民族生生不息、发展壮大、繁荣富强的不竭动力。苗族巴代文化的核心理念是人类的"自我不灭"真性，在这一文化因子的影响下，形成了"自我崇拜"或"崇拜自我、维护自我、服务自我"的人类生存哲学体系。这种理论和实践体现在苗师"巴代雄"祭祀仪式的方方面面，比如上供时所说的"我吃你吃，我喝你喝"。说过之后，还得将供品一滴不漏地吃进口中，意思为我吃就是我的祖先吃，我喝就是我的祖先喝，我就是我的祖先，我的祖先就是我，祖先虽亡，但他的血液在我的身上流淌，他的基因附在我的身上，祖先的化身就是当下的我，并且一直延续到永远，这种自我真性没有被泯灭掉。同时，苗师"巴代雄"所祭祀的对象既不是木偶，也不是神像，更不是牌位，而是活人，是舅爷或德高望重的活人。这种祭祀不同于汉文化中的灵魂崇拜、鬼神崇拜或自然崇拜，而是实实在在的、活生生的自我崇拜。这就是巴代传承古代苗族主流文化(因子)的内在实质和具体内容。无怪乎如来佛祖降生时一手指天，一手指地，所说的第一句话就是："天上地下，唯我独尊。"佛祖所说的这个"我"，指的绝非本人，而是宇宙间、世界上的真性自我。

石老先生认为，从生物学的角度来说，世界上一切有生命的动植物的活动都是维护自我生存的活动，维护自我毋庸置疑。从人类学的角度来说，人类的真性自我不生不灭，世间人类自身的一切活动都是围绕有利于自我生存和发展这个主旨来开展的，背离了这个主旨的一切活动都是没有任何价值和意义的活动。从社会科学的角度来说，人类社会所有的科普项目、科学文化，都是从有利于人类自我生存和发展这个主题来展开的，如果离开了这条主线，科普也就没有了任何价值和意义。从人类生存哲学的角度来说，其主要的逻辑范畴，也是紧紧地把握人类这个大的自我群体的生存和发展目标去立论拓展的，自我生存成为最大的逻辑范畴；从民族学的角度来说，每个要维护自己生生不息、发展壮大的民族，都要有自己强势优越、高超独特、先进优秀的文化来作为支撑，而要得到这种文化支撑的主体便是这个民族大的自我。

石老先生还说，从维护小的生命、个体的小自我到维护大的人类、群体的大自我，是生物世界始终都绕不开的总话题。因而，自我不灭、自我崇拜或崇拜自我、服务自我、维护自我，在历史上早就成为巴代文化的核心理念。正是苗师"巴代雄"所奉行的这个"自我不灭论"宗旨教义，所行持的"自我崇拜"的教条教法，涵盖了极具广泛意义的人类学、民族学以及哲学文化领域中的人类求生存发展、求幸福美好的理想追求。也正是这种自我真性崇拜的文化因子，才形成了我们的民族文化自信，锻造了民族的灵魂素质，成就了民族的精神气节，才能坚定民族自生自存、自立自强的信念意识，产生出民族生生不息、发展壮大的永生力量。这就充分说明，苗族的巴代文化，既不是信鬼信神的巫鬼文化，也不是重巫尚鬼的巫傩文化，而是从基因实质的文化信念到灵魂素质、意识气魄的锻造殿堂，是彻头彻尾的精神文化，这就是巴代文化和巫鬼文化、巫傩文化的本质区别所在。

乡土的草根文化是民族传统文化体系的基因库，只要正向、确切、适宜地打开这个基因库，我们就能找到民族的根和魂，感触到民族文化的神和命。巴代作为古代苗族主流文化的传承者，作为一个族群社会民众的集体意识，作为支撑古代苗族生存发展、生生不息的强大的精神支柱和崇高的文化图腾，作为苗族发展史、文明史曾经的符号，作为中华民族文化大一统中的亮丽一簇，很少被较为全面系统、正向正位地披露过。

巴代是古代苗族祭祀仪式、习俗仪式、各种社会活动仪式这三大仪式的主持者，更是苗族主流文化的传承者。因为苗族在历史上频繁迁徙、没有文字、不属王化、封闭保守等因素，再加上历史条件的限制与束缚，为了民族的生存和发展，苗族先人机灵地以巴代所主持的三大仪式为本民族的显性文化表象，来传承苗族文化的原生基因、本根元素等这些只可意会、不可言传的隐性文化实质。又因这三大仪式的主持者叫巴代，故其所传承、主导、影响的苗族主流文化又被称为巴代文化，巴代也就自然而然地成为聚集古代苗族的哲学家、法学家、思想家、社会活动家、心理学家、医学家、史学家、语言学家、文学家、理论家、艺术家、易学家、曲艺家、音乐家、舞蹈家、农业学家等诸大家之精华于一身的上层文化人，自古以来就一直受到苗族人民的信任、崇敬和尊重。

巴代文化简单说来就是3大仪式、2大体系、8大板块和37种文化。其包括了苗族生存发展、生产生活、伦理道德、物质精神等从里到表、方方面面、各个领域的文化。巴代文化必定成为有效地记录与传承苗族文化的载体、百科全书以及活态化石，必定成为带领苗族人民从远古一直走到今天的精神支柱和家园，必定成为苗族文化的根、魂、神、质、形、命的基因实质，必定成为具有苗族代表性的文化符号与文化品牌，必定成为苗族优秀的传统文化、神秘湘西的基本要素。

石老先生委托我为他的丛书写篇序言，因为我的专业不是民族学研究，不能从专业角度给予中肯评价，为读者做好向导，所以我很为难，但又不好拒绝石老先生。工作之余，我花了很多时间认真学习他的相关著述，总感觉高手在民间,这些文字是历代苗族文化精华之沉淀,文字之中透着苗族人的独特智慧,浸润着石老先生及历代巴代们的心血智慧,更体现出了石老先生及其家人一生为传承苗族文化所承载的常人难以想象的艰辛、曲折、困苦、执着和担当。

这次参观虽然不到2个小时,却发现了苗族巴代文化的正宗传人。遇见石老先生,我感觉自己十分幸运,亦深感自己有责任、有义务为湘西苗族巴代文化及其传人积极推荐,努力让深藏民间的优秀民族文化遗产能够公开出版。石老先生的心愿已了,感恩与我们一样有这种情结的评审专家和出版单位对《湘西苗族民间传统文化丛书》的厚爱和支持。我相信,大家努力促成这些书籍公开出版,必将揭开湘西苗族巴代文化的神秘面纱,必将开启苗族巴代文化保护传承、研究弘扬、推介宣传的热潮,也必将引发湘西苗族巴代文化旅游的高潮。

略表数言,抛砖引玉,是为序。

(作者系湖南省社会科学院党组成员、副院长,湖南省省情研究会会长、研究员)

专家序二

罗康隆

　　我来湘西 20 年，不论是在学校，还是在村落，听得最多的当地苗语就是"巴代"（分"巴代雄"与"巴代扎"）。起初，我也不懂巴代的系统内涵，只知道巴代是湘西苗族的"祭师"，但经过 20 年来循序渐进的认识与理解，我深知，湘西苗族的"巴代"，并非用"祭师"一词就可以简单替代。

　　说实在的，我是通过《湘西苗族调查报告》和《湘西苗族实地调查报告》这两本书来了解湘西的巴代文化的。1933 年 5 月，国立中央研究院的凌纯声、芮逸夫来湘西苗区调查，三个月后凌纯声、芮逸夫离开湘西，形成了《湘西苗族调查报告》(2003 年 12 月由民族出版社出版)。该书聚焦于对湘西苗族文化的展示，通过实地摄影、图画素描、民间文物搜集，甚至影片拍摄，加上文字资料的说明等，再现了当时湘西苗族社会文化的真实图景，其中包含了不少关于湘西苗族巴代的资料。

　　当时，湘西乾州人石启贵担任该调查组的顾问，协助凌纯声、芮逸夫在苗区展开调查。凌纯声、芮逸夫离开湘西时邀请石启贵代为继续调查，并请国立中央研究院聘石启贵为湘西苗族补充调查员，从此，石启贵正式走上了苗族研究工作的道路。经过多年的走访调查，石启贵于 1940 年完成了《湘西苗族实地调查报告》(2008 年由湖南人民出版社出版)。在该书第十章"宗教信仰"中，他用了 11 节篇幅来介绍湘西苗族的民间信仰。2009 年由中央民族大学"985 工程"中国少数民族非物质文化研究与保护中心与台湾研究院历史语言研究所联合整理，在民族出版社出版了《民国时期湘西苗族调查实录(1~8 卷)》(套装全 10 册)，包括习俗卷、椎猪卷、文学卷、接龙卷、祭日月神卷、祭祀神辞汉译卷、还傩愿卷、椎牛卷(上)、椎牛卷(中)、椎牛卷(下)。

由是，人们对湘西苗族"巴代"有了更加系统的了解。

我作为苗族的一员，虽然不说苗语了，但对苗族文化仍然充满着热情与期待。在我主持学校民族学学科建设之初，就将苗族文化列为重点调查与研究领域，利用课余时间行走在湘西的腊尔山区苗族地区，对苗族文化展开调查，主编了《五溪文化研究》丛书和《文化与田野》人类学图文系列丛书。在此期间结识了不少巴代，其中就有花垣县董马库的石寿贵。此后，我几次到石寿贵家中拜访，得知他不仅从事巴代活动，而且还长期整理湘西苗族的巴代资料，对湘西苗族巴代有着系统的了解和较深的理解。

我被石寿贵收集巴代资料的精神所感动，决定在民族学学科建设中与他建立学术合作关系，首先给他配备了一台台式电脑和一台摄像机，可以用来改变以往纯手写的不便，更可以将巴代的活动以图片与影视的方式记录下来。此后，我也多次邀请他到吉首大学进行学术交流。在台湾"中央研究院"康豹教授主持的"深耕计划"中，石寿贵更是积极主动，多次对他所理解的"巴代"进行阐释。他认为湘西苗族的巴代是一种文化，巴代是古代苗族祭祀仪式、习俗仪式、各种社会活动仪式这三大仪式的主持者，是苗族文化的传承载体之一，是湘西苗族"百科全书"的构造者。

巴代文化成为苗族文化的根、魂、神、质、形、命的基因实质。这部《湘西苗族民间传统文化丛书》含 7 大类 76 本 2500 多万字及 4000 余幅仪式彩图，还有 8000 多分钟仪式影像、238 件套巴代实物、1000 多分钟仪式音乐等，形成了巴代文化资料数据库。这些资料弥足珍贵，以苗族巴代仪式结构、仪式程序、仪式形态、仪式内容、仪式音乐、仪式气氛、仪式因果为主要内容进行记录。这是作者在本家 32 代祖传所积累丰厚资料的基础上，通过近 50 年对贵州、四川、湖南、湖北、重庆等省市周边有名望的巴代坛班走访交流，行程达 10 万多公里，耗资 40 余万元，竭尽全家之精力、人力、财力、物力，对巴代文化资料进行挖掘、搜集与整理所形成的资料汇编。

这些资料的样本存于吉首大学历史与文化学院民间文献室，我安排人员对这批资料进行了扫描，准备在 2015 年整理出版，并召开过几次有关出版事宜的会议，但由于种种原因未能出版。今天，它将由中南大学出版社申请到的国家出版基金资助出版，也算是了结了我多年来的一个心愿，这是苗族文化史上的一件大好事。这将促进苗族传统文化的保护，极大地促进民族精神的传承和发扬，有助于加强、保护与弘扬传统文化，对落实党和国家加强文化大发展战略有着特殊的使命与价值。

（作者系吉首大学历史与文化学院院长、湖南省苗学学会第四届会长）

概　述

　　《湘西苗族民间传统文化丛书》以苗族巴代原生态的仪式脚本(包括仪式结构、仪式程序、仪式形态、仪式内容、仪式音乐、仪式气氛、仪式因果等)记录为主要内容,原原本本地记录了苗师科仪、客师科仪、道师绕棺戏科仪以及苗族古歌、巴代历代手抄本扫描等脚本资料,建立起了科仪文字记录、图片静态记录、影像动态记录、历代手抄本文献记录、道具法器实物记录等资料数据库,为抢救、保护、传承、研究这些濒临灭绝的苗族传统文化打牢了基础,搭建了平台,提供了必需的条件。

　　巴代是古代苗族祭祀仪式、习俗仪式、各种社会活动仪式这三大仪式的主持者,也是苗族主流文化的传承载体之一。古代苗族在涿鹿之战后因为频繁迁徙、分散各地、没有文字、不属王化、封闭保守等因素,形成了具有显性文化表象和隐性文化实质这二元文化的特殊架构。基于历史条件的限制与束缚,为了民族的生存和发展,苗族先人机灵地以巴代所主持的三大仪式为本民族的显性文化表象,来传承苗族文化的原生基因、本根元素等这些只可意会、不可言传的隐性文化实质。因为三大仪式的主持者叫巴代,故其所传承、主导、影响的苗族主流文化又被称为巴代文化,巴代也就自然而然地成为聚集古代苗族的哲学家、史学家、宗教家等诸大家之精华于一身的上层文化人,自古以来就一直受到苗族人民的信任、崇敬和尊重。

　　巴代文化简单说来就是3大仪式、2大体系、8大板块和37种文化。其包括了苗族生存发展、生产生活、伦理道德、物质精神等从里到表、方方面面、各个领域的文化。巴代文化必定成为有效地记录与传承苗族文化的载体、百科全书以及活态化石，必定成为带领苗族人民从远古一直走到今天的精神支柱和家园，必定成为苗族文化的根、魂、神、质、形、命的基因实质，必定成为具有苗族代表性的文化符号与文化品牌，必定成为苗族优秀的传统文化之一、神秘湘西的基本要素。

苗族的巴代文化与纳西族的东巴文化、羌族的释比文化、满族的萨满文化、汉族的儒家文化、藏族的甘珠尔等一样，是中华文明五千年的文化成分和民族文化大花园中的亮丽一簇，是苗族文化的本源井和柱标石。巴代文化的定位是苗族文化的全面归纳、科学总结与文明升华。

近代以来，由于种种原因，巴代文化濒临灭绝。为了抢救这种苗族传统文化，笔者在本家32代祖传所积累丰厚资料的基础上，又通过近50年以来对贵州、四川、湖南、湖北、重庆等省市周边有名望的巴代坛班走访交流，行程10多万公里，耗资40余万元，竭尽全家之精力、人力、财力、物力，全身心投入巴代文化资料的挖掘、搜集、整编译注、保护传承工作中，到目前已形成了7大类76本2500多万字及4000余幅仪式彩图的《湘西苗族民间传统文化丛书》(以下简称《丛书》)，整理了8000多分钟的仪式影像、238件套的巴代实物、1000多分钟的仪式音乐等巴代文化资料数据库。该《丛书》已成为当今海内外唯一的苗族巴代文化资源库。

7大类76本2500多万字及4000余幅仪式彩图的《丛书》在学术界也称得上是鸿篇巨制了。为了使读者能够在大体上了解这套《丛书》的基本内容，在此以概述的形式来逐集进行简介是很有必要的。

这套洋洋大观的《丛书》，是一个严谨而完整的不可分割的体系，按内容属性可分为7大类型。因整套《丛书》的出版分批进行，在出版过程中根据实际情况对《丛书》结构做了适当调整，调整后的内容具体如下：

第一类：基础篇。分别为：《许愿标志》《手诀》《巴代法水》《巴代道具法器》《文疏表章》《纸扎纸剪》《巴代音乐》《巴代仪式图片汇编》《湘西苗族民间传统文化丛书通读本》等。

第二类：苗师科仪。分别为：《接龙》(第一、二册)，《汉译苗师通鉴》(第一、二、三册)，《苗师通鉴》(第一、二、三、四、五、六、七、八册)，《苗师"不青"敬日月车祖神科仪》(第一、二、三册)，《敬家祖》，《敬雷神》，《吃猪》，《土昂找新亡》。

第三类：客师科仪。分别为：《客师科仪》(第一、二、三、四、五、六、七、八、九、十册)。

第四类：道师科仪。分别为：《道师科仪》(第一、二、三、四、五册)。

第五类：侧记篇之守护者。

第六类：苗族古歌。分别为：《古杂歌》,《古礼歌》,《古阴歌》,《古灰歌》,《古仪歌》,《古玩歌》,《古堂歌》,《古红歌》,《古蓝歌》,《古白歌》,《古人歌》,《汉译苗族古歌》(第一、二册)。

第七类：历代手抄本扫描。

本套《丛书》的出版将为抢救、保护、传承、研究这些濒临灭绝的苗族传统文化打牢基础、搭建平台和提供必需的条件；为研究苗族文化，特别是研究苗族巴代文化学、民族学、民俗学、民族宗教学等，以及这些学科的完善和建设做出贡献；为研究、关注苗族文化的专家学者以及来苗族地区的摄影者提供线索与方便。《丛书》的出版，将有力地填补苗族巴代文化学领域里的空缺和促进苗族传统文明、文化体系的完整，使苗族巴代文化成为中华民族文化大花园中的亮丽一簇。

石寿贵
2020 年秋于中国苗族巴代文化研究中心

前　言

"不青内、不青忙"，又可叫作"青内青忙"，苗语意为敬车祖神。苗语把圆形且能动的物体叫作"不青"或"青"，即车(轮)的意思。因为太阳和月亮的形状都是圆的，总是在天上不停地运动，于是人们便将太阳称为日车(阳车)，将月亮称为月车(阴车)。太阳和月亮是宇宙自然中最古老的车，人们便将它们称为车祖。因此，苗家将敬日月神又称为敬车祖神。

敬日月神分为敬日车祖神(阳车祖神)和敬月车祖神(阴车祖神)两种，敬日车祖神苗语为"不青内"("青内")，敬月车祖神苗语称为"不青忙"("青忙")。敬日车祖神("不青内")在白天进行，敬月车祖神("不青忙")在夜晚进行。

敬日月车祖神的原因大致如下：

按照传统观念，祭主家里的某人之所以染上久治不愈的疾病，或者家中频繁出现各种凶兆怪异等情况，是因为其家中先人(太祖、祖父或父辈)过去曾与他人发生过某种纠纷，道理辩不清，"理郎"断不明(古时苗族民间纠纷多靠"理郎"调解)，而与对方凭神赌下毒咒、发下毒誓、吃过赌血(猫血或鸡血)，己方理亏而殃及后代。

后人敬日月车祖神之目的主要有三：

其一，在先人吃血赌誓之时，所请来为凭作证、受理监督的神灵主要有日月山川、江河湖海等。在这神灵中以日月为大，它们无时无刻不在监督人间的一举一动。如今要消灾解难、消疾退病，必须请日月等神前来受领供奉，为户主隔去先人往昔所发过的毒咒毒誓，洗去先人往日所吃过的赌血，唯有如此，才能从根本上祛除疾病灾难的侵扰，达到清吉平安之目的。

其二，天地之间唯有日月光辉最强最大，人间的邪魔妖鬼躲在阴暗角落专门从事卑劣、低贱的祸害、捣乱行为，它们是见不得光的，敬奉日月神也就是企图借助日月之光芒来驱散鬼魅，达到康复平安、清泰吉利之目的。

其三，车有载运移走的功能。在敬奉日月车祖神的祭仪中有一堂专门喊怪异的法事，意思是把户主家所有的怪异凶兆、鬼魅恶煞都喊来集中，请上日月树、日月车，运载背走丢弃于日穴月洞、天涯海角（苗语谓之"哭内哭那"或"竹豆康内"），永不回头，如此才能使家中的灾难疾病断根。

主祭坛的摆设场景（石开林摄）

目 录

不青打扫灾煞仪式中的场景 (石开林摄)

第一堂　封头青·Fengt teb qiongd·封纸束

【概述】

　　封纸束苗语叫"封头青"。在祭祀日月车祖神的时候，除了要扎三根车柱树以竖在屋檐之前以外，还要剪两束大纸，其中一束是平尾，一束是叉尾（鱼尾）。平尾的一束插在一个有靠背的木凳上，摆在主家的堂屋中，此纸束是用来保护（封）户主一家的人丁福寿、钱财不受损伤，因而是插在堂屋内的，要到祭祀结束时才烧掉。另外一束叉尾（鱼尾）的纸是用来封（隔）鬼魅恶煞、灾难祸害的，此纸束插在门外坪场中，也是要到祭祀结束时一起烧掉。此两束纸一内一外、一好一坏、一保一隔，其用意十分明显。

　　在封纸束时，要一碗肉、一碗酒、一沓纸钱、一个蜡香碗、一碗香米插三炷线香、利是等供品。先烧蜡香请师，敬祖师酒后烧纸钱，再用诀法封纸束。

插在家内堂屋的纸束（石开林摄）

巴代边念神咒边用手诀封纸束(石开林摄)

【神辞】

(一)封浪标浪头·Fengt niangs bioud nangb teb·封屋里的纸

就——

Jiux—

内腊包柔梅到达齐这汝,

Niex leas baob reub met daox dab qit zheux rux,

内莎布格梅到达恩泻格。

Niex seax bus gieb met daox dab ghongx xiex gieb.

偷到吾斩苟拢茶齐,

Teut daox wut zaib geud longs ceab qit,

吾龙苟拢飘明。

Wut nongs geud longs peub miongs.

达齐这汝茶齐尖尖,

Dab qit zheux rux ceab qit jiand jiand,

达恩泻格飘明忙忙。

Dab ghongx xiex gieb peub miongb mangb mangb.

包突哈到潮糯麻果，

Baob tus had daox zaox nus mab geut,

巴桶哈到潮弄麻明。

Beab tongx had daox zaox nongx mab miongs.

哈到阿达麻白，

Had daox ad dab mab bed,

照白阿这麻汝。

Zhaox bed ad zheux mab rux.

苟拢太照绒补背高牛林，

Geud longs taid zhaob rongs bus bed gaod niub longs,

苟拢江林夯告窝豆牛洞。

Geud longs jiangx longs hangd ghaox aob deux niub dongx.

神韵——

主家从那竹篮取得好碗净碗，主人从那碗柜取得金碗银碗。

舀得清水来洗，用那井水来净。

好碗净碗洗得白白，金碗银碗擦得亮亮。

从那米桶盛得白米，往那米坛装得小米。

盛得一碗满满，装得一碗平平。

拿来摆在火炉大柱下边，用来摆在火坑中柱下面。

就——

Jiux—

内腊偷到吾斩苟茶窝豆，

Niex leas teut daox wut zaib geud ceab aob deux,

内莎梅到笑没苟向窝斗。

Niex seax met daox xiaox meb geud xiangx aob doub.

窝汝补得猛香，

Aot rux but deb mengb xiangt,

柔汝补比猛穷。

Roub rux but bid mengb qiongx.

苟拢洽照窝达这香，

Geud longs qiead zhaob aot dab zheux xiangt,

苟拢江照窝这达穷。

Geud longs jiangx zhaob aob zheux dab qiongx.

猛香吉翁见召见风，

Mengb xiangt jib wengd jianb zhaob jianb fengt,

猛穷吉哨见风见度。

Mengb qiongx jib saox jianb fengt jianb dux.

吉翁苟洽达纵刚棍，

Jib wengd geud qiead dad zongb gangt ghunt,

吉哨苟特吉秋削猛。

Jib saox geud teut jib quix xiaox mengb.

吉翁见苟见绒，

Jib wengd jianb geub jianb rongs,

吉哨见夯见共。

Jib saox jianb hangb jianb gongx.

吉翁见吾见斗，

Jib wengd jianb wut jianb dous,

吉哨见格见昂。

Jib saox jianb gieb jianb ghangb.

吉翁见干见内，

Jib wengd jianb gand jianb niex,

吉哨见洽见千。

Jib saox jianb qieal jianb qiand.

穷香几瓦当岁加绒，

Qiongb xiangt jid weab dangd suit jiad rongs,

穷卡几无当岁加棍。

Qiongx keax jid wus dangd suit jiad ghunt.

神韵—

人们舀得清水来洗双手，他们取得毛巾来揩双掌。

烧起三炷信香，焚起三炷清香。

信香插在香米碗中，清香插在香米碗内。

信香缥缈成团成云，清香飘荡成云成雾。

缥缈来护祭祖堂中，飘荡来盖敬神堂内。

缥缈成山成岭，飘荡成川成谷。
缥缈成水成湖，飘荡成河成海。
缥缈成壁成墙，飘荡成阻成隔。
信香阻隔邪神邪法，清香阻断邪诀邪鬼。

就——

Jiux—

窝汝阿记猛香，

Aot rux ad jid mengb xiangt,

柔汝阿达猛穷。

Roub rux ad dab mengb qiongx.

猛香吉翁达纵刚棍，

Mengb xiangt jib wengd dab zongb gangt ghunt,

猛穷吉哨吉秋削猛。

Mengb qiongx jib saox jib quix xiaox mengb.

苟洽阿标林休归先归得，

Geud qiead ad bioud longs xut guil xiand guil det,

苟特阿竹共让归木归嘎。

Geud tex ad zhus gongx rangx guil mus guil gad.

苟洽阿标纵那纵苟，

Geud qiead ad bioud zongb nat zongb geud,

苟特阿竹纵骂纵得。

Geud tex ad zhus zongb max zongb det.

苟洽喂斗得寿告见，

Geud qiead weib doub deb sheut ghaod jianb,

苟特剖弄告得送嘎。

Geud tex bout nongx gaod deb songx gad.

喂拢告见你到先头，

Weib longs ghaod jianb nit daox xiand toub,

剖拢送嘎炯到木汝。

Bout longs songx gad jiongx daox mus rux.

神韵——

烧起一炉信香，焚起一炉清香。

信香保起祭祖堂中，清香护起敬神堂内。

保护一家大小好福好命，保佑一屋老幼好魂好魄。

保护一家房老叔伯，保佑一族堂兄堂弟。

保佑我本弟子主持，保护我这师郎主祭。

我来主持居得长命，我来主祭坐得洪福。

就——

Jiux—

汝香窝单几得酒格，

Rux xiangt aot dand jid deb jiud gied,

汝穷窝送吉秋出列。

Rux qiongx aot songx jib quix chub lieb.

列洗向剖向乜，

Lieb xid xiangt pout xiangt nias,

列笑向内向骂。

Lieb xiaox xiangt niex xiangt max.

向剖向乜埋油阿达汝香，

Xiangt pout xiangt nias maib youb ad dab rux xiangt,

向内向骂埋留阿这汝穷。

Xiangt ned xiangt max maib lius ad zheux rux qiongx.

汝香窝你几得酒格，

Rux xiangt aot nil jid deb jiud gied,

向剖向乜埋你几得酒格。

Xiangt pout xiangt nias maib nil jid deb jiud gied.

汝穷窝照吉秋出列，

Rux qiongx aot zhaob jib quix chub lex.

向内向骂埋炯吉秋出列。

Xiangt niex xiangt max maib jiongx jib quix chub lex.

比纵埋你，

Bid zongb maib nil,

夯告埋炯。

Hangb qaox miab jiongx.

剖洗列扛莎单，

Bout xid leb gangb seab dand,

剖笑列扛莎送。

Bout xiaox leb gangb seax songx.

神韵——

信香烧在火炉之边，清香焚在火坑之旁。

要祭祖公祖婆，要敬祖母祖父。

祖公祖婆坐拥一炉信香，祖父祖母坐护一炉清香。

信香烧在火炉之边，祖公祖婆坐到火炉之边。

清香焚在火坑之旁，祖母祖父坐到火坑之旁。

上方你居，正位你坐。

我们祭了得准，信士敬了得灵。

就——

Jiux—

穷香吉翁单途，

Qiongb xiangt jib wengd dand tus,

穷卡吉哨单羊。

Qiongx keax jib saox dand yangs.

穷香苟岁补产加绒，

Qiongx xiangt geud suit but chant jiad rongs,

穷卡苟挡补吧加棍。

Qiongx keax geud dangd but bax jiad ghunt.

苟岁阿腊悄起加写，

Geud suit ad lad qiaot qit jiad xied,

苟挡阿半悄善加缪。

Geud tangd ad banb qiaot shait jiad mioux.

苟岁浓拢出够，

Geud suit nongx longs chub gout,

苟挡拔拢出期。

Geud tangd pad longs chud qid.

苟岁加猛加豆，

Geud suit jiad mengt jiad deux，

苟挡加状加萨。

Geud tangd jiad zhuangb jiad sead.

苟岁加事加录，

Geud suit jiad sid jiad lus，

苟挡加格加怪。

Geud tangd jiad gib jiad guaib.

岁猛乙热内补，

Suit mengb yis reb neb bus，

挡嘎依然内冬。

Tangd gad yid reab neb dongt.

神韵——

烧起信香到堂，焚起清香到殿。

信香隔去凶神恶鬼，清香挡去凶灾恶煞。

隔去那些坏心坏肚，挡去那些坏肝恶肺。

隔去男人邪师，挡去女人邪法。

隔去恶症顽疾，挡去恶言恶语。

隔去凶祸坏事，挡去凶兆怪异。

隔去他州别里，挡去他地别处。

就——

Jiux—

窝汝意记送斗，

Aot rux yis jis songx doub，

窝汝以打穷炯，

Aot rux yit dat qiongx jiongb，

窝汝见恩头果，

Aot rux jianb ghongx toub guet，

窝汝见抗头浪。

Aot rux jianb kangx toub niangs.

产棍儿没然鸟，

Chant ghunt jid meib rab niaob,

吧母几没拢奈。

Bax mud jid meib liongs naix.

列拢然鸟葵汝产鹅棍空，

Lieb liongs rab niaob kuib rux chant eb ghunt kongt,

弄奈录汝吧图棍得。

Nongx naix lub rux bax tus ghunt deib.

喂列然鸟便告斗补，

Weib lieb rab niaob biat gaod doub bub,

再列弄奈照告然冬。

Zaix lieb longb naix zhaox ghaox rab dongt.

阿剖斗补告补，

Ad pout doub bub gaod bub,

阿乜斗冬告绒。

Ad nias doub dongt gaod rongb.

虐西拢立几苟总剖，

Nub xit liongb lib jid geud zongd pout,

虐夏拢立几让总乜。

Nub xiat liongb lib jid rangb zongb nias.

阿苟内浪剖绒，

Ad goub neib nangd pout rongb,

阿让总浪剖棍。

Ad rangb zongt nangb pout ghunt.

总剖斗白阿苟，

Zongt pout deb beid ad goub,

总乜发白阿让。

Zongt nias fat beid ab rangb.

再斗吉标内浪向剖向乜，

Zaix doub jib bioud neib nangd xiangt pout xiangt nias,

吉高度内几竹向内向骂。

Jid gaod dub neib jid zhub xiangt niex xiangt max.

几纵棍缪得忙吉子，

Jid zongb ghunt mioub deit mangb jib zid,

吉秋棍昂度忙吉录。

Jib quix ghunt ghangb dux mangb jib lub.

再斗得寿产鹅棍空，

Zaix doub deit shet chant eb ghunt kongt，

吉高录汝吧图棍得。

Jib gaod lub rux bax tux ghunt deit.

喂浪补产葵莽告见，

Weib nangd but chant kiub mangx gaod jianb，

喂列抓葡几最吉走。

Weib lieb zhuab pux jid zuib jib zoub.

剖浪补吧傩忙送嘎，

Bout nangd but bax niub mangb songx gax，

莎列寿葡吉走吉板。

Sab lieb shet pux jid zoub jib banb.

就——   （祖师诀）

Jiux—

油喂声然埋腊拢单几图，

Youb weib shongt rad maib lab liongb dand jid tub，

告剖弄奈埋莎炯单吉浪。

Gaob bout nangb naix maib sax jiongx dand jib nangb.

拢单拢斗得寿告见，

Liongb dand liongb dout deib shet gaot jianb，

拢送拢弄告得送嘎。

Liongb songx liongb nongb gaot deit songx giax.

告见几扛几白纠录乙苟，

Gaot jianb jid gangb jid beib jiub lub yib geud，

送嘎几扛热然谷叉图公。

Songx gad jid gangb reib rab guob chad tux gongt.

告见列扛莎单，

Gaot jianb lieb gangb sab dand，

送嘎列扛莎送。

Songx giax lieb gangb seax songx.

斗你得寿苟娄苟追，

Doub nit deib shet geud neb geud zhuix,
炯弄告得把抓把尼。
Jiongx nangb gaot deit bad zhuab bad nib.
剖扑列扛麻见，
Bout pud lieb gangb mab jianb,
喂岔列扛麻尼。
Weib chanx lieb gangb mab nib.
剖扑列扛莎中，
Bout pud lieb gangb sab zhongd,
喂岔列扛莎见。
Weib chax lieb gangb sab jianb.

神韵——
燃起蜂蜡宝香，
燃起纸团糠烟，
燃起纸钱白纸，
燃起冥币纸钱。
千神没有来请，
百鬼没有来奉。
要来奉请千位宗师，
要来迎请百位祖师。
我要奉请五方土地，还要奉迎六路龙神，
管辖本地老祖公，管理本处老祖婆。
古代来立本村的开始祖，古时来立本寨的开始人。
一村人的总祖，一寨人的总婆。
总祖发满一村，总婆育满一寨。
还有主家人的祖公祖婆，和起主人一家的先母先父。
鱼神司鱼能手郎子，肉神司肉办供郎君。
还有弟子的千位宗师，和起师郎百位祖师。
弟子的三千交钱祖师，我也查名齐来齐到。
师郎的三百度纸宗师，我也点字齐到齐临。
神韵——
闻我奉请你们来到这里，应我奉迎你们来临此间。

来到要和弟子主持，来临要与师郎主祭。

主持不要主歪主偏，主祭不要主坏主乱。

主持要送得准，主祭要送得灵。

祖师你们随前随后，宗师你们随左随右。

我讲就要得应，我说就要灵验。

我讲就要成功，我说就要准数。

就——

Jiux—

几长窝汝意记耸斗，

Jid changb aot rux yid jib songx doub,

得寿列充葵汝产鹅棍空。

Deit shet lieb congd kiub rux chant eb ghunt kongt.

几长窝汝依达穷炯，

Jid changb aot rux yit dat qiongx jiongb,

弄得列然傩汝吧图棍得。　　　　　　　　　　　　（祖师诀）

Niongx deit lieb rab nub rux bax tux ghunt deib.

棍空斗你纵寿吉标，

Ghunt kongt doub nit zongb shex jib bioud,

弄得斗炯秋得记竹。

Niongx deit doub jiongx qiux deib jid zhub.

列苟送斗猛充，

Lieb ged songt doub mengb congd,

列共穷炯猛然。　　　　　　　　　　　　　　　　（香碗诀）

Lieb gongx qiongx jiongx mengb rab.

几长窝汝意记送斗，

Jid changb aot rux yid jib songx doub,

几长然鸟葵汝产鹅棍空。

Jid changb rab niaob kiub rux chant eb ghunt kongt.

几长窝汝以打穷炯，

Jid changb aot rux yit dah qiongx jiongx,

几长弄奈录汝吧图棍得。

Jid changb niongx naib lub rux bax tux ghunt deit.

窝汝意记松斗，

Aot rux yid jid songx doub,

柔汝依打穷炯。 （香碗诀）

Roub rux yit dat qiongx jiongb.

产棍几没然鸟，

Chanx ghunt jid meib ranb niaob,

吧母几没弄奈。

Bax mud jid meib nongd naix.

列拢然鸟—— （各官口的祖师诀）

Lieb liongb rad niaob—

然鸟太棍共米、

Rab niaob tait gunt gongx mit、

公加、首关、四贵， （巳官、辰官、酉官、寅官诀）

Gongd jiad、shoud guand、six giux,

太棍米章、巴高、国峰、明鸿， （午官、戌官、巳官、卯官诀）

Taix gunt mit zhuangd、bad gaod、guob fengd、mingb hongx,

太棍仕贵、后保， （巳官、申官诀）

Tait gunt shid giux、houx baod,

苟太光珍、勇贤、 （申官、戌官诀）

Goud taix guangd zhengd、yongd xianb、

光三、老七、跃恩， （卯官、巳官、申官诀）

Guangd sand、laod qib、yiex engd,

苟太席乙、江远、林花、老苟、 （未官、卯官、子官、午官诀）

Goud taib xib yix、jiangd yand、linb huad、laod goud、

共四、老弄、 （辰官、寅官诀）

Gongx six、laod nongt、

千由、天才、炯容、同兰， （丑官、巳官、酉官、亥官诀）

Qiand youb、tianb caib、jiongx rongb、tongb lan,

苟太强贵、龙贵、 （亥官、丑官诀）

Goud taib qiangb giux、longb giux、

光合、冬顺、得水， （卯官、申官、未官诀）

Guangd hob、dongd shunx、deib shiut,

苟剖双全，苟剖长先， （未官、午官诀）

Goud bout shuangd quanb, goud bout changb xiand,

苟打二哥、那那……　　　　　　　　　　　（酉官、辰官诀）

Goud dad erx ged、nat nat…

补谷阿柔告寿,

But guot ad roub gaot shout,

补谷欧柔告德。

But guob out roub gaot deit.

补产葵忙告见,

But chanx kuib mangb gaot jianb,

抓葡几最吉走。

Zhuad pux jid zuib jib zoub.

补吧录忙送嘎,

But bad lub mangb songx gad,

寿葡吉走吉板。

Shoux pux jid zoub jib banb.

浪喂声然照修打便郎得,

Nangb weib shongt rad zhaob xiud dat biant liangd deib,

浪喂声然照闹打绒郎秋。

Nangb weib shongt rad zhaob laox dad rongb liangb qiud.

照修纵寿吉标,

Zhaob xiut zongb shoux jib bioud,

照闹秋得记竹。　　　　　　　　　　　　　　（降神诀）

Zhaob laox qiud deib jid zhub.

照修补谷补涌提仲,

Zhaob xiud but guob but yongd tib zongb,

照闹补谷补肥图岭。　　　　　　　　　　　（下降布条诀）

Zhaob laox but guob but fenb tub liuongb.

照修达香,

Zhaob xiut dab xiangd,

照闹达穷。

Zhaob laox dab qiongv

就——

Jiux—

补热声棍，

But reb shongt gunt,

拢单纵寿吉标。 （坐坛诀）

Liongb dand zongb shoux jib bioud.

补然弄猛，

But rad nongd mengb,

拢送吉秋照拿。 （坐殿诀）

Liongb songx jib qiud zhaob nab.

拢单你瓦意记送斗，

Liongb dand nit wab yit jid songx doub,

炯龙以打穷炯。 （香炉诀）

Jiongx longb yit dat qiongx jiongx.

你瓦喂斗得寿，

Nit wab weib doub deib shoux,

炯龙剖弄告得。 （绕祖诀）

Jiongx longb boub nongd gaod deib.

几达然鸟埋列嘎修，

Jid dab rad niaox maib lieb gad xiut,

吉炯达奈埋列嘎闹。

Jib jiongx dab naix maib lieb gad laox.

神韵——
诚心焚烧蜂蜡糠香，弟子要请尊敬的千位宗师。
诚意焚燃纸团火烟，师郎要请尊贵的百位祖师。
宗师坐在家中祖坛，祖师坐在家内祖殿。
要烧宝香去请，要用香烟去迎。
虔诚焚烧纸团宝香，虔诚奉请弟子的千位祖师。
虔诚烧起蜂蜡宝烟，虔诚奉迎师郎的百位宗师。
焚烧蜂蜡糠火，燃起纸团糠烟。
要来奉请——
奉请祖太共米、共甲、仕官、首贵，
祖太明章、巴高、国峰、明鸿，
祖太仕贵、后宝，

祖太光朱、勇贤、光三、老七、跃恩，

祖太席玉、江远、林华、老苟、共四、老弄、

千有、天财、进荣、腾兰，

祖太强贵、隆贵、光合、冬顺、得水，

叔公双全，祖公长先，

外祖二哥、大大……

三十一代祖师，三十二代弟子。

三千交钱祖师，查名皆齐皆遍。

三百度纸宗师，点字皆遍皆全。

闻我奉请暂离上天大堂，听我奉迎暂别天宫大殿。

暂离家中祖坛，暂别家内师殿。

暂离三十三块布条，暂别三十三块布幔。

暂离香炉，暂别香碗。

神韵——

三咏神腔，来到信士祭祖场中。

三吟神韵，来临户主敬神堂内。

来到安享纸团宝香，来临安受蜂蜡糠烟。

拥护吾本弟子，守护我这师郎。

同日有请你们莫起，同时有奉你们莫去。

内没见恩头果，

Neib meib jianb engb tel guot,

见抗头浪。

Jianb kangx tel nangb.

几窝尼头尼抗，

Jid aot nib tel nib kangx,

窝拢尼见尼嘎。

Aot liongb nib jianb nib gad.

到见苟猛几白，

Daox jianb goud mengb jid baib,

到嘎苟猛吉炯。

Daox gad goud mengb jib jiongb.

修照埋浪热洞热恩，

Xiut zhaob maib nangb reb dongb reb engb,

见照埋浪热光热量。

Jianb zhaob maib nangb reb guangd reb liangx.

埋列拢斗得寿告见，

Maib lieb liongb dout deib shoux gaod jianb,

莎列拢弄告得送嘎。

Sax lieb liongb nongt gaod deib songx gad.

斗抓埋你，

Doub zhuab maib nit,

斗尼埋炯。

Doub nit maib jiongx.

告见扛单，

Gaod jianb gangb dand,

送嘎扛送。

Songx gad gangb songx.

列休喂斗得寿，

Lieb xiut weib doub deib shout,

归先归得。

Guid xiand giud deib.

候然剖弄告得，

Hex rad boub nongd gaod deib,

归木归嘎。 　　　　　　　　　　　　　　　　（莲华诀）

Guid mub giud gad.

修照阿谷呕奶酷绒麻冬几图，

Xiud zhaob ad guob out leit kud rongb mab dongt jid tub,

然照阿谷呕奶酷便麻汝吉浪。 　　　　　　　　　（藏身诀）

Rad zhaob ad guob out leit kud biant mab rux jid nangb.

　　主人有纸钱冥币，纸帛冥钱。
　　不烧是纸是帛，烧了是钱是财。
　　得财拿去共分，得钱拿去共用。
　　收在金仓银仓，入在金库银库。
　　你们要和弟子交钱，都要与吾师郎度纸。[①]

拥在左边，护在右旁。

交钱得到，度纸得达。

收起我的正魂本命，三魂七魄。

收在一十二个深洞之中，藏在一十二个好洞之内。

注：① 交钱、度纸——宗教术语，主持祭祀仪式的意思。下句的"交钱得到，度纸得达"指敬送祖神的这些供品要如数交到祖神的手中，意为要让主家达到敬神之目的。

葵汝斗抓埋你，

Kiub rux doub zhuab maib nit,

傩汝斗尼埋炯。

Nub rux doub nit maib jiongx.

龙斗得寿鸟扑莎见，

Longb dout deib shout niaob pud sax jianb,

龙弄告得斗出莎尼。

Longb nongt gaod deib dout chub sax nib.

扑苟列扛见苟，

Pub geud leib gangb jiab geud,

扑绒列扛见绒。

Pud rongb leib gangb jianb rongb.

扑吾列扛见吾，

Pud wut leib gangb jianb wut,

扑斗列扛见斗。

Pud deb leib gangb jianb deb.

喂扑窝求莎见，

Weib pux aot qiub sax jianb,

剖出全见莎汝。

Bout chub quanb jianx sax rux.

得寿没到碰秀秀虫，

Deib shout meit daox pengx xiux xiux chongb,

弄得没到太得得拿。　　　　　　　　　　　　　　（宝盖诀）

Nongd deib meit daox teix deit deit nab.

几篓喂窝补记孺明，

Jid loub weib aot bud jid rux miongt，

求单雷绒、

Quix dand leib rongb、

交比穷雄、

Jiaod bid qiongb xiongt，

几瓦几达当岁加绒，　　　　　　　　　　　　（左手上方诀）

Jid wab jib dab dangd suit jiad rongb，

吉追喂窝补乔孺虐，

Jib zhiux weib aot but qiaob rub niub，

求单雷苟、

Quix dand leid geud、

交比穷兄、

Jiaod bid qiongb xiongt、

几瓦几达当岁加棍。　　　　　　　　　　　　（右手上方诀）

Jid wab jib dab dangd suit jiad ghunt.

　　　　祖师拥在左边，宗师护在右边。
　　　　与我弟子一道主持，同我师郎一路主祭。
　　　　化山要送成山，化岭要送成岭。
　　　　化湖要送成湖，化海要送成海。
　　　　我说我讲就灵，我做我行就顺。
　　　　弟子取得化堂华盖，师郎拿得盖殿宝伞。
　　　　前方我烧三堆大火，烧达云山、
　　　　烈火猛烧、神火专门挡隔恶龙，
　　　　后方我烧三炉大焰，烧达云岭、
　　　　烈焰猛燃、神焰专门挡隔恶鬼。

几篓喂封补产千缪，

Jib loub weib fengd but chant quand moub，

就内没林打休。　　　　　　　　　　　　　　（前封诀）

Jiub neib meib linb dab xiut.

吉追喂封补吧千昂，

Jib zhiux weib fengd but bax quanb ghangb，

就那没照打得。　　　　　　　　　　　　　（后封诀）

Jiub nab meit zhaob dat deib.

喂浪闹达周柔柔告，

Weib nangb laox dab zhoud reub reub ghaox，

比图周柔柔金。　　　　　　　　　（踏罡诀、护盖诀）

Bid tub zhoud reub reub giongd.

闹达补产冬腊，

Laox dab but chant dongd lab，

比图补吧冬加。　　　　　　　　　（踏点诀、护盖诀）

Bid tub but bax dongd jiad.

闹达猛昂猛洽，

Laox dab mengb ghangb mengb qiat，

比图猛固猛色。　　　　　　　　　（踏船诀、戴伞诀）

Bid tub mengb gux mengb seid.

吾汝照吾几特，

Qut rux zhaob wut jib teit，

斗汝照斗几格。　　　　　　　　　　（左右开山诀）

Doub rux zhaob doub jib gied.

剖怕拿脏猛羊，

Bout pax nab zangd mengb yangb，

喂怕拿卡猛他。　　　　　　　　　　　（劈地诀）

Weib pax nab kad mengb tax.

号拢你羊喂斗得寿，

Haox liongb nit yangb weib doub deib shout，

号炯炯羊剖弄告得。　　　　　　　（前后点板诀）

Haox jiongx jiongx yangb bout nongd gaod deib.

麻首你羊喂斗得寿，

Miab shout nit yangb weib doub deib shout，

麻闹炯羊剖弄告得。　　　　　　　（前后点坐诀）

Miab laox jiongx yangb bout nongd gaod deib.

召首你羊喂斗得寿，

Zhaob shout nit yangb weib doub deib shout，

召闹炯羊剖弄告得。　　　　　　　（前后围护诀）

Zhaob laox jiongx yangb bout nongd gaod deib.

召吾龙剖阿昂，

Zhaob wut longb bout ad ghangb，

召补龙剖阿苟。　　　　　　　　　　　　　　　（龙船诀）

Zhaob but longb bout ad geud.

召吾龙剖出那，

Zhaob wut longb bout chub nat，

召补龙剖出苟。　　　　　　　　　　　　　　　（陆地诀）

Zhaot but longb bout chub geud.

坛前我封三千鱼刺，整日专护祭堂。

坛后我封三百肉刺，整夜专护祭殿。

我的脚踏大岩宝座，头戴大石宝盖。

脚踏三千神土，头戴三百神盖。

脚踩大船大筏，头戴大盖大伞。

好水泼来不湿，好火烧来不着。

我们劈地去隐，我们避处去藏。

这里可隐吾本弟子，此处可藏我这师郎。

铜围可隐吾本弟子，铁围可藏我这师郎。

铜仓可隐吾本弟子，铁库可藏我这师郎。

水里和我一船，陆地和我一道。

水里和我做兄，陆地和我做弟。

几长窝汝意记送斗，

Jid changb aot rux yit jid songx doub，

告讨呕偶绒内、

Gaot taot out oud rongb niex、

立为召苟康吾，　　　　　　　　　　　　　　（护祖师诀）

Lid weib zhaob geud kangd wut，

几长窝汝以达穷炯、

Jid changb aot rongx yib dab qiongb jiongx、

告讨呕偶绒那、

Gaot taot out oud rongb nax、

良王召公康斗。 （护祖师诀）

Liangb wangb zhaob gongd kangb doub.

内格内莎几咱，

Niex gied neib sax jid zad，

棍梦莎腊几干。 （封锁诀）

Ghunt mengx sax lab jid ganb.

内格腊咱补则召风，

Neib gied lab zad but zeb zhaob fengt，

棍梦腊咱补乔召度。 （云盖诀）

Ghunt mengx lab zad but qiaob zhaob dux.

几长窝汝意记送斗、

Jid changb aot rux yit jid songx doub、

炯那棍柔、 （左上控诀）

Jiongx nab ghunt reub、

抽力阿谷呕周嘎首、

Choud lib ad guob out zhoud giad shoux、

摧力喂不纵豆、 （左扣指甲诀）

Ciud lib weib but congb doud、

摧力喂不纵斗、

Ciud lib weib but congb doub、

莎见嘎底，

Sax jianb gad did，

几长窝汝以打穷炯、

Jid changb aot rux yit dab qiongb jiongx、

炯苟不穷、 （右上控诀）

Jiongx geud but qiongb、

抽力阿谷呕周嘎闹、

Choud lib ad guob out zhoud gad laox、

摧力喂不纵豆、 （右扣指甲诀）

Ciud lib weib but congb doud、

摧力喂不纵斗、

Ciud lib weib but congb doub、

莎见嘎然。

Sax jianb gad ranx.
葵汝候喂、
Kiub rux houx weib、
吉畜西包大鸟吉弄扛虫,   （莲华诀）
Jib xux xid baob dad niaob jib nongx gangb chongx,
录汝候喂、
Lub rux houx weib、
吉畜那嘎达梅吉弄扛拿。   （莲座诀）
Jib xux nab gad dab meib jib nongx gangb nab.
葵汝几抓候喂吧龙,
Kiub rux jid zhuad houx weib bad longb,
录汝吉尼候喂吧同。
Lub rux jib nib houx weib bad tongb.
葵汝修最修走,
Kiub rux xiud ziub xiud zoub,
录汝修走修板。
Lub rux xiud zoub xiud band.

再来烧起纸团糠香,
卷曲两条阳龙、围成界线挡水,
再来烧起蜂蜡糠烟、
卷曲两条阴龙、围起界线挡火。
人看不见,鬼视不明。
人看只见三团大云,鬼看只见三重大雾。
再来烧起纸团糠香、祖师坐坛、
竖起一十二面铜墙、隔邪远去他处、
隔邪远去他方、已成巩固,
再来烧起蜂蜡糠烟、宗师坐殿、
竖起一十二道铁壁、隔邪远去他处、
隔邪远去他方、已成金汤。
祖师帮我系好法身之护,宗师帮我系好华盖之带。
祖师在左帮我执刀,本师在右帮我舞枪。
祖师站齐站满,宗师站满站遍。

列休阿标林休，

Lieb xiut ad bioub linb xut，

列然阿竹共让。 （莲华藏身诀）

Lieb rad ad zhub gongx rangb.

得拔得浓归先归得，

Deit bab deib niongx giud xiand giud deib，

得让得共归木归嘎。 （莲华保身诀）

Deit rangb deit gongx giud mub giud gad.

麻共麻让先头麻林，

Mab gongx mab rangx xiand toub mab linb，

麻林麻休木汝麻头。 （莲华护身诀）

Mab linb mab xut mub rux mab toub.

先头麻林修照虫兰，

Xiand toub mab linb xiud zhaob chongb lan，

木汝麻头奈腊虫兄。 （莲华藏身诀）

Mud rux mab toub naib lab chongb xiongd.

修照阿记松斗，

Xiud zhaob ad jib songd doub，

油照阿达穷炯。 （香碗藏身诀）

Youb zhaob ad dab qiongb jiongx.

然秀几秀莎虫，

Rad xiut jid xiut sax chongb，

见得久得莎拿。 （香碗封锁诀）

Jianb deib jiud deib sax nab.

内客内腊几咱，

Neib kiad neib lab jid zad，

棍梦棍莎几干。 （香碗宝盖诀）

Ghunt mengx ghunt sax jid ganb.

要藏一家大小，一屋老幼。

男男女女好魂长命，老老少少良魂子魂。

老的少的儿魂孙魂，大的小的好魂大福。

好命长命收在本身，好气福气系在本体。

收在一碗香炉，系在一炉香碗。

藏魂魂要得保，收魄魄要得安。

人看人也不知，鬼看鬼也不见。

（边念下段法语边用"然秀见得"即"藏身诀"藏身，然后双手交叉于胸前，将两手之诀藏于左右腋窝内，然后收回并朝向香碗作反复对戳状表示已将魂魄收藏于香碗之中，再用"洽秀"即宝盖诀盖上。）

列休见恩吉标，
Leib xiut jianb ghongx jib bioud,
嘎格记竹。   （莲华收藏诀）
Gad gieb jid zhub.
龙尼忙油，
Longb nieb mangb youb,
龙狗忙爬。   （莲华收藏诀）
Longb goud mangb bax.
归楼归弄，
Giut loub giut nongx,
归傩归炸。   （莲华收藏诀）
Giut nub giud zhax.
公周公节，
Gongd zhoub gongd jieb,
公数公然。   （莲华收藏诀）
Gongd sux gongd ranb.
苟得公同，
Geud deib gongd tongb,
产加吧尼。   （莲华收藏诀）
Chant jiad bad nieb.
修照虫兰，
Xiut zhaob chongb lan,
奈腊虫兄。   （紧身诀）
Naib lab chongb xiongd.
修照阿记松斗，

Xiud zhaob ad jib songd doub,
油照阿达穷炯。 (香碗藏身诀)
Youb zhaob ad dab qiongb jiongx.
然秀几秀莎虫，
Rad xiut jid xiut sax chongb,
见得久得莎拿。 (香碗封锁诀)
Jianb deib jiud deib sax nab.
内客内腊几咱，
Niex kiad neib lab jid zad,
棍梦棍莎几干。 (香碗宝盖诀)
Ghunt mengx ghunt sax jid ganb.

要藏家中银币，宅内金钱。
牛帮羊群，狗帮猪群。
谷魂米魂，糯魂黏魂。
蚕姐蚕娘，蚕丝蚕绸。
蜜蜂蜜糖，千福百财。
收在本身，系在本体。
收在一碗香炉，系在一炉香碗。
藏魂魂要得保，收魄魄要得安。
人看人也不知，鬼看鬼也不见。

（边念下段法语边用"封得"即"护坛诀"立于前后左右，然后收回并朝向香碗作反复对戳状表示已护好坛场并将诀法作用于香烟之中，再用"洽秀"即宝盖诀盖上。）

几篓喂立补产猛苟，
Jid loub weib lit but chant meng geud,
吉追喂岁补吧猛绒。 (山岭诀)
Jib zhiux weib suit but bax mengb rongb.
几篓喂立炯谷阿格，
Jid loub weib lit jiongb guob ad gied,
吉追喂立乙谷欧昂。 (河海诀)

Jib zhiux weib lit yib guob out ghangb.

几篓喂立补产猛干，

Jid loub weib lit but chant mengb ganb，

吉追喂封补吧猛江。 （城墙诀）

Jib zhiux weib fengd but bax meng jiangb.

苟抓喂巧补吧猛洽，

Geud zhuab weib qiaod but bax mengb qiat，

苟尼喂岁补吧猛千。 （围钎围刺诀）

Geud nib weib suit but bax mengb qiand.

加绒几单窝图，

Jiad rongb jid dand aot tub，

加棍几送吉浪。 （封锁诀）

Jiad ghunt jid songx jib nangb.

前方我安三千大山，后面我安三百大岭。
前方我安七十一河，后面我安八十二海。
前方我隔三千大墙，后面我隔三百大屏。
左边我围三千大钎，右边我围三百大刺。
凶神来不到堂中，恶鬼进不到堂内。

几篓喂安补产猛庆，

Jib loub weib and but chant mengb qix，

吉追喂将补吧猛炮。 （大小炮诀）

Jib zhiux weib jiangx but bax mengb paox.

几篓喂安纠产军马，

Jid loub weib and jiub chant jund mad，

吉追喂立吧万总忙。 （千兵诀）

Jib zhiux weib lib bab wanx zongb mangb.

几篓喂立补产猛叉，

Jid loub weib lib but chant mengb chad，

吉追喂封补吧猛色。 （刀叉诀）

Jib zhiux weib fengd but bax mengb seid.

苟抓喂巧补产猛能，

Geud zhuab weib qiaod but chant mengb nengb,

苟尼喂岁补吧猛同。 （刀枪诀）

Geud nib weib suit but bax mengb tongb.

苟弄喂安补产嘎风，

Geud nongd weib and but chant gad fengd,

苟绒喂将补吧嘎度。

Geud rongb weib jiangb but bax gad dux.

几篓喂抱补产猛拢，

Jid loub weib baod but chant mengb liongb,

吉追喂唐补吧猛炯。

Jib zhiux weib tangb but bax mengb jiongx.

加绒几单窝图，

Jiad rongb jid dand aot tub,

加棍几送吉浪。 （封锁诀）

Jiad ghunt jib songx jib nangb.

前方我安三千火铳，后面我安三百铁炮。
前方我安九千将军，后面我安百万猛将。
前方我竖三千大叉，后面我竖三百大剌。
左边我围三千大刀，右边我围三百大斧。
上空我化三千团雾，上天我化三百朵云。
前面我打三千大鼓，后面我鸣三百大锣。
凶神来不到堂中，恶鬼进不到堂内。

葵汝候剖酷豆扛洞，

Kiub rux houx bout kux deux gangb dongt,

傩汝候扣酷柔扛汝。

Nub rux houx kout kux rout gangb rux.

列封补产加绒，

Lieb fengt but chant jiad rongb,

列扣补吧加棍。

Lieb kout but bax jiad ghunt.

列封得忙巧起，

Lieb fengt deb mangb qiaod qid,

列扣度忙加写。

Lieb kout dux mangb jiad xied.

列封加猛加豆,

Lieb fengt jiad mengb jiad deux,

列扣加度加树。

Lieb kout jiad dux jiad shux.

列封加哈加篓,

Lieb fengt jiad had jiad loub,

列扣加鸟加弄。

Lieb kout jiad niaob jiad nongb.

扣照窝酷麻冬,

Kout zhaob aot kux mab dongt,

封照窝酷麻乖。

Fengt zhaob aot kux mab gweit.

就苟麻林勾牙,

Jiub geud mab linb goud yab,

就绒麻兰勾特。

Jiub rongb mab lanb goud teix.

嘎会嘎寿,

Gad huix gad shout,

嘎求嘎闹。

Gad quix gad laox.

祖师要化土牢地牢,本师要化地牢黑牢。
要封三千凶神,要关三百恶鬼。
要封坏心邪师,要关坏肚邪教。
要封疾病瘟疫,要关胡作非为。
要封口角争讼,要关捣乱弄非。
封在深孔之中,关在黑牢之内。
搬来大山来压,搬来大岭来盖。
莫惊莫动,莫走莫行。

绒得列苟首力扛几，

Rongb deib leib goub shout lit gangt jid,

绒堂列苟猛固猛色。

Rongb tangb leib goub mengb gux mengb seid.

首力扛几岁猛加绒加棍，

Shout lit gangt jid suit mengb jiad rongb jiad ghunt,

猛固猛色洽固度标度竹。

Mengb gux mengb seid qiax gux dud bioud dux zhub.

葵汝候喂吉畜、

Kiub rux houx weib jib xut、

西包大鸟吉弄扛虫，　　　　　　　　　　　（祖师决）

Xid baod dab niaod jib nongd gangb chongx，

录汝候喂吉畜、

Lub rux houx weib jib xut、

那嘎达梅吉弄扛拿。

Nab gad dab meib jib nongd gangb nab.

葵汝几抓候喂吧龙，　　　　　　　　　　　（莲华诀）

Kiub rux jid zhuab houx weib bad longb,

录汝吉尼候喂吧同。

Lub rux jib nib houx weib bad tongb.

葵汝修最修走，

Kiub rux xiut ziub xiut zoub,

录汝修走修板。

Lub rux xiut zoub xiut band.

　　　护坛要用铜墙铁壁，保殿要用皇伞大盖。
　　　铜墙铁壁隔去凶神恶鬼，皇伞大盖护住信士众人。
　　　祖师帮我系好法身之护，宗师帮我系好华盖之带。
　　　祖师在左帮我执刀，本师在右帮我舞枪。
　　　祖师站齐站满，宗师站满站遍。

拢单内腊出见酒忙，

Liongs dand neib leas chud jianb jiud mangd,

苟封见乖头奶，

Geud fengt jianb gweit toub leid，

拢送内莎出见昂忙。

Liongs songx neib sax chud jianb ghangb mangd.

苟封牙洋头浪。

Geud fengt yad yangs toub niangb.

苟扛葵汝产鹅棍空，

Geud gangb kuib rux chant eb ghunt kongt，

录汝吧图棍得。

Nub rux bax tux ghunt deib.

读约苟扛太棍共米、   （巳宫诀）

Dus yod geud gangb tail ghunt gongx mid、

公加、首关、四贵，   （巳宫、辰宫、酉宫、寅宫诀）

Gongd jiad、shoud guand、six giux，

太棍米章、巴高、国峰、明鸿，   （午宫、戌宫、巳宫、卯宫诀）

Taix gunt mit zhuangd、bad gaod、guob fengd、mingb hongx，

太棍仕贵、后保，   （巳宫、申宫诀）

Tait gunt shid giux、houx baod，

苟太光珍、勇贤、   （申宫、戌宫诀）

Goud taix guangd zhengd、yongd xianb、

光三、老七、跃恩，   （卯宫、巳宫、申宫诀）

Guangd sand、laod qib、yiex engd，

苟太席乙、江远、林花、老苟、 （未宫、卯宫、子宫、午宫诀）

Goud taib xib yix、jiangd yand、linb huad、laod goud、

共四、老弄、   （辰宫、寅宫诀）

Gongx six、laod nongt、

千由、天才、炯容、同兰，   （丑宫、巳宫、酉宫、亥宫诀）

Qiand youb、tianb caib、jiongx rongb、tongb lan，

苟太强贵、龙贵、   （亥宫、丑宫诀）

Goud taib qiangb giux、longb giux、

光合、冬顺、得水，   （卯宫、申宫、未宫诀）

Guangd hob、dongd shunx、deib shiut，

苟剖双全，苟剖长先，   （未宫、午宫诀）

Goud bout shuangd quanb, goud bout changb xiand,

苟打二哥、那那……　　　　　　　　　　（酉宫、辰宫诀）

Goud dad erx ged、nat nat…

补谷阿柔告寿，

But guot ad roub gaot shout,

补谷欧柔告德。

But guob out roub gaot deit.

补产葵忙告见，

But chanx kuib mangb gaot jianb,

抓葡儿最吉走。

Zhuad pux jid zuib jib zoub.

补吧录忙送嘎，

But bad lub mangb songx gad,

寿葡吉走吉板。

Shoux pux jid zoub jib banb.

相服扛埋莎服，

Xiangd fus gangb maib sat fus,

相能扛埋莎能。

Xiangd nongs gangb maib sat nongs.

拼散埋腊没服，

Piongt sant maib leas meit fus,

拼卡埋腊没能。

Piongt keax maib leas meit nengs.

拼散苟照打鸟，

Piongt sant geud zhaob dat niaob,

拼卡苟照达弄。

Piongt keax geud zhaob dab nongx.

喂服埋服，

Weib fus maib fus,

喂能埋能。

Weib nongs maib nongs.

就——

Jiux—

来到主家做成好酒，来封官纸长纸。

来到主家做成好肉，来封好纸长钱。

敬送你们千位祖师，

尊贵的百位宗师。

要来奉请——

奉请祖太共米、共甲、仕官、首贵，

祖太明章、巴高、国峰、明鸿，

祖太仕贵、后宝，

祖太光朱、勇贤、光三、老七、跃恩，

祖太席玉、江远、林华、老苟、共四、老弄、

千有、天财、进荣、腾兰，

祖太强贵、隆贵、光合、冬顺、得水，

叔公双全，祖公长先，

外祖二哥、大大……

三十一代祖师，三十二代弟子。

三千交钱祖师，查名皆齐皆遍。

三百度纸宗师，点字皆遍皆全。

未喝送给你们先喝，未吃敬给你们先吃。

吹气你们便喝，吹味你们便吃。

吹气吃在口中，吹味吃在口内。

我喝你喝，我吃你吃。

神韵——

窝汝见恩头果，

Aot rux jianb ghongx teb guet,

见抗头浪。

Jianb kangx tes nangl.

几窝尼头尼抗，

Jid aot nib toud nib kangx,

窝拢尼见尼嘎。

Aot liongs nib jianb nib gad.

到久苟猛几北，

Daox jud geud mengb jid beit,

到汝苟猛吉炯。

Daox rux geud mengb jib jiongx.

修照埋浪热洞热恩，

Xiut zhaob maib nangb reb dongb reb ghongx，

油照埋浪热光热量。

Youb zhaob maib nangb reb guangd reb liax.

埋列拢斗得寿告见，

Maib lieb liongs doub deib shet ghaod jianb，

莎列拢弄告得送嘎。

Sax lieb liongs nongd ghaod deib songx gad.

喂浪斗抓埋你，

Weib nangb doub zhuab maib nil，

剖浪斗尼埋炯。

Boul nangd doub nil maib jiongx.

候内告见扛单，

Hex neib ghaod jianb gangb dand，

送嘎列扛莎送。

Songx gad lieb gangb sax songx.

列休喂斗得寿归先归得，

Lieb xiut weib doub deib shet guil xiand guil deit，

归木归嘎。

Gil mus guil gad.

休召阿谷欧奶哭绒几图，

Xiut zhaob ad guob out leil kud rongs jid tus，

油召阿谷欧图哭便吉浪。

Youb zhaob ad guob out tus kud biat jib niangs.

还有纸钱冥币，与这纸帛冥钱。
不烧是纸是帛，烧了是钱是财。
得财拿去共分，得钱拿去共用。
收在金仓银仓，入在金库银库。
你们要和弟子交钱，与吾师郎度纸。①
拥在我的左边，护在我们右旁。

交钱要交得到，度纸要度得达。

收起我的正魂本命，三魂七魄。

收在十二洞前洞后，十二洞左洞右。

注：① 交钱、度纸——宗教术语，即主持祭祀仪式。下句的"交钱要交得到，度纸要度得达"即敬送祖神的这些供品要如数交到祖神的手中，意为要送主家达到敬神之目的。

就——

Jiux—

列封自封扛见，

Lieb fengt zid fengt gangb jianb,

列洽自洽扛汝。 （以下各句皆用"封闭诀"）

Lieb qiead zid qiead gangb rux.

列封久扛内咱，

Lieb fengt jut gangb neib zad,

列洽久扛棍干。

Lieb qiead jut gangb ghunt gans.

列封久扛几北，

Lieb fengt jut gangb jid beib,

列洽久扛吉热。

Lieb qiead jut gangb jib reix.

封见苟然吉久，

Fengt jianb geud rab jib jiud,

封汝见照几得。

Fengt rux jianb zhaob jid deib.

窝汝松斗——

Aot rux songl doub—

列封阿标林休归先归得，

Lieb fengt ab bioud longs xut guil xiand guil deit,

列见阿竹共让归木归嘎。

Lieb jianb ad zhus gongx rangx guil mus guil gad.

内浪先头转嘎虫兰，

Neib nangb xiand toub zhuanb gad chongs lanb,

木汝奈拿虫兄。

Mus rux naix nab chongs xiongd.

再斗产加万崩，

Zaix doub chant jiat wanx bengs,

吉高产恩吧格。

Jib gaod chant ghongx bax gieb.

得恩嘎格嘎花嘎借，

Deit ghongx gad gieb giad hual gad jiex,

得乖嘎度嘎楼嘎归。

Deit gweit gad dux giad loud gad guis.

列封见恩吉标，

Lieb fengt jianb ghongx jib bioud,

吉高嘎格吉竹。

Jib gaod giad gad jid zhus.

列封拢尼忙油，

Lieb fengt liongs nieb mangb yous,

吉高拢狗忙爬。

Jib gaod liongs goud mangb bax.

列封归楼归弄，

Lieb fengt guil nous guil nongx,

吉高归催归炸。

Jib gaod guil nub guil zax.

列封公周公节，

Lieb fengt gongt zhout gongt jieb,

吉高公苏公然、

Jib gaod gongt sud gongt rab、

再斗苟得公同。

Zaix doub geud deb gongt tongl.

封召阿秋见乖头奶，

Fengt zhaob ab quix jianb gweit teb leid,

洽照阿秋牙羊头浪。

Qiead zhaob ab quix yad yangs teb niangs.

产棍腊格几咱，

（宝盖诀）

Chant ghunt leas gied jib zad,

吧母莎梦几干。

Bax mud sax mengb jid gans.

你茶你猛产豆,

Nil cat nil mengs chant deux,

炯汝炯娘吧就。

Jiongx rux jiongx niangb bax jux.

就——

Jiux—

神韵——

要封便封送牢,要盖便盖送好。

要封不让人知,要盖不让鬼见。

封了不送掉落,盖了不送消散。

封好封在身中,盖好盖在体内。

烧好蜡烟——

要封一家大小正魂本命,一屋老幼三魂七魄。

要封家中银财,要藏家内金钱。

要封发旺的气,要藏丁财的气。

要封千财万本,要藏千银万金。

要封水牯黄牛,要藏群狗群猪。

要封谷财米财,要藏糯财黏财。

要封蚕儿丝宝,要藏蚕娘绸缎。

还有蜜蜂糖财。

封在一束官钱长纸,藏在纸帛长钱。

千神也看不见,百鬼也观不明。

清吉坐得千年,平安坐过百岁。

神韵——

(以上法诀要封三次才行。)

就——

Jiux—

列封自封扛见,

Lieb fengt zid fengt gangb jianb,

列洽自洽扛汝。

（以下各句皆用封闭诀）

Lieb qiead zid qiead gangb rux.

列封久扛内咱，

Lieb fengt jut gangb neib zad,

列洽久扛棍干。

Lieb qiead jut gangb ghunt gans.

列封久扛几北，

Lieb fengt jut gangb jid beib,

列洽久扛吉热。

Lieb qiead jut gangb jib reix.

封见苟然吉久，

Fengt jianb geud rab jib jiud,

封汝见照几得。

Fengt rux jianb zhaob jid deib.

窝汝松斗——

Aot rux songl doub—

列封……

Lieb fengt…

阿标林休——

Ad bioud liuongb xut—

比就你茶，

Bit jux nit cat，

便就炯汝。

Biat jux jiongx rux.

比就你茶到汝先头，

Bit jux nit cat daox rux xiand toub，

便就炯汝到头木汝。

Biat jux jiongx rux daox toub mub rux.

虐内龙锐阿晚、

Nub neib longb ruit ab wanb、

几扛奶冬奶良，

Jid gangb leit dongt leit liangb，

虐弄龙列阿借、

Nub nongd longb lieb ab jiex、

几扛奶差奶抱。

Jid gangb leit chat leit baox.

得拔汝见然拿然为，

Deit bab rux jianb rad nab rad weib，

得浓汝加然达然这。

Deib nongx rux jiad rab dab rab zheux.

抄昂列扛够苟，

Chat ghangb lieb gangb goud geb，

将狗列扛够绒。

Jiangx guoud lieb gangb goud rongb.

你拢几扛斩莎斗标，

Nit liongb jid gangb zait sad doub bioud，

炯拢几扛斩肥柔纵。

Jiongx liongb jid gangb zait feib rout zongb.

你拢几吼吉标汝见声陇，

Nit liongb jib houb jib bioud rux jianb shongt longl，

炯拢吉话几竹汝加陇朋。

Jiongx liongb jib huax jid zhub rux jiad longl bengx.

炯先阿标林休——

Jiongx xiand ad bioud liuongb xut—

你气葡剖葡娘，

Nit qix pux boub pub niangb，

炯气葡内葡玛。

Jiongx qix pux niex pub max.

你气禾柔斗补，

Nit qix aot reub doub bub，

炯气禾图然冬。

Jiongx qix aot tub rad dongt.

你气冬林夯公，

Nit qix dongt liuongb hangb gongt，

炯气绒善夯踏。

Jiongx qix rongb shait hangb tax.

周先阿标林休，

Zhoub xiand ad bioud liuongb xut,

几最莎到先头。

Jid zuib sad daox xiand toub.

良木阿竹共让，

Liangb mux ad zhub gongx rangx,

几最莎到木汝。

Jid zuix sad daox mub rux.

周先周汉先头，

Zhoub xiand zhoub hanx xiand toub,

周木周汉木汝。

Zhoub mub zhoub hanx mub rux.

先头周猛产豆，

Xiand toub zhoub mengb chant deux,

木汝周猛吧就。

Mub rux zhoub mengb bax jux.

周先产豆、

Zhoub xiand chant deux、

先头你猛产豆，

Xiand toub nit mengb chant deux,

周木吧就、

Zhoud mub bad jux、

木汝炯猛吧就。

Mux rux jiongx mengb bax jux.

久抓久头，

Jub zhuab jub toub,

久稍久热，

Jub xiaod jub reb,

封召阿秋见乖头奶，

Fengt zhaob ab quix jianb gwcit tcb lcid,

洽照阿秋牙羊头浪。 （保盖诀）

Qiead zhaob ab quix yad yangs toub niangs.

产棍腊格几咱，

Chant ghunt leas gied jib zad,

吧母莎梦几干。

Bax mud sax mengb jid gans.

你茶你猛产豆，

Nil cat nil mengs chant deux,

炯汝炯娘吧就。

Jiongx rux jiongx niangb bax jux.

就——

Jiux—

神韵——
要封便封送牢，要盖便盖送好。
要封不让人知，要盖不让鬼见。
封了不送掉落，盖了不送消散。
封好封在身中，盖好盖在体内。
烧好蜡烟——
要封一家大小、
年头清吉，年尾平安。
年头清吉居得生气，年尾平安坐得长命。
热天吃菜一锅、不许有病有疾，
冷天吃饭一甑，不许有病有患。
女儿多如塘内莲藕，男儿多似柜内碗堆。
撵肉要送登坡，放狗要送登岭。
居来不送冷屋冷房，坐来不送冷房冷宅。
居来热闹家中如同鼓响，坐来响动宅内好似鼓鸣。
留气一家大小、
居来光宗耀祖，坐来荣母耀父。
居如古老大岩，坐如古老大树。
居如大川大坝，坐如高山大地。
保得一家大小、完全皆得长寿，
佑得一屋老幼、完全皆得洪福。
留气要留长命富贵，赐福要赐齐天洪福。

长命居得千年，洪福坐过百岁。

留气千年、长气居过千年，

赐福百岁、洪福坐过百岁。

不落不脱，不松不掉。

封在一束官钱长纸，藏在纸帛长钱。

千神也看不见，百鬼也观不明。

清吉坐得千年，平安坐过百岁。

神韵——

就——

Jiux—

列封自封扛见，

Lieb fengt zid fengt gangb jianb,

列洽自洽扛汝。　　　　　　　　　　（以下各句皆用封闭诀）

Lieb qiead zid qiead gangb rux.

列封久扛内咱，

Lieb fengt jut gangb neib zad,

列洽久扛棍干。

Lieb qiead jut gangb ghunt gans.

列封久扛几北，

Lieb fengt jut gangb jid beib,

列洽久扛吉热。

Lieb qiead jut gangb jib reix.

封见苟然吉久，

Fengt jianb geud rab jib jiud,

封汝见照几得。

Fengt rux jianb zhaob jid deib.

窝汝松斗——

Aot rux songl doub—

列封……

Lieb fengt

见恩吉标，

Jianb ghongx jib bioud,

良木嘎格几竹。

Liab mub gad gied jid zhub.

汝恩汝格，

Rux ghongx rux gieb,

汝见汝嘎。

Rux jianb rux gad.

汝恩汝格白矮白纵，

Rux ghongx rux gieb beid ait beid zongb

汝见汝嘎白斗白冲。

Rux jianb rux gad beid doub beid chongx.

秋岁麻汝禾召，

Quid suit mab rux aot zhob,

秋萨麻汝禾雷。

Quid sad mab rux aot leix.

向头向奶，

Xiangt teb xiangt leix,

向牙向羊。

Xiangt yab xiangt yangb.

崩冬崩量，

Bengd dongt bengd liangb,

兄卡列先。

Xiongd keax lieb xiant.

见拢几苗，

Jianb liongb jid mueb,

补公比吹报标，

But gongt bid chuid baob bioud,

嘎拢吉麻，

Gad liongb jib mab,

补公比吹便然报竹。

But gongt bid chuid biat rad baob zhub.

见拢拿尼见空，

Jianx liongb nab nib jianb kongt,

嘎拢拿尼嘎岭。

Gad liongb nab nib gad liongx.

苟达送见几初，

Geud dab songx jianb jid chud，

苟炯送嘎吉仰。

Geud jiongx songx giax jib yangb.

周先见恩吉标——

Zhoub xiand jianb ghongx jib bioud—

苟照喳大斗标，

Geud zhaob chab dat doub bioud，

几最莎到先头。

Jid zuix sax daox xiand toub.

良木嘎格几竹——

Liab mub giad gieb jid zhub—

苟照丧偷柔纵，

Geud zhaob sangd toub reub zongx.

几最莎到先头。

Jid zuib sad daox xiand toub.

良木阿竹共让，

Liangb mux ad zhub gongx rangx，

几最莎到木汝。

Jid zuix sad daox mub rux.

周先周汉先头，

Zhoub xiand zhoub hanx xiand toub，

周木周汉木汝。

Zhoub mub zhoub hanx mub rux.

先头周猛产豆，

Xiand toub zhoub mengb chant deux，

木汝周猛吧就。

Mub rux zhoub mengb bax jux.

周先产豆、

Zhoub xiand chant deux、

先头你猛产豆，

Xiand toub nit mengb chant deux，

周木吧就、

Zhoud mub bad jux、

木汝炯猛吧就。

Mux rux jiongx mengb bax jux.

久抓久头，久稍久热，

Jub zhuab jiub toub, jub xiaod jub reb,

封召阿秋见乖头奶，

Fengt zhaob ab quix jianb gweit teb leid,

洽照阿秋牙羊头浪。　　　　　　　　　（宝盖诀）

Qiead zhaob ab quix yad yangs toub niangs.

产棍腊格几咱，

Chant ghunt leas gied jib zad,

吧母莎梦几干。

Bax mud sax mengb jid gans.

你茶你猛产豆，

Nil cat nil mengs chant deux，

炯汝炯娘吧就。

Jiongx rux jiongx niangb bax jux.

就——

Jiux—

神韵——

要封便封送牢，要盖便盖送好。

要封不让人知，要盖不让鬼见。

封了不送掉落，盖了不送消散。

封好封在身中，盖好盖在体内。

烧好蜡烟——

要封家中银财，佑福屋内金宝。

好金好银，好钱好财。

好金好银满罐满坛，好钱好财满手满得。

首饰大好大块，银饰大好大套。

长的短的，美的华的。

发光发亮，衣丰食足。

白财涌来三路四道进家，大宝涌来三路四道五方进门。

财来也是白财，宝来也是富价。

左路涌钱来加，右道涌财来添。

保得家中银财、

保在家中银仓、完全皆得盈满，

佑得户内金宝、

保在户内金库、完全皆得盈登。

留气要留长命富贵，赐福要赐齐天洪福。

长命居得千年，洪福坐过百岁。

留气千年、长气居过千年，

赐福百岁、洪福坐过百岁。

不落不脱，不松不掉。

封在一束官钱长纸，藏在纸帛长钱。

千神也看不见，百鬼也观不明。

清吉坐得千年，平安坐过百岁。

神韵——

就——

Jiux—

列封自封扛见，

Lieb fengt zid fengt gangb jianb,

列洽自洽扛汝。

Lieb qiead zid qiead gangb rux.

（以下各句皆用封闭诀）

列封久扛内咱，

Lieb fengt jut gangb neib zad,

列洽久扛棍干。

Lieb qiead jut gangb ghunt gans.

列封久扛几北，

Lieb fengt jut gangb jid beib,

列洽久扛吉热。

Lieb qiead jut gangb jib reix.

封见苟然吉久，

Fengt jianb geud rab jib jiud,

封汝见照几得。

Fengt rux jianb zhaob jid deib.

窝汝松斗——

Aot rux songl doub—

列封……

Lieb fengt…

大书达收，

Dat shut dab shoud，

炯木打首达嘎。

Jiongb mub dab shoud dat gad.

达书达收白重白扣，

Dab shud dat shout beid chongb beid ket，

打首达嘎白忙白强。

Dat shout dat gad beib mangb beid qiangx.

几不吉数，

Jid bub jib sud，

出忙出强。

Chub mangb chub qiangx.

龙尼忙油、

Longb nieb mangb yout、

良木龙狗忙爬、

Liax mub longb guoud mangb pax、

龙力忙梅、

Longb lib mangb meib、

龙容忙麻。

Longb rongb mangb mab.

尼抱吉标、

Nieb baob jib bioud、

汝见如柔如金，

Rux jiant rub rout rub giuongd，

油抱几竹、

Yub baob jid zhub、

汝加孺图孺陇。

Rux jiad rut tux rud liongl.

几照扛锐腊林腊章，

Jid zhaob gangb ruit lab liuongb lab zhuangb，

几照扛列腊周腊壮。

Jid zhaob gangb lieb lab zhoub lab zhuangx.

尼共挂猛打豆，

Nieb gongt guax mengb dat deux，

油先求送吉仰。

Youb xiand qiux songx jib yangb.

阿中扣力、

Ad zhongb ket lib、

纠中谷中扣力，

Jiub zhongb guob zhongb ket lib，

阿吹扣报、

Ad chuid ket baob、

纠吹谷吹扣报。

Jiub chuid guob chuid ket baob.

斗否列扛毕包，

Doub wub lieb gangb bib baot，

斗洽列扛楼归。

Doub qiead lieb gangb loud guid.

周先龙尼忙油——

Zhoub xiand longb nieb mangb yout—

苟照补中、

Geud zhaob but zhongb、

几最莎到先头，

Jid zuix sax daox xiand toub，

良木龙狗忙爬——

Lial mub longb guoud mangb pax—

苟照补嘴、

Geud zhaob but zuid、

几最莎到先头。

Jid zuib sad daox xiand toub.

良木阿竹共让，

Liangb mux ad zhub gongx rangx，

几最莎到木汝。

Jid zuix sad daox mub rux.

周先周汉先头，

Zhoub xiand zhoub hanx xiand toub，

周木周汉木汝。

Zhoub mub zhoub hanx mub rux.

先头周猛产豆，

Xiand toub zhoub mengb chant deux，

木汝周猛吧就。

Mub rux zhoub mengb bax jux.

周先产豆、

Zhoub xiand chant deux、

先头你猛产豆，

Xiand toub nit mengb chant deux，

周木吧就、

Zhoud mub bad jux、

木汝炯猛吧就。

Mux rux jiongx mengb bax jux.

久抓久头，久稍久热。

Jub zhuab jub toub，jub xiaod jub reb.

封召阿秋见乖头奶，

Fengt zhaob ab quix jianb gweit teb leid，

洽照阿秋牙羊头浪。

Qiead zhaob ab quix yad yangs teb niangs.

产棍腊格几咱，

Chant ghunt leas gied jib zad，

吧母莎梦几干。

Bax mud sax mengb jid gans.

你茶你猛产豆，

Nil ceab nil mengs chant deux，

炯汝炯娘吧就。

（宝盖诀）

Jiongx rux jiongx niangb bax jux.

就——

Jiux—

神韵——

要封便封送牢，要盖便盖送好。

要封不让人知，要盖不让鬼见。

封了不送掉落，盖了不送消散。

封好封在身中，盖好盖在体内。

烧好蜡烟——

要封六畜牛马，佑福养牲群畜。

六畜牛马满栏满殿，养牲群畜满群满邦。

成群结队，成邦成砣。

水牯牛群，狗群猪群。

驴群马群，羊群畜群。

水牯卧在栏中，如同大岩大石。

黄牛卧在栏内，好似林木竹园。

不要喂食自大自长，不要喂料自肥自壮。

老牛老了过去，新牛马上替换。

一栏关驴、九栏十栏关驴，

一栏关进、九栏十栏关进。

牛只要送发旺，畜群要送发登。

保得水牯牛群、保在栏中、完全皆得满栏，

保佑狗群猪群、保在圈内、完全皆得满圈。

留气要留长命富贵，赐福要赐齐天洪福。

长命居得千年，洪福坐过百岁。

留气千年、长气居过千年，

赐福百岁、洪福坐过百岁。

不落不脱，不松不掉。

封在一束官钱长纸，藏在纸帛长钱。

千神也看不见，百鬼也观不明。

清吉坐得千年，平安坐过百岁。

神韵——

就——

Jiux—

列封自封扛见，

Lieb fengt zid fengt gangb jianb,

列洽自洽扛汝。

Lieb qiead zid qiead gangb rux.

列封久扛内咱，

Lieb fengt jut gangb neib zad,

列洽久扛棍干。

Lieb qiead jut gangb ghunt gans.

列封久扛几北，

Lieb fengt jut gangb jid beib,

列洽久扛吉热。

Lieb qiead jiut gangb jib reix.

封见苟然吉久，

Fengt jianb geud rab jib jiud,

封汝见照几得。

Fengt rux jianb zhaob jid deib.

窝汝松斗——

Aot rux songl doub——

列封……

Lieb fengt…

麻服麻能，

Mab fud mab nongb,

良木麻口麻抽。

Lial mub mab koud mab chex.

够就能元能包，

Goub jux nongb yuanb nongb beb,

便就能疏能仗。

Biat jux nongb sut nongb zhuangb.

归楼归弄，

Guit noub guit nongx,

良木归录归炸。

（以下各句皆用"封闭诀"）

Lial mub guit lub guit zax.

归楼服江,

Guit noub fub jiangb,

归弄服迷。

Guit nongx fub mib.

当内内苟猛标猛求,

Dangd neib neib ged mengb bioub mengb qiub,

当就内苟猛便猛照。

Dangd jux neib ged mengb biab mengb zhaob.

标猛打豆、

Bioub mengb dat deux、

猛单产谷产够,

Mengb dand chant guob chant gout,

便猛浪路、

Biab mengb liangb lux、

猛单吧谷吧竹。

Mengb dand bax guob bax zhub.

那便收沙、

Nab biat shout shat、

锐哈冬久,

Ruit had dongt jub,

那照吉内、

Nab zhaox jib niex、

锐同莎板。

Ruit tongb sax banb.

补路久斗鲁锐鲁够,

But lux jub doub lux ruit lux gout,

比路久斗鲁猛鲁浓。

Bit lux jub doub lux mengb lux niongx.

敏从才才够苟,

Miongt congb caix caix gout ged,

明汝襄让够绒。

Miongb rux rangx rangx gout rongb.

得忙候散内西猛克，

Deib mangb houx said neib xid mengb kied，

汝见帮录，

Rux jianb bangx lub，

度忙喂茶告忙猛梦，

Dux mangb weib ceab gaob mangb mengb mengx，

汝加帮染。

Rux jiad bangx ras.

要奶照奶几初，

Yaox leib zhao leib jid chub，

要旧照旧吉仰。

Yaox jiub zhaob jiub jib yangb.

那炯先单，

Nat jiongb xiand dand，

那乙先送。

Nat yib xiand songx.

奶楼汝见奶沙，

Leit noub rux jianb leit shad，

奶弄汝加奶白。

Leit nongx rux jiad leit beid.

归楼咱半嘎崩，

Guit noux zad band gad bengb，

归弄咱几嘎洽。

Guit nongx zad jid gad qiax.

咱半寿报半你，

Zad banb shout baob banb nit，

咱几寿报几炯。

Zad jid shout baob jit jiongx.

扛内江楼锐锐长苟，

Gangb neib jiangb loub ruit ruit changb geud，

江弄让让长公。

Jiangb nongx rangx rangx changb gongt.

江楼拢粗，

Jiangb loub liongb cud,

呕奶补奶热杂够豆。

Out leit but leit reb zab goub deux.

江楼拢粗,

Jiangb loub liongb cul,

呕图补图热板比兵。

Out tub but tub reb banb bid biongb.

打豆他崩他中,

Dat deux tax bengb tax zhongb,

打便他高他太。

Dat biat tax gaod tax teix.

产内腊龙几娘到见,

Chant neib lab liongb jid niangb daox jianb,

吧内腊龙几娘到嘎。

Bad neib lab liongb jid niangb daox giax.

周先归楼归弄——

Zhoub xiand guit noub guit nongx—

苟照热杂够豆、

Geud zhaob red zab goub deux、

几最莎到先头,

Jid zuib sax daox xiand toub,

良木归录归炸——

Lial mub guit lux guit zax—

苟照热板比兵、

Geud zhaob reb banb bid biongb、

几最莎到先头。

Jid zuib sad daox xiand toub.

良木阿竹共让,

Liangb mux ad zhub gongx rangx,

几最莎到木汝。

Jid zuix sad daox mub rux.

周先周汉先头,

Zhoub xiand zhoub hanx xiand toub,

周木周汉木汝。

Zhoub mub zhoub hanx mub rux.

先头周猛产豆，

Xiand toub zhoub mengb chant deux,

木汝周猛吧就。

Mub rux zhoub mengb bax jux.

周先产豆、

Zhoub xiand chant deux、

先头你猛产豆，

Xiand toub nit mengb chant deux,

周木吧就、

Zhoud mub bad jux、

木汝炯猛吧就。

Mux rux jiongx mengb bax jux.

久抓久头，

Jub zhuab jud toub,

久稍久热。

Jub xiaod jub reb.

封召阿秋见乖头奶，

Fengt zhaob ab quix jianb gweit teb leid,

洽照阿秋牙羊头浪。

Qiead zhaob ab quix yad yangs teb niangs.

产棍腊格几咱，

Chant ghunt leas gied jib zad,

吧母莎梦几干。

Bax mud sax mengb jid gans.

你茶你猛产豆，

Nil ceab nil mengs chant deux,

炯汝炯娘吧就。

Jiongx rux jiongx niangb bax jux.

就——

Jiux—

（宝盖诀）

神韵——

要封便封送牢，要盖便盖送好。

要封不让人知，要盖不让鬼见。

封了不让掉落，盖了不让消散。

封好封在身中，盖好盖在体内。

烧好蜡烟——

要封喝的吃的，佑福食的饱的。

年头吃剩吃发，年尾吃饱吃肥。

谷财米财，糯财黏财。

谷财吃甜，米财喝蜜。

开春人拿去播去撒，开年人拿去播去种。

播去土中、去生千菀千丛，

种去土内、去恒百株百对。

五月锄禾锄得完好，六月中耕耕得满遍。

土中没有异物杂草，地内没有异类杂物。

色青油油满坡，色亮油油遍岭。

主家耕者上午去看如同森林，

田地主人下午去望好似竹园。

缺了要补来加，少了要栽来添。

七月熟了，八月熟透。

谷粒壮如冰雹，米粒白似冰雪。

谷财见筐莫惊，米财见篓莫怕。

见筐跑进筐居，见篓跑进篓坐。

见筐涌进筐中，见篓涌进篓内。

送人抬谷急急回转，背米忙忙回程。

抬谷来装两个三个屋前谷仓，

背米来装屋边两重三重米库。

仓底装实装满，仓盖装满装盈。

千人也吃不完存谷，百众也吃不了存米。

保得家中谷财、

保在家中前仓、完全皆得装满，

佑得家内米财、

保在家内后库、完全皆得装盈。

留气要留长命富贵，赐福要赐齐天洪福。
长命居得千年，洪福坐过百岁。
留气千年、长气居过千年，
赐福百岁、洪福坐过百岁。
不落不脱，不松不掉。
封在一束官钱长纸，藏在纸帛长钱。
千神也看不见，百鬼也观不明。
清吉坐得千年，平安坐过百岁。
神韵——

就——
Jiux—
列封自封扛见，
Lieb fengt zid fengt gangb jianb,
列洽自洽扛汝。   （以下各句皆用封闭诀）
Lieb qiead zid qiead gangb rux.
列封久扛内咱，
Lieb fengt jut gangb neib zad,
列洽久扛棍干。
Lieb qiead jut gangb ghunt gans.
列封久扛几北，
Lieb fengt jut gangb jid beib,
列洽久扛吉热。
Lieb qiead jut gangb jib reix.
封见苟然吉久，
Fengt jianb geud rab jib jiud,
封汝见照几得。
Fengt rux jianb zhaob jid deib.
窝汝松斗——
Aot rux songl doub——
列封……
Lieb fengt…
麻拢麻放，

Mab liongb mab fangx,

良木窝提窝豆。

Lial mub aob tib aob doux.

提周炮节,

Tib zhoub paox jieb,

提尖炮抓。

Tib jiand paox zhuab.

拢没麻元,

Liongb meib mab yuanb,

照没麻养。

Zhaod meib mab yangb.

周先公周公节,

Zhoub xiand gongt zhoub gongt jieb,

炯木公数公然。

Jiongx mub gongt sut gongt rad.

补温果良禾超潮录,

But wengt gueb lial aob chaod zaox lub,

补笑明拿禾超潮弄。

But xiaox miongb nab aob chaob zaox nongx.

龙锐见内穷沙,

Longb ruit jianb nieb qiongb shad,

龙列加内穷白。

Longb lieb jid neib qiongb beid.

求八猛单,

Qiux bab mengb dand,

求处猛送。

Qiux chux mengb songx.

出标如见背柳,

Chud bioud rub jianb beid liut,

出处如加背干。

Chud chux rub jiad beid ganb.

内腊得碗拢油,

Neib lab deib wanb liongb youe,

猛碗拢号。

Mengb wanb liongb haox.

到公到见，

Daox gongt daox jianb，

到忙到嘎。

Daox mangb daox gad.

周先公周公节——

Zhoub xiand gongt zhoub gongt jieb—

苟照几头、

Geud zhaob jid toub、

几最莎到先头。

Jid zuib sax daox xiand toub.

良木公数公然——

Lial mub gongt sut gongt rab—

苟照几提、

Geud zhaob jid tib、

几最莎到先头。

Jid zuib sad daox xiand toub.

良木阿竹共让，

Liangb mux ad zhub gongx rangx，

几最莎到木汝。

Jid zuix sad daox mub rux.

周先周汉先头，

Zhoub xiand zhoub hanx xiand toub，

周木周汉木汝。

Zhoub mub zhoub hanx mub rux.

先头周猛产豆，

Xiand toub zhoub mengb chant deux，

木汝周猛吧就。

Mub rux zhoub mengb bax jux.

周先产豆、

Zhoub xiand chant deux、

先头你猛产豆，

Xiand toub nit mengb chant deux,

周木吧就、

Zhoud mub bad jux、

木汝炯猛吧就。

Mux rux jiongx mengb bax jux.

久抓久头，

Jub zhuab jub toub,

久稍久热。

Jub xiaod jub reb.

封召阿秋见乖头奶，

Fengt zhaob ab quix jianb gweit teb leid,

洽照阿秋牙羊头浪。 （宝盖诀）

Qiead zhaob ab quix yad yangs teb niangs.

产棍腊格几咱，

Chant ghunt leas gied jib zad,

吧母莎梦几干。

Bax mud sax mengb jid gans.

你茶你猛产豆，

Nil ceab nil mengs chant deux,

炯汝炯娘吧就。

Jiongx rux jiongx niangb bax jux.

就——

Jiux—

神韵——
　要封便封送牢，要盖便盖送好。
　要封不让人知，要盖不让鬼见。
　封了不送掉落，盖了不送消散。
　封好封在身中，盖好盖在体内。
烧好蜡烟——
　要封穿的暖体，佑福布匹布缎。
　绫罗绸缎，绸缎细布。
　穿有剩的，戴有余的。

保气蚕儿蚕虫，佑福蚕丝蚕绸。

三簸白如大颗糯米，三筛亮似大颗米粒。

吃桑如同撒冰，吃叶好以下雪。

爬遍枝丫上面，坐遍枝丫上头。

茧如同大果，结球密似葡萄。

让人小锅来煮，大锅来热。

得丝得钱，得绸得财。

保得蚕儿蚕虫、

保在纸片，完全皆得丰果，

佑得蚕丝蚕绸、

佑在布帛、完全皆得丰足。

留气要留长命富贵，赐福要赐齐天洪福。

长命居得千年，洪福坐过百岁。

留气千年、长气居过千年，

赐福百岁、洪福坐过百岁。

不落不脱，不松不掉。

封在一束官钱长纸，藏在纸帛长钱。

千神也看不见，百鬼也观不明。

清吉坐得千年，平安坐过百岁。

神韵——

就——

Jiux—

列封自封扛见，

Lieb fengt zid fengt gangb jianb,

列洽自洽扛汝。 （以下各句皆用封闭诀）

Lieb qiead zid qiead gangb rux.

列封久扛内咱，

Lieb fengt jut gangb neib zad,

列洽久扛棍干。

Lieb qiead jut gangb ghunt gans.

列封久扛几北，

Lieb fengt jut gangb jid beib,

列洽久扛吉热。

Lieb qiead jut gangb jib reix.

封见苟然吉久，

Fengt jianb geud rab jib jiud,

封汝见照几得。

Fengt rux jianb zhaob jid deib.

窝汝松斗——

Aot rux songl doub——

列封……

Lieb fengt…

打便扛拢，

Dat biat gangb liongb,

打豆白到。

Dat dout bet daox.

扛拢几江几明，

Gangb liongb jid jiangb jid miongb,

白到几不吉强。

Beid daox jid bub jib jiangx.

拢汉苟得公同、

Liongb hanx geud deib gongt tongb、

你拢没吾没炯，

Nit liongb meib wut meib jiongx,

到汉公数公然、

Daox hanx gongt sut gongt rab、

炯拢没卡没绒。

Jiongx liongb meib keax meib rongb.

你粗帮突够豆，

Bitc ud bangx tud goud deux,

炯他帮痛比兵。

Jiongx tax bangx tongb bid biongb.

内西高围见内穷沙，

Niex xit gaob weib jianb neib qiongx shad,

禾忙告瓦加内穷白。

Aot mangb gaob wab jid neib qiongx beid.

内西猛刚崩瓦告苟，

Niex xit mengb gangb bengb wab gaob geud，

禾忙猛刚崩刚比让。

Aot mangb mengb gangb bengb gangb bid rangb.

那纠拢单，

Nab jiub liongb dand，

那谷拢送。

Nab guob liongb songx.

扛内算内没同，

Gangb neib suand neib meib tongb，

寿牛没得。

Shoux niub meit deib.

德碗拢油，

Deb wanb liongb youb，

猛碗拢号。

Mengb wanb liongb haox.

溶同见内溶干，

Rongl tongb jianb neib rongl gand，

溶得加内溶白。

Rongl deib jiad neib rongl beix.

照棉白棉，

Zhaox mianb bei mianb，

照痛白痛。

Zhaox tongx bei tongx.

产内拿服几娘到见，

Chant neib nal fud jid niangb daox jianb，

吧内拿龙几娘到嘎。

Bax neib nal longb jid niangb daox gad.

周先苟得公同——

Zhoub xiand geud deib gongt tongb—

苟照帮突够豆、

Geud zhaob bangx tud gout deux、

几最莎到先头，

Jid zuix sax daox xiand toub,

良木公数公然——

Liab mub gongt sut gongt rab—

苟照帮痛比兵、

Geud zhaob bangx tongx bid biongb、

几最莎到先头。

Jid zuib sad daox xiand toub.

良木阿竹共让，

Liangb mux ad zhub gongx rangx,

几最莎到木汝。

Jid zuix sad daox mub rux.

周先周汉先头，

Zhoub xiand zhoub hanx xiand toub,

周木周汉木汝。

Zhoub mub zhoub hanx mub rux.

先头周猛产豆，

Xiand toub zhoub mengb chant deux,

木汝周猛吧就。

Mub rux zhoub mengb bax jux.

周先产豆、

Zhoub xiand chant deux、

先头你猛产豆，

Xiand toub nit mengb chant deux,

周木吧就、

Zhoud mub bad jux、

木汝炯猛吧就。

Mux rux jiongx mengb bax jux.

久抓久头，

Jub zhuab jud toub,

久稍久热。

Juxb xiaod jub reb.

封召阿秋见乖头奶，

Fengt zhaob ab quix jianb gweit teb leid,

洽照阿秋牙羊头浪。 （宝盖诀）

Qiead zhaob ab quix yad yangs teb niangs.

产棍腊格几咱,

Chant ghunt leas gied jib zad,

吧母莎梦几干。

Bax mud sax mengb jid gans.

你茶你猛产豆,

Nil ceab nil mengs chant deux,

炯汝炯娘吧就。

Jiongx rux jiongx niangb bax jux.

就——

Jiux—

神韵——

要封便封送牢，要盖便盖送好。

要封不让人知，要盖不让鬼见。

封了不送掉落，盖了不送消散。

封好封在身中，盖好盖在体内。

烧好蜡烟——

要封天降百宝，佑福地生百财。

送来甜甜蜜蜜，赐来成堆成都。

来那蜂蜜白财、居来有蜜有蜡，

得那蜜财糖财、坐来有浆有力。

居在木桶之中，坐在蜂桶之内。

白天飞出如同下冰，黄昏归巢好似下雪。

整日去采村头花汁，整天去采野外花糖。

九月来到，十月来临。

人们择日取蜜，择吉取糖。

小锅来煮，大锅来熬。

溶汁如同溶冰，溶糖好似溶雪。

装盆满盆，装桶满桶。

千人也喝不完蜜糖，百众也吃不了白财。

保得蜂蜜白财、

保在木桶之中、完全皆得装满，

佑得蜜蜂糖财、

佑在蜂桶之内、完全皆得装登。

留气要留长命富贵，赐福要赐齐天洪福。

长命居得千年，洪福坐过百岁。

留气千年、长气居过千年，

赐福百岁、洪福坐过百岁。

不落不脱，不松不掉。

封在一束官钱长纸，藏在纸帛长钱。

千神也看不见，百鬼也观不明。

清吉坐得千年，平安坐过百岁。

神韵——

在门外所插的纸束下烧纸请师并先敬以酒肉(石开林摄)

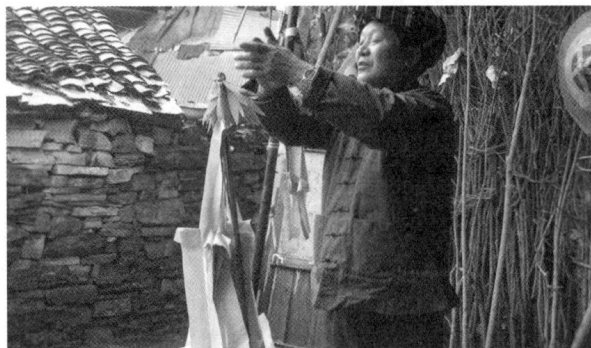

边念神咒边用手诀封门外的纸束(石开林摄)

(二)封半迪浪头·Fengt banb tis nangb teb·封门外的纸束

就——

Jiux—

列封阿半麻巧，

Lieb fengt ad band mab qiaot，

列休阿汉麻加。 （以下各句皆用封闭诀）

Lieb xiut ad hanx mab jiad.

麻巧列封几齐，

Mab qiaot lieb fengt jid qit，

麻加列休吉板。

Mab jiad lieb xiut jib banb.

列封嘎扛齐埋出巧，

Lieb fengt gad gangb qix maib chud qiaot，

列休嘎扛齐埋出加。

Lieb xiut gad gangb qix maib chud jiad.

列封嘎扛齐埋出转，

Lieb fengt gad gangb qix maib chud zhuans，

列休嘎扛齐埋出奈。

Lieb xiut gad gangb qix maib chud naix.

窝汝送斗、

Aot rux songx doub、

几修阿标林休归先归得，

Jid xiut ab bioud liongs xut guil xiand guil deit，

窝汝穷炯、

Aot rux qiongx jiongb、

几修阿竹共让归木归嘎。

Jid xiut ad zhus gongx rangx guil mus guil gad.

内浪先头转嘎虫兰，

Neib nangb xiand toub zhuanb gad chongs lanb，

内浪木汝奈拿虫兄。

Nieb nangb mus rux naix nab chongs xiongd.

窝汝送斗，

Aot rux songx doub，

列休——

Lieb xiut—

补就内绒吉标、

But jux neid rongs jib bioud、

吉高骂棍吉竹，

Jib gaod max ghunt jib zhus，

加皮几纵苟翁、

Jiad bix jid zongs geud wengd、

加细吉秋够求。

Jiad xix jib quix ged qux.

再斗萨空绒苟、

Zaix dub sad kongt rongs geud、

吉高杖虐柔绒。

Jib gaod zhuangb nub rout rongs.

穷斗吉翁吉标见风、

Qiongx doub jib wengd jib bioud jianb fengt、

穷标吉消柔纵见度。

Qiongx biaox jib xaox reub zongs jianb dux.

弄偶出格报标、

Nongl ous chud geb baob bioud、

古虐出忙报竹。

Gud nub chud mangb baob zhus.

棍忙足吾补土、

Ghunt mangb zus wut bus tud、

棍达共娘补桶。

Ghunt das gongx niangb bus tongd.

吉标嘎苟录格、

Jib bioud gait goub lus gib、

几竹嘎期录免。

Jid zhus gad qud lus wans.

阿半楼棒够豆、

Ad bans loul bangx gout deux、

阿汉楼柔比兵。

Ad hanx loul reub bid biongb.

豆剖腊蒙加伞、

Doub bout leas mengb jiad sait、

加怕腊乙加茶。

Jid pax leas yib jiad cax.

意苟召风出岭、

Yis geud zhaod fengt chud liuongt、

度则召度出雄。

Dux zeid zhaod dux chud xiongd.

从篓几移加孟、

Congs noub jid yis jiad mengs、

嘎加补早加豆。

Gad jiad bus zaod jiad deux.

狗嘎告豆出悄、

Guoud giat gaod deux chud qiaot、

爬然比兵出加。

Bax rab bid biongb chub jiad.

修嘎篓滚浪补,

Xiut giat neb gunx nangb bus,

油嘎篓穷浪冬。

Yout giat neb qiongx nangb dongt.

补路列修楼绒,

Bus lux lieb xiut loub rongs,

比路列修弄棍。

Bid lus lieb xiut nongx ghunt.

列修爬迷报龙,

Lieb xiut pad mis baob longb,

爬穷报热。

Pad qiongx baob reib.

出格斗标，

Chud gieb doub bioud，

喂怪柔纵。

Weib guais reub zongs.

修嘎得忙禾交、   （盖压诀）

Xiut gad deit mangb aob jiaot、

便告斗补，

Biat ghaox dout bus，

油嘎度忙禾茶、

Yout giax dux mangb aob cas、

照告然冬。

Zhaox ghaox rab dongt.

封照阿秋头奶告斗，

Fengt zaob ab qux teb leid ghaot dout，

油照阿秋头浪比兵。

Yout zhaob ab qux teb niangs bid biongb.

产豆几扛兵比，

Chant deux jid gangb biongb bid，

吧就久扛干没。

Bax jux jut gangb gans meis.

就——

Jiux—

神韵——
要封那些凶鬼，要收诸般恶怪。
要封便封送完，要收便收送尽。
要封不送他们捣乱，要收不送他们破坏。
要封不送他们牵连，要收不送他们纠缠。
烧好糠香、
不收一家大小生气儿气，
烧好蜡烟、
不收一屋老幼洪福孙福。
信士的生气收在身中，

洪福系在体内。

烧好糠蜡宝香，

要收三年恶煞家中、与那家内邪魔。

噩梦做在床头，噩幻显在床尾。

家中是非口舌，家内官非祸事。

浓烟乱起家中、浓雾乱窜家内。

恶蛇凶兆进家、蛙蚁怪异进户。

死鬼家中作祟、亡神家内作浪、

鸡怪鸭兆当头、诸般怪异当尾。

田中五谷遭瘟、地中杂粮遭病。

乌云黑雾铺天、恶风凶浪盖地。

毒疮伤患侵体、疑难怪病染身。

狗屎屙在门前，猪尿撒进门内。

收去阳州以西，解去阴州一县。

土中要收稻瘟，地头要收米疫。

要收毒蚁进家，红蚁进库。

凶兆家中，怪异家内。

收去冤家仇人、五方山地，

解送仇人冤孽、六方山脉。

封在一束长纸门外，

收在一束长钱坪场。

千年不许出头，百岁不准见面。

神韵——

（上段要收三次才行。）

就——

Jiux—

列封阿半麻巧，

Lieb fengt ad band mab qiaot,

列休阿汉麻加。 　　　　　　　（以下各句皆用封闭诀）

Lieb xiut ad hanx mab jiad.

麻巧列封几齐，

Mab qiaot lieb fengt jid qit,

麻加列休吉板。

Mab jiad lieb xiut jib banb.

列封嘎扛齐埋出巧，

Lieb fengt gad gangb qix maib chud qiaot，

列休嘎扛齐埋出加。

Lieb xiut gad gangb qix maib chud jiad.

列封嘎扛齐埋出转，

Lieb fengt gad gangb qix maib chud zhuans，

列休嘎扛齐埋出奈。

Lieb xiut gad gangb qix maib chud naix.

窝汝送斗、

Aot rux songx doub、

几修阿标林休归先归得，

Jid xiut ab bioud liongs xut guil xiand guil deit，

窝汝穷炯、

Aot rux qiongx jiongb、

几修阿竹共让归木归嘎。

Jid xiut ad zhus gongx rangx guil mus guil gad.

内浪先头转嘎虫兰，

Neib nangb xiand toub zhuanb gad chongs lanb，

内浪木汝奈拿虫兄。

Nieb nangb mus rux naix nab chongs xiongd.

窝汝送斗，

Aot rux songx doub，

列休内绒拢单吉标，

Lieb xiut neib rongb liongb dand jib bioud，

骂棍闹送吉竹。　　　　　　　　　　（反复驱遣诀）

Max ghunt laox songx jib zhub.

出汉斩松猛豆，

Chub hanx zhaid songd mengb deux，

将汉吧难达那。

Jiangb hanx bad nanb dab nab.

加绒楼豆，

Jiad rongb loub deux,

加棍楼越。

Jiad ghunt loub yueb.

得乖否你,

Deib gweit woub nit,

得则否炯。

Deib zeb woub jiongx.

得乖兵比兵缪,

Deib gweit biongb bid biongb mioub,

得则兵豆兵斗。

Deib zeb biongb doud biongb deux.

干然柔先,

Ganb ranb reub xiand,

兰棉柔甲。

Lan mianb reub jiab.

兵鸟兵先,

Biongt niaob biongt xiand,

干古干嘎。

Ganb gud ganb gad.

兵古兵穷,

Biongt gud biongt qiongb,

出格出怪。

Chud geib chub guaix.

斗绒当棍长兰,

Doub rongb dangd ghunt changb lan,

斗棍吉追报长。

Doub ghunt jib zhuix baox changb.

豆毛没比没兵,

Doux maob meib bid meib biongd,

度毛没涌没够。

Dux maob meib yongd meib goux.

打格几篓,

Dab gied jid loub,

打甲吉追。

Dab jiab jib zhuix.

禾抓比包，

Aot zhuab bix bet,

禾中比篓。

Aot zhongb bix loud.

几内出蒙出梅，

Jid neib chub mengb chub meib,

吉忙出皮出细。

Jib mangb chub bix chub xix.

几内否瓜内得，

Jid niex boub guad niex deit,

吉忙否边内呕。

Jib mangb boub biant neib oud.

封照阿秋头奶告斗，

Fengt zaob ab quix toub leid ghaot dout,

油照阿秋头浪比兵。

Yous zhaob ab qiux teb niangs bid biongb.

产豆几扛兵比，

Chant deux jid gangb biongb bid,

吧就久扛干没。

Bax jux jut gangb gans meis.

就——

Jiux—

神韵——

要封那些凶鬼，要收诸般恶怪。

要封便封送完，要收便收送尽。

要封不送他们捣乱，要收不送他们破坏。

要封不送他们牵连，要收不送他们纠缠。

烧好糠香、

不收一家大小生气儿气，

烧好蜡烟、

不收一屋老幼洪福孙福。

信士的生气收在身中，

洪福系在体内。

烧好糠蜡宝香，

要封魑魅来到家中，魍魉进到宅内。

兴那灾星灾殃，降那灾难灾祸。

凶神来得日久，恶鬼坐得久长。

黑处来躲，暗处来藏。

黑处现头现耳，暗处现爪现脚。

现那大口咬牙，现那长舌切齿。

现嘴现齿，见抓见捉。

见红见血，作蛊作怪。

恶煞没有前胸，凶鬼没有后背。

腿脚有鬃有毛，头耳有段有节。①

忽而现前，忽而见后。

跨在床头，现在床尾。

白日现眼现目，夜晚现梦现幻。

白日他骗人子，夜晚他骗人妻。

封在一束长纸门外，

收在一束长钱坪场。

千年不许出头，百岁不准见面。

封在一束长纸门外，

收在一束长钱坪场。

千年不许出头，百岁不准见面。

神韵——

就——

Jiux—

列封阿半麻巧，

Lieb fengt ad band mab qiaot,

列休阿汉麻加。

Lieb xiut ad hanx mab jiad.

麻巧列封几齐，

（以下各句皆用封闭诀）

Mab qiaot lieb fengt jid qit,

麻加列休吉板。

Mab jiad lieb xiut jib banb.

列封嘎扛齐埋出巧,

Lieb fengt gad gangb qix maib chud qiaot,

列休嘎扛齐埋出加。

Lieb xiut gad gangb qix maib chud jiad.

列封嘎扛齐埋出转,

Lieb fengt gad gangb qix maib chud zhuans,

列休嘎扛齐埋出奈。

Lieb xiut gad gangb qix maib chud naix.

窝汝送斗、

Aot rux songx doub、

几修阿标林休归先归得,

Jid xiut ab bioud liongs xut guil xiand guil deit,

窝汝穷炯、

Aot rux qiongx jiongb、

几修阿竹共让归木归嘎。

Jid xiut ad zhus gongx rangx guil mus guil gad.

内浪先头转嘎虫兰,

Neib nangb xiand toub zhuanb giad chongs lanb,

内浪木汝奈拿虫兄。

Neib nangb mus rux naix nab chongs xiongd.

窝汝送斗,

Aot rux songx doub,

列休补豆加皮加细,

Lieb xiut but deux jiad bix jiad xix,

补就加格加怪。

But jux jiad gieb jiad guaib.

加皮出扛内抄,

Jiad bix chud gangb niex caot,

加细出扛内棉。

Jid xix chud gangb niex miab.

加皮出扛内崩,

Jiad bix chud gangb niex bengb,

加细出扛内洽。

Jiad xix chud gangb niex qiax.

皮闹猛龙猛同,

Bix laox mengb longb mengb tongb,

皮豆猛庆猛炮。

Bix deux mengb qix mengb paox.

皮菩冬绒几浪几吼,

Bix pub dongt rongb jib nangb jib hout,

皮挂便同几浪吉话。

Bix guax biat tongb jib nangb jib huax.

皮绒腊葡,

Bix rongb lab pud,

皮便腊挂。

Bix biat lab guax.

几关斗你格绒,

Jid guand dout nib gied rongb,

吉哈斗炯格便。

Jib had dout jiongx gied biax.

皮你周柔周金,

Bix nib zhoub rout zhoub giuongd,

皮炯周图周陇。

Bix jiongx zhoub tub zhoub liongd.

皮热先竹,

Bix reb xiand zhub,

皮弟先比。

Bix dix xiand bid.

皮干咱古,

Bix ganb zad gud,

皮咱加穷。

Bix zad jiad qiongd.

皮龙写尼,

Bix longb xied nieb,

皮架写油。

Bix jiax xied yout.

皮龙光中，

Bix longb guangd zhongd,

皮架光抓。

Bix zhub guangd zhuab.

几篓皮不半斗，

Jid neb bix bub banx deb,

吉追皮扛半太。

Jib zhuix bix gangb banx tiex.

封照阿秋头奶告斗，

Fengt zaob ab qux teb leid ghaot dout,

油照阿秋头浪比兵。

Yout zhaob ab qux teb niangs bid biongb.

产豆几扛兵比，

Chant deux jid gangb biongb bid,

吧就久扛干没。

Bax jux jut gangb gans meis.

就——

Jiux—

神韵——

要封那些凶鬼，要收诸般恶怪。

要封便封送完，要收便收送尽。

要封不送他们捣乱，要收不送他们破坏。

要封不送他们牵连，要收不送他们纠缠。

烧好糠香、

不收一家大小生气儿气，

烧好蜡烟、

不收一屋老幼洪福孙福。

信士的生气收在身中，

洪福系在体内。

烧好糠蜡宝香，

要封三年噩梦噩幻，三载恶蛊恶怪。

噩梦做送人忧，噩幻做送人愁。

噩梦做送人惊，噩幻做送人怕。

梦倒大刀大刃，梦响大铳大炮。

梦垮山梁，梦塌山崖。

梦山也崩，梦岭也塌。

挂在陡岭，飘在悬崖。

梦在岩牢土牢，梦坐竹牢木牢。

梦落门齿，梦断门牙。

梦见红血，梦见污血。

梦吃牯肠，梦嚼牛肚。

梦吃洋葱，梦嚼洋蒜。

身前梦背柴篓，身后梦负炭篓。①

封在一束长纸门外，

收在一束长钱坪场。

千年不许出头，百岁不准见面。

神韵——

注：① 梦到大刀大刃……背负炭篓——以上内容，在本地域内人们的传统观念中被认为是不好的梦境。

就——

Jiux—

列封阿半麻巧，

Lieb fengt ad band mab qiaot,

列休阿汉麻加。   （以下各句皆用封闭诀）

Lieb xiut ad hanx mab jiad.

麻巧列封几齐，

Mab qiaot lieb fengt jid qit,

麻加列休吉板。

Mab jiad lieb xiut jib banb.

列封嘎扛齐埋出巧，

Lieb fengt gad gangb qix maib chud qiaot,

列休嘎扛齐埋出加。

Lieb xiut gad gangb qix maib chud jiad.

列封嘎扛齐埋出转，

Lieb fengt gad gangb qix maib chud zhuans,

列休嘎扛齐埋出奈。

Lieb xiut giad gangb qix maib chud naix.

窝汝送斗、

Aot rux songx doub、

几修阿标林休归先归得，

Jid xiut ab bioud liongs xut guil xiand guil deit，

窝汝穷炯、

Aot rux qiongx jiongb，

几修阿竹共让归木归嘎。

Jid xiut ad zhus gongx rangx guil mus guil gad.

内浪先头转嘎虫兰，

Neib nangb xiand toub zhuanb giad chongs lanb，

内浪木汝奈拿虫兄。

Nieb nangb mus rux naix nab chongs xiongd.

窝汝送斗，

Aot rux songx doub，

列休得章猛萨，

Lieb xiut deit zhuangb mengb sad，

得度得树。

Deib dux deib shux.

鸟拔鸟浓，

Niaob bab niaob niongx，

鸟让鸟共。

Niaob rangb niaob gongx.

麻乖扑见麻果，

Mab gweit pud jianb mab guet，

麻加扑见麻汝。

Mab jiad pud jianb mab rux.

吉白吉袍，

Jid beib jid baox，

几不吉数。

Jid bub jib sut.

萨空绒苟，

Sax kongt rongb goub，

章虐柔绒。

Zhuangb nub rout rongb.

够寿刀够，

Geud shoux diaot gout，

梅良刀肥。

Meib liangb diaod feib.

产内鸟茶、

Chant neib niaot ceab、

吉奈拢服，

Jib naix liongb fub，

吧内弄然、

Bad neib nongb rab、

吉奈拢龙。

Jib naix liongb longb.

几服梅照打鸟，

Jid fub met zhaob dad niaob，

几龙梅照达弄。

Jid longb met zhaob dab nongd.

封照阿秋头奶告斗，

Fengt zaob ab qux teb leid ghaox dout，

油照阿秋头浪比兵。

Yout zhaob ab qux teb niangs bid biongb.

产豆几扛兵比，

Chant deux jid gangb biongb bid，

吧就久扛干没。

Bax jux jut gangb gans meis.

就——

Jiux——

　　神韵——
　　要封那些凶鬼，要收诸般恶怪。
　　要封便封送完，要收便收送尽。
　　要封不送他们捣乱，要收不送他们破坏。
　　要封不送他们牵连，要收不送他们纠缠。
　　烧好糠香、
　　不收一家大小生气儿气，
　　烧好蜡烟、
　　不收一屋老幼洪福孙福。
　　信士的生气收在身中，
　　洪福系在体内。
　　烧好糠蜡宝香，
　　要封官司官口，官非官讼。
　　女口男嘴，小口老嘴。
　　黑的讲成白的，坏的讲成好的。
　　结伙相欺，结伴相害。
　　是非口嘴，官非口舌。
　　教唆传媒，挑拨搬弄。
　　利口邀约来喝，刀舌邀众来吃。
　　不喝强灌口中，不吃强塞嘴内。①
　　封在一束长纸门外，
　　收在一束长钱坪场。
　　千年不许出头，百岁不准见面。
　　神韵——

注：① 不吃强塞嘴内——指强加的罪名，强迫接受的冤枉。

就——
Jiux——
列封阿半麻巧，
Lieb fengt ad band mab qiaot,

列休阿汉麻加。

Lieb xiut ad hanx mab jiad.

麻巧列封几齐，

Mab qiaot lieb fengt jid qit，

麻加列休吉板。

Mab jiad lieb xiut jib banb.

列封嘎扛齐埋出巧，

Lieb fengt gad gangb qix maib chud qiaot，

列休嘎扛齐埋出加。

Lieb xiut gad gangb qix maib chud jiad.

列封嘎扛齐埋出转，

Lieb fengt gad gangb qix maib chud zhuans，

列休嘎扛齐埋出奈。

Lieb xiut gad gangb qix maib chud naix.

窝汝送斗、

Aot rux songx doub、

几修阿标林休归先归得，

Jid xiut ab bioud liongs xut guil xiand guil deit，

窝汝穷炯、

Aot rux qiongx jiongb、

几修阿竹共让归木归嘎。

Jid xiut ad zhus gongx rangx guil mus guil gad.

内浪先头转嘎虫兰，

Neib nangb xiand toub zhuanb gad chongs lanb，

内浪木汝奈拿虫兄。

Nieb nangb mus rux naix nab chongs xiongd.

窝汝送斗，

Aot rux songx doub，

列休棍梦吉标，

Lieb xiut ghunt mengx jib bioub，

棍达几竹。

Ghunt dab jid zhub.

棍梦棍斗，

（以下各句皆用封闭诀）

Ghunt mengx ghunt doub,

棍抄棍达。

Ghunt chaod ghunt dab.

声昂几吼吉标，

Shongt ghangb jid houb jib bioud,

声研吉话吉竹。

Shont yuanb jib huax jid zhub.

提果牛内，

Tib guet niub neib,

呕楼牛麻。

Out loub niub mab.

牛内周滚，

Niub neib zhoud gund,

牛洞周乔。

Niub dongt zhoud qiaob.

纵梦告吹，

Zongb mengt gaob chuid,

纵达告绒。

Zongb dab gaob rongb.

纵篓纵白，

Zongb loub zongb baib,

纵达纵柔。

Zongb dab zongb reub.

封照阿秋头奶告斗，

Fengt zaob ab qux teb leid ghaot dout,

油照阿秋头浪比兵。

Yout zhaob ab qux teb niangs bid biongb.

产豆几扛兵比，

Chant deux jid gangb biongb bid,

吧就久扛干没。

Bax jux jut gangb gans meis.

就——

Jiux—

神韵——

要封那些凶鬼，要收诸般恶怪。

要封便封送完，要收便收送尽。

要封不送他们捣乱，要收不送他们破坏。

要封不送他们牵连，要收不送他们纠缠。

烧好糠香、

不收一家大小生气儿气，

烧好蜡烟、

不收一屋老幼洪福孙福。

信士的生气收在身中，

洪福系在体内。

烧好糠蜡宝香，

要封家中病灾常作，宅内死神常犯。

病灾疾厄，悲哀死亡。

哭声常作家中，哀号常响家内。

二柱白布，麻衣孝服。

二柱篓黄，中柱篓篾。①

病床家中，尸床宅内。

病床崩床，尸床柳床。

封在一束长纸门外，

收在一束长钱坪场。

千年不许出头，百岁不准见面。

神韵——

注：① 篓黄、篓篾——指出枢时唯恐家中福气随丧而去，故将篓篾留在家中之传统作法，在此段中统指丧事，白事。

就——

Jiux——

列封阿半麻巧，

Lieb fengt ad band mab qiaot,

列休阿汉麻加。　　　　　　　　　（以下各句皆用封闭诀）

Lieb xiut ad hanx mab jiad.

麻巧列封几齐，

Mab qiaot lieb fengt jid qit,

麻加列休吉板。

Mab jiad lieb xiut jib banb.

列封嘎扛齐埋出巧，

Lieb fengt gad gangb qix maib chud qiaot,

列休嘎扛齐埋出加。

Lieb xiut gad gangb qix maib chud jiad.

列封嘎扛齐埋出转，

Lieb fengt gad gangb qix maib chud zhuans,

列休嘎扛齐埋出奈。

Lieb xiut gad gangb qix maib chud naix.

窝汝送斗、

Aot rux songx doub、

几修阿标林休归先归得，

Jid xiut ab bioud liongs xut guil xiand guil deit,

窝汝穷炯、

Aot rux qiongx jiongb、

几修阿竹共让归木归嘎。

Jid xiut ad zhus gongx rangx guil mus guil gad.

内浪先头转嘎虫兰，

Neib nangb xiand toub zhuanb gad chongs lanb,

内浪木汝奈拿虫兄。

Nieb nangb mus rux naix nab chongs xiongd.

窝汝送斗，

Aot rux songx doub,

列休家格吉标，

Lieb xiut jiab gib jib bioud,

加怪吉竹。   （反复驱遣诀）

Jiad guaix jid zhub.

加格出扛内咱，

Jiad gib chub gangb neib zad,

加怪喂扛内干。

Jiad guaix weib gangb neib ganb.

出格够寿扛容，

Chub gib geb shoux gangb yongb,

喂怪梅良扛棉。

Weib guaix meib liangb gangb miab.

弄偶报标，

Nongt oub baox bioud,

拢出那柔那金。

Liongb chub nat reub nat giuongd.

弄苟报竹，

Nongd geud baob zhub,

拢出巴良图共。

Liongb chu bad liab tub gongx.

故敏报标，

Gud miongt baob bioud,

故虐报竹。

Gud nub baob zhub.

竹同不得，

Zhub tongb but deib,

竹纵不同。

Zhub zongb but tongb.

竹同拢出声猛，

Zhub tongb liongb chub shongt mengt,

不绕拢让昂走。

But raot liongb rangb ghangb zoub.

补产爬迷、

But chant pab mib、

几谋够豆、

Jid mueb gout deux、

拢出声梦，

Liongb chub shongt mengt,

补吧爬穷、

But bax pad qiongx、

吉麻比兵、

Jid mab bid biongb、

拢出声达。

Liongb chub shongt dab.

潮录告台打温，

Zaox lub ghaox taib dat wengt,

潮弄告提达笑。

Zaox nongx ghaox tib dab xiaox.

封照阿秋头奶告斗，

Fengt zaob ab qux teb leid ghaot dout,

油照阿秋头浪比兵。

Yout zhaob ab qux teb niangs bid biongb.

产豆几扛兵比，

Chant deux jid gangb biongb bid,

吧就久扛干没。

Bax jux jut gangb gans meis.

就——

Jiux—

神韵——

要封那些凶鬼，要收诸般恶怪。

要封便封送完，要收便收送尽。

要封不送他们捣乱，要收不送他们破坏。

要封不送他们牵连，要收不送他们纠缠。

烧好糠香、

不收一家大小生气儿气，

烧好蜡烟、

不收一屋老幼洪福孙福。

信士的生气收在身中，

洪福系在体内。

烧好糠蜡宝香，

要封凶兆现在家中，怪异现在家内。

凶兆出让人知，怪异作送人见。

凶兆带来凶灾，怪异招来恶难。

恶蛇进家、绞搓成绳成索，①

怪蛇进户，来做抬丧木扛。

青蛙进家，怪蛙进户。

家中出异，宅内现怪。

家中常有病哼，宅内常有病犯。

三千怪蚁进家来做病叹，三百红蚁进户来做哭丧。

大米跳在簸中，小米跳在筛内。

封在一束长纸门外，

收在一束长钱坪场。

千年不许出头，百岁不准见面。

神韵——

注：① 绞搓成绳成索——指蛇交尾。

就——

Jiux—

列封阿半麻巧，

Lieb fengt ad band mab qiaot,

列休阿汉麻加。 　　　　　　　　　　（以下各句皆用封闭诀）

Lieb xiut ad hanx mab jiad.

麻巧列封几齐，

Mab qiaot lieb fengt jid qit,

麻加列休吉板。

Mab jiad lieb xiut jib banb.

列封嘎扛齐埋出巧，

Lieb fengt gad gangb qix maib chud qiaot,

列休嘎扛齐埋出加。

Lieb xiut gad gangb qix maib chud jiad.

列封嘎扛齐埋出转，

Lieb fengt gad gangb qix maib chud zhuans,

列休嘎扛齐埋出奈。

Lieb xiut gad gangb qix maib chud naix.

窝汝送斗、

Aot rux songx doub、

几修阿标林休归先归得，

Jid xiut ab bioud liongs xut guil xiand guil deit，

窝汝穷炯、

Aot rux qiongx jiongb、

几修阿竹共让归木归嘎。

Jid xiut ad zhus gongx rangx guil mus guil gad.

内浪先头转嘎虫兰，

Neib nangb xiand toub zhuanb gad chongs lanb，

内浪木汝奈拿虫兄。

Niex nangb mus rux naix nab chongs xiongd.

窝汝送斗，

Aot rux songx doub，

列休加绒拢租，

Lieb xiut jiad rongb liongb zub，

加棍拢岔。

Jiad ghunt liongb chax.

加绒抱标拢租拢出，

Jiad rongb baob bioud liongb cub liongb chub，

加棍抱竹拢仇拢大。

Jiad ghunt baob zhub liongb choub liongb dab.

棍忙足吾补土，

Ghunt mangb zub wut but tud，

棍达共娘补痛。

Ghunt dab gongx niangb but tongx.

补豆借酒加服，

Bud deux jiet jiud jiad fub，

补就出列加龙。

Bud jiut chub lieb jiab longb.

借酒酒孝，

Jiet jiud jiud xiaot，

出列列虐。

（反复驱遣诀）

Chud liex liex nub.

得服几周，

Deib fub jib zhoud，

嘎龙几壮。

Gad longb jid zhuangb.

油首几见善缪，

Youb shout jid jianb shait mioub，

唐闹几加善昂。

Tangx laox jid jiad shait ghangb.

列乖呕温列香，

Lieb gweit out wengt liex xiangt，

冲苟达告竹鲁。

Chongx geud dab ghaox zhub lud.

呕笑列昂，

Out xiaox lieb ghangb，

冲照达告竹嘴。

Chongx zhaob dab ghaox zhub zuid.

雄忙阿涌，

Xiongt mangb ad yongd，

陇忙阿够。

Liongb mangb ad goud.

窝达香录，

Aot dab xiangt lub，

窝这香瓜。

Aob zheux xiangt guad.

封照阿秋头奶告斗，

Fengt zaob ab qux teb leid ghaot dout，

油照阿秋头浪比兵。

Yout zhaob ab qux teb niangs bid biongb.

产豆几扛兵比，

Chant deux jid gangb biongb bid，

吧就久扛干没。

Bax jux jut gangb gans meis.

就——

Jiux—

神韵——

要封那些凶鬼，要收诸般恶怪。

要封便封送完，要收便收送尽。

要封不送他们捣乱，要收不送他们破坏。

要封不送他们牵连，要收不送他们纠缠。

烧好糠香、

不收一家大小生气儿气，

烧好蜡烟、

不收一屋老幼洪福孙福。

信士的生气收在身中，

洪福系在体内。

烧好糠蜡宝香，

要封凶鬼作祟，恶煞作乱。

凶鬼进屋来促来祟，恶煞进家来打来杀。

死神为殃作祸，死鬼兴灾作难。

三年煮酒不甜，三载煮饭不熟。

儿喝不长，孙吃不肥。

做事不得圆满，打铁不得锋利。

要驱两簸丧饭、摆在堂屋前方，

两筛丧供，摆在大门后面。

丧竹一节，响竹一筒。

菖蒲隔死，桃叶隔丧。①

封在一来长纸门外，

收在一来长钱坪场。

千年不许出头，百岁不准见面。

神韵——

注：① 桃叶隔丧——本地传统习俗中有用菖蒲和桃叶来隔除死神的作法，以上几句泛指丧事。

就——

Jiux—

列封阿半麻巧，

Lieb fengt ad band mab qiaot,

列休阿汉麻加。 　　　　　　　（以下各句皆用封闭诀）

Lieb xiut ad hanx mab jiad.

麻巧列封几齐，

Mab qiaot lieb fengt jid qit,

麻加列休吉板。

Mab jiad lieb xiut jib banb.

列封嘎扛齐埋出巧，

Lieb fengt gad gangb qix maib chud qiaot,

列休嘎扛齐埋出加。

Lieb xiut giad gangb qix maib chud jiad.

列封嘎扛齐埋出转，

Lieb fengt giad gangb qix maib chud zhuans,

列休嘎扛齐埋出奈。

Lieb xiut giad gangb qix maib chud naix.

窝汝送斗、

Aot rux songx doub、

几修阿标林休归先归得，

Jid xiut ab bioud liongs xut guil xiand guil deit,

窝汝穷炯、

Aot rux qiongx jiongb、

几修阿竹共让归木归嘎。

Jid xiut ad zhus gongx rangx guil mus guil gad.

内浪先头转嘎虫兰，

Neib nangb xiand toub zhuanb gad chongs lanb,

内浪木汝奈拿虫兄。

Nieb nangb mus rux naix nab chongs xiongd.

窝汝送斗，

Aot rux songx doub,

列休班乖班达，

Lieb xiut band gweit band dab,

班两班木。

Band liangb band mub.

得标麻乖,

Deib bioud mab gweit,

得相麻共。

Deib xiangd mab gongx.

楼棒抓图够豆,

Loub bangb zhuab tux gout deux,

楼柔抓拢比兵。

Loub reub zhuab liongb bit biongt.

广将鲁班,

Guangd jiangd lut band,

首龙到然。

Shout longb daox rab.

报尖报借,

Baox jiand baox jiex,

达虾那图。

Dab xiad nab tux.

封照阿秋头奶告斗,

Fengt zaob ab qux teb leid ghaot dout,

油照阿秋头浪比兵。

Yout zhaob ab qux teb niangs bid biongb.

产豆几扛兵比,

Chant deux jid gangb biongb bid,

吧就久扛干没。

Bax jux jut gangb gans meis.

就——

Jiux—

神韵——
要封那些凶鬼,要收诸般恶怪。
要封便封送完,要收便收送尽。

要封不送他们捣乱，要收不送他们破坏。

要封不送他们牵连，要收不送他们纠缠。

烧好糠香、

不收一家大小生气儿气，

烧好蜡烟、

不收一屋老幼洪福孙福。

信士的生气收在身中，

洪福系在体内。

烧好糠蜡宝香，

要封棺材棺木，棺埋棺葬。

棺木黑屋，箱子棺樟。

木头木马丧板，丧板木马丧扛。

做棺木匠，利斧刀具。

推光推刨，墨签墨线。

封在一束长纸门外，

收在一束长钱坪场。

千年不许出头，百岁不准见面。

神韵——

就——

Jiux—

列封阿半麻巧，

Lieb fengt ad band mab qiaot，

列休阿汉麻加。 （以下各句皆用封闭诀）

Lieb xiut ad hanx mab jiad.

麻巧列封几齐，

Mab qiaot lieb fengt jid qit，

麻加列休吉板。

Mab jiad lieb xiut jib banb.

列封嘎扛齐埋出巧，

Lieb fengt gad gangb qix maib chud qiaot，

列休嘎扛齐埋出加。

Lieb xiut gad gangb qix maib chud jiad.

列封嘎扛齐埋出转，

Lieb fengt gad gangb qix maib chud zhuans，

列休嘎扛齐埋出奈。

Lieb xiut gad gangb qix maib chud naix.

窝汝送斗、

Aot rux songx doub、

几修阿标林休归先归得，

Jid xiut ab bioud liongs xut guil xiand guil deit，

窝汝穷炯、

Aot rux qiongx jiongb、

几修阿竹共让归木归嘎。

Jid xiut ad zhus gongx rangx guil mus guil gad.

内浪先头转嘎虫兰，

Neib nangb xiand toub zhuanb gad chongs lanb，

内浪木汝奈拿虫兄。

Nieb nangb mus rux naix nab chongs xiongd.

窝汝送斗，

Aot rux songx doub，

列休嘎格斗标，

Lieb xiut gad gied doub bioub，

傩棉柔纵。

Nub miab reub zongx.

嘎苟录格，

Gad geud lub gieb，

嘎欺录麻。

Gad qid lub miax.

狗拢首得阿偶，

Goud liongb soud deit ad oud，

琶拔首得阿双。

Pax bax soud deit ad shuangt.

嘎陇包就服楼，

Gad liongb baod jud fud loub，

琶拢包陇龙得。

Pax liongb baod liongb longb deib.

就录爷古，

Jud lub yeb gub，

梅热爷穷。

Meib reb yeb qiongb，

禾内拢嘎拢奈，

Gob neit liongb giad liongb naib，

报告拢楼拢归。

Baob gaob liongb loub liongb guib.

封照阿秋头奶告斗，

Fengt zaot ab qux teb leid ghaot dout，

油照阿秋头浪比兵。

Yout zhaob ab qux teb niangs bid biongb.

产豆几扛兵比，

Chant deux jid gangb biongb bid，

吧就久扛干没。

Bax jux jut gangb gans meis.

就——

Jiux—

神韵——
要封那些凶鬼，要收诸般恶怪。
要封便封送完，要收便收送尽。
要封不送他们捣乱，要收不送他们破坏。
要封不送他们牵连，要收不送他们纠缠。
烧好糠香、
不收一家大小生气儿气，
烧好蜡烟、
不收一屋老幼洪福孙福。
信士的生气收在身中，
洪福系在体内。
烧好糠蜡宝香，
要封怪鸡家中，怪鸭宅内。

怪鸡怪鸭，鸡兆鸭兆。

狗来下崽一只，猪来下儿一双。①

鸡来进窝啄蛋，猪来进窝吃儿。

鸡窝流汁，猪窝滴血。

母鸡来啼来叫，公鸡来窝来抱。

封在一束长纸门外，

收在一束长钱坪场。

千年不许出头，百岁不准见面。

神韵——

注：① 狗来下崽一只，猪来下儿一双——本地传统观念认为狗一胎只生一只的便是木棒儿，会打伤主人，猪一胎只生两头的便是抬丧猪，也会殃及主人。

就——

Jiux—

列封阿半麻巧，

Lieb fengt ad band mab qiaot,

列休阿汉麻加。　　　　　　　　（以下各句皆用封闭诀）

Lieb xiut ad hanx mab jiad.

麻巧列封几齐，

Mab qiaot lieb fengt jid qit,

麻加列休吉板。

Mab jiad lieb xiut jib banb.

列封嘎扛齐埋出巧，

Lieb fengt gad gangb qix maib chud qiaot,

列休嘎扛齐埋出加。

Lieb xiut gad gangb qix maib chud jiad.

列封嘎扛齐埋出转，

Lieb fengt gad gangb qix maib chud zhuans,

列休嘎扛齐埋出奈。

Lieb xiut gad gangb qix maib chud naix.

窝汝送斗、

Aot rux songx doub、

几修阿标林休归先归得，

Jid xiut ab bioud liongs xut guil xiand guil deit,

窝汝穷炯、

Aot rux qiongx jiongb、

几修阿竹共让归木归嘎。

Jid xiut ad zhus gongx rangx guil mus guil gad.

内浪先头转嘎虫兰，

Neib nangb xiand toub zhuanb gad chongs lanb,

内浪木汝奈拿虫兄。

Nieb nangb mus rux naix nab chongs xiongd.

窝汝送斗，

Aot rux songx doub,

列休楼绒兵你腊吾，

Lieb xiut loub rongb biongb nit lab wut,

弄棍兵照路江。　　　　　　　　　（反复驱遣诀）

Nongx ghunt biongb zhaob lub jiangb.

腊吾江楼几见，

Lab wut jiangd loub jid jianb,

路先标弄几单。

Lux xiand bioub nongx jib dand.

标楼见如，

Bioud loub jianb rub,

照弄见兄。

Zhaob nongx jianb xiongd.

豆剖腊蒙，

Deux bout lab mengb,

陇出哭中。

Liongb chub kux zhongb.

假怕腊乙，

Jiad pat lab yib,

陇出哭从。

Liongb chub kux congb.

楼兵那便、

Loub biongt nab biat、

陇出列尼,

Liongb chub liex nieb,

弄兵那照、

Nongx biongt nab zhaox、

陇出列爬。

Liongb chub lieb pax.

楼兵嘎豆嘎柔,

Loub biongt gab deux gab reub,

弄兵嘎公嘎扒。

Nongx biongt gab gongx gab pax.

楼兵加内,

Loub biongt jiad neit,

弄兵加虐。

Nongx biongt jiad nub.

封照阿秋头奶告斗,

Fengt zaob ab qux teb leid ghaot dout,

油照阿秋头浪比兵。

Yout zhaob ab qux teb niangs bid biongb.

产豆几扛兵比,

Chant deux jid gangb biongb bid,

吧就久扛干没。

Bax jux jut gangb gans meis.

就——

Jiux—

神韵——
要封那些凶鬼,要收诸般恶怪。
要封便封送完,要收便收送尽。
要封不送他们捣乱,要收不送他们破坏。
要封不送他们牵连,要收不送他们纠缠。
烧好糠香、
不收一家大小生气儿气,

烧好蜡烟、

不收一屋老幼洪福孙福。

信士的生气收在身中，

洪福系在体内。

烧好糠蜡宝香，

要封败谷出在田里，残米出在土内。

水田栽谷不长，熟土种米不生。

播谷不均，播米不散。

田园垮孔，来做墓井。

地头塌陷，来做坟场。

谷出五月来送牛吃，米出六月来做饲料。

谷穗霉粉土粉，米穗蚁屎烂粉。

谷出凶日，米出凶辰。

封在一束长纸门外，

收在一束长钱坪场。

千年不许出头，百岁不准见面。

神韵——

就——

Jiux—

列封阿半麻巧，

Lieb fengt ad band mab qiaot,

列休阿汉麻加。 （以下各句皆用封闭诀）

Lieb xiut ad hanx mab jiad.

麻巧列封几齐，

Mab qiaot lieb fengt jid qit,

麻加列休吉板。

Mab jiad lieb xiut jib banb.

列封嘎扛齐埋出巧，

Lieb fengt gad gangb qix maib chud qiaot,

列休嘎扛齐埋出加。

Lieb xiut gad gangb qix maib chud jiad.

列封嘎扛齐埋出转，

Lieb fengt gad gangb qix maib chud zhuans，

列休嘎扛齐埋出奈。

Lieb xiut gad gangb qix maib chud naix.

窝汝送斗、

Aot rux songx doub、

几修阿标林休归先归得，

Jid xiut ab bioud liongs xut guil xiand guil deit，

窝汝穷炯、

Aot rux qiongx jiongb、

几修阿竹共让归木归嘎。

Jid xiut ad zhus gongx rangx guil mus guil gad.

内浪先头转嘎虫兰，

Neib nangb xiand toub zhuanb gad chongs lanb，

内浪木汝奈拿虫兄。

Nieb nangb mus rux naix nab chongs xiongd.

窝汝送斗，

Aot rux songx doub，

列休打便浪格，

Lieb xiut dat biat nangb gieb，

打绒浪怪。

Dad rongb nangb guaix.

绒岭乖豆，

Rongb lingb gweit deux，

绒捕乖内。

Rongb pub gweit neib.

意苟召风，

Yib geud zhaob fengt，

度则召度。

Dux zeb zhaob dux.

度篓麻林，

Dux loub mab linb，

度则麻布。

Dux zeb mab bux.

将乔昂苟，

Jiangb qiaob ghangb geud,

将穷昂绒。

Jiang qiongx ghangb rongb.

几北摧岭，

Jid beib cuit lingb,

吉走摧穷。

Jib zoub cuit qiongb.

斗补浪力，

Dout bud nangb lib,

斗冬浪梅。

Dout dongt nangb meib.

兄休况闹况叫，

Xiongt xiut kangb laob kangb jiaob,

兄柳况豆况斗。

Xiongt liud kangb deux kangb doub.

列乖昂格当苟，

Lieb gweit ghangb gieb dangb geud,

录达当公。

Lub dab dangb gongx.

到昂几尼昂龙，

Daox ghangb jib nib ghangb longb,

到录几尼录用。

Daox lub jib nib lub yongx.

封照阿秋头奶告斗，

Fengt zaob ab qux teb leid ghaot dout,

油照阿秋头浪比兵。

Yout zhaob ab qux teb niangs bid biongb.

产豆几扛兵比，

Chant deux jid gangb biongb bid,

吧就久扛干没。

Bax jux jut gangb gans meis.

就——

Jiux——

神韵——
要封那些凶鬼，要收诸般恶怪。
要封便封送完，要收便收送尽。
要封不送他们捣乱，要收不送他们破坏。
要封不送他们牵连，要收不送他们纠缠。
烧好糠香、
不收一家大小生气儿气，
烧好蜡烟、
不收一屋老幼洪福孙福。
信士的生气收在身中，
洪福系在体内。
烧好糠蜡宝香，
要封天上作古，天空作怪。
黑云满天，乌云满盖。
乌天黑地，乌地黑天。
大团云流，乌黑云盖。
土地的驴，当坊的马。①
红云漫天，绿云漫地。②
红桌敬神，绿桌赶鬼。③
葛藤缠脚缠腿，绳索缠臂缠手。④
要驱怪肉当途，死鸟当道。
得肉不是肉吃，得鸟不是鸟飞。
封在一束长纸门外，
收在一束长钱坪场。
千年不许出头，百岁不准见面。
神韵——

注：① 土地的驴，当坊的马——指虎狼，传说虎狼是当坊土地的坐骑，归土地神管。
② 红云漫天，绿云漫地——指会吞食人的恶龙，传说其会变成彩虹来害人。
③ 红桌敬神，绿桌赶鬼——指染患顽疾凶病的灾难而用漆上颜色的桌子敬神赶鬼。
④ 葛藤缠脚缠腿，绳索缠臂缠手——喻被毒蛇咬伤。

就——

Jiux—

列封阿半麻巧，

Lieb fengt ad band mab qiaot,

列休阿汉麻加。 （以下各句皆用封闭诀）

Lieb xiut ad hanx mab jiad.

麻巧列封几齐，

Mab qiaot lieb fengt jid qit,

麻加列休吉板。

Mab jiad lieb xiut jib banb.

列封嘎扛齐埋出巧，

Lieb fengt gad gangb qix maib chud qiaot,

列休嘎扛齐埋出加。

Lieb xiut gad gangb qix maib chud jiad.

列封嘎扛齐埋出转，

Lieb fengt gad gangb qix maib chud zhuans,

列休嘎扛齐埋出奈。

Lieb xiut gad gangb qix maib chud naix.

窝汝送斗、

Aot rux songx doub、

几修阿标林休归先归得，

Jid xiut ab bioud liongs xut guil xiand guil deit,

窝汝穷炯、

Aot rux qiongx jiongb、

几修阿竹共让归木归嘎。

Jid xiut ad zhus gongx rangx guil mus guil gad.

内浪先头转嘎虫兰，

Neib nangb xiand toub zhuanb gad chongs lanb,

内浪木汝奈拿虫兄。

Niex nangb mus rux naix nab chongs xiongd.

窝汝送斗，

Aot rux songx doub,

列休从篓几移，

Lieb xiut congb loub jid yib，

嘎加补皂。

Gad jiad but zaod.

招从招打，

Zhaob congb zhaob dad，

招梦招共。

Zhaob mengt zhaob gongx.

谷合麻如如拿背柳，

Guob heb mab rub rub nab beid liud，

告号麻照林拿窝刀。

Gaod haox mab zhaob linb nab aot diaot.

几篓补首就才，

Jid loub but shoux jiux cait，

吉追补叫就夯。

Jib zhuix but jiaob jiux hangx.

锐咒就加，锐虐就夯。

Ruit zhoub jiux jiad, ruit niub jiux hangx.

封照阿秋头奶告斗，

Fengt zaob ab qux teb leid ghaot dout，

油照阿秋头浪比兵。

Yout zhaob ab qux teb niangs bid biongb.

产豆几扛兵比，

Chant deux jid gangb biongb bid，

吧就久扛干没。

Bax jux jut gangb gans meis.

就——

Jiux—

　　神韵——
　　要封那些凶鬼，要收诸般恶怪。
　　要封便封送完，要收便收送尽。
　　要封不送他们捣乱，要收不送他们破坏。
　　要封不送他们牵连，要收不送他们纠缠。

烧好糠香、

不收一家大小生气儿气，

烧好蜡烟、

不收一屋老幼洪福孙福。

信士的生气收在身中，

洪福系在体内。

烧好糠蜡宝香，

要封毒疮伤患，药鬼纠缠。

生疮生疱，肿臭肿烂。

发炎肿大大如瓜果，发病肿壮壮似大瓜。

身前三包臭药，身后三包臭草。

药灾发臭，药患秽污。

封在一束长纸门外，

收在一束长钱坪场。

千年不许出头，百岁不准见面。

神韵——

就——

Jiux—

列封阿半麻巧，

Lieb fengt ad band mab qiaot,

列休阿汉麻加。 （以下各句皆用封闭诀）

Lieb xiut ad hanx mab jiad.

麻巧列封几齐，

Mab qiaot lieb fengt jid qit,

麻加列休吉板。

Mab jiad lieb xiut jib banb.

列封嘎扛齐埋出巧，

Lieb fengt gad gangb qix maib chud qiaot,

列休嘎扛齐埋出加。

Lieb xiut gad gangb qix maib chud jiad.

列封嘎扛齐埋出转，

Lieb fengt gad gangb qix maib chud zhuans,

列休嘎扛齐埋出奈。

Lieb xiut gad gangb qix maib chud naix.

窝汝送斗、

Aot rux songx doub、

几修阿标林休归先归得，

Jid xiut ab bioud liongs xut guil xiand guil deit，

窝汝穷炯、

Aot rux qiongx jiongb、

几修阿竹共让归木归嘎。

Jid xiut ad zhus gongx rangx guil mus guil gad.

内浪先头转嘎虫兰，

Neib nangb xiand toub zhuanb gad chongs lanb，

内浪木汝奈拿虫兄。

Nieb nangb mus rux naix nab chongs xiongd.

窝汝送斗，

Aot rux songx doub，

列休便松达巧，

Lieb xiut biat songt dab qiaod，

炯松达加。

Jiongb songt dab jiad.

楼久楼得，

Loub jiut loub deib，

楼比楼缪。

Loub bid loub mioub.

猛巧猛加，

Mengb qiaot mengb jiad，

猛虐猛让。

Mengb niub mengb rangx.

狗嘎告豆，

Goud gad gaob doub，

琶然比兵。

Pax rad bid biongb.

纵补吾棍，

Zongb bub wut ghunt,

纵潮吾猛。

Zongb zaox wut mengb.

纵补几没内刚，

Zongb bub jid meib neib gangt,

纵潮几没内土。

Zongb zaox jit meib neib tud.

封照阿秋头奶告斗，

Fengt zaob ab qux teb leid ghaot dout,

油照阿秋头浪比兵。

Yout zhaob ab qux teb niangs bid biongb.

产豆几扛兵比，

Chant deux jid gangb biongb bid,

吧就久扛干没。

Bax jux jut gangb gans meis.

就——

Jiux—

神韵——

要封那些凶鬼，要收诸般恶怪。

要封便封送完，要收便收送尽。

要封不送他们捣乱，要收不送他们破坏。

要封不送他们牵连，要收不送他们纠缠。

烧好糠香、

不收一家大小生气儿气，

烧好蜡烟、

不收一屋老幼洪福孙福。

信士的生气收在身中，

洪福系在体内。

烧好糠蜡宝香，

要封五音猖鬼，七姓伤亡。

烂身烂体，烂头烂耳。

死丑死坏，死短死幼。

狗来拉屎门前，猪来撒尿门边。

猖鬼恶耀，伤亡恶煞。

猖鬼没有人理，伤亡没有人敬。[①]

封在一束长纸门外，

收在一束长钱坪场。

千年不许出头，百岁不准见面。

神韵——

注：① 猖鬼、伤亡——因伤而亡的人被认为是非正常死亡的，死后不入祖籍。

就——

Jiux—

列封阿半麻巧，

Lieb fengt ad band mab qiaot，

列休阿汉麻加。 （以下各句皆用封闭诀）

Lieb xiut ad hanx mab jiad.

麻巧列封几齐，

Mab qiaot lieb fengt jid qit，

麻加列休吉板。

Mab jiad lieb xiut jib banb.

列封嘎扛齐埋出巧，

Lieb fengt gad gangb qix maib chud qiaot，

列休嘎扛齐埋出加。

Lieb xiut gad gangb qix maib chud jiad.

列封嘎扛齐埋出转，

Lieb fengt gad gangb qix maib chud zhuans，

列休嘎扛齐埋出奈。

Lieb xiut gad gangb qix maib chud naix.

窝汝送斗、

Aot rux songx doub、

几修阿标林休归先归得，

Jid xiut ab bioud liongs xut guil xiand guil deit，

窝汝穷炯、

Aot rux qiongx jiongb、

几修阿竹共让归木归嘎。

Jid xiut ad zhus gongx rangx guil mus guil gad.

内浪先头转嘎虫兰，

Neib nangb xiand toub zhuanb gad chongs lanb，

内浪木汝奈拿虫兄。

Nieb nangb mus rux naix nab chongs xiongd.

窝汝送斗，

Aot rux songx doub，

列休就达拍见，

Lieb xiut jux dab peit jianb，

就挂袍嘎。

Jux guax paox gad.

拍见见内篓吾篓斗，

Peit jianb jianb neib loub wut loub deb，

袍嘎见内挂苟挂绒。

Paox gax jianb neib guax geud guax rongb.

首狗狗腊几林，

Soud goud goud lab jid linb，

首爬爬腊几章。

Soud bax bax lab jid zhuangb.

岔见几单白豆，

Chax jianb jid dand baib deux，

岔嘎几到白斗。

Chax gax jid daox baib deb.

见你窝打否腊拍猛，

Jianb nib aot dat boub lab peit mengb，

然召窝桶否腊袍闹。

Rad zhaob aob tongx woub lab paox laox.

打书猛豆，

Dat shut mengb deux，

达水达腊。

Dat shuit dab lab.

封照阿秋头奶告斗，

Fengt zaob ab qux teb leid ghaot dout,

油照阿秋头浪比兵。

Yout zhaob ab qux teb niangs bid biongb.

产豆几扛兵比，

Chant deux jid gangb biongb bid,

吧就久扛干没。

Bax jux jut gangb gans meis.

就——

Jiux—

神韵——

要封那些凶鬼，要收诸般恶怪。

要封便封送完，要收便收送尽。

要封不送他们捣乱，要收不送他们破坏。

要封不送他们牵连，要收不送他们纠缠。

烧好糠香、

不收一家大小生气儿气，

烧好蜡烟、

不收一屋老幼洪福孙福。

信士的生气收在身中，

洪福系在体内。

烧好糠蜡宝香，

要封年头失耗，年尾破财。

失耗如同水消，破财如同山崩。

养狗狗也不长，喂猪猪也不肥。

挣钱不得到手，挣米不得到口。

财在箱中失耗，钱在袋中失落。

猪瘟时气，牛瘟马僵。

封在一束长纸门外，

收在一束长钱坪场。

千年不许出头，百岁不准见面。

神韵——

就——

Jiux—

列封阿半麻巧，

Lieb fengt ad band mab qiaot，

列休阿汉麻加。

Lieb xiut ad hanx mab jiad.

（以下各句皆用封闭诀）

麻巧列封几齐，

Mab qiaot lieb fengt jid qit，

麻加列休吉板。

Mab jiad lieb xiut jib banb.

列封嘎扛齐埋出巧，

Lieb fengt gad gangb qix maib chud qiaot，

列休嘎扛齐埋出加。

Lieb xiut gad gangb qix maib chud jiad.

列封嘎扛齐埋出转，

Lieb fengt gad gangb qix maib chud zhuans，

列休嘎扛齐埋出奈。

Lieb xiut gad gangb qix maib chud naix.

窝汝送斗、

Aot rux songx doub、

几修阿标林休归先归得，

Jid xiut ab bioud liongs xut guil xiand guil deit，

窝汝穷炯、

Aot rux qiongx jiongb、

几修阿竹共让归木归嘎。

Jid xiut ad zhus gongx rangx guil mus guil gad.

内浪先头转嘎虫兰，

Neib nangb xiand toub zhuanb gad chongs lanb，

内浪木汝奈拿虫兄。

Nieb nangb mus rux naix nab chongs xiongd.

窝汝送斗，

Aot rux songx doub，

中缪浪汉声昂，

Zhongb mioub nangb hanx shongt angt,

良内吉话声年。

Niangb niex jib huax shongt nianb.

咱绒咱棍召篓召追,

Zad rongb zad ghunt zhaob loub zhaob zhuix,

咱格咱怪召抓召尼。

Zad gieb zad guaix zhaob zhuab zhaob nib.

巴鸟几洽,

Bad niaob jid qiat,

巴加几柔。

Bad jiab jid reub.

干然柔先,

Ganb ranb reub xiand,

奶咩柔甲。

Liaib miab reub jiab.

到比拿突拿痛,

Daox bid nab tud nab tongx,

图久拿苟拿绒。

Tub jiud nab geud nab rongb.

召篓列仇列大,

Zhaob loud lieb choub lieb dax,

召追列架列能。

Zhaob zhuix lieb giad lieb nongb.

封照阿秋头奶告斗,

Fengt zaob ab qux teb leid ghaot dout,

油照阿秋头浪比兵。

Yout zhaob ab qux teb niangs bid biongb.

产豆几扛兵比,

Chant deux jid gangb biongb bid,

吧就久扛干没。

Bax jux jut gangb gans meis.

就——

Jiux—

神韵——

要封那些凶鬼，要收诸般恶怪。

要封便封送完，要收便收送尽。

要封不送他们捣乱，要收不送他们破坏。

要封不送他们牵连，要收不送他们纠缠。

烧好糠香、

不收一家大小生气儿气，

烧好蜡烟、

不收一屋老幼洪福孙福。

信士的生气收在身中，

洪福系在体内。

烧好糠蜡宝香，

要封耳朵听那哭丧，幻觉听那哭号。

见鬼见神在前在后，见蛊见怪在左在右。

歪嘴来啖，张口来吞。

大齿如钉，长舌如耙。

鬼头大似木桶，鬼身大如山岚。

在前要提要抓，在后要吞要吃。

封在一束长纸门外，

收在一束长钱坪场。

千年不许出头，百岁不准见面。

神韵——

就——

Jiux—

列封阿半麻巧，

Lieb fengt ad band mab qiaot,

列休阿汉麻加。　　　　　　　　　（以下各句皆用封闭诀）

Lieb xiut ad hanx mab jiad.

麻巧列封几齐，

Mab qiaot lieb fengt jid qit,

麻加列休吉板。

Mab jiad lieb xiut jib banb.

列封嘎扛齐埋出巧，

Lieb fengt gad gangb qix maib chud qiaot，

列休嘎扛齐埋出加。

Lieb xiut gad gangb qix maib chud jiad.

列封嘎扛齐埋出转，

Lieb fengt gad gangb qix maib chud zhuans，

列休嘎扛齐埋出奈。

Lieb xiut gad gangb qix maib chud naix.

窝汝送斗、

Aot rux songx doub、

几修阿标林休归先归得，

Jid xiut ab bioud liongs xut guil xiand guil deit，

窝汝穷炯、

Aot rux qiongx jiongb、

几修阿竹共让归木归嘎。

Jid xiut ad zhus gongx rangx guil mus guil gad.

内浪先头转嘎虫兰，

Neib nangb xiand toub zhuanb gad chongs lanb，

内浪木汝奈拿虫兄。

Nieb nangb mus rux naix nab chongs xiongd.

窝汝送斗，

Aot rux songx doub，

列休苟抓窝交巧起加写，

Lieb xiut geud zhuab aot jiaot qiaod qid jiad xied，

苟尼窝记加鸟加弄。

Geud nib aot jit jiad niaob jiad nongx.

苟娄得忙加度加树，

Geud loub deit mangb jiad dux jiad shux，

苟追度忙加弄加然。

Geud zhuix dux mangb jiad nongt jiad rab.

得忙巧起加哈加楼，

Deit mangb qiaod qid jiad hab jiad loub，

度忙加写加走加板。

Dux mangb jiad xied jiad zoub jiad banb.

出巧出记，

Chub qiaot chud jit，

出元出养。

Chud yuanb chud yangb.

出巧出加，

Chud qiaot chud jiad，

出八出拔。

Chud bal chud bax.

封照阿秋头奶告斗，

Fengt zaob ab qux teb leid ghaot dout，

油照阿秋头浪比兵。

Yout zhaob ab qux teb niangs bid biongb.

产豆几扛兵比，

Chant deux jid gangb biongb bid，

吧就久扛干没。

Bax jux jut gangb gans meis.

就——

Jiux—

神韵——

要封那些凶鬼，要收诸般恶怪。

要封便封送完，要收便收送尽。

要封不送他们捣乱，要收不送他们破坏。

要封不送他们牵连，要收不送他们纠缠。

烧好糠香、

不收一家大小生气儿气，

烧好蜡烟、

不收一屋老幼洪福孙福。

信士的生气收在身中，

洪福系在体内。

烧好糠蜡宝香，

左边冤家坏肠坏心，右边仇人坏口坏嘴。

前方冤家坏言坏语，后方仇人坏动坏作。

冤家对头前来捣乱，仇人暗地进行破坏。

用心作反，故意作对。

暗中挑拨，捣乱破坏。

封在一束长纸门外，

收在一束长钱坪场。

千年不许出头，百岁不准见面。

神韵——

封屋内的纸束

封屋外的纸束

第二堂
考雄充棍 · Kaot xongt congd ghunt · 敲竹栿请神

【概述】

"考雄充棍"是祭祀日月车祖神的请神法事，也可看作是基础法事。大体包括 13 节法事内容。包括缘起、筹备供具供品、择日聚族人、设主坛、设副坛、请师及东道主神、说供仪让祖师及东道主神听以博得其欢喜、求祖师等东道主神帮户主驱鬼、化堂藏身、由以祖师为主的东道主神们带着供具供品到日月车祖神的神堂、在神堂内恭对车祖神复述从缘起到筹备供仪、设坛请师等一系列过程，以及由东道主神们说供仪让车祖神听以博得车祖神的喜欢，求车祖神给户主赐福寿、收灾煞，带供仪返面回阳，恭请祖神下凡间来户主家应供，安神等法事内容。

此堂科仪在实际操作中要从头至尾重复三次，第一次敲击竹栿作伴奏，第二次全用手诀配合来做，第三次又敲竹栿作伴奏来做，如此三次才能符合贯例要求，才能准数。

在户主门外屋檐底下坪场摆两张饭桌，一张摆在火炉间（夯告）一边，称为主坛或大桌，苗语叫作"猛纵或够斗"。另一张摆在灶房间（便标）一边，称为副坛或小桌，苗语叫作"得纵或便斗"。在大桌上扑九个（青内）或七个（青忙）碗，这些碗要等到请神下来之后才翻开，用来斟酒敬神。桌上摆九柱或七柱糍粑，每柱 3 个或 5 个，每柱糍粑上摆三块肉，苗语称为"公色纠（炯）如，傩然纠（炯）柔"。一升香米上插剪刀一把，油灯一盏，利是一封，线香三炷，苗语称为"潮傩阿斗，潮弄阿香或米粮潮香"。一碗炒熟了的肉，上摆三双筷子，苗语称为"昂斩几锐"。一个蜡香碗，内烧蜂蜡糠纸团香烟，苗语称为"意记松斗，依达穷炯"。一个铜铃，一副骨卦，一个竹栿，苗语称为"涌拢穷兄，窝走抗闹，穷梅兄棍"。长刀一把，苗语叫作"蒙能茶首，猛同茶闹"。

巴代坐在大门一边，面对夯告敲竹桥诵神辞作祭。

另外小桌上扑五个碗、五柱糍粑、一碗肉、一升米、一盏灯、一封利是、一把柴刀(用来砍车柱树)等，旁边摆一块愿标。

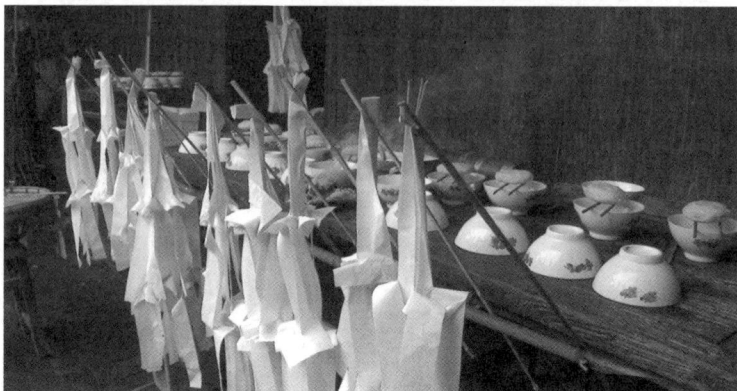

主祭坛外的长纸钱

【神辞】

(师父坐于香碗前以左手掐"棍空"祖师诀，边叩齿边默念祖师名字，并想象自己的传法师和传度师已到身边左右。)

(边念下段法语边用"封得"即"护坛诀"立于前后左右，然后收回并朝向香碗作反复对戳状，表示已护好坛场并将诀法作用于香烟之中，再用"洽秀"即宝盖诀盖上。)

(一)休足然度·Xiut zub rab dux·收邪藏身

就——   (祖师诀)

Jiu—

列够阿然浪萨，

Lieb ged ad rab nangs sad，

列扑阿龙浪度。

Lieb pud ad longb nangs dux.

列理阿从浪公，

Lieb lid ad congb nangb gongt，

列岔阿炯浪几。

Lieb chax ad jiongt nangb jid.

阿然浪萨列够然休，

Ab rangb nangb sad lieb ged rad xut.

阿龙浪度列扑见得。

Ad liongb nangb dux lieb pud jianx deib.

阿然浪萨列够休足，

Ab rangb nangb sad lieb ged xut zub，

阿龙浪度列扑然度。

Ab longb nangb dux lieb pud rad dux.

阿然浪萨列够候休闭归，

Ab rangb nangb sad lieb ged houx xud bib giut，

阿龙浪度列扑候然且月。

Ab longb nangb dux lieb pud houx rad qued yeb.

然休列扛休虫，

Rangd xiut lieb gangb xut chongb，

见得列扛得拿。

Jianx deib leib gangb deib nab.

内克莎腊几咱，

Niex kied sad lab jid zad，

棍梦否莎几干。

Ghunt mengx boub sad jid gand.

得寿告见你娘产豆，

Deib shux gaod jianb nit niangb chant deux，

弄得送嘎炯娘吧就。

Nongd deib songx gad jiongt niangb bad jiux.

神韵——
　　要唱一首的歌，要讲一轮的话。
　　要理一层的根，要寻一道的基。

一首的歌要唱藏身，一轮的话要说保命。

一首的歌要唱保魂，一轮的话要说护魄。

一首的歌要唱藏身变己，一轮的话要说护魂保命。

藏身要藏得稳，保命要保得当。

人看人也不知，鬼看鬼也不见。

弟子主祭坐得千年，师郎主仪活过百岁。

就——

Jiux—

窝汝意记松斗，

Aot rux yid jid songx doub，

柔汝依打穷炯。　　　　　　　　　　　　　　（香碗诀）

Roub rux yit dat qiongx jiongb.

产棍几没然鸟，

Chanx ghunt jid meib ranb niaob，

吧母几没弄奈。

Bax mud jid meib nongd naix.

列拢然鸟——　　　　　　　　　　　　　（各宫口的祖师诀）

Lieb liongb rad niaob—

然鸟太棍共米、

Rab niaob tait gunt gongx mit、

公加、首关、四贵，　　　　　　　（巳宫、辰宫、酉宫、寅宫诀）

Gongd jiad、shoud guand、six giux，

太棍米章、巴高、国峰、明鸿，　（午宫、戌宫、巳宫、卯宫诀）

Taix gunt mit zhuangd、bad gaod、guob fengd、mingb hongx，

太棍仕贵、后保，　　　　　　　　　　　（巳宫、申宫诀）

Tait gunt shid giux、houx baod，

苟太光珍、勇贤、　　　　　　　　　　（申宫、戌宫诀）

Goud taix guangd zhengd、yongd xianb、

光三、老七、跃恩，　　　　　　（卯宫、巳宫、申宫诀）

Guangd sand、laod qib、yiex engd，

苟太席乙、江远、林花、老苟、　（未宫、卯宫、子宫、午宫诀）

Goud taib xib yix、jiangd yand、linb huad、laod goud、

共四、老弄、　　　　　　　　　　（辰宫、寅宫诀）

Gongx six、laod nongt、

千由、天才、炯容、同兰，　　　（丑宫、巳宫、酉宫、亥宫诀）

Qiand youb、tianb caib、jiongx rongb、tongb lan,

苟太强贵、龙贵、　　　　　　　　（亥宫、丑宫诀）

Goud taib qiangb giux、longb giux、

光合、冬顺、得水，　　　　　　　（卯宫、申宫、未宫诀）

Guangd hob、dongd shunx、deib shiut,

苟剖双全，苟剖长先，　　　　　　（未宫、午宫诀）

Goud bout shuangd quanb，goud bout changb xiand,

苟打二哥、那那……　　　　　　　（酉宫、辰宫诀）

Goud dad erx ged、nat nat…

补谷阿柔告寿，

But guot ad roub gaot shout,

补谷欧柔告德。

But guob out roub gaot deit.

补产葵忙告见，

But chanx kuib mangb gaot jianb,

抓葡儿最吉走。

Zhuad pux jid zuib jib zoub.

补吧录忙送嘎，

But bad lub mangb songx gad,

寿葡吉走吉板。

Shoux pux jid zoub jib banb.

浪喂声然照修打便郎得，

Nangb weib shongt rad zhaob xiud dat biant liangd deib,

浪喂声然照闹打绒郎秋。

Nangb weib shongt rad zhaob laox dad rongb liangb qiud.

照修纵寿吉标，

Zhaob xiut zongb shoux jib bioud,

照闹秋得记竹。　　　　　　　　　　　（降神诀）

Zhaob laox qiud deib jid zhub.

照修补谷补涌提伸，

Zhaob xiud but guob but yongd tib zongb,

照闹补谷补肥图岭。 （下降布条诀）

Zhaob laox but guob but fenb tub liuongb.

照修达香，

Zhaob xiut dab xiangd,

照闹达穷。

Zhaob laox dab qiongx.

就——

Jiux—

补热声棍，

But reb shongt gunt,

拢单纵寿吉标。 （坐坛诀）

Liongb dand zongb shoux jib bioud.

补然弄猛，

But rad nongd mengb,

拢送吉秋照拿。 （坐殿诀）

Liongb songx jib qiud zhaob nab.

拢单你瓦意记送斗，

Liongb dand nit wab yit jid songx doub,

炯龙以打穷炯。 （香炉诀）

Jiongx longb yit dat qiongx jiongx.

你瓦喂斗得寿，

Nit wab weib doub deib shoux,

炯龙剖弄告得。 （绕祖诀）

Jiongx longb boub nongd gaod deib.

几达然鸟埋列嘎修，

Jid dab rad niaox maib lieb gad xiut,

吉炯达奈埋列嘎闹。

Jib jiongx dab naix maib lieb gad laox.

神韵——

焚烧蜂蜡糠火，纸团宝香。

千神没有来请，百祖没有来迎。

要来奉请——

奉请祖太共米、共甲、仕官、首贵，

祖太明章、巴高、国峰、明鸿，

祖太仕贵、后宝，

祖太光朱、勇贤、光三、老七、跃恩，

祖太席玉、江远、林华、老苟、共四、老弄、

千有、天财、进荣、腾兰，

祖太强贵、隆贵、光合、冬顺、得水，

叔公双全，祖公长先，

外祖二哥、大大……

三十一代祖师，三十二代弟子。

三千交钱祖师，查名皆齐皆遍。

三百度纸宗师，点字皆遍皆全。

闻我奉请暂离上天大堂，听我奉迎暂别天宫大殿。

暂离家中祖坛，暂别家内师殿。

暂离三十三块布条，暂别三十三块布幔。

暂离香炉，暂别香碗。

神韵——

三咏神腔，来到信士祭祖场中。

三吟神韵，来临户主敬神堂内。

来到安享纸团宝香，来临安受蜂蜡糠烟。

拥护吾本弟子，守护我这师郎。

同日有请你们莫起，同时有奉你们莫去。

内没见恩头果，

Neib meib jianb engb tel guot,

见抗头浪。

Jianb kangx tel nangb.

几窝尼头尼抗，

Jid aot nib tel nib kangx,

窝拢尼见尼嘎。

Aot liongb nib jianb nib gad.

到见苟猛几白，

Daox jianb goud mengb jid baib,

到嘎苟猛吉炯。

Daox gad goud mengb jib jiongb.

修照埋浪热洞热恩,

Xiut zhaob maib nangb reb dongb reb engb,

见照埋浪热光热量。

Jianb zhaob maib nangb reb guangd reb liangx.

埋列拢斗得寿告见,

Maib lieb liongb dout deib shoux gaod jianb,

莎列拢弄告得送嘎。

Sax lieb liongb nongt gaod deib songx gad.

斗抓埋你,

Doub zhuab maib nit,

斗尼埋炯。

Doub nit maib jiongx.

告见扛单,

Gaod jianb gangb dand,

送嘎扛送。

Songx gad gangb songx.

列休喂斗得寿,

Lieb xiut weib doub deib shout,

归先归得。

Guid xiand giud deib.

候然剖弄告得,

Hex rad boub nongd gaod deib,

归木归嘎。   （莲华诀）

Guid mub giud gad.

修照阿谷呕奶酷绒麻冬几图,

Xiud zhaob ad guob out leit kud rongb mab dongt jid tub,

然照阿谷呕奶酷便麻汝吉浪。   （藏身诀）

Rad zhaob ad guob out leit kud biant mab rux jid nangb.

　　　主人有纸钱冥币，纸帛冥钱。

不烧是纸是帛，烧了是钱是财。

得财拿去共分，得钱拿去共用。

收在金仓银仓，入在金库银库。

你们要和弟子交钱，都要与吾师郎度纸。①

拥在左边，护在右旁。

交钱得到，度纸得达。

收起我的正魂本命，三魂七魄。

收在一十二个深洞之中，藏在一十二个好洞之内。

注：① 交钱、度纸——宗教术语，主持祭祀仪式的意思。下句的"交钱得到，度纸得达"指敬送祖神的这些供品要如数交到祖神的手中，意为要让主家达到敬神之目的。

巴代在主祭坛敲竹柝请车祖神(石开林摄)

主祭坛前驱赶灾煞邪魔上柱而送去天涯海角的车柱(石开林摄)

（边默念下段法语边用"然秀见得"即"藏身诀"藏身，然后双手交叉于胸前，将两手之诀藏于左右腋窝内，然后收回并朝向香碗作反复对戳状，表示已将魂魄收藏于香碗之中，再用"洽秀"即宝盖诀盖上。）

拢单候喂然秀，
Liongb dand houx weib rad xiut,
拢送候剖见得。 （祖师藏身诀）
Liongb songx houx bout jianx deib.
列修喂浪先头麻林，
Lieb xiut weib nangb xiand toub mab linb,
列然剖浪木汝麻头。 （祖师藏身诀）
Lieb rad bout nangb mub rux mab toub.
得寿归先归得，
Deib shout giud xiand giud deib,
弄得归木归嘎。 （祖师保身诀）
Nongb deib giud mub giud gad.
阿标林休先头麻林，
Ad bioub linb xut xiant tel mab linb,
阿竹共让木汝麻头。 （祖师护身诀）
Ad zhub gongx rangx mub rux mab toub.
修猛修照虫兰，
Xiut mengb xiut zhaob chongb lanb,
然猛然照报长。 （祖师藏身诀）
Rad mengb rad zhaob baox changb.
修照阿记松斗，
Xiut zhaob ad jid songd dout,
油照阿达穷炯。 （香碗藏身诀）
Youb zhaob ad dab qiongx jiongx.
然秀几秀腊虫，
Rad xiut jid xiut lab chongb,
见得久得莎拿。 （香碗封锁诀）
Jianb deib jiud deib sad nab.
产内腊客几咱，

Chant neib lab kied jid zad,

吧棍莎梦几干。   （香碗宝盖诀）

Bad ghunt sax mengb jid ganb.

　　　来到帮我藏身，来临把我藏魂。

　　　要藏我的好魂大福，要护我的好魄长命。

　　　弟子良魂子魂，师郎子魂孙魂。

　　　一家大小好魂大福，一屋老少好命长命。

　　　好魂收在本身，好魄藏在本体。

　　　收在一碗香炉，系在一炉香碗。

　　　藏魂魂保，收魄魄安。

　　　人看人也不知，鬼看鬼也不见。

（边默念下段法语边用"然秀见得"即"藏身诀"藏身，然后双手交叉于胸前，将两手之诀藏于左右腋窝内，然后收回并朝向香碗作反复对戳状，表示已将魂魄收藏于香碗之中，再用"洽秀"即宝盖诀盖上。）

列休阿标林休，

Lieb xiut ad bioub linb xut,

列然阿竹共让。   （莲华藏身诀）

Lieb rad ad zhub gongx rangx.

麻共归先归得，

Mab gongx giud xiand giud deib,

麻让归木归嘎。   （莲华保身诀）

Mab rax giud mub giud gad.

得得先头麻林，

Deit deit xiant toub mab linb,

达嘎木汝麻头。   （莲华护身诀）

Dab gad mub rux mab toub.

先头麻林修照虫兰，

Xiand toub mab linb xiut zhaob chongb lanb,

木汝麻头奈腊虫兄。   （莲华藏身诀）

Mub rux mab toub naib lab chongb xiongd.

修照阿记松斗，
Xiutb zhaob ad jid songt dout,
油照阿达穷炯。 （香碗藏身诀）
Youb zhaob ad dab qiongx jiongx.
然秀儿秀莎虫，
Rad xiut jid xiut sad chongb,
见得久得莎拿。 （香碗封锁诀）
Jianb deib jiud deib sad nab.
内客内腊几咱，
Niex kied neib lab jid zad,
棍梦棍莎几干。 （香碗宝盖诀）
Ghunt mengx ghunt sad jid ganb.

要藏一家大小，要护一屋老幼。
老者好魂长命，少者良魂子魂。
娃儿子魂孙魂，细崽好魂大福。
好命长命收在本身，好魂好魄系在本体。
收在一碗香炉，藏在一炉香碗。
藏魂魂也得保，收魄魄也得安。
人看人也不知，鬼看鬼也不见。

（边念下段法语边用"然秀见得"即"藏身诀"藏身，然后双手交叉于胸前，将两手之诀藏于左右腋窝内，然后收回并朝向香碗作反复对戳状，表示已将魂魄收藏于香碗之中，再用"洽秀"即宝盖诀盖上。）

列休见恩吉标，
Lieb xiut jianb ghongx jid bioud,
列然嘎格记竹。 （莲华收藏诀）
Lieb rad gad gieb jid zhub.
列休龙尼忙油，
Lieb xiut longb nieb mangb yub,
列然龙狗忙爬。 （莲华收藏诀）
Lieb rad longb goud mangb bax.

列休归楼归弄，

Lieb xiut giut loub giut nongx,

列然归傩归炸。 （莲华收藏诀）

Lieb rad giut tanb giut zhad.

列休公周公节，

Lieb xiut gongt zhoud gongt jieb,

列然公数公然。 （莲华收藏诀）

Lieb rad gongt sut gongt rad.

列休苟得公同，

Lieb xiut goub deib gongt tongb,

列然产加吧尼。 （莲华收藏诀）

Lieb rad chant jiat bax nib.

列休修照虫兰，

Lieb xiut xiud zhaob chongb lanb,

列然奈腊虫兄。 （紧身诀）

Lieb rad naib lab chongb xiongd.

修照阿记松斗，

Xiut zhaob ad jid songd dout,

油照阿达穷炯。 （香碗藏身诀）

Youb zhaob ad dab qiongx jiongx.

然秀几秀莎虫，

Rad xiut jid xiut sad chongb,

见得久得莎拿。 （香碗封锁诀）

Jianb deib jiud deib sad nab.

内客内腊几咱，

Niex kied niex lab jid zad,

棍梦棍莎几干。 （香碗宝盖诀）

Ghunt mengx ghunt sad jid ganb.

要藏家中银币，要护宅内金钱。
要藏牛帮羊群，要护狗帮猪群。
要藏谷魂米魂，要护糯魂黏魂。
要藏蚕姐蚕娘，要护蚕丝蚕绸。

要藏蜜蜂蜜糖，要护千福百财。
好财收在本身，好宝系在本体。
收在一碗香炉，系在一炉香碗。
藏魂魂也得保，收魄魄也得安。
人看人也不知，鬼看鬼也不见。

（边念下段法语边用"封得"即"护坛诀"立于前后左右，然后收回并朝向香碗作反复对戳状，表示已护好坛场并将诀法作用于香烟之中，再用"洽秀"即宝盖诀盖上。）

列休喂斗得寿标归，

Lieb xiut weib doub deib shoux bioub giut,

列然剖弄告得且月。

Lieb rad bout nongd gaod deib quex yueb.

标归休猛喂浪报兰，

Bioud giut xiut mengb weib nangb baox lanb,

且月然照剖浪报长。

Qued yueb rad zhaob bout nangb bapx changb.

久抓几热，

Jud zhuab jid reb,

久口久头。

Jiut koud jiut toux.

然休列扛休虫，

Rad xiut lieb gangb xiut chongb,

见得列扛得拿。

Jianb deib lieb gangb deib nab.

内克莎腊几咱，

Niex kied sax lab jid zad,

棍梦否莎几干。

Ghunt mengx wut sad jid ganb.

得寿告见你娘产豆，

Deib shout gaod jianb nit niangb chant deux,

弄得送嘎炯娘吧就。

Nongd deib songx gad jiongx niangb bad jiux.

标归休猛喂浪报兰，

Bioud giut xiut mengb weib nangb baox lanb,

且月然照剖浪报长。

Qued yueb rad zhaob bout nangb bapx changb.

> 要藏吾本弟子的良魂，要护我这师郎的好魄。
> 良魂藏去我的胸中，好魄收去我的胸内。
> 不掉不落，不离不弃。
> 藏身要藏得稳，保命要保得当。
> 人看人也不知，鬼看鬼也不见。
> 弟子主祭坐得千年，师郎主仪活过百岁。
> 良魂藏在我的胸中，好魄收在我的胸内。

列休喂斗得寿标归，

Lieb xiut weib doub deib shoux bioub giut,

列然剖弄告得且月。

Lieb rad bout nongd gaod deib quex yueb.

标归休猛补层孺敏追补，

Bioub giut xiut mengb but cenb rib miongt zhuix bub,

且月然闹补桥孺虐追绒。

Quex yueb rad laox but qiaob rit niub zhiux rongb.

然休列扛休虫，

Rad xiut lieb gangb xiut chongb,

见得列扛得拿。

Jianb deib lieb gangb deib nab.

内克莎腊几咱，

Niex kied sax lab jid zad,

棍梦否莎几干。

Ghunt mengx woub sad jid ganb.

标归休猛补层孺敏追补，

Bioub giut xiut mengb but cenb rit miongt zhuix bub,

且月然闹补桥孺虐追绒。

Quex yueb rad laox but qiaob rit niub zhuix rongb.

得寿告见你娘产豆，

Deib shout gaod jianb nit niangb chant deux,

弄得送嘎炯娘吧就。

Nongd deib songx gad jiongx niangb bad jiux.

> 要藏吾本弟子的良魂，要护我这师郎的好魄。
> 良魂藏去三层老木青山，好魄护去三重高山大岭。
> 藏身要藏得稳，保命要保得当。
> 人看人也不知，鬼看鬼也不见。
> 良魂藏去三层老木青山，好魄护去三重高山大岭。
> 弟子主祭坐得千年，师郎主仪活过百岁。

列休喂斗得寿标归，

Lieb xiut weib doub deib shoux bioub giut,

列然剖弄告得且月。

Lieb rad bout nongd gaod deib quex yueb.

标归休猛欧胖温便麻林，

Bioub giut xiut mengb out pangt wend biat mab linb,

且月然闹欧胖温补麻头。

Quex yueb rad laox out pangt wend bud mab toub.

然休列扛休虫，

Rad xiut lieb gangb xiut chongb,

见得列扛得拿。

Jianb deib lieb gangb deib nab.

内克莎腊几咱，

Niex kied seax lab jid zad,

棍梦否莎几干。

Ghunt mengx woub sad jid ganb.

标归休猛欧胖温便麻林，

Bioub guit xiut mengb out pangt wend biat mab linb,

且月然闹欧胖温补麻头。

Quex yueb rad laox out pangt wend bud mab toub.

得寿告见你娘产豆，

Deib shout gaod jianb nit niangb chant deux,

弄得送嘎炯娘吧就。

Nongd deib songx gad jiongx niangb bad jiux.

　　要藏吾本弟子的良魂，要护我这师郎的好魄。

　　良魂藏去两面大的簸箕，好魄收去两面长的簸筛。

　　藏身要藏得稳，保命要保得当。

　　人看人也不知，鬼看鬼也不见。

　　良魂藏去两面大的簸箕，好魄收去两面长的簸筛。

　　弟子主祭坐得千年，师郎主仪活过百岁。

列休喂斗得寿标归，

Lieb xiut weib doub deib shoux bioub giut,

列然剖弄告得且月。

Lieb rad bout nongd gaod deib quex yueb.

标归休猛欧酷急急中挡，

Bioub giut xiut mengb out kub jib jib zhongb dangx,

且月然闹阿双急急中记。

Quex yueb rad laox ad shuangd jib jib zhongb jid.

然休列扛休虫，

Rad xiut lieb gangb xiut chongb,

见得列扛得拿。

Jianb deib lieb gangb deib nab.

内克莎腊几咱，

Nieb kied sax lab jid zad,

棍梦否莎几干。

Ghunt mengx ghunt sad jid ganb.

标归休猛欧酷急急中挡，

Bioub giut xiut mengb out kub jib jib zhongb dangx,

且月然闹阿双急急中记。

Quex yueb rad laox ad shuangd jib jib zhongb jid.

得寿告见你娘产豆，

Deib shout gaod jianb nit niangb chant deux,

弄得送嘎炯娘吧就。

Nongd deib songx giax jiongx niangb bad jiux.

> 要藏吾本弟子的良魂，要护我这师郎的好魄。
> 良魂藏去两孔大的风口，好魄收去一双大的风箱。
> 藏身要藏得稳，保命要保得当。
> 人看人也不知，鬼看鬼也不见。
> 良魂藏去两孔大的风口，好魄收去一双大的风箱。
> 弟子主祭坐得千年，师郎主仪活过百岁。

列休喂斗得寿标归，

Lieb xiut weib doub deib shoux bioub giut,

列然剖弄告得且月。

Lieb rad bout nongd gaod deib quex yueb.

标归休猛八绒麻嘎，

Bioub giut xiut mengb bad rongb mab giat,

且月然闹八便麻卡。

Quex yueb rad laox bad biat mab kad.

八绒麻嘎，

Bab rongb mab giat,

阿内当架补产加绒。

Ad niet dangd jiax but chant jiad rongb.

八便麻卡，

Bab biax mab kad,

阿虐当架补吧加棍。

Ad niub dangd jiad but bax jid ghunt.

然休列扛休虫，

Rad xiut lieb gangb xiut chongb,

见得列扛得拿。

Jianb deib lieb gangb deib nab.

内克莎腊几咱，

Niex kied seax lab jid zad,

棍梦否莎几干。

Ghunt mengx woub sad jid ganb.

得寿告见你娘产豆，

Deib shout gaod jianb nit niangb chant deux，

弄得送嘎炯娘吧就。

Nongd deib songx giax jiongx niangb bad jiux.

　　要藏吾本弟子的良魂，要护我这师郎的好魄。
　　良魂藏去干的洞穴，好魄收去净的岩洞。
　　干的洞穴，一天要吞三千凶神。
　　净的岩洞，一日要吃三百恶鬼。
　　藏身要藏得稳，保命要保得当。
　　人看人也不知，鬼看鬼也不见。
　　弟子主祭坐得千年，师郎主仪活过百岁。

列休喂斗得寿标归，

Lieb xiut weib doub deib shoux bioub giut，

列然剖弄告得且月。

Lieb rad bout nongd gaod deib quex yueb.

标归休猛棒绒久白，

Boub giut xiut mengb bangx rongb jiut baib，

且月然闹棒牢久打。

Quex yueb rad laox bangx naob jiut dab.

然休列扛休虫，

Rad xiut lieb gangb xiut chongb，

见得列扛得拿。

Jianb deib lieb gangb deib nab.

内克莎腊几咱，

Nieb kied seax lab jid zad，

棍梦否莎几干。

Ghunt mengx woub sad jid ganb.

得寿告见你娘产豆，

Deib shout gaod jianb nit niangb chant deux，

弄得送嘎炯娘吧就。

Nongd deib songx giax jiongx niangb bad jiux.

内克尼咱棒绒久白，

Neib kied nib zad bangx rongb jiut baib,

棍梦尼干棒牢久打。

Ghunt mengx nib gand bangx laob jiut dab.

要藏吾本弟子的良魂，要护我这师郎的好魄。
良魂藏去连台大山，好魄收去连台大岭。
藏身要藏得稳，保命要保得当。
人看人也不知，鬼看鬼也不见。
弟子主祭坐得千年，师郎主仪活过百岁。
人看只见连台大山，鬼看只是连台大岭。

列休喂斗得寿标归，

Lieb xiut weib doub deib shoux bioub giut,

列然剖弄告得且月。

Lieb rad bout nongd gaod deib quex yueb.

标归休猛急急酷耸，

Bioub giut xiut mengb jib jib kud songt,

且月然闹急急酷记。

Quex yueb rad laox jib jib kux jix.

然休列扛休虫，

Rad xiut lieb gangb xiut chongb,

见得列扛得拿。

Jianb deib lieb gangb deib nab.

内克莎腊几咱，

Nieb kied seax lab jid zad,

棍梦否莎几干。

Ghunt mengx woub sad jid ganb.

得寿告见你娘产豆，

Deib shout gaod jianb nit niangb chant deux,

弄得送嘎炯娘吧就。

Nongd deib songx gad jiongx niangb bad jiux.
棍梦几干急急酷耸,
Ghunt mengb jid ganb jib jib kux songx,
棍梦几干急急酷记。
Ghunt mengb jid ganb jib jib kux jix.

要藏吾本弟子的良魂，要护我这师郎的好魄。
良魂藏去雷洞之中，好魄收去风洞之内。
藏身要藏得稳，保命要保得当。
人看人也不知，鬼看鬼也不见。
弟子主祭坐得千年，师郎主仪活过百岁。
人不敢去雷洞之中，鬼不敢到风洞之内。

列休喂斗得寿标归,
Lieb xiut weib doub deib shoux bioub giut,
列然剖弄告得且月。
Lieb rad bout nongd gaod deib quex yueb.
几西补谷补奶晚冲,
Jid xit but guob but leit wand chongt,
标归休猛补谷补奶晚冲。
Bioub giut xiut mengb but guob but leit wand chongt.
吉沙炯谷阿奶晚斗,
Jid shax jiongb guob ad leit wand doub,
且月然闹炯谷阿奶晚斗。
Quex yueb rad laox jiongb guob ad leit wand doub.
然休列扛休虫,
Rad xiut lieb gangb xiut chongb,
见得列扛得拿。
Jianb deib lieb gangb deib nab.
内克莎腊几咱,
Nieb kied seax lab jid zad,
棍梦否莎几干。
Ghunt mengx woub sad jid ganb.

内格尼干补谷补奶晚冲，

Niex kied nib gand but guob but leib wand chongb,

久干喂斗得寿。

Jut ganb weib doub deib shout.

棍梦尼咱炯谷阿奶晚斗，

Ghunt mengb nib zad jiongb guob ad leit wand doub,

久咱剖弄告得。

Jut zad bout nongd gaod deib.

得寿告见你娘产豆，

Deib shout gaod jianb nit niangb chant deux,

弄得送嘎炯娘吧就。

Nongd deib songx gax jiongx niangb bad jiux.

　　要藏吾本弟子的良魂，要护我这师郎的好魄。

　　掀开三十三个大鼎，良魂藏去三十三个大鼎。

　　翻开七十一口大锅，好魄收去七十一口大锅。

　　藏身要藏得稳，保命要保得当。

　　人看人也不知，鬼看鬼也不见。

　　人看只见三十三个大鼎，不见吾本弟子。

　　鬼看只见七十一口大锅，不见我这师郎。

　　弟子主祭坐得千年，师郎主仪活过百岁。

列休喂斗得寿标归，

Lieb xiut weib doub deib shoux bioub giut,

列然剖弄告得且月。

Lieb rad bout nongd gaod deib quex yueb.

标归休猛几得穷力，

Bioub giut xiut mengb jid deib qiongx lib,

且月然闹吉秋穷闹。

Quex yueb rad laox jib quix qiongx laox.

几得穷力，

Jid deib qiongx lib,

阿内当便补产加绒。

Ad niex dangd biat but chant jiad rongb.

吉秋穷闹，

Jib quid qiongx laox，

阿虐当便补吧加棍。

Ad niub dangd biat but bax jiad ghunt.

然休列扛休虫，

Rand xiut lieb gangb xiut chongb，

见得列扛得拿。

Jianb deib lieb gangb deib nab.

内克莎腊几咱，

Nied kied sad lab jid zad，

棍梦否莎几干。

Ghunt mengx woub sad jid ganb.

标归休猛几得穷力，

Bioub giut xiut mengb jid deib qiongx lib，

且月然闹吉秋穷闹。

Quex yueb rand laox jib quix qiongx laox.

得寿告见你娘产豆，

Deib shout gaod jianb nit niangb chant deux，

弄得送嘎炯娘吧就。

Nongd deib songx gad jiongx niangb bad jiux.

　　要藏吾本弟子的良魂，要护我这师郎的好魄。
　　良魂藏去炼铁水处，好魄收去铸铁犁处。
　　炼铁水处，一天要熔三千凶神。
　　铸铁犁处，一日要烧三百恶鬼。
　　藏身要藏得稳，保命要保得当。
　　人看人也不知，鬼看鬼也不见。
　　良魂藏去炼铁水处，好魄收去铸铁犁处。
　　弟子主祭坐得千年，师郎主仪活过百岁。

列休喂斗得寿标归，

Lieb xiut weib doub deib shoux bioub giut，

列然剖弄告得且月。

Lieb rad bout nongd gaod deib quex yueb.

几西补谷补嘎嘎脏,

Jid xit but guob but gad gad zangt,

标归休猛补谷补会嘎脏。

Bioub giut xiut mengb but guob but huix gad zangt.

吉沙炯谷阿嘎嘎力,

Jib shax jiongb guob ad gad gad lib,

且月然闹炯谷阿嘎嘎力。

Quex yueb rad laox jiongb guob ad gad gad lib.

然休列扛休虫,

Rad xiut leib gangb xiut chongb,

见得列扛得拿。

Jianb deib lieb gangb deib nab.

内克莎腊几咱,

Nieb kied seax lab jid zad,

棍梦否莎几干。

Ghunt mengx woub sad jid ganb.

内格尼干补谷补会嘎脏,

Nieb kied nib ganb but guob but huix gad zangt,

久干喂斗得寿。

Jiut ganb weib doub deib shout.

棍梦尼咱炯谷阿嘎嘎力,

Ghunt mengx nib zad jiongb guob ad gad gad lib,

久咱剖弄告得。

Jiut zad bout nongd gaod deib.

得寿告见你娘产豆,

Deib shout gaod jianb nit niangb chant deux,

弄得送嘎炯娘吧就。

Nongd deib songx gad jiongx niangb bad jiux.

要藏吾本弟子的良魂,要护我这师郎的好魄。

掀开三十三块土块,良魂藏去三十三块土块。

翻开七十一块犁泥，好魄收去七十一块犁泥。
藏身要藏得稳，保命要保得当。
人看人也不知，鬼看鬼也不见。
人看只见三十三块土块，不见吾本弟子。
鬼看只见七十一块犁泥，不见我这师郎。
弟子主祭坐得千年，师郎主仪活过百岁。

列休喂斗得寿标归，
Lieb xiut weib doub deib shoux bioub giut，
列然剖弄告得且月。
Lieb rad bout nongd gaod deib quex yueb.
标归休猛补产召风，
Bioub giut xiut mengb but chant zhaob fengt，
且月然闹补吧召度。
Quex yueb rad laox but bax zhaob dux.
然休列扛休虫，
Rad xiut lieb gangb xiut chongb，
见得列扛得拿。
Jianb deib lieb gangb deib nab.
内克莎腊几咱，
Niex kied seax lab jid zad，
棍梦否莎几干。
Ghunt mengx woub sad jid ganb.
内克腊干补产召风，
Nieb kied lab ganb but chant zhaob fengt，
棍梦腊咱补吧召度。
Ghunt mengx lab zad but bax zhaob dux.
得寿告见你娘产豆，
Deib shout gaod jianb nit niangb chant deux，
弄得送嘎炯娘吧就。
Nongd deib songx gad jiongx niangb bad jiux.

要藏吾本弟子的良魂，要护我这师郎的好魄。

良魂藏去三千云朵，好魄收去三百雾团。
藏身要藏得稳，保命要保得当。
人看人也不知，鬼看鬼也不见。
人看只见三千云朵，鬼看只见三百雾团。
弟子主祭坐得千年，师郎主仪活过百岁。

列休喂斗得寿标归，
Lieb xiut weib doub deib shoux bioub giut,
列然剖弄告得且月。
Lieb rad bout nongd gaod deib quex yueb.
标归休猛补产录图，
Bioub giut xiut mengb but chant lub tux,
且月然闹补万录拢。
Quex yueb rad laox but want lub liongb.
然休列扛休虫，
Rad xiut lieb gangb xiut chongb,
见得列扛得拿。
Jianb deib lieb gangb deib nab.
内克莎腊几咱，
Niex kied sad lab jid zad,
棍梦否莎几干。
Ghunt mengx woub sad jid ganb.
内克腊干补产录图，
Niex kied lab ganb but chant nub tux,
棍梦腊咱补万录拢。
Ghunt mengx lab zad but want lub liongb.
得寿告见你娘产豆，
Deib shout gaod jianb nit niangb chant deux,
弄得送嘎炯娘吧就。
Nongd deib songx gad jiongx niangb bad jiux.

要藏吾本弟子的良魂，要护我这师郎的好魄。
良魂藏去三千树枝，好魄收去三万竹叶。

藏身要藏得稳，保命要保得当。

人看人也不知，鬼看鬼也不见。

人看只见三千树枝，鬼看只见三万竹叶。

弟子主祭坐得千年，师郎主仪活过百岁。

列休喂斗得寿标归，

Lieb xiut weib doub deib shoux bioub giut,

列然剖弄告得且月。

Lieb rad bout nongd gaod deib quex yueb.

标归休猛补产流吾，

Bioub giut xiut mengb but chant liub wut,

且月然闹补吧流斗。

Quex yueb rad laox but bax liub doub.

然休列扛休虫，

Rad xiut lieb gangb xiut chongb,

见得列扛得拿。

Jianb deib lieb gangb deib nab.

内克莎腊几咱，

Nieb kied sad lab jid zad,

棍梦否莎几干。

Ghunt mengx woub sad jid ganb.

内克腊干补产流吾，

Niex kied lab ganb but chant liub wut,

棍梦腊咱补吧流斗。

Ghunt mengx lab zad but bax liub dout.

得寿告见你娘产豆，

Deib shout gaod jianb nit niangb chant doub,

弄得送嘎炯娘吧就。

Nongd deib songx gad jiongx niangb bad jiux.

要藏吾本弟子的良魂，要护我这师郎的好魄。

良魂藏去三千树丫，好魄收去三万竹叶。

藏身要藏得稳，保命要保得当。

人看人也不知，鬼看鬼也不见。

人看只见三千树丫，鬼看只见三万竹叶。

弟子主祭坐得千年，师郎主仪活过百岁。

列休喂斗得寿标归，

Lieb xiut weib doub deib shoux bioub giut，

列然剖弄告得且月。

Lieb rad bout nongd gaod deib quex yueb.

标归休猛补产见乖，

Bioub giut xiut mengb but chant jianb gweit，

且月然闹补万瓦汝。

Quex yueb rad laox but want wad rux.

然休列扛休虫，

Rad xiut lieb gangb xiut chongb，

见得列扛得拿。

Jianb deib lieb gangb deib nab.

内克莎腊几咱，

Niex kied sad lab jid zad，

棍梦否莎几干。

Ghunt mengx woub sad jid ganb.

内克腊干补产见乖，

Niex kied lab ganb but chant jianb gweit，

棍梦腊咱补万瓦汝。

Ghunt mengx lab zad but want wad rux.

得寿告见你娘产豆，

Deib shout gaod jianb nit niangb chant deux，

弄得送嘎炯娘吧就。

Nongd deib songx gad jiongx niangb bad jiux.

要藏吾本弟子的良魂，要护我这师郎的好魄。

良魂藏去三千黑砖，好魄收去三万青瓦。

藏身要藏得稳，保命要保得当。

人看人也不知，鬼看鬼也不见。

人看只见三千黑砖，鬼看只见三万青瓦。
弟子主祭坐得千年，师郎主仪活过百岁。

列休喂斗得寿标归，

Lieb xiut weib doub deib shoux bioub giut,

列然剖弄告得且月。

Lieb rad bout nongd gaod deib quex yueb.

标归休猛补产标杂，

Bioub giut xiut mengb but chant bioud zab,

且月然闹补吧标瓦。

Quex yueb rad laox but bax bioud wab.

然休列扛休虫，

Rad xiut lieb gangb xiut chongb,

见得列扛得拿。

Jianb deib lieb gangb deib nab.

内克莎腊几咱，

Niex kied sad lab jid zad,

棍梦否莎几干。

Ghunt mengx woub sad jid ganb.

内克腊干补产标杂，

Niex kied lab ganb but chant bioud zab,

棍梦腊咱补吧标瓦。

Ghunt mengx lab zad but bax bioud wab.

得寿告见你娘产豆，

Deib shout gaod jianb nit niangb chant deux,

弄得送嘎炯娘吧就。

Nongd deib songx gad jiongx niangb bad jiux.

要藏吾本弟子的良魂，要护我这师郎的好魄。
良魂藏去三千木房，好魄收去三万瓦屋。
藏身要藏得稳，保命要保得当。
人看人也不知，鬼看鬼也不见。
人看只见三千木房，鬼看只见三万瓦屋。

弟子主祭坐得千年，师郎主仪活过百岁。

列休喂斗得寿标归，

Lieb xiut weib doub deib shoux bioub giut，

列然剖弄告得且月。

Lieb rad bout nongd gaod deib quex yueb.

标归休猛吉标桶良，

Bioub giut xiut mengb jib bioub tongb liangb，

且月然闹吉秋桶潮。

Quex yueb rad laox jib qiud tongb zaox.

桶良产谷产乡，

Tongb liangb chant guob chant xiangd，

桶潮万谷万这。

Tongb zaox wanx guob wanx zheux.

然休列扛休虫，

Rad xiut lieb gangb xiut chongb，

见得列扛得拿。

Jianb deib lieb gangb deib nab.

内克莎腊几咱，

Niex kied sad lab jid zad，

棍梦否莎几干。

Ghunt mengx woub sad jid ganb.

得寿告见你娘产豆，

Deib shout gaod jianb nit niangb chant deux，

弄得送嘎炯娘吧就。

Nongd deib songx gad jiongx niangb bad jiux.

标归休猛吉标桶良，

Bioub giut xiut mengb jib bioub tongb liangb，

且月然闹吉秋桶潮。

Quex yueb rad laox jib quid tongb zaox.

要藏吾本弟子的良魂，要护我这师郎的好魄。
良魂藏去家中米桶，好魄收去屋内仓库。

米桶千上千升，仓库万上万碗。
藏身要藏得稳，保命要保得当。
人看人也不知，鬼看鬼也不见。
弟子主祭坐得千年，师郎主仪活过百岁。
良魂藏去家中米桶，好魄收去屋内仓库。

列休喂斗得寿标归，
Lieb xiut weib doub deib shoux bioub giut，
列然剖弄告得且月。
Lieb rad bout nongd gaod deib quex yueb.
标归休猛补产当敏，
Bioub giut xiut mengb but chant dangd miongt，
且月然闹补吧当怕。
Quex yueb rad laox but bax dangd pax.
当敏白吾白斗，
Dangt miongt baib wut baid doud，
当怕白格白昂。
Dangt pax baid gieb baid ghangb.
然休列扛休虫，
Rad xiut lieb gangb xiut chongb，
见得列扛得拿。
Jianb deib lieb gangb deib nab.
内克莎腊几咱，
Niex kied sad lab jid zad，
棍梦否莎几干。
Ghunt mengx woub sad jid ganb.
标归休猛补产当敏，
Bioub giut xiut mengb but chant dangt miongt，
且月然闹补吧当怕。
Quex yueb rad laox but bax dangt pax.
得寿告见你娘产豆，
Deib shout gaod jianb nit niangb chant deux，
弄得送嘎炯娘吧就。

Nongd deib songx gad jiongx niangb bad jiux.

　　要藏吾本弟子的良魂，要护我这师郎的好魄。
　　良魂藏去三千湖泊，好魄收去三百池塘。
　　湖泊满水满泉，池塘满水满池。
　　藏身要藏得稳，保命要保得当。
　　人看人也不知，鬼看鬼也不见。
　　良魂藏去三千湖泊，好魄收去三百池塘。
　　弟子主祭坐得千年，师郎主仪活过百岁。

列休喂斗得寿标归，
Lieb xiut weib doub deib shoux bioub giut，
列然剖弄告得且月。
Lieb rad bout nongd gaod deib quex yueb.
标归休猛补产酷弄，
Bioub giut xiut mengb but chant kux nongb，
且月然闹补吧酷处。
Quex yueb rad laox but bax kux chux.
然休列扛休虫，
Rad xiut lieb gangb xiut chongb，
见得列扛得拿。
Jianb deib lieb gangb deib nab.
内克莎腊几咱，
Niex kied sad lab jid zad，
棍梦否莎几干。
Ghunt mengx woub sad jid ganb.
内克腊干补产酷弄，
Niex kied lab ganb but chant kux nongb，
棍梦腊咱补吧酷处。
Ghunt mengx lab zad but bax kux chux.
得寿告见你娘产豆，
Deib shout gaod jianb nit niangb chant deux，
弄得送嘎炯娘吧就。

Nongd deib songx gad jiongx niangb bad jiux.

　　要藏吾本弟子的良魂，要护我这师郎的好魄。
　　良魂藏去三千山谷，好魄收去三百洞穴。
　　藏身要藏得稳，保命要保得当。
　　人看人也不知，鬼看鬼也不见。
　　人看只见三千山谷，鬼看只见三百洞穴。
　　弟子主祭坐得千年，师郎主仪活过百岁。

列休喂斗得寿标归，
Lieb xiut weib doub deib shoux bioub giut,
列然剖弄告得且月。
Lieb rad bout nongd gaod deib quex yueb.
标归休猛补产棒孺，
Bioub giut xiut mengb but chant bangx rud,
且月然闹补吧棒图。
Quex yueb rad laox but bax bangx tux.
然休列扛休虫，
Rad xiut lieb gangb xiut chongb,
见得列扛得拿。
Jianb deib lieb gangb deib nab.
内克莎腊几咱，
Niex kied sad lab jid zad,
棍梦否莎几干。
Ghunt mengx woub sad jid ganb.
内克腊干补产棒孺，
Niex kied lab ganb but chant bangx rux,
棍梦腊咱补吧棒图。
Ghunt mengx lab zad but bax bangx tux.
得寿告见你娘产豆，
Deib shout gaod jianb nit niangb chant deux,
弄得送嘎炯娘吧就。
Nongd deib songx gad jiongx niangb bad jiux.

内克尼咱补产棒孺，

Niex kied nib zad but chant bangx rux，

棍梦尼干补吧棒图。

Ghunt mengx nib ganb but bax bangx tux.

要藏吾本弟子的良魂，要护我这师郎的好魄。

良魂藏去三千树丫，好魄收去三万竹叶。

藏身要藏得稳，保命要保得当。

人看人也不知，鬼看鬼也不见。

人看只见三千树丫，鬼看只见三万竹叶。

弟子主祭坐得千年，师郎主仪活过百岁。

几篓喂立猛苟，吉追喂岁猛绒。　　　　　　　　（山岭诀）

Jid neub weid lis mengb goub，jib zhuix weid suit mengb rongs.

几篓喂立炯格，吉追喂立炯昂。　　　　　　　　（河海诀）

Jid neub weid lis jiongx gied，jib zhuix weid lis jiongx ghangb.

几篓喂立猛干，吉追喂封猛江。　　　　　　　　（城墙诀）

Jid neub weib lis mengb gans，jib zhuix weid fengt mengb jiangs.

苟抓喂巧猛洽，苟尼喂岁猛千。　　　　　　（围钎围刺诀）

Geud zhuab web qiaod mengb qat，geud nib weid suit mengb qiand.

加绒几单窝图，加棍几送吉浪。　　　　　　　　（封锁诀）

Jiad rongs jid dand aod tus，jiad ghunt jid songx jib niangs.

前方我安大山，后面我安大岭。

前方我安七河，后面我安七海。

前方我隔大墙，后面我隔大屏。

左边我围大钎，右边我围大刺。

凶神来不到堂中，恶鬼进不到堂内。

苟篓喂安狗乖柔鸟，

Geud neb weit ant guoud gweit reub nıaob，

吉追喂立狗滚柔先。

Jib zhuix weib lis guoud gunx reub xiand.

苟抓喂封炯西嘎鸟，

Geud zhuab weib fengt jiongs xil gat niaob，

苟尼喂将巧连巧滚。

Geud nis weib jiangx qiaol lianb qiaol gunx.

苟达喂安打跌麻巧，

Geud dab weib ant dad ties mas qiaol，

苟炯喂立达瓜麻千。

Geud jiongx weib lis das guad mas qiand.

加绒几扛格咱几图，

Jiad rongs jid gangb kied zad jid tus，

加棍几扛格干吉浪。

Jiad ghunt jid gangb kied gans jib nangb.

弟然你茶你猛产豆，

Dix rab nil cat nil mengs chant deux，

茶他炯汝炯猛吧就。

Cat tax jiongx rux jiongx mengb bax jux.

前面我安黑狗龇牙，后面我立黄狗咧嘴。
左边我化饿虎龇牙，右边我放凶鹰恶鹫，
前门我安黄蜂毒针，后门我立马蜂毒刺。
凶神不许靠近里边，恶鬼不准靠近里内。
清吉平安坐得千年，康泰祥和坐过百载。

苟篓喂安师子吉苟背奶克，

Geud neb weib ant shid zid jib geud beid leit kiet，

吉追喂立报子嘎鸟吉追先。

Jib zhuix weib lis baox zid gat niaob jib zhuid xiand.

苟抓喂封棍抱乖目，

Geud zhuab weib fengt ghunt beb gweit mus，

苟尼喂将棍仇皂梅。

Geud nis weib jiangx ghunt cheb zaob meib.

苟达喂安棍豆棍巧，

Geud dab weib ant ghunt deux ghunt qiaot，

苟炯喂立棍加棍大。

Geud jiongx weib lis ghunt jiad ghunt dax.

加绒几扛几嘎单途，

Jiad rongs jid gangb jid gad dand tus,

加棍几扛吉柔单羊。

Jiad ghunt jid gangb jib reub dand yangs.

吉标你茶你猛产豆，

Jib bioud nil cat nil mengs chant deux,

吉竹炯汝炯猛吧就。

Jid zhus jiongx rux jiongx mengs bax jux.

前面我安豹子威威瞪眼，后面我立狮子咧嘴龇牙。
左边我化黑脸凶兵，右边我放恶脸凶将，
前门我安乱打乱刺，后门我立乱捉乱杀。
凶神不许进入里边，恶鬼不准进到里头。
信士清吉坐得千年，户主安康坐过百载。

苟篓喂安炯西柔鸟，

Geud neb weib ant jiongd xis reub niaob,

吉追喂立炯克锐先。

Jib zhuix weib lis jiongd kied ruit xiand.

苟抓喂封棍嘎棍豆，

Geud zhuab weib fengt ghunt gad ghunt doub,

苟尼喂将棍固棍架。

Geud nis weib jiangx ghunt gux ghunt ghax.

苟达喂安嘎风嘎度，

Geud dab weib ant gad fengt gad dux,

苟炯喂立嘎乖嘎布。

Geud jiongx weib lis gad gweit gad bus.

加绒几扛单标单斗，

Jiad rongs jid gangb dand bioud dand deb,

加棍几扛单纵单秋。

Jiad ghunt jid gangb dand zongb dand quix.

冬豆你茶你猛产豆，

Dongt deux nil cat nil mengs chant deux，

冬腊炯汝炯猛吧就。

Dongt leas jiongx rux jiongx mengs bax jux.

前面我安饿虎龇牙，后面我立恶狼咧嘴。
左边我化乱咬乱嚼，右边我放狼吞虎咽，
前门我安乌云恶云，后门我立黑雾恶雾。
凶神不许进家进门，恶鬼不准进宅进户。
凡间清吉坐得千年，凡尘安康坐过百载。

得昂喂立猛格，

Deit angd weib lis mengs gied，

得闹喂立猛昂，

Deib laox weib lis mengs ghangb，

得平喂立产奶猛苟，

Deib piongs weib lis chant leit mengs geud，

得处喂立吧奶猛绒，

Deib chux weib lis bax leit mengs rongs，

得夯抓风庆苟，

Deit hangb zhuab fengt qiongt geud，

得共抓记庆绒。

Deit gongx zhuab jid qiongt rongs.

加绒几扛白目几长，

Jiad rongs jid gangb beis mus jid changb，

加棍几扛泡梅吉仇。

Jiad ghunt jid gangb paox meib jib choux.

喂斗得寿你茶你猛产豆，

Weib doub deib shet nil cant nil mengs chant deux，

剖弄告得炯汝炯猛吧就。

Bout niongx gaot deit jiongx rux jiongx mengs bax jux.

低地我化大海，川谷我化大河，

平地我立千重大岭，平洋我立百重岗岚。

峡谷我化大风倒山，川谷我化恶风倒岭。

凶神不许回身转面，恶鬼不准转面回头。

吾本弟子清吉坐得千年，我这师郎安康坐过百载。

几篓喂封补产千缪，

Jib neb weib fengd but chant qiand moub,

就内没林打休。 （前封诀）

Jud neib meib linb dab xiut.

吉追喂封补吧千昂，

Jib zhuix weib fengt bul bax qiand ghangb,

就那没照打得。 （后封诀）

Jud liax meit zhaob dat deib.

加绒几扛长苟，

Jiad rongs jid gangb changb geud,

加棍几扛长竹。

Jiad ghunt jid gangb changb zhus.

你茶你猛产豆，

Nit cat nil mengb chant deux,

炯汝炯猛吧就。

Jiongx rux jiongx mengb bax jux.

门前我封三千鱼刺，整日专护家堂。

门后我封三百肉刺，整夜专护家殿。

凶神不许进家，恶鬼不准进户。

清康坐得千年，安康坐过百载。

几篓喂窝补记孺明，

Jid neb weib aot bul jid rux miongs,

求单雷绒、

Quix dand lis rongs、

交比穷雄、

Jiaod bid qiongx xiongt、

几瓦几达当岁加绒、 　　　　　　　　　　（左手上方诀）
Jid wab jid dab dangd suit jiad rongs，
吉追喂窝补乔孺虐，
Jib zhuix weib aot but qiaob rux nub，
求单雷苟、
Quix dand lis geud、
交比穷兄、
Jiaod bid qiongx xiongt、
几瓦几达当岁加棍。 　　　　　　　　　　（右手上方诀）
Jid wab jid dab dangd suit jid ghunt.
加绒几扛长苟长公，
Jiad rongs jid gangb changb geud changb gongt，
加棍几扛长竹长吹。
Jiad ghunt jis gangb changb zhus changb chuid.
扣竹你茶你猛产豆，
Ket zhus nil cat nil mengs chant deux，
扣吹炯汝炯猛吧就。
Ket chuid jiongx rux jiongx mengb bax jux.

前方我烧三堆大火、
烧达云山、烈火猛烧、
神火专门挡隔恶龙，
后方我烧三炉大焰、
烧达云岭、烈焰猛燃、
神焰专门挡隔恶鬼。
凶神不许回来转家，恶鬼不准回来进户。
关门清吉坐得千年，闭户安康坐过百载。

几长窝汝意记送斗、
Jid changb aot rux yis jid songx doub、
告讨呕偶绒内、
Ghaod taol out ub rongb niex、
立为召苟康吾， 　　　　　　　　　　　　（护祖师诀）

Lis wes zhaob geud kangd wut,

几长窝汝以达穷烔、

Jid changb aot ux yil dal qiongx jiongb、

告讨呕偶绒那、

Ghaod taot out ub rongs liax、

良王召公康斗。 （护祖师诀）

Liangs wangb zhaob gongt kangd deb.

内格内莎儿咱，

Niex kied neib sax jid zad,

棍梦莎腊儿干。 （封锁诀）

Ghunt mengx sax leas jid gans.

内格腊咱补则召风，

Niex kied leas zad bul zies zhaod fengt,

棍梦腊咱补乔召度。 （云盖诀）

Ghunt mengx leas zad bul qiaos zhaod dux.

加绒几扛长标长斗，

Jiad rongs jid gangb changb bioud changb deb，

加棍几扛长纵长秋。

Jiad ghunt jid gangb changb zongb changb quix.

吉标你茶你猛产豆，

Jib bioud nit cat nit mengs chant deux,

几竹烔汝烔猛吧就。

Jid zhus jiongx rux jiongx mengs bax jux.

再来烧起纸团糠香、卷曲两条阳龙、
围成界线挡水，
再来烧起蜂蜡糠烟、卷曲两条阴龙、
围起界线挡火。
人看不见，鬼视不明。
人看只见三团大云，鬼看只见三重大雾。
凶神不许进家入宅，恶鬼不准进门入户。
家下清吉坐得千年，屋内安康坐过百载。

几长窝汝意记送斗、

Jid changb aot rux yis jib songx doub、

炯那棍柔、 （左上控诀）

Jiongx liax ghunt reub、

抽力阿谷呕周嘎首、

Choud lis ad guob out zhoud gad sout、

摧力喂不纵豆、 （左扣指甲诀）

Cuid lis weib bus zongb deub、

摧力喂不纵斗、

Cuid lis weib bus zongb doub、

莎见嘎底，

Sax jianb gad did,

几长窝汝以打穷炯、

Jid changb aot rux yit dat qiongx jiongb、

炯苟不穷、 （右上控诀）

Jiongb geud bus qiongx、

抽力阿谷呕周嘎闹、

Choud lis ad guob out zhoud gad laox、

摧力喂不纵豆、 （右扣指甲诀）

Cuid lis weib bus zongb deub、

摧力喂不纵斗、

Cuid lis weib bus zongb doub、

莎见嘎然。

Sax jianb gad rad.

加绒几扛出悄几图，

Jiad rongs jid gangb chud qiaot jid tus,

加棍几扛出加吉浪。

Jiad ghunt jid gangb chud jiad jib nangs.

总在你茶你猛产豆，

Zongl zaid nil cat nil mengb chant deux,

头板炯汝炯猛吧就。

Toub banb jiongx rux jiongx mengb bax jux.

再来烧起纸团糠香、祖师坐坛、
竖起一十二面铜墙、隔邪远去他处、
隔邪远去他方、已成巩固。
再来烧起蜂蜡糠烟、宗师坐殿、
竖起一十二道铁壁、隔邪远去他处、
隔邪远去他方、已成金汤。
凶神不许兴风捣乱，恶鬼不准作浪惹灾。
自在清吉坐得千年，如意安康坐过百载。

列休阿标林休，

Lieb xiut ad bioud liongb xut,

列然阿竹共让。　　　　　　　　　　　　（莲华藏身诀）

Lieb rab ad zhus gongx rangx.

得拔得浓归先归得，

Deit pad deit niongx guil xiand guil deit,

得让得共归木归嘎。　　　　　　　　　　（莲华保身诀）

Deit rangx deit gongx guil mus guil gad.

麻共麻让先头麻林，

Mas gongx mab rangx xiand toub mab liongb,

麻林麻休木汝麻头。　　　　　　　　　　（莲华护身诀）

Mab liongb mab xut mus rux mab toub.

先头麻林修照虫兰，

Xiand toub mab liongb xiud zhaob chongb lanb,

木汝麻头奈腊虫兄。　　　　　　　　　　（莲华藏身诀）

Mus rux mab toub naix leas chongx xiongd.

修照内浪桶粮吉标，

Xiut zhaob neib nangb tongx liangb jib bioud,

然照内浪桶潮几竹。　　　　　　　　　　（米桶藏身诀）

Rad zhaob neib nangb tongx zaox jid zhus.

然秀几秀莎虫，

Rad xuit jil xuit sax chongx,

见得久得莎拿。　　　　　　　　　　　　（香碗封锁诀）

Jianb deib jud deib sax nab.

内格内莎几咱，

Niex kied niex sax jid zad，

棍梦莎腊几干。 　　　　　　　　　　　　（香碗宝盖诀）

Ghunt mengx sax leas jid gans.

加绒几扛几立几图，

Jiad rongb jid gangb jid lis jid tus，

加棍几扛吉良吉浪。

Jiad ghunt jid gangb jib liangs jis nangb.

内虐你茶你猛产豆，

Niex nub nil cat nil mengs chant deux，

内话炯汝炯猛吧就。

Neib huax jiongx rux jiongx mengs bax jux.

　　要藏一家大小，一屋老幼。

　　男男女女好命长命，老老少少子魂孙魂。

　　老的少的儿魂孙魂，大的小的好魂大福。

　　好命长命收在本身，好气福气系在本体。

　　收在他们家中粮仓，藏在他们家内粮库。

　　藏魂魂要得保，收魄魄要得安。

　　人看人也不知，鬼看鬼也不见。

　　凶神不许心想侵入，恶鬼不准起意侵犯。

　　人们清吉坐得千年，大众安康坐过百载。

巴代边用手诀边念神辞请车祖神（石开林摄）

摆在小桌副祭坛边上的愿标。用九块篾条交叉编织而成。
许愿后是架在屋檐翘首上面的(石开林摄)

(二)扑窝味·Pus aob weib·讲根源

(注：巴代坐在主坛之前，面向家外，面前用两沓纸钱托垫竹柝，竹柝之前摆有香碗，香烟要旺，巴代边吟诵神辞边用竹棒敲击竹柝以作伴奏，在竹柝"咚！咚！"的伴奏下用"云水腔"吟诵神辞。若是做到启建第二番时，要结合神辞应用相关的手诀。)

吉牙——亚——夫——夫窝——夫禾——夫窝
Jib yab—yad—fud—fud aob—fud aob—fud aob
列够欧然浪萨，
Lieb geub out rab nangb sad,
列扑欧龙浪度。
Lieb pus out longs nangb dux.
列理欧从浪公，
Lieb lid out congs nangb gongt,
列岔欧炯浪几。
Lieb chax out jongb nangb jid.
欧然浪萨列够窝够，
Out rab nangb sad leb geb aol gout,
欧龙浪度列扑背柳。

Out longs nangb dux lieb pus beid lud.

就共亚猛，

Jux gongs yax mengb，

就先亚挂。

Jux xiand yeax guax.

那林拢单，

Liax liongs longs dand，

那休拢送。

Liax xiut longs songx.

内腊排到汝内，

Niex leas paid daox rux net，

寿到汝虐。

Shet daox rux nub.

排到那腊迷谷迷内，

Paib daox lax mib guob mib nieb，

陀罗告写，

Tuob luob ghaox xied，

告走蒙热。

Ghaox zout mengb reix.

（注：若是晚上做则称"告走蒙忙"。）

（"Ghaox zeud mengb mangx."）

阿标林休、

Ad bioud liongs xut、

产豆几没窝汝意记松斗、

Chant deux jid meb aot rux yis jis songx doub、

拢林告豆，   （香炉诀）

Longs liongs ghaod deux，

阿竹共让、

Ad zhus gongx rangx、

吧就几没窝汝以达穷炯、

Bax jux jid meb aot rux yib dat qiongx jiongb、

拢送比兵。　　　　　　　　　　　　　　　　　　（香碗诀）

Longs songx bid biongb.

冬豆几修苟萨，

Dongt deux jid xiut geud sad，

冬腊几修苟章。

Dongt leal jid xiut geud zhuangb.

冬豆你虫，

Dongt deux nil chongx，

冬腊炯拿。

Dongt leas jiongx nal.

　　神韵——

　　要唱两首的歌，要讲两轮的话。

　　要理两层的根，要寻两道的基。

　　两首的歌要唱源起，

　　两轮的话要说源头。

　　旧岁已去，新年已过。

　　大月来到，小月来临。

　　信士算得好天，择得好日。

　　算得某月某日某时，

　　日吉时良，清早良旦。

　　（或"夜晚良旦"）。

　　一家大小、

　　千年没烧纸团糠香、在此敬神的门前，

　　一屋老幼、

　　百载没焚蜂蜡糠烟、[①]在这祭祖的门外。

　　凡间没起口嘴，凡尘没起口舌。

　　凡间居稳，凡尘坐实。[②]

　　注：① 纸团糠香、蜂蜡糠烟——一种在纸钱内包上一点蜂蜡而后揉成一团，放在香炉内再加上一些粗糠一起焚烧来敬奉神灵的香。

　　② 居稳、坐实——意为世间没有什么大的波动。

他拢窝汝意记松斗，

Tax nongd aot rux yis jid songx doub，

忙弄窝汝衣打穷炯。　　　　　　　　　　　（香炉碗诀）

Mangb nongd aot rux yid dat qiongx jiongb.

拢单打纵告豆，

Liongb dand dat zongb ghaod doub，

拢送吉秋比兵。　　　　　　　　　　　　（地楼托香碗诀）

Longs songx jib quix bid biongb.

几味苟萨苟章，

Jid wueib geud sad geud zhuangb，

几味苟吉都吉弟。

Jid wueib geud jid dud jib dix.

几味能空服虐，

Jid weiub nongb kongt fus nus，

几味吉走吉从。

Jid wueib jib zeud jib congs.

尼味——

Nil wueib—

产豆几没抱矮立补，

Chant deux jid meb beub anl lis bus，

吧就几没抱口立冬。

Bax jux jid meb beub keud lis dongt.

禾斗几炯内尼、

Aob doub jib jiongx neib nieb、

追主几不内得，

Zhuix zhus jid bus neid det，

禾斗几炯内油、

Aob doub jid jiongx neid yus、

追主几不内补。

Zhuix zhus jid bus neib pus.

千卢阿小，

Qiand lus ad xiaod，

千达阿炯。

Qiand dab ad jiongt.

麻然亏麻加，

Mab rab kuid mab jiad,

麻久亏麻要。

Mab jul kuid mab yaox.

内腊鸟茶吉赌扛服，

Niex leas niaob cat jib dud gangb fus,

弄然吉弟扛龙。

Nongx rad jid dix gangb longs.

比路腊兵楼绒，

Bid lus leas biongb loub rongs,

补路腊兵弄棍。

Bus lus leas biongb nongx ghunt.

爬迷出苟报龙，

Bead mis chud geud baob longs,

爬穷出公报热。

Bead qiongx chud gongt baob reb.

出格苟你斗标，

Chud gied geud nil doub bioud,

喂怪苟照柔纵。

Wel guaix geud zhaob reub zongb.

度标兵苟几照汝内，

Dud bioud biongb geud jid zhaob rux neb,

度竹兵公几照汝虐。 （出掌诀）

Dud zhus biongb gongt jid zhaob rux nus.

猛单瓦吹告斗，

Mengb dand wad chuid ghaot dout,

会送瓦绒比兵。 （田园诀）

Huix songx wad rongs bid biongb.

猛单纠录乙苟，

Mengb dand jul nub yib geud,

会送谷叉图公。 （路道诀）

Huix songx guob chad tux gongx.

猛单几得后散，

Mengb dand jid del hout sant,

会送吉秋喂茶。 （山地诀）

Huix songx jib quix wel ceax.

窝内格偏几穷苟拢见苟猛豆， （上扬诀）

Aod neib gied pant jid qiongb geud longs jianb geud mengb deux,

窝忙格偏吉勇苟拢见公猛炯。 （下扬诀）

Aod mangb gied pant jib yongd geud longs jianb gongt mengb jiongx.

见苟各合麻如，

Jianb geud geut heut mab rul,

见公告号麻照。 （肿胀诀）

Jianb gongt ghaox haox mab zhaob.

阿休标友要卡，

Ab xiut bioud youd yaox keax,

阿虫标卡要绒。

Ad chongx bioud keax yaox rongs.

见苟休先求兰，

Jianb geud xiux xiand quix lanl,

见公休木求常。 （旋掌心诀）

Jianb gongt xiut mus quix changb.

内腊见苟猛起，

Neib leas jianb geud mengt qit,

内莎见公猛写。

Neib seax jianb gongt mengt xied.

内腊见苟猛鲁，

Niex leas jianb geud mengt nlux,

内莎见公嘎穷……

Niex sax jianb gongt gad qiongd …

见苟虫柔麻不几久，

Jianb geud chongx rout mab bus jid jus,

虫闹麻共几娘。

Chongx laox mab gongx jid niangb.

阿内腊冬洽斩，

Ad net leas dongl qax zaid,

阿内腊冬几斩。

Ad net leas dongl jid zaid.

阿虐腊冬洽汝，

Ad nul leas dongd qax rux,

阿虐腊冬几汝。

Ad nul leas dongd jid rux.

内腊汝目几毕几咱，

Niex leas rux mus jid bid jib zead,

内莎汝梅几咱几干。

Niex seax rux meb jid zead jid gans.

今天焚这蜂蜡宝香，
烧这纸团糠烟。
来到地楼板上，来临地楼坛中。
不为是非口嘴，不为赌咒誓盟。
不为弱肉强食，不为零乱狼藉。
只为——
千年没有打坛立地，百载没有打罐立园。①
手中没牵别家的水牯，背上没背拐别人的小儿。
手中没牵别家的黄牛，背上没背拐别人的妻室。
香炉一个，香碗一只。
聪明欺负蠢人，富贵欺负贫穷。
被人恶口赌来(血)送喝，遭人毒嘴咒来送吃。
田角出了残谷，地尾出了败米。
毒蚁成群进家，红蚁结队进户。
凶兆出在家中，怪异出在家内。
信士家人出门没碰好天，
户主眷属出路没遇好日。
行至菜地之中，走到园铺之内。
行至九条路途，走到十岔路道。
行至耕作田里，走到耕种地头。
白天风刮才来得疾在体，

黄昏风吹这才染病在身。

得疾浮肿浮胖，染病浮起浮胀。

身上萎弱少力，体内萎靡少气。

得疾闷在胸中，染病肿胀在肺。

得疾痛在心肠，染病痛在肚肺。

得疾不断屙血，染病不停痫痢……

一天盼望得好，一天也不见好。

一日盼望痊愈，一日也不见愈。

凡间好目不能得知，凡尘好眼不能得见。②

注：① 打坛立地，打罐立园——传统作法，一种占立地盘安家建园的方式。
② 好目、好眼——指凡间俗人的眼睛看不见阴间的事情，不知是什么样的缘故。

内腊几咱苟老，

Niex leas jid zead geud laox，

内莎几干公会。

Neib sad jid gans gongt huix.

冬豆几穷理起，

Dongt deux jid qiongx lid qid，

冬腊几到掰出。

Dongt leas jid daox pet chub.

照嘎楼豆几没咱休，

Zhaox gad loul deux jid meib zead xut，

照江楼爷几没咱汝。　　　　　　　　　（反复旋掌诀）

Zhaox jiangx loul yueb jid meb zead rux.

比乃锐那久魄，

Bid let ruit nat jud ped，

便图锐苟久抓。

Biat tux ruit geud jud zhuab.

内叉梅到潮粮照几斗标，

Niex chad met daox zaox liangs zhaox jid doub bioud，

哈到潮香照几柔纵。　　　　　　　　　（出掌诀）

Had daox zaox xiangt jid reub zongb.

苟猛沙吾乖奶纵寿，

Geud mengb shax wut gweit let zongb shet,

窝潮乖卡秋得。 （照看祖师诀）

Aob zaox gweit keax quix deb.

产棍莎腊几周，

Chant ghunt seax leas jid zhout,

吧母内莎几干。

Bax mub neib seax jid gans.

腊尼干埋——

Leas nil gans maib—

"帕竹林豆几内，

'Pad zhus liongs deux jid net,

浓出林且吉虐"。

Niongx chud liongs quex jib nub '.

（"帕出林豆布目，

（"Pad chud liongs deux bus mus,

浓出林且则厄"。）

Niongx chud liongs quex zed giel."）

吉苟报标让服，

Jib geud baob bioud rangb fus,

吉秋抱竹让龙。

Jib quix baob zhus rangb longb.

叉扛加绒拢占，

Chad gangb jiad rongs longs zhuanb,

叉召加棍拢奈。

Chad zhaob jid ghunt longs naix.

　　人们不见路走，也都不明道行。

　　凡人没处打理，凡夫没法解除。

　　医治多日没有见好，治疗累月没有痊愈。

　　四位草药哥无方，五个草药弟无法。

　　信士取得香米从家中来，拿得白米从家内来。

　　去照水碗大师坛头，去看米占小师坛尾。

千神也都不出，百鬼也都不见。

只见你们——

"最古的白天女车祖，最老的白天男车神"

（"最古的黑夜女车祖，最老的晚上男车神"）。[①]

你们不给作主，你们不予保护。

才让鬼魅来缠，方使恶煞来侵。

注：[①] 最古的女车祖，最老的男车神——即日月车祖神的神名称号。

冬豆几出林善，

Dongt deux jid chub liongs shait,

冬腊几出林写。

Dongt leas jid chub liongs xied.

内腊算到汝内，

Neib leas suant daox rux net,

内莎寿到汝虐。

Neib seax shoux daox rux nus.

奈到纵那纵苟，

Naix daox zongs nat zongs geud,

寿到纵玛纵得。

Shoux daox zongs max zongs det.

出见纠八纠麻，

Chud jianb jiul biab jiul mab,

纠苟纠够。

Jiul geud jiub goux.

（出见炯八炯麻，炯苟炯够。）

（Chud jianb jiongs biab jiongs mab, jiongb geud jiongb goux. ）

苟拢依尼帕竹岭豆几内，

Geud longs yid nil pad zhus liuongt deux jid neib,

照抗浓竹林且吉虐。

Zhaox kangx niongx zhus liongs quex jib nub.

（苟拢依尼帕竹岭豆布目，

（Goud longs yid nil pad zhus liuongb deux but mus,

照抗浓竹林且则厄。）

Zhaox kangx niongx zhus liongs quex zeux giel. ）

凡间不做长心，凡尘不敢大胆。
信士算得好天，户主择得好日。
喊得哥兄老弟，叫来叔爷伯子。
做成九编九篾，九块九条。
（做成七编七篾，七块七条。）①
拿来表示要敬最古的白天女车祖，
许祭最老的白日男车神。
（拿来表示要敬最古的晚上女车祖，
许祭最老的黑夜男车神。）

注：① 按照本地的传统习俗，在许敬车祖神祭愿的时候，要用长约80公分的九块或
七块篾条来交叉编成一网状篾块并摆在屋檐翘首木上用来许愿。

依尼拔竹岭豆，
Yid nib bal zhus liuongt deux,
照抗浓竹岭且。　　　　　　　　　　　　　　　（双大指祖神诀）
Zhaox kangx niongx zhus liuongs quex.
依尼汝哟阿先，
Yid nil rux yod ad xiand,
照抗汝件阿气。
Zhaox kangx rux jianb ab qix.
依尼几没麻召，
Yid nil jid meb mab zhaod,
照抗几没麻周。
Zhaox kangx jid meb mab zhout.
依尼内列拢共拢两，
Yid nil neib lieb longs gongx longs liangs,
照抗内列拢西拢笑。
Zhaox kangx neib lieb liongs xid liongs xiaox.
那0拢单，

Liab 0 longs dand,

那 0 拢送。

Liab 0 longs songx.

内腊排到汝内，

Neib leas paib daox rux neit,

寿到汝虐。 （掐指纹诀）

Shex daox rux nus.

排到那 0 迷谷迷内，

Paib daox liab 0 mib guob mib neit,

陀罗告写，

Tuob luob ghaod xied,

告走蒙热。（注：若是晚上做则称"告走蒙忙"。）

Ghaox zout mengb reb. （'Ghaot zout mengb mangx.'）

叩了最古的女车祖，许了最老的男车神。

叩了病情好了半分，许了疾厄退了半步。

叩了不能拖延，许了即要还愿。

叩了便要来迎来请，许了便要来敬来还。

某季来到，某月来临。

信士算得好天，择得好日。

算得某月某日某时，

日吉时良，清早良旦。（或"夜晚良旦"）

汉拢莎尼棍那棍苟，

Hanx longd sax nib ghunt nat ghunt geud,

半拢腊尼棍骂棍得。 （五指诀）

Band longs leas nib ghunt max ghunt deit.

莎尼柔剖浪哈，

Seax nib reub pout nangb had,

腊尼柔娘浪屡。

Leas nib reub nias nangb loud.

奈到纵那纵苟，

Naix daox zongb nat zongb geud,

寿到纵玛纵得。

Shex daox zongs max zongs det.

保苟嘎到几北偷楼，

Baob geud goud daox jid beid toud loub,

保让嘎到吉走偷嘴。

Baob rangb goud daox jib zoud toud zuid.

内腊几江长苟，

Neib leas jid jiangb changb geud,

内叉吉共长公。 （回堂诀）

Neib chad jib gongx changb gongx.

长单大得哨吾，

Changb dand dat det saot wut,

长送吉秋送龙。

Changb songx jib quix songx longs.

偷到吾斩茶齐，

Teut daox wut zaib cat qit,

苟汉吾龙飘明。 （清洗诀）

Geud hanx wut longs peux miongb.

几北茶齐尖尖，

Jid beib cat qit jiand jiand,

吉走飘明忙忙。

Jib zout peud miongb mangb mangb.

几北偷楼、

Jid beid toud loub、

苟拢江林告豆， （顿掌诀）

Geud longs jiangx liongs ghaot deux,

吉走偷嘴、

Jib zout toud zuid、

苟拢江照比兵。

Geud longs jiangx zhaob bid biongb.

敬祖是哥兄老弟的事，祭神是叔爷伯子的活。
这是祖宗留下的习贯，爷娘定下的规矩。

喊来哥兄老弟，叫来叔爷伯子。
借得祭祖的供桌，借得敬神的供案。
人们抬得回转，他们搬得回来。
转到屋檐之下，回到门外坪场。
舀得清水洗遍，用那泉水洗净。
供桌洗得明明，供案擦得亮亮。
祭祖供桌、拿来摆在门外，
敬神供案、拿来放在阶檐。①

注：① 门外、阶檐——指大门外面的屋檐底下坪场。

让达几如，
Rangb das jid rus，
让这几柔。
Rangb zheux jid reub.
内拿没到纠奶达齐这汝，
Niex leas met daox jiub leit dal qit zheux rux，
纠图达恩泻格。
Jius tus das ghongx xiex gieb.
（内拿没到炯奶达齐这汝，
（Niex leas met daox jiongb leit dal qit zheux rux，
炯图达恩泻格。）
Jiongb tus das ghongx xiex gieb.）
偷到吾斩茶齐，
Teut daox wut zaib cat qit，
吾龙飘明。
Wut longs peux miongb.
茶齐尖尖，
Cat qit jiand jiand，
飘明忙忙。
Peud miongb mangb mangb.
达齐这汝，
Dal qit zheux rux，

苟拢江林吉弄几北偷楼。

Geud longs jiangx liongs jid nongx jid beib toud loul.

达恩泻格，

Das ghongx xiex gieb,

苟拢江照吉弄吉走偷嘴。

Geud longs jiang zhaob jib nongx jib zout toud zuid.

> 找盘来摆，寻碗来放。
> 人们取得九只好碗净碗，
> 九个金碗银碗。
> （人们取得九只好碗净碗，九个金碗银碗。）
> 舀得清水洗好，泉水洗净。
> 洗得明明，擦得亮亮。
> 好碗净碗、拿来摆在祭祖桌上，
> 金碗银碗、拿来放在敬神案中。[①]

注：① 放在敬神案中——摆在供神的桌子上面。

总那总苟岔到得拢，

Zongb nat zongb geud chax daox deit longb,

总骂总得都到得图。

Zongb max zongb deit dud daox deit tux.

得拢丧见面汝，

Deitb longb sangd jianb mianb rux,

得图丧汝面良。

Deit tux sangd rux mianb liab.

怕见得块，

Pad jianb deit kuand,

抽见得条。

Chud jianb deit tiaob.

喂斗得寿，

Weib doub deib shet,

斗抓冲到齐洞齐恩。

Doub zhuab chongx daox qit dongb qit ghongx.

剖弄告得，

Pout niongd gaot deib，

斗尼冲到齐首齐闹。

Doub nib chongx daox qit sout qit liaox.

嘎见产录头果见恩，

Gad jianb chant lub teb guet jianb ghongx，

嘎汝吧录头忙嘎格。

Gad rux bax lub teb mangb gad gieb.

出见纠得谷拢力为，

Chub jianb jiub deib guob longb lib wenb，

出见纠竹谷条良王。

Chud jianb jiub zhub guob tiaob liangb wangb.

房族人等砍得竹子，叔伯兄弟找木条。
竹子削得光滑，木条削得光面。
劈成篾块，削成篾条。
师郎弟子，左手拿得金剪银剪。
弟子师人，右手拿得铜剪铁剪。
剪成千张白纸钱串，剪成百张冥币钱形。
做成九杆长纸钱帛，做成十杆长纸钱币。

内腊斗抓冲到能茶，

Neib lab doub zhuab chongx daox niongb cat，

内莎斗尼冲到木然。

Niex seax doub nit chongx daox mub rab.

求单帮孺告伞汝拢，

Qiux dand bangx rud gaot sait rux longd，

会送帮处告岔汝图。

Huix songx bangx chux gaot chad rux tux.

扣到阿得麻单，

Koud daox ad deib mab dand，

都到阿得麻面。

Dud daox ad deib mab mianb.

几江长单打得哨吾，

Jid jiangb changb dand dat deib saot wut,

吉共长送吉秋送龙。

Jib gongb changb songx jib quix songx longb.

怕见纠嘎谷嘎汝拢，

Pat jianb jiub gad guob gab rux longd,

出见纠竹谷竹汝桥。

Chud jianb jiub zhub guob zhub rux qiaox.

得寿出见产恩头果，

Deit shet chud jianb chant ghongx toub guet,

弄得出汝吧格头浪。

Niongx dit chud rux bax gieb teb nangb.

江林纠得谷拢立为，

Jiangb liuongb jiub deib guob longd lib wenb,

江照纠竹谷桥良王。

Jiangb zhaob jiub zhub guob qiaox liangb wangb.

江林打总刚棍，

Jiangb liuongb dat zongb gangt ghunt,

江照吉秋削猛。

Jiangb zhaob jib quix xiaox mengb.

主家左手拿得快刀，主人右手拿得快镰。
上到山坡去找好竹，走到山上去寻好木。
砍得一根直的，找得一根好的。
扛在肩上抬回家中，抬着竹子回到家内。
劈成九块十块篾条，破成九块十块篾片。
弟子剪成长钱冥币，师郎剪成长串冥钱。
扣在九块篾片杆头，夹在九块十块杆上。
摆在祭祀堂中，插在敬祖堂内。

拢共列出窝够青抱，

Longs gongb lieb chud aot gout qiongd beb,

窝考青钱。　　　　　　　　　　　　　　　　　　　　（二指诀）

Aot kaod qiongd qianx.

列出见恩头果，

Lieb chud jianb ghongx toub geut,

列没见抗头浪。

Lieb met jianb kangx teub nangb.

达起出见出尼，

Das kid chud jianb chud nib,

达起出汝出虫。

Das kid chud rux chud chongx.

内腊几修能茶照几斗标，　　　　　　　　　　　　　（刀诀）

Niex leas jid xiut nongb cat zhaob jid doub bioud,

窝秀到然照几柔纵。

Aox xiux daox rab zhaob jid rout zongx.

几茶苟猛几茶吉弄柔茶告斗，　　　　　　　　　　　（磨刀诀）

Jid cat geud mengb jid cat jib nongx rout cat ghaot dout,

吉然苟猛吉然吉弄柔然比兵。

Jib rad geud mengb jib rab jib nongx rout rab bid biongb.

猛单告就，会送告孺。　　　　　　　　　　　　　　（出掌诀）

Mengb dand ghaod jus, huix songx ghaox rul.

绍陇便告斗补，

Shaox liuongd biat ghaox doub bus,

岔图照告然冬。　　　　　　　　　　　　　　　　　（砍竹诀）

Chax tux zhaox ghaox rab dongt.

都陇几没几穷告浪斗补，

Dud liuongd jid meb jid qiongx ghaox nangb doub bus,

岔图几没吉话禾绒棍冬。

Chax tux jid meb jib huax aob rongs ghunt dongt.

几江长苟，

Jid jiangb changb geud,

吉共长冬。　　　　　　　　　　　　　　　　（抬竹诀、入掌诀）

Jib gongx changb dongt.

够陇照豆，

Geud liuongd zhaob doub,

便陇照追。

Biat liuongd zhaob zhuix.

长单大得哨吾，

Changb dand dat det saot wut,

长送吉秋送龙。

Changb songx jib quix songx longs.　　　　　　　　　（顿掌诀）

敬奉要做车柱车树，车梁车根。
要造银钱白纸，要有金币冥钱。
这才做成做好，做好做实。
于是人们找得柴刀从家中来，
寻得快刀从家内来。
先在磨岩上面磨好，
先在磨石上面磨利。(锋利的意思)
行至山坡，走到竹林。
寻竹五面山头，找木六面山尾。
砍竹没有惊动五方山脉，
伐木没有惊扰六处土地。
抬得回转，扛得回来。
竹根在前，竹尾在后。
转到屋檐底下，回到门外坪场。

内拿出见补得猛青喳内，

Neib leas chud jianb bul deb mengb qiongd cheab neit,

弄力喳郎。

Nongx lis cheab liangs.

（内拿出见补得猛青喳格，

（Niex leas chud jianb bul deb mengb qiongd cheab giel,

弄力喳那。）

Nongx lis chab lias.)

告够青抱，

Ghaox gout qiongd bes,

告考青钱。

Ghaot kaod qiongd qianx.

格岭白吾白补,

Gib liongs bed wut bed bus,

格穷白补白冬。

Gib qiongx bed bus bed dongt.

格岭背固傩茶,

Gib liongs bed gus nub cat,

格穷背同傩虐。

Gib qiongx bed tongb niub nus.

告够青抱,

Ghaox gout qiongd bes,

告考青钱。

Ghaox kaod qiongd qianx.

纠八纠麻,

Jiul biab jiul mab,

纠苟纠够。

Jiul geud jiul goux.

(炯八炯麻,

(Jiongb biab jiongb mab,

炯苟炯够。)

Jiongb geud jiongb goux.)

人们做成三根车柱登天,神柱登日。

(人们做成三根车柱登星,神柱登月。)

柱底的桩,柱根的钉。

绿旗满山满水,红旗满坪满地。

绿旗柱顶竹叶,红旗柱头绿叶。①

柱底的桩,柱根的钉。

九块九篾,九编几条。

(九块九篾,九编几条)

注:① 竹叶、绿叶——在扎车柱花旗的时候,其竹杆顶端要留一两枝竹叶。

内再出见潮录告斗，

Niex zaix chub jianb zaox nus ghaox doud，

潮弄告香。

Zaox nongx ghaox xiangd.

公色告如，

Gongd sed ghaox rus，

傩然告柔。

Nus ranx ghaod reub.

昂斩几锐公色，

Ghangb zaib jid ruib gongd sed，

公色傩然。

Gongd sed nus ranx.

够斗出见公色纠如，

Gout dout chub jianb gongd sed jiul rus，

傩然纠柔。

Nus ranx jiul reub.

（够斗出见公色炯如，

（Gout dout chud jianb gongd sed jiongb rus，

傩然炯柔。）

Nus ranx jiongb reub.）

便斗出见公色便如，

Biat doub chud jianb gongd sed biat rus，

傩然便柔。

Nus ranx biat reub.

莎拿苟陇江林吉弄几北偷楼，

Seax leas geud longs jiangb liongs jib nongx jid beid toud loub，

江照吉弄吉走偷嘴。

Jiangb zhaob jib nongx jib zeut toud zuid.

人们装成糯米在斗，

黏米在升。

糍粑成堆，供粑成柱。

下供粑的肉，糍粑糯供。

大桌摆好糍粑九堆，供粑九柱。

（大桌摆好糍粑七堆，供粑七柱。）

副桌摆好糍粑五堆，供粑五柱。

也都摆好在这供祖的桌上，摆在敬神的桌中。

内腊将得猛见乙热内补，

Neib leas jiangx det mengb jianb yis reb neib bus,

将度乙嘎猛加以然内冬。

Jiangx dux yis gad mengb jiad yil rad neib dongt.

内腊不见白久。

Neib leas bus jianb bed jiud.

不嘎白得。

Bus gad beid deb.

猛单羊强羊枪，

Mengb dand yangs qiongb yangs qiangd,

会送羊干羊屋。

Huix songx yangs ganl yangs wus.

几洞金鸡莎江，

Jid dongs ghiongt gid sax jiangb,

吉内买卖莎空。

Jib neib maib maix sax kongx.

斗抓吉良见恩嘎格，

Doub zhuab jib lieab jiangb ghongx gad gieb,

斗尼吉良兄油那容。

Doub nib jib lieab xiongt yus lax yangs.

几江长苟，

Jid jiangb changb geud,

吉共长公。

Jib gongb changb gongt.

长单大得哨吾，

Changb dand dat det saot wut,

长送吉秋送龙。

Changb songx jib quix songx longs.

阿偶图书写容，

Ad ghus tux shut xied yangs,

书起转嘎，

Shut kid zhuanb gad,

书强奈那。

Shut qiangx naix leas.

冬豆最走，

Dongt deux zuib zeud,

莎最莎走。

Seax zuib seax zeud.

冬腊仇楼，

Dongt leas cheud loud,

莎走莎板。

Seax zeud seax banb.

人们带得大钱要走远方，
拿得大款要走远处。
收钱在身，拿款在手。
行至交易场中，走到贸易市内。
探听经纪也喜，打问买卖也爱。
左手交去金银钱财，
右手牵得卖羊绳索。
赶着回转，牵着回来。
转到屋檐底下，回到滴水坪场。
一头供神的羊，
捆在场中，系在场内。
凡供齐备，皆齐皆备。
凡仪齐全，皆齐皆全。

吉牙——亚——夫——夫窝——夫禾——夫窝

Jib yab—yad—fud—fud aob—fud aob—fud aob

列够欧然浪萨，

Lieb geub out rab nangb sad,

列扑欧龙浪度。

Lieb pus out longs nangb dux.

列理欧从浪公，

Lieb lid out congs nangb gongt,

列岔欧炯浪几。

Lieb chax out jiongb nangb jid.

补然浪萨列够麻充巴代，

But rad nangb sad lieb geub mab congd bad det,

补龙浪度列扑麻然棍空。

But nongx nangb dux lieb pud mab rab ghunt kongt.

　　神韵——
　　要唱三首的歌，要讲三轮的话。
　　要理三层的根，要寻三道的基。
　　三首的歌要唱去喊巴代，
　　三轮的话要说去请祖师。

吉牙——亚——夫——夫窝——夫禾——夫窝

Jib yab—yad—fud—fud aob—fud aob—fud aob

列够欧然浪萨，

Lieb geub out rab nangb sad,

列扑欧龙浪度。

Lieb pus out longs nangb dux.

列理欧从浪公，

Lieb lid out congs nangb gongt,

列岔欧炯浪几。

Lieb chax out jiongb nangb jid.

得寿浪萨列够麻充巴代，

Deb shet nangb sad lieb geud mab congd bad det,

弄代浪度列扑麻然棍空。

Nongx det nangb dux lieb pud mab rab ghunt kongt.

神韵——
要唱"得寿"的歌，
要讲"弄代"的话。
要理"巴代"的根，
要寻"巴寿"的基。
"得寿"的歌要唱去喊巴代，
"弄代"的话要说去请祖师。

得寿喂你几苟，

Deb shout weib nit jid geud,

弄得剖炯几让。

Niongx deib bout jiongx jib rangb.

喂你喂浪萨够斗标，

Weib nit weib nangb sad goud doub bioud,

剖炯剖浪萨肥柔纵。

Bout jiongx bout nangb sad feib rout zongx.

喂你萨够喂腊你差，

Weib nit sad gout weib lab nit cat,

剖炯萨肥剖莎炯汝。

Bout jiongx sad feib bout sad jiongx rux.

昂内喂出苟伞苟茶，

Ghangb neib weib chud geud sait geud zax,

昂弄剖嘎苟斗苟炯。

Ghangb niongx bout gad geud deib geud jiongb.

首得腊气葡剖葡乜，

Shoud deit lab qix pux bout pux nial,

首嘎莎去葡内葡骂。

Shoud gad sax qux pux neid pux max.

首得腊气得寿告见，

Shoud deit lab qix deib shout gaod jianb,

首嘎莎气弄得送嘎。

Shoud gad sax qix niongx deit songx gad.

腊尼窝鲁麻刚，

Lab nib aot lux mab gangt,

莎尼窝松麻不。

Seax nib aox songd mab bub.

弟子我住村中，师郎我居寨内。
我住我的安乐家堂，我居我的清净家殿。
我住家堂很是清吉，我居家殿十分平安。
夏季我务农耕活，冬季我打柴割草。
养儿也可承根接祖，育孙也可传宗接代。
养儿也可传承主持，育孙也可传接主祭，
都是继承祖艺，也是传承祖教。

告见列理告够，

Gaod jianb lieb lid gaod goud,

送嘎列岔背柳。

Songx gab lieb chax beid liud.

列理剖乜浪得，

Lieb lid pout niab nangb deib,

列会内骂浪苟。

Lieb huix neid max nangb geud.

内腊几查扛到充白，

Niex lab jid chab gangb daox congt beib,

内莎吉内扛到公几。

Niex sax jib neib gangb daox gongt jid.

度标达起单标单斗，

Dub bioud dab qix dand bioud dand deb,

度内否叉单纵单秋。

Dux neib woub chad dand zongb dand quix.

单标拢充喂斗得寿告见，

Dand bioud longb congd weib doub deib shet gaod jianb,

单纵拢奈剖弄告得送嘎，

Dand zongb longb naib bout niongd gaod deib songx gab,

喂莎竹洞久扣，

Weib sax zhub dongb jut ket,

剖腊竹纵久压。

Bout lab zhub zongb jut yad.

窝斗几没几庆,

Aod doub jid meib jit qet,

巴鸟几雄吉吹。

Bad niaob jid xiongt jib chuix.

不鸟洞拢候否告见,

But niaob dongb longb houx woub gaod jianb,

不弄洞空候否送嘎。

Bub niongx dongb kongt houx woub songx giax.

主持要理根基, 主祭要找源头。
要理祖宗坛头, 要请父母香火。
他们查访才得清楚, 通过访问才得明白。
主家这才到家到户, 主人他才到屋到宅。
到家来请我去给他主持, 到户来迎我去给他主祭。
我大门也没关, 小门也没闭。
言词没有推诿, 嘴舌没有推辞。
嘴上答应帮他主持, 口中应承帮他主祭。

达用告见列将棍空,

Dab yongx gaod jianb lieb jiangb ghunt kongt,

候内送嘎列将棍得。

Houx neib songx gad lieb jiangb ghunt deib.

棍空斗你纵寿吉标,

Ghunt kongt doub nit zongb shet jib bioud,

棍得斗炯秋得几竹。

Ghunt deit doub jiongx quix deib jid zhub.

喂斗得寿窝汝松斗,

Weib doub deib shet aot rux songd doub,

剖弄告得窝汝穷炯。

Bout niongd gaod deib aot rux qiongb jiongx.

然鸟产娥棍空莎江，

Rab niaob chant oub ghunt kongt sax jiangb,

弄奈吧图棍得莎空。

Niongx naib bax tub ghunt deib sax kongt.

喂斗得寿、

Weib doub deib shet、

斗抓没到意记送斗，

Doub zhuab meib daox yib jit songx doub,

剖弄告得、

Bout niongd gaod deib、

斗尼没到以达穷炯。

Doub nib meib daox yit dat qiongb jiongx.

勇陇穷雄、

Yongd liongl qiongx xiongt、

禾走抗闹，

Aob zeb gangb naob,

背巧穷梅，

Beit qiaot qiongd meib,

窝边雄棍。

Aob biand xiongt ghunt.

苟扛度标候不，

Geud gangb dud bioud houx bub,

叉扛度内候共。

Chat gangb dud neib houx gongx.

拢单否浪吉标几斗，

Longb dand woub nangb jid bioud jid doub,

炯送否浪几纵吉秋。

Jiongx songx woub nangb jid zongb jid quix.

答应主持先要奉请祖师出动，去帮主祭先要奉迎宗师出坛。

祖师坐在家中祖坛，宗师坐在屋内祖殿。

弟子烧起蜂蜡糠香，师郎燃起纸团火烟。

奉请千位祖师出坛也肯，奉迎百位宗师出动也应。

吾本弟子，左手拿得蜂蜡糠香，
我这师郎，右手拿得纸团火烟。
竹筒竹析，问卜神卦。
布条神铃，击析竹棒。
取送主家背起，拿送主人抬去。
来到主人家中，坐到主家屋内。

几长窝汝意记耸斗，
Jid changb aot rux yid jib songx doub,
得寿列充葵汝产娥棍空。
Deit shet lieb congd kiub rux chant eb ghunt kongt.
几长窝汝依达穷炯，
Jid changb aot rux yit dat qiongx jiongb,
弄得列然傩汝吧图棍得。　　　　　　　　　　　　（祖师诀）
Niongx deit lieb rab nub rux bax tux ghunt deib.
棍空斗你纵寿吉标，
Ghunt kongt doub nit zongb shex jib bioud,
弄得斗炯秋得记竹。
Niongx deit doub jiongx quix deib jid zhub.
列苟送斗猛充，
Lieb geud songt doub mengb congd,
列共穷炯猛然。　　　　　　　　　　　　　　　　（香碗诀）
Lieb gongx qiongx jiongx mengb rab.
几长窝汝意记送斗，
Jid changb aot rux yid jib songx doub,
几长然鸟葵汝产鹅棍空。
Jid changb rab niaob kiub rux chant eb ghunt kongt.
几长窝汝以打穷炯，
Jid changb aot rux yit dab qiongx jiongx,
几长弄奈录汝吧图棍得。
Jid changb niongx naib lub rux bax tux ghunt deit.
窝汝意记松斗，
Aot rux yid jid songx doub,

柔汝依打穷炯。 （香碗诀）

Roub rux yit dat qiongx jiongb.

产棍几没然鸟，

Chanx ghunt jid meib ranb niaob，

吧母几没弄奈。

Bax mud jid meib nongd naix.

列拢然鸟—— （各宫口的祖师诀）

Lieb liongb rad niaob—

然鸟太棍共米、

Rab niaob tait gunt gongx mit、

公加、首关、四贵， （巳宫、辰宫、酉宫、寅宫诀）

Gongd jiad、shoud guand、six giux，

太棍米章、巴高、国峰、明鸿， （午宫、戌宫、巳宫、卯宫诀）

Taix gunt mit zhuangd、bad gaod、guob fengd、mingb hongx，

太棍仕贵、后保， （巳宫、申宫诀）

Tait gunt shid giux、houx baod，

苟太光珍、勇贤、 （申宫、戌宫诀）

Goud taix guangd zhengd、yongd xianb、

光三、老七、跃恩， （卯宫、巳宫、申宫诀）

Guangd sand、laod qib、yiex engd，

苟太席乙、江远、林花、老苟、 （未宫、卯宫、子宫、午宫诀）

Goud taib xib yix、jiangd yand、linb huad、laod goud、

共四、老弄、 （辰宫、寅宫诀）

Gongx six、laod nongt、

千由、天才、炯容、同兰， （丑宫、巳宫、酉宫、亥宫诀）

Qiand youb、tianb caib、jiongx rongb、tongb lan，

苟太强贵、龙贵、 （亥宫、丑宫诀）

Goud taib qiangb giux、longb giux、

光合、冬顺、得水， （卯宫、申宫、未宫诀）

Guangd hob、dongd shunx、deib shiut，

苟剖双全，苟剖长先， （未宫、午宫诀）

Goud bout shuangd quanb, goud bout changb xiand，

苟打二哥、那那…… （酉宫、辰宫诀）

Goud dad erx ged、nat nat…

补谷阿柔告寿,

But guot ad roub gaot shout,

补谷欧柔告德。

But guob out roub gaot deit.

补产葵忙告见,

But chanx kuib mangb gaot jianb,

抓葡儿最吉走。

Zhuad pux jid zuib jib zoub.

补吧录忙送嘎,

But bad lub mangb songx gad,

寿葡吉走吉板。

Shoux pux jid zoub jib banb.

浪喂声然照修打便郎得,

Nangb weib shongt rad zhaob xiud dat biant liangd deib,

浪喂声然照闹打绒郎秋。

Nangb weib shongt rad zhaob laox dad rongb liangb qiud.

照修纵寿吉标,

Zhaob xiut zongb shoux jib bioud,

照闹秋得记竹。   （降神诀）

Zhaob laox qiud deib jid zhub.

照修补谷补涌提仲,

Zhaob xiud but guob but yongd tib zongb,

照闹补谷补肥图岭。   （下降布条诀）

Zhaob laox but guob but fenb tub liuongb.

照修达香,

Zhaob xiut dab xiangd,

照闹达穷。

Zhaob laox dab qiongx.

就——

Jiux—

补热声棍,

But reb shongt gunt,

拢单纵寿吉标。　　　　　　　　　　　　（坐坛诀）

Liongb dand zongb shoux jib bioud.

补然弄猛，

But rad nongd mengb,

拢送吉秋照拿。　　　　　　　　　　　　（坐殿诀）

Liongb songx jib qiud zhaob nab.

拢单你瓦意记送斗，

Liongb dand nit wab yit jid songx doub,

炯龙以打穷炯。　　　　　　　　　　　　（香炉诀）

Jiongx longb yit dat qiongx jiongx.

你瓦喂斗得寿，

Nit wab weib doub deib shoux,

炯龙剖弄告得。　　　　　　　　　　　　（绕祖诀）

Jiongx longb boub nongd gaod deib.

几达然鸟埋列嘎修，

Jid dab rad niaox maib lieb gad xiut,

吉炯达奈埋列嘎闹。

Jib jiongx dab naix maib lieb gad laox.

神韵——

诚心焚烧蜂蜡糠香，弟子要请尊敬的千位宗师。

诚意焚燃纸团火烟，师郎要请尊贵的百位祖师。

宗师坐在家中祖坛，祖师坐在家内祖殿。

要烧宝香去请，要用香烟去迎。

虔诚焚烧纸团宝香，虔诚奉请弟子的千位祖师。

虔诚烧起蜂蜡宝烟，虔诚奉迎师郎的百位宗师。

焚烧蜂蜡糠火，燃起纸团糠烟。

要来奉请——

奉请祖太共米、共甲、仕官、首贵，

祖太明章、巴高、国峰、明鸿，

祖太仕贵、后宝，

祖太光朱、勇贤、光三、老七、跃恩，

祖太席玉、江远、林华、老苟、共四、老弄、

千有、天财、进荣、腾兰，

祖太强贵、隆贵、光合、冬顺、得水，

叔公双全，祖公长先，

外祖二哥、大大……

三十一代祖师，三十二代弟子。

三千交钱祖师，查名皆齐皆遍。

三百度纸宗师，点字皆遍皆全。

闻我奉请暂离上天大堂，听我奉迎暂别天宫大殿。

暂离家中祖坛，暂别家内师殿。

暂离三十三块布条，暂别三十三块布幔。

暂离香炉，暂别香碗。

神韵——

三咏神腔，来到信士祭祖场中。

三吟神韵，来临户主敬神堂内。

来到安享纸团宝香，来临安受蜂蜡糠烟。

拥护吾本弟子，守护我这师郎。

同日有请你们莫起，同时有奉你们莫去。

内没见恩头果，

Neib meib jianb engb tel guot,

见抗头浪。

Jianb kangx tel nangb.

几窝尼头尼抗，

Jid aot nib tel nib kangx,

窝拢尼见尼嘎。

Aot liongb nib jianb nib gad.

到见苟猛几白，

Daox jianb goud mengb jid baib,

到嘎苟猛吉炯。

Daox gad goud mengb jib jiongb.

修照埋浪热洞热恩，

Xiut zhaob maib nangb reb dongb reb engb,

见照埋浪热光热量。

Jianb zhaob maib nangb reb guangd reb liangx.

埋列拢斗得寿告见，

Maib lieb liongb dout deib shoux gaod jianb,

莎列拢弄告得送嘎。

Sax lieb liongb nongt gaod deib songx gad.

斗抓埋你，

Doub zhuab maib nit,

斗尼埋炯。

Doub nit maib jiongx.

告见扛单，

Gaod jianb gangb dand,

送嘎扛送。

Songx gad gangb songx.

列休喂斗得寿，

Lieb xiut weib doub deib shout,

归先归得。

Guid xiand giud deib.

候然剖弄告得，

Hex rad boub nongd gaod deib,

归木归嘎。　　　　　　　　　　　　　　　　　（莲华诀）

Guid mub giud gad.

修照阿谷呕奶酷绒麻冬几图，

Xiud zhaob ad guob out leit kud rongb mab dongt jid tub,

然照阿谷呕奶酷便麻汝吉浪。　　　　　　　　（藏身诀）

Rad zhaob ad guob out leit kud biant mab rux jid nangb.

　　　主人有纸钱冥币，纸帛冥钱。
　　　不烧是纸是帛，烧了是钱是财。
　　　得财拿去共分，得钱拿去共用。
　　　收在金仓银仓，入在金库银库。
　　　你们要和弟子交钱，都要与吾师郎度纸。[①]
　　　拥在左边，护在右旁。
　　　交钱得到，度纸得达。

收起我的正魂本命，三魂七魄。

收在一十二个深洞之中，藏在一十二个好洞之内。

注：① 交钱、度纸——宗教术语，主持祭祀仪式的意思。下句的"交钱得到，度纸得达"指敬送祖神的这些供品要如数交到祖神的手中，意为要让主家达到敬神之目的。

几长窝汝意记耸斗，

Jid changb aot rux yid jib songx doub,

得寿列充葵汝产娥棍空。

Deit shet lieb congd kiub rux chant eb ghunt kongt.

几长窝汝侬达穷炯，

Jid changb aot rux yit dat qiongx jiongb,

弄得列拢然鸟傩汝吧图棍得。　　　　　　　　　　　（祖师诀）

Niongx deit lieb liongb rab niaob nub rux bax tux ghunt deib.

然鸟补谷阿柔告寿，

Rab niaob but guot ad reub gaot shet,

补谷欧柔告德。

But guob out reub gaot deit.

补产葵忙告见，

But chanx kiub mangb gaot jianb,

补吧录忙送嘎，

But bad lub mangb songx gad,

抓葡几最吉走。

Zhuad pux jid ziub jib zoub.

寿葡吉走吉板。

Shoux pux jid zoub jib banb.

神韵——

诚心焚烧蜂蜡糠香，弟子要请尊敬的千位宗师，

诚意焚燃纸团火烟，师郎要请尊贵的百位祖师。

三十一代祖师，三十二代弟子。

三千交钱祖师，查名皆齐皆遍。

三百度纸宗师，点字皆遍皆全。

然鸟绒魁龙贵洞庆，

Rab niaob rongb kiub longb guix dongd qinx，

弄奈成久长先补玛。

Longb naix chenb jud changb xiand bub mual.

休鸟喂然埋浪，

Xut niaob weib ranb maib nangb，

然弄喂奈埋洞。

Rab longb weib naix maib dongx.

得寿架格腊咱，

Deit shet jiad giet lab zad，

弄得查梅腊干。

Nongd deit chab meib lab ganb.

棍空斗你喂浪打篓，

Ghunt kongt doub nit weib nangb dat let，

棍得斗烔喂浪达比。

Ghunt deit doub jiongx weib nangd dab bit.

斗你喂浪达起几图，

Doub nit weib nangb dab kid jid tub，

斗烔喂浪达写吉郎。

Doub jiongx weib nangd dab xie jib nangb.

埋自尼剖，

Maib zix nib bout，

剖自尼埋，

Bout zit nib maib，

埋尼喂浪打楼达起，

Maib nib weib nangb dat let dat qit，

喂尼埋浪吉久几得。

Weib nib maib nangd jib jud jid deib.

埋告穷向闹达，

Maib gaob qiongx xiangt laox dab，

埋油穷头拢单。

Maib youb qiongx toub longb dand.

拢单号弄几图，

Longb dand haox nongd jid tub,

拢送号炯吉浪。

Longb songx haox jiongx jib nangb.

几油喂浪声棍扛见，

Jid yout weib nangd shongt ghunt gangb jianb,

吉候喂浪弄母扛拿。

Jib houx weib nangd niongx mux gangb nab.

喂拢告见莎单，

Weib longb gaot jianb seax dand,

喂拢送嘎莎送。

Weib longb songx gad seax songx.

喂扑产固莎见，

Weib pud chant gut seax jianb,

喂出吧汉莎尼。

Weib chux bax hanx seax nib.

烧起银钱冥纸，焚起冥币钱财。

烧起蜂腊糠香，焚起纸团火烟。

千神没有乱请，百鬼没有乱奉。

焚香要来奉请，烧纸要来奉迎。

奉请绒魁龙贵洞冲，奉迎成久长先洞寨。

我讲你们得听，我说你们得闻。

弟子闭眼观想，师郎抬眼观看。

祖师都在我的脑海，祖师坐在我的脑门。

祖师在我心念之中，宗师在我意念之内。

你们就是我们，我们就是你们。

你们就是我们的心脑神魂，我们就是你们的身体骨肉。

你们纵那香烟飘到，你们随那烟雾降临。

来到我们中间，来临我们中内。

帮助我的神腔娓娓，帮助我的神辞朗朗。

我今主持也准，我来主祭也灵。

我说千种也应，我做百样也验。

几客几娄莎尼棍空，

Jid kied jib neb sax nib ghunt kongt,

客猛把抓，

Kied mengb bad zhuax,

休最出踏。

Xut zuib chud tax.

客猛巴尼，

Kied mengb beab nib,

休最提提。

Xut zuib tib tib.

棍空候喂出空，

Ghunt kongt houx weib chud kongt,

棍得候喂出卡。

Ghunt deit houx weib chub kat.

棍空候喂出林，

Ghunt kongt houx weib chud liuongb,

棍得候喂出雄。

Ghunt deit houx weib chud xiongb.

棍空列拢出见出尼，

Ghunt kongt lieb liongb chud jianb chud nib,

棍得列拢出中出汝。

Ghunt deit lieb liongb chud zhongd chud rux.

棍空候喂吉蓄西包打鸟吉弄扛虫，

Ghunt kongt houx weib jib xud xid bet dat niaob jib nangb gangb chongx,

棍得候喂吉蓄那嘎达梅吉弄扛拿。

Ghunt deit houx weib jib xud nab gad dab meib jib nongb gangb nab.

棍空出见出中，

Ghunt kongt chud jianb chud zhongd,

棍得出中出汝。

Ghunt deit chud zhongd chud rux.

往前看去都是祖师，往后看去都是宗师。

看向左边，站齐成排，

看向右边，站齐成团。
祖师帮我神诀，宗师帮我神咒。
祖师帮我做大，宗师帮我做强。
祖师要来做成做到，宗师要来做准做好。
祖师要帮加持仪式程序送稳，
宗师要帮护持法事仪程送当。
祖师做成做准，宗师做准做到。

棍空几叟拢单几图，
Ghunt kongt jid seut longs dand jid tus,
棍得吉研拢送吉浪。
Ghunt deb jib ghanb longs songx jib nangb.
拢单喂列扑内，
Longs dand web lieb pus neib,
拢送喂列扑扛。
Longs songx web lieb pus gangb.
扑内格岭白吾白补，
Pus neb gib liongl bed wut bed bus,
格穷白补白冬。
Gib qiongx bed bus bed dongt.
扑内几北偷楼，
Pud neib jid beb toud loub,
吉走偷嘴。   （供神大桌）
Jib zeud teut zuid.
纠奶达齐这汝，
Jius let dat qit zheux rux,
纠图达恩泻格。   （九只碗）
Jius tux dat ghongx xiex gieb.
（炯奶达齐这汝，
（Jiongb let dat qit zheux rux,
炯图达恩泻格。）   （七只碗）
Jiongb tux dat ghongx xiex gieb.）
潮录告斗，

Zaox lus ghaox doub,

潮弄告香。

Zaox nongx ghaox xiangd.

公色告如，

Gongd sed ghaox rus,

傩然告柔。

Nus rab ghaox reub.

昂斩几锐公色，

Ghangb zaib jid ruib gongd sed,

公色傩然。

Gongd sed nus rab.

够斗出见公色纠如，

Gout doub chub jianb gongd sed jius rus,

傩然纠柔。

Nus rab jius reub.

（够斗出见公色炯如，

（Gout doub chub jianb gongd sed jiongx rus,

傩然炯柔。）

Nus rab jiongb reub.）

便斗扑内公色便如，

Biat doub pud neb gongd sed biat rub,

傩然便柔。

Nus ranx bat reub.

图书写容。

Tus shut xied yongs.

（比尼麻林，

（Bid nieb mab liongs,

比油麻章。）

Bid yout mab zhuangb.）

意记送斗，

Yid jib songx doub,

以达穷炯。

Yit dat qiongx jiongb.

勇陇穷雄，

Yongd longs qiongx xiongd，

禾走抗闹，

Aob zout kangx niaol，

穷梅雄棍。

Qiongx meb xiongt ghunt.

扑内苟扛葵汝产鹅棍空，

Pud neb geud gangb kuib rux chant eb ghunt kongt，

几最奶江，

Jid zuib let jiangb，

埋汉莎江。

Maib hanx seax jiangb，

几最奶久，

Jid zuib let jus，

埋汉莎久。

Maix hanx seax jus.

汝江汝久，

Rux jiangb rux jus，

汝久汝板。

Rux jus rux banb.

江久吉相扛服，

Jiangx jus jid xiangd gangb fus，

江半吉相扛龙。

Jiangx banb jid xiangd gangb nongb.

宗师喜悦来到这里，
祖师喜欢来临此间。
到此我要说清，到边我要讲明。[①]
讲这绿旗满山满水，红旗满坪满地。
祭祖供桌，敬神供案。
九只好碗净碗，九个金碗银碗。
（七只好碗净碗，七个金碗银碗。）
糯米在斗，黏米在升。

糍粑成堆，供粑成柱。

下供粑的肉，糍粑糯供。

糍粑九堆，供粑九柱。

（糍粑九堆，供粑九柱。）

糍粑供粑五柱，供神的羊。

蜂蜡糠香，纸团糠烟。

竹柝神筒、问事骨卦、招请铜铃。

讲此来让尊贵的千位祖师，

高贵的百位师尊。

齐皆欢喜，你们皆喜。

齐皆喜爱，你们皆爱。

好欢好喜，好喜好爱。

喜了还未给喝，爱了还未送吃。

（驱鬼若是进行到启建法仪的第二番时，在每段的先头要用"吉热"即驱遣诀驱鬼，到末尾时要用"叉鬼诀""扫鬼诀"双手交替于胸前不断地往左右肩上向后叉或扫去，然后作封锁诀封住才行，每段如此，下不复述。）

吉牙——亚——夫——夫窝——夫禾——夫窝

Jib yab—yad—fud—fud aob—fud aob—fud aob

列够欧然浪萨，

Lieb geub out rab nangb sad,

列扑欧龙浪度。

Lieb pus out longs nangb dux.

列理欧从浪公，

Lieb lid out congs nangb gongt,

列岔欧炯浪几。

Lieb chax out jiongb nangb jid.

比然浪萨列够乖棍，

Bid rab nangb sad leb goub gweit ghunt,

比龙浪度列扑他力。

Bid longs nangb dux lieb pud tad lis.

神韵——
要唱四首的歌，要讲四轮的话。
要理四层的根，要寻四道的基。
四首的歌要唱驱鬼，
一轮的话要说遣煞。

江哟列候乖棍，

Jiangb yod lieb houx gweit ghunt,

江板列候他力。

Jiangb band lieb houx tax lib.

要先几没几乖内浪归先归得，

Yaox xiand jid meib jid gweit neib nangb giud xiand giud deit,

要木几没他汉内浪归木归嘎。

Yaox mub jid meib tax hanx neib nangb giut mub giut gad.

内浪先头转嘎虫兰，

Niex nangb xiand toub zhuans gad chongb lanb,

木汝奈拿虫兄。

Mub rux naib nab chongb xiongd.

喜了要把驱鬼，爱了要把隔煞。
少气没有驱赶信士的生气儿气，
少福没有驱赶户主的洪福孙福。
户主的长气收在身中，福禄藏在体内。

乖久列乖，

Gweit jub lieb gweit,

度久列度。

Dux jub lieb dux.

列乖扛久，

Lieb gweit gangb jub,

列度扛半。

Lieb dux gangb banb.

列乖服吾服召嘎冬尼，

Lieb gweit fud wut fud zhaob gad dongt nib，

服斗服召嘎冬油。

Fud dout fud zhaob gad dongt yout.

斗冲冲召窝边葡，

Doub chongx chongx zhaob aot biand put，

冲边冲召窝边奶。

Chongx biad chongx zhaob aob biad leid.

炯照补浓猛头莎，

Jiongx zhaob but niongb mengb toub sad，

冲到花连哭炯走。

Chongx daox huad lianb kux jiongx zoub.

没内几到内拢酷，

Meib neib jid daox neid longb kut，

没骂几到骂拢首。

Meib max jib daox max longb soud.

水学乖告送斗，

Shuit xuob gweit gaob songx doub，

睡梦假通、

Shuit mengx jiad tongt、

度龙穷炯假量。　　　　　　　　　　　　　（镇压诀）

Dux longb qiongb jiongx jiad liax.

乖告送斗几白，

Gweit gaob songx doub jid baib，

度龙穷炯吉袍。　　　　　　　　　　　　　（翻覆诀）

Dux longb qiongb jiongx jid paox.

牙首牙林乙热内补，

Yab shout yab linb yib reb neib bub，

牙闹牙嘎以然内冬。　　　　　　　　　　　（押送诀）

Yab laox yab gad yit ranb neib dongt.

抓首抓猛乙热内补，

Zhuab shout zhuab mengb yib reb neib bud，

抓闹抓嘎以然内冬。　　　　　　　　　　　（又送诀）

Zhuab laox zhuab gad yib ranb neib dongt.

乖久追拢查他吉标果齐，

Gweit jiud zhuix longb chab tax jib bioud guot qit,

弟板记竹明汝。 　　　　　　　　　　　　　（封锁诀）

Dix band jix zhub mingb rux.

乖久追拢查他几没头莎，

Gweit jub zhuix longb chab tax jid meib toub sad,

度约弟然茶他几斗便奶。

Dux yod dix rab chax tax jid doub biat leit.

　　赶了再赶，驱了再驱。

　　要赶送了，要驱送完。

　　要来驱赶吃水吃着牛蹄水，吃汤吃着牛脚汤。

　　手拿拿着腐朽木，拿棍拿着短拐棍。

　　坐着草把烤糠火，手拿铧镰挖草根。

　　有娘没得娘来养，有爹没得爹来育。[①]

　　诀咒驱赶隔去、斩煞消灭、再用蜡烟隔除。

　　遇这糠香消散，见此蜡烟消灭。

　　铜隔隔去他方，铁隔隔去他处。

　　铜叉叉去他方，铁叉叉去他处。

　　驱赶以后家中便得清吉，屋宅内外平安。

　　驱了之后清吉没有夭折，

　　赶了之后平安没有短命。

　　注：① 此段讲的是命短夭折的小娃娃，本地方言又叫"化生子"。传说有牛脚印的水是死人水，化生子死后，人们心怕他们再回来投胎，于是在埋上山的路上连路燃烧数堆粗糠火，每堆旁边置放三个小草把凳，意思是让他们坐在草把凳上烤火而忘了回来。有的还送割稻草用的铧镰，让他们去挖草根吃，过去苗乡根本没有糖吃，要吃甜的便去挖草根，小孩挖草根吃到甜味之后忘记回家。过去由于医疗卫生不发达，导致农村几乎有三分之一的小孩死亡，这些死亡的小孩多埋在村外的荒郊野地，每个村几乎都有几大片化生子坟地。

　　乖久列乖，

　　Gweit jub lieb gweit,

度久列度。

Dux jub lieb dux.

列乖扛久，

Lieb gweit gangb jub,

列度扛半。

Lieb dux gangb banb.

列乖涨吾拢不，

Lieb gweit zhangb wut longb bub,

瓜苟拢特。

Guax geud longb teix.

吾滚不猛得从，

Wut gunb bub mengb deib congt,

吾穷不猛得闹。

Wut qiongx bub mengb deib laox.

背苟葡干葡内，

Beid goub pub ganb pub neix,

背绒葡柔葡紧。

Beid rongb pub rout pub giongd.

拍夯闹豆，

Peit hangb laox deux,

拍共闹岔。

Peit gongd laox chax.

水学乖告送斗，

Shuit xuob gweit gaob songx doub,

睡梦假通、

Shuit mengx jiad tongt、

度龙穷炯假量。　　　　　　　　　　（镇压诀）

Dux longb qiongb jiongx jiad liax.

乖告送斗几白，

Gweit gaob songx doub jid baib,

度龙穷炯吉袍。　　　　　　　　　　（翻覆诀）

Dux longb qiongb jiongx jid paox.

牙首牙林乙热内补，

Yab shout yab linb yib reb neib bub,

牙闹牙嘎以然内冬。　　　　　　　　　　　　　（押送诀）

Yab laox yab gad yit ranb neib dongt.

抓首抓猛乙热内补，

Zhuab shout zhuab mengb yib reb neib bud,

抓闹抓嘎以然内冬。　　　　　　　　　　　　　（叉送诀）

Zhuab laox zhuab gad yib ranb neib dongt.

乖久追拢查他吉标果齐，

Gweit jiud zhuix longb chab tax jib bioud guot qit,

弟板记竹明汝。　　　　　　　　　　　　　　　（封锁诀）

Dix band jix zhub mingb rux.

乖久追拢查他几没不吾不斗，

Gweit jub zhuix longb chab tax jid meib bub wut bub dout,

度约弟然茶他几斗白豆闹岔。

Dux yod dix rab chab tax jid doub baib deux laox chax.

赶了再赶，驱了再驱。
要赶送了，要驱送完。
要来驱赶涨水来冲，垮山来压。
洪水冲去险滩，泥流冲去凶地。
高山垮山滑坡，大岭垮岩垮土。
垮山滑坡，垮岩落土。
诀咒驱赶隔去，斩煞消灭、再用蜡烟隔除。
遇这糠香消散，见此蜡烟消灭。
铜隔隔去他方，铁隔隔去他处。
铜叉叉去他方，铁叉叉去他处。
驱赶以后家中便得清吉，屋宅内外平安。
驱了之后清吉没有洪水兴灾，
赶了之后平安没有垮蹋祸害。

乖久列乖，
Gweit jub lieb gweit,
度久列度。

Dux jub lieb dux.

列乖扛久，

Lieb gweit gangb jub，

列度扛半。

Lieb dux gangb banb.

列乖加绒报标，

Lieb gweit jiad rongb baob bioub，

加棍报竹。

Jiad ghunt baob zhub.

加绒报标拢促拢出，

Jiad rongb baob bioub longb zub longb chub，

加棍报竹拢仇拢大。

Jiad ghunt baob zhub longb choub longb dab.

加绒报标苟数拢转，

Jiad rongb baob bioud ged sux longb zhuans，

加棍报竹苟那拢奈。

Jiad ghunt baob zhub geud nab longb naib.

猛数产刚拢转拢数，

Mengb sut chant gangt longb zhuans longb sud，

猛那吧虫拢套拢奈。

Mengb nab bad chongb longb taox longb naib.

几者咱巧走巧，

Jib zhed zab qiaot zoub qiaot，

几锐咱加走加。

Jid ruib zad jiad zoub jiad.

水学乖告送斗，

Shuit xuob gweit gaob songx doub，

睡梦假通、

Shuit mengx jiad tongt、

度龙穷炯假量。　　　　　　　　　　　　（镇压诀）

Dux longb qiongb jiongx jiad liax.

乖告送斗几白，

Gweit gaob songx doub jid baib，

度龙穷炯吉袍。 （翻覆诀）

Dux longb qiongb jiongx jid paox.

牙首牙林乙热内补，

Yab shout yab linb yib reb neib bub，

牙闹牙嘎以然内冬。 （押送诀）

Yab laox yab gad yit ranb neib dongt.

抓首抓猛乙热内补，

Zhuab shout zhuab mengb yib reb neib bud，

抓闹抓嘎以然内冬。 （叉送诀）

Zhuab laox zhuab gad yib ranb neib dongt.

乖久追拢查他吉标果齐，

Gweit jiud zhuix longb chab tax jib bioud guot qit，

弟板记竹明汝。 （封锁诀）

Dix band jix zhub mingb rux.

乖久追拢查他几没棍转棍奈，

Gweit jub zhuix longb chab tax jid meib ghunt zhuans ghunt naib，

度约弟然茶他几斗棍仇棍大。

Dux yod dix rab chab tax jid doub ghunt choub ghunt dab.

赶了再赶，驱了再驱。

要赶送了，要驱送完。

要来驱赶凶神进家，恶煞进户。

凶神进家来促来闹，恶煞进户来打来杀。

凶神进家拿锁来锁，恶煞进户拿索来捆。

大锁千斤来套来锁，大索百根来捆来绑。

乱扯乱勒染灾，乱绑乱捆染祸。

诀咒驱赶隔去，斩煞消灭、再用蜡烟隔除。

遇这糠香消散，见此蜡烟消灭。

铜隔隔去他方，铁隔隔去他处。

铜叉叉去他方，铁叉叉去他处。

驱赶以后家中便得清吉，屋宅内外平安。

驱了之后清吉没有鬼锁鬼链，

赶了之后平安没有鬼打鬼杀。

乖久列乖，

Gweit jub lieb gweit，

度久列度。

Dux jub lieb dux.

列乖扛久，

Lieb gweit gangb jub，

列度扛半。

Lieb dux gangb banb.

列乖打便抓汉背斗棍，

Lieb gweit dat biat zhuad hanx beib dout ghunt，

打豆图汉背斗穷。

Dat deux tub hanx beib dout qiongb.

穷斗见风白苟白让，

Qiongb dout jianb fengd baib geud baib rangb，

穷标见度白加白竹。

Qiong bioub jianb dux baib jiad baib zhub.

出汉猛风几油，

Chub hanx mengb fengd jid youb，

当汉猛记吉哨。

Dangb hanx mengb jix jib xiaox.

标炯标你走巧走加，

Bioub jiongx bioub nib zoub qiaot zoub jiad，

标柔标瓦咱滚咱穷。

Bioud rout bioud wab zad gunb zad qiongx.

水学乖告送斗，

Shuit xuob gweit gaob songx doub，

睡梦假通、

Shuit mengx jiad tongt、

度龙穷炯假量。　　　　　　　　　　　　（镇压诀）

Dux longb qiongb jiongx jiad liax.

乖告送斗几白，

Gweit gaob songx doub jid baib，

度龙穷炯吉袍。 　　　　　　　　　　　　（翻覆诀）

Dux longb qiongb jiongx jid paox.

牙首牙林乙热内补，

Yab shout yab linb yib reb niex bub，

牙闹牙嘎以然内冬。 　　　　　　　　　（押送诀）

Yab laox yab gad yit ranb neib dongt.

抓首抓猛乙热内补，

Zhuab shout zhuab mengb yib reb neib bud，

抓闹抓嘎以然内冬。 　　　　　　　　　（叉送诀）

Zhuab laox zhuab gad yib ranb neib dongt.

乖久追拢查他吉标果齐，

Gweit jiud zhuix longb chab tax jib bioud guot qit，

弟板记竹明汝。 　　　　　　　　　　　（封锁诀）

Dix band jix zhub mingb rux.

乖久追拢查他几没猛风几油，

Gweit jub zhuix longb chab tax jid meib mengb fengd jid yout，

度约弟然茶他几斗背斗吉当。

Dux yod dix rab chab tax jid doub beid dout jib dangx.

　　　赶了再赶，驱了再驱。
　　　要赶送了，要驱送完。
　　　要来驱赶天上掉下火把星，地上烧火冲天红。
　　　浓烟成团满村满寨，烟火凶猛满家满户。
　　　遭那大风乱吹，遇那恶风乱窜。
　　　家宅住房遭了天火，瓦房木房烧成灰烬。
　　　诀咒驱赶隔去，斩煞消灭、再用蜡烟隔除。
　　　遇这糠香消散，见此蜡烟消灭。
　　　铜隔隔去他方，铁隔隔去他处。
　　　铜叉叉去他方，铁叉叉去他处。
　　　驱赶以后家中便得清吉，屋宅内外平安。
　　　驱了之后清吉没有恶风乱吹，
　　　赶了之后平安没有火灾乱发。

乖久列乖，

Gweit jub lieb gweit，

度久列度。

Dux jub lieb dux.

列乖扛久，

Lieb gweit gangb jub，

列度扛半。

Lieb dux gangb banb.

列乖打尼几剖拢达，

Lieb gweit dad neib jid pet longb dab，

打油吉刚拢抓。

Dab youb jib gangd longb zhuax.

尼固吉标达闹猛干，

Neib gud jib bioud dab laox mengb ganb，

油忙几竹抓闹猛内。

Youb mangb jid zhub zhuad laox mengb neix.

尼固吉标嘎炯，

Neib gud jib bioud gad jiongx，

油忙记竹嘎将。

Youb mangb jid zhub gad jiangx.

列熟几单公力，

Lieb shub jid dand gongd lib，

列记几单公八。

Lieb jix jid dand gongb bab.

水学乖告送斗，

Shuit xuob gweit gaob songx doub，

睡梦假通、

Shuit mengx jiad tongt、

度龙穷炯假量。　　　　　　　　　　　　　　（镇压诀）

Dux longb qiongb jiongx jiad liax.

乖告送斗几白，

Gweit gaob songx doub jid baib，

度龙穷炯吉袍。　　　　　　　　　　　　　　（翻覆诀）

Dux longb qiongb jiongx jid paox.

牙首牙林乙热内补,

Yab shout yab linb yib reb neib bub,

牙闹牙嘎以然内冬。 （押送诀）

Yab laox yab gad yit ranb neib dongt.

抓首抓猛乙热内补,

Zhuab shout zhuab mengb yib reb neib bud,

抓闹抓嘎以然内冬。 （叉送诀）

Zhuab laox zhuab gad yib ranb neib dongt.

乖久追拢查他吉标果齐,

Gweit jiud zhuix longb chab tax jib bioud guot qit,

弟板记竹明汝。 （封锁诀）

Dix band jix zhub mingb rux.

乖久追拢查他几没向尼,

Gweit jub zhuix longb chab tax jid meib xiangt neib,

度约弟然茶他几斗向油。

Dux yod dix rab chab tax jid doub xiangt yout.

  赶了再赶, 驱了再驱。

  要赶送了, 要驱送完。

  要来驱赶水牯用角来抵, 黄牯用角乱碰。

  水牯掉下悬崖, 黄牯掉下悬岩。

  水牯染了牛瘟, 黄牯染了时气。

  要犁不到田里, 要耙不到田内。

  诀咒驱赶隔去, 斩煞消灭、再用蜡烟隔除。

  遇这糠香消散, 见此蜡烟消灭。

  铜隔隔去他方, 铁隔隔去他处。

  铜叉叉去他方, 铁叉叉去他处。

  驱赶以后家中便得清吉, 屋宅内外平安。

  驱了之后清吉没有伤牛,

  赶了之后平安没有伤畜。

乖久列乖,

Gweit jub lieb gweit,

度久列度。

Dux jub lieb dux.

列乖扛久,

Lieb gweit gangb jub,

列度扛半。

Lieb dux gangb banb.

列乖抓军报苟,

Lieb gweit zhuab jund baob geub,

抢犯报让。

Qiangd fanx baob rangb.

抓军报苟拢娄拢仇,

Zhuab giuongt baob geud longb loub longb choub,

枪犯报让拢抢拢大。

Qiangd fanx baob rangb longb qiangd longb dab.

猛庆几吼,

Mengb qut jib houb,

猛炮吉话。

Mengb paox jib huax.

围标围斗,

Weib bioud weib doub,

围总围秋。

Weib zongb weib quid.

咱拔腊娄苟仇,

Zad bab lab loub geud choub,

咱浓腊娄苟大。

Zad niongx lab loub geud dax.

几吼声昂,

Jib houd shongt ghangb,

吉话声年。

Jib huax shongt nianb.

水学乖告送斗,

Shuit xuob gweit gaob songx doub,

睡梦假通、

Shuit mengx jiad tongt、

度龙穷炯假量。 （镇压诀）

Dux longb qiongb jiongx jiad liax.

乖告送斗几白，

Gweit gaob songx doub jid bed，

度龙穷炯吉袍。 （翻覆诀）

Dux longb qiongb jiongx jid paox.

牙首牙林乙热内补，

Yab shout yab linb yib reb neib bub，

牙闹牙嘎以然内冬。 （押送诀）

Yab laox yab gad yit ranb neib dongt.

抓首抓猛乙热内补，

Zhuab shout zhuab mengb yib reb neib bud，

抓闹抓嘎以然内冬。 （叉送诀）

Zhuab laox zhuab gad yib ranb neib dongt.

乖久追拢查他吉标果齐，

Gweit jiud zhuix longb chab tax jib bioud guot qit，

弟板记竹明汝。 （封锁诀）

Dix band jix zhub mingb rux.

乖久追拢查他几没抓军拢娄，

Gweit jub zhuix longb chab tax jid meib zhuad giuongt longb loub，

度约弟然茶他几斗抢犯拢大。

Dux yod dix rab chab tax jid doub qiangd fanx longb dax.

　　赶了再赶，驱了再驱。
　　要赶送了，要驱送完。
　　要来驱赶恶军进村，土匪进寨。
　　恶军进村乱烧乱打，土匪进寨乱抢乱杀。
　　枪声震村，炮声震寨。
　　围家围宅，围房围室。
　　见到女人就打，见到男人就杀。
　　哭声震天，喊号登地。

诀咒驱赶隔去，斩煞消灭、再用蜡烟隔除。
遇这糠香消散，见此蜡烟消灭。
铜隔隔去他方，铁隔隔去他处。
铜叉叉去他方，铁叉叉去他处。
驱赶以后家中便得清吉，屋宅内外平安。
驱了之后清吉没有兵瘟来抓，
赶了之后平安没有抢犯来杀。

乖久列乖，

Gweit jub lieb gweit,

度久列度.

Dux jub lieb dux.

列乖扛久，

Lieb gweit gangb jub,

列度扛半。

Lieb dux gangb banb.

列乖苟让几抱，

Lieb gweit geud rangb jid beb,

加竹吉大。

Jiat zhub jib dax.

窝拔共能共同，

Aot bab gongx nongb gongx tongb,

窝浓共色共炮。

Aot niongb gongx seib gongx paox.

蒙纵喂退，

Mengb zongb weib tuit,

喂求蒙闹。

Weib qiub mengb laox.

吉总列扛透蒙透喂，

Jib zongd lieb gangb toub mengb toub weib,

吉他列扛透松透标。

Jib tax lieb gangb toub songd toub biaox.

几抱列扛干古，

Jid beb lieb gangb ganb gud,

吉大列扛干穷。

Jib dax lieb gangb ganb qiongx.

几没越那越苟,

Jid meib yueb nat yueb geud,

几没越秋越兰。

Jid meib yueb quid yueb lanb.

水学乖告送斗,

Shuit xuob gweit gaob songx doub,

睡梦假通、

Shuit mengx jiad tongt、

度龙穷炯假量。   （镇压诀）

Dux longb qiongb jiongx jiad liax.

乖告送斗几白,

Gweit gaob songx doub jid baib,

度龙穷炯吉袍。   （翻覆诀）

Dux longb qiongb jiongx jid paox.

牙首牙林乙热内补,

Yab shout yab linb yib reb neib bub,

牙闹牙嘎以然内冬。   （押送诀）

Yab laox yab gad yit ranb neib dongt.

抓首抓猛乙热内补,

Zhuab shout zhuab mengb yib reb neib bud,

抓闹抓嘎以然内冬。   （叉送诀）

Zhuab laox zhuab gad yib ranb neib dongt.

乖久追拢查他吉标果齐,

Gweit jiud zhuix longb chab tax jib bioud guot qit,

弟板记竹明汝。   （封锁诀）

Dix band jix zhub mingb rux.

乖久追拢查他几没几抱吉大,

Gweit jub zhuix longb chab tax jid meib jid beb jib dax,

度约弟然茶他几斗吉反吉闹。

Dux yod dix rab chab tax jid doub jid fand jib laox.

赶了再赶，驱了再驱。

要赶送了，要驱送完。

要来驱赶村中打架，寨内械斗。

女人拿刀拿刃，男人拿枪拿炮。

你进我退，我上你下。

相争要送伤你伤我，相骂要送伤心伤肺。

相打要送见伤，相斗要送见血。

也不认兄认弟，更不认亲认眷。

诀咒驱赶隔去，斩煞消灭、再用蜡烟隔除。

遇这糠香消散，见此蜡烟消灭。

铜隔隔去他方，铁隔隔去他处。

铜叉叉去他方，铁叉叉去他处。

驱赶以后家中便得清吉，屋宅内外平安。

驱了之后清吉没有打架械斗，

赶了之后平安没有胡作非为。

乖久列乖，

Gweit jub lieb gweit,

度久列度。

Dux jub lieb dux.

列乖扛久，

Lieb gweit gangb jub,

列度扛半。

Lieb dux gangb banb.

列乖得拔几没洞沙，

Lieb gweit deit bab jid meib dongx shat,

得浓几没洞保。

Deib niongx jit meib dongx baod.

包洞嘎侬偏年列侬，

Baod dongx gad yib piand nianb lieb yid,

沙洞嘎出偏年列出。

Shad dongb giad chub piand nianb lieb chub.

出八几没得休，

Chud bab jid meib deit xiut,

出爬几没得退。

Chub pax jid meib deib tuib.

水学乖告送斗,

Shuit xuob gweit gaob songx doub,

睡梦假通、

Shuit mengx jiad tongt、

度龙穷炯假量。　　　　　　　　　　（镇压诀）

Dux longb qiongb jiongx jiad liax.

乖告送斗几白,

Gweit gaob songx doub jid baib,

度龙穷炯吉袍。　　　　　　　　　　（翻覆诀）

Dux longb qiongb jiongx jid paox.

牙首牙林乙热内补,

Yab shout yab linb yib reb neib bub,

牙闹牙嘎以然内冬。　　　　　　　　（押送诀）

Yab laox yab gad yit rad neib dongt.

抓首抓猛乙热内补,

Zhuab shout zhuab mengb yib reb neib bud,

抓闹抓嘎以然内冬。　　　　　　　　（叉送诀）

Zhuab laox zhuab gad yib rad niex dongt.

乖久追拢查他吉标果齐,

Gweit jiud zhuix longb chab tax jib bioud guot qit,

弟板记竹明汝。　　　　　　　　　　（封锁诀）

Dix band jix zhub mingb rux.

乖久追拢查他几没出八,

Gweit jub zhuix longb chab tax jid meib chub bab,

度约弟然茶他几斗出怕。

Dux yod dix rab chab tax jid doub chub bad.

　　赶了再赶,驱了再驱。

　　要赶送了,要驱送完。

　　要来驱赶女儿不听教导,男儿不听教育。

叫她莫做偏要去做，喊他莫为偏要去为。

做差不可收拾，做错不能退脚。

诀咒驱赶隔去，斩然消灭、再用蜡烟隔除。

遇这糠香消散，见此蜡烟消灭。

铜隔隔去他方，铁隔隔去他处。

铜叉叉去他方，铁叉叉去他处。

驱赶以后家中便得清吉，屋宅内外平安。

驱了之后清吉没有错误，

赶了之后平安没有失足。

乖久列乖，

Gweit jub lieb gweit,

度久列度。

Dux jub lieb dux.

列乖扛久，

Lieb gweit gangb jub,

列度扛半。

Lieb dux gangb banb.

列乖得拔外内，

Lieb gweit deit bab waid neid,

得浓外骂。

Deib niongx waid max.

大内加鸟加弄，

Dax niex jiad niaob jiad nongx,

大骂加麻度加树。

Dax max jiad mab dux jiad shux.

麻林久酷麻休，

Mab liongb jut kut mab xut,

麻让久酷麻共。

Mab rangx jut kut mab gongx.

麻炯苟出麻假，

Mab jiongb geud chub mab jiad,

麻够苟出麻柔。

Mab gout geud chub mab roux.

麻林苟出麻休，

Mab liongb geud chub mab xut，

麻共苟出缪头。

Mab gongx geud chub mioub toub.

水学乖告送斗，

Shuit xuob gweit gaob songx doub，

睡梦假通、

Shuit mengx jiad tongt、

度龙穷炯假量。　　　　　　　　　　（镇压诀）

Dux longb qiongb jiongx jiad liax.

乖告送斗几白，

Gweit gaob songx doub jid baib，

度龙穷炯吉袍。　　　　　　　　　　（翻覆诀）

Dux longb qiongb jiongx jid paox.

牙首牙林乙热内补，

Yab shout yab linb yib reb neib bub，

牙闹牙嘎以然内冬。　　　　　　　　（押送诀）

Yab laox yab gad yit ranb neib dongt.

抓首抓猛乙热内补，

Zhuab shout zhuab mengb yib reb neib bud，

抓闹抓嘎以然内冬。　　　　　　　　（叉送诀）

Zhuab laox zhuab gad yib ranb neib dongt.

乖久追拢查他吉标果齐，

Gweit jiud zhuix longb chab tax jib bioud guot qit，

弟板记竹明汝。　　　　　　　　　　（封锁诀）

Dix band jix zhub mingb rux.

乖久追拢查他几没吉白，

Gweit jub zhuix longb chab tax jid meib jib baib，

度约弟然茶他几斗吉袍。

Dux yod dix rab chab tax jid doub jib paox.

　　赶了再赶，驱了再驱。

要赶送了，要驱送完。

要来驱赶女儿瞒母，男儿瞒父。

骂母恶言恶语，骂父恶口恶嘴。

大的不关心小的，青年不孝老年。

亲人拿当仇人，远的拿做近的。

大的拿当小的，老的不拿当数。

诀咒驱赶隔去，斩煞消灭、再用蜡烟隔除。

遇这糠香消散，见此蜡烟消灭。

铜隔隔去他方，铁隔隔去他处。

铜叉叉去他方，铁叉叉去他处。

驱赶以后家中便得清吉，屋宅内外平安。

驱了之后清吉没有歪心，

赶了之后平安没有恶意。

乖久列乖，

Gweit jub lieb gweit,

度久列度。

Dux jub lieb dux.

列乖扛久，

Lieb gweit gangb jub,

列度扛半。

Lieb dux gangb banb.

列乖出散几没见散，

Lieb gweit chud sait jid meib jianb sait,

出茶几没见茶。

Chub zax jid meib jianb zax.

出散召公，

Chub sait zhao gongt,

出茶召忙。

Chud zax zhaob mangb.

标楼几没见楼，

Bioud noub jid meib jianb noub,

照弄几没单弄。

Zhaox nongx jid meib dand nongx.

加楼召梦召豆，

Jiad noub zhaob mengt zhaob deux，

加弄召公召忙。

Jiad nongx zhaob gongt zhaob mangb.

列能几单嘎弄，

Lieb nongb jid dand gad longx，

列用几送窝斗。

Lieb yongx jid songx aob doub.

水学乖告送斗，

Shuit xuob gweit gaob songx doub，

睡梦假通、

Shuit mengx jiad tongt、

度龙穷炯假量。　　　　　　　　　　　（镇压诀）

Dux longb qiongb jiongx jiad liax.

乖告送斗几白，

Gweit gaob songx doub jid beb，

度龙穷炯吉袍。　　　　　　　　　　　（翻覆诀）

Dux longb qiongb jiongx jid paox.

牙首牙林乙热内补，

Yab shout yab linb yib reb neib bub，

牙闹牙嘎以然内冬。　　　　　　　　　（押送诀）

Yab laox yab gad yit ranb neib dongt.

抓首抓猛乙热内补，

Zhuab shout zhuab mengb yib reb neib bud，

抓闹抓嘎以然内冬。　　　　　　　　　（叉送诀）

Zhuab laox zhuab gad yib ranb neib dongt.

乖久追拢查他吉标果齐，

Gweit jiud zhuix longb chab tax jib bioud guot qit，

弟板记竹明汝。　　　　　　　　　　　（封锁诀）

Dix band jix zhub mingb rux.

乖久追拢查他几没八仙，

Gweit jub zhuix longb chab tax jid meib bad xiand，

度约弟然茶他几斗加茶。

Dux yod dix rab chab tax jid doub jiad zax.

　　赶了再赶，驱了再驱。

　　要赶送了，要驱送完。

　　要来驱赶务农没有得收，做工没有得利。

　　阳春着了虫灾，庄稼着了病害。

　　种下土中不见生，播下土内不见长。

　　生出的着了病害，长出的着了虫灾。

　　要吃不得到口，要用不得到手。

　　诀咒驱赶隔去，斩煞消灭、再用蜡烟隔除。

　　遇这糠香消散，见此蜡烟消灭。

　　铜隔隔去他方，铁隔隔去他处。

　　铜叉叉去他方，铁叉叉去他处。

　　驱赶以后家中便得清吉，屋宅内外平安。

　　驱了之后清吉没有稻瘟，

　　赶了之后平安没有禾病。

乖久列乖，

Gweit jub lieb gweit,

度久列度。

Dux jub lieb dux.

列乖扛久，

Lieb gweit gangb jub,

列度扛半。

Lieb dux gangb banb.

列乖炯谷阿得出差，

Lieb gweit jiongb guob ad deib chud cat,

乙谷阿秋出错。

Yib guob ad quid chud cuox.

出差打便达起几竹，

Chud cat dat biat dab qix jid zhub,

出错打绒达起吉洽。

Chud cuox dab rongb dab qix jid qiax.

抱汉猛拢打豆几竹，

Baot hanx mengb longb dad deux jid zhub,

片汉猛打便吉洽。

Piant hanx mengb dad biat jib qiax.

依昂照急急嘎度乖，

Yid ghangb zhaob jib jib gad dux gweit,

乙求照急急嘎度布。

Yib qiux zhaob jib jib gad dux bub.

奶格吉苟，

Leit giet jib geud,

豆拢吉洽。

Doub longb jib qiax.

几竹打起，

Jid zhub dab qix,

吉洽达写。

Jib qiax dab xied.

水学乖告送斗，

Shuit xuob gweit gaob songx doub,

睡梦假通、

Shuit mengx jiad tongt、

度龙穷炯假量。　　　　　　　　　　　　　　（镇压诀）

Dux longb qiongb jiongx jiad liax.

乖告送斗几白，

Gweit gaob songx doub jid baib,

度龙穷炯吉袍。　　　　　　　　　　　　　　（翻覆诀）

Dux longb qiongb jiongx jid paox.

牙首牙林乙热内补，

Yab shout yab linb yib reb neib bub,

牙闹牙嘎以然内冬。　　　　　　　　　　　　（押送诀）

Yab laox yab gad yit ranb neib dongt.

抓首抓猛乙热内补，

Zhuab shout zhuab mengb yib reb neib bud,

抓闹抓嘎以然内冬。 （叉送诀）

Zhuab laox zhuab gad yib ranb neib dongt.

乖久追拢查他吉标果齐，

Gweit jiud zhuix liongb chab tax jib bioud guot qit,

弟板记竹明汝。 （封锁诀）

Dix band jix zhub mingb rux.

乖久追拢查他几没竹起，

Gweit jub zhuix longb chab tax jid meib zhub qid,

度约弟然茶他几斗崩达。

Dux yod dix rab chab tax jid doub bengb dab.

赶了再赶，驱了再驱。

要赶送了，要驱送完。

要来驱赶七十一处做差，八十二处做错。

做差上天才来震动，做错上空才来震怒。

打那大鼓大地震抖，吹那大风上天震动。

擂动那黑呼呼的乌云，掀起那乌黑黑的天雾。

鼓起天眼，擂动天鼓。

震破了胆，抖裂心肺。

诀咒驱赶隔去，斩煞消灭、再用蜡烟隔除。

遇这糠香消散，见此蜡烟消灭。

铜隔隔去他方，铁隔隔去他处。

铜叉叉去他方，铁叉叉去他处。

驱赶以后家中便得清吉，屋宅内外平安。

驱了之后清吉没有惊心，

赶了之后平安没有动魄。

乖久列乖，

Gweit jub lieb gweit,

度久列度，

Dux jub lieb dux.

列乖扛久，

Lieb gweit gangb jub,

列度扛半。

Lieb dux gangb banb.

列乖苟抓窝交巧起加写，

Lieb gweit geud zhuab aot jiaot qiaod qid jiad xied，

苟尼窝记加鸟加弄。

Geud nib aot jit jiad niaob jiad nongx.

苟娄得忙加度加树，

Geud loub deit mangb jiad dux jiad shux，

苟追度忙加弄加然。

Geud zhuix dux mangb jiad nongt jiad rab.

得忙巧起加哈加楼，

Deit mangb qiaod qid jiad hab jiad loub，

度忙加写加走加板。

Dux mangb jiad xied jiad zoub jiad banb.

出巧出记，

Chub qiaot chud jit，

出元出养。

Chud yuanb chud yangb.

出巧出加，

Chud qiaot chud jiad，

出八出拔。

Chud bal chud bax.

水学乖告送斗，

Shuit xuob gweit gaob songx doub，

睡梦假通、

Shuit mengx jiad tongt、

度龙穷炯假量。 （镇压诀）

Dux longb qiongb jiongx jiad liax.

乖告送斗几白，

Gweit gaob songx doub jid baib，

度龙穷炯吉袍。 （翻覆诀）

Dux longb qiongb jiongx jid paox.

牙首牙林乙热内补，

Yab shout yab linb yib reb neib bub,

牙闹牙嘎以然内冬。 （押送诀）

Yab laox yab gad yit ranb neib dongt.

抓首抓猛乙热内补，

Zhuab shout zhuab mengb yib reb neib bud,

抓闹抓嘎以然内冬。 （叉送诀）

Zhuab laox zhuab gad yib ranb neib dongt.

乖久追拢查他吉标果齐，

Gweit jiud zhuix longb chab tax jib bioud guot qit,

弟板记竹明汝。 （封锁诀）

Dix band jix zhub mingb rux.

乖久追拢查他几没得忙窝交，

Gweit jub zhuix longb chab tax jid meib deit mangb aot jiaot,

度约弟然茶他几斗度忙窝茶。

Dux yod dix rab chab tax jid doub dux mangb aot chab.

赶了再赶，驱了再驱。

要赶送了，要驱送完。

要来驱赶左边冤家坏肠坏心，右边仇人坏口坏嘴。

前方冤家坏言坏语，后方仇人坏动坏作。

冤家对头前来捣乱，仇人暗地进行破坏。

用心作反，故意作对。

暗中挑拨，捣乱破坏。

诀咒驱赶隔去，斩煞消灭、再用蜡烟隔除。

遇这糠香消散，见此蜡烟消灭。

铜隔隔去他方，铁隔隔去他处。

铜叉叉去他方，铁叉叉去他处。

驱赶以后家中便得清吉，屋宅内外平安。

驱了之后清吉没有仇人冤家，

赶了之后平安没有冤案冤仇。

列乖内绒拢单吉标，

Lieb gweit neib rongb longb dand jib bioud,

骂棍闹送吉竹。 （反复驱遣诀）

Max ghunt laox songx jib zhub.

出汉斩松猛豆，

Chub hanx zhaid songd mengb deux,

将汉吧难达那。

Jiangb hanx bad nanb dab nab.

加绒楼豆，

Jiad rongb loub deux,

加棍楼越。

Jiad ghunt loub yueb.

得乖否你，

Deib gweit woub nit,

得则否炯。

Deib zeb woub jiongx.

得乖兵比兵缪，

Deib gweit biongb bid biongb mioub,

得则兵豆兵斗。

Deib zeb biongb doud biongb dout.

干然柔先，

Ganb rab reub xiand,

兰棉柔甲。

Lanb mianb reub jiab.

兵鸟兵先，

Biongt niaob biongt xiand,

干古干嘎。

Ganb gud ganb gad.

兵古兵穷，

Biongt gud biongt qiongb,

出格出怪。

Chud gied chub guaix.

斗绒当棍长兰，

Doub rongb dangd ghunt changb lanb,

斗棍吉追报长。

Doub ghunt jib zhuix baox changb.

豆毛没比没兵，

Doux maob meib bid meib biongd,

度毛没涌没够。

Dux maob meib yongd meib goux.

打格几篓，

Dab gied jid loub,

打甲吉追。

Dab jiab jib zhuix.

禾抓比包，

Aot zhuab bix bet,

禾中比篓。

Aot zhongb bix loud.

几内出蒙出梅，

Jid neib chub mengb chub meib,

吉忙出皮出细。

Jib mangb chub bix chub xix.

几内否瓜内得，

Jid neit boub guad niex deit,

吉忙否边内呕。

Jib mangb boub biant neib oud.

水学乖告送斗，

Shuit xuob gweit gaob songx doub,

睡梦假通、

Shuit mengx jiad tongt、

度龙穷炯假量。 　　　　　　　　　　　　　（镇压诀）

Dux longb qiongb jiongx jiad liax.

乖告送斗几白，

Gweit gaob songx doub jid baib,

度龙穷炯吉袍。 　　　　　　　　　　　　　（翻覆诀）

Dux longb qiongb jiongx jib paox.

牙首牙林乙热内补，

Yab shout yab linb yib reb niex bub,

牙闹牙嘎以然内冬。　　　　　　　　　　　　（押送诀）

Yab laox yab gad yit ranb neib dongt.

抓首抓猛乙热内补，

Zhuab shout zhuab mengb yib reb neib bud，

抓闹抓嘎以然内冬。　　　　　　　　　　　　（叉送诀）

Zhuab laox zhuab gad yib ranb neib dongt.

乖久追拢查他吉标果齐，

Gweit jiud zhuix longb chab tax jib bioud guot qit，

弟板记竹明汝。　　　　　　　　　　　　　　（封锁诀）

Dix band jix zhub mingb rux.

要驱魑魅来到家中，魍魉进到宅内。

兴那灾星灾殃，降那灾难灾祸。

凶神来得日久，恶鬼坐得久长。

黑处来躲，暗处来藏。

黑处现头现耳，暗处现爪现脚。

现那大口咬牙，现那长舌切齿。

现嘴现齿，见抓见捉。

见红见血，作蛊作怪。

恶煞没有前胸，凶鬼没有后背。

腿脚有鬏有毛，头耳有段有节。①

忽而现前，忽而见后。

跨在床头，现在床尾。

白日现眼现目，夜晚现梦现幻。

白日他骗人子，夜晚他骗人妻。

诀咒驱赶隔去、斩煞消灭，再用蜡烟隔除。

遇这糠香驱散，见此蜡烟消灭。

铜隔隔去他方，铁隔隔去他处。

铜叉叉去他方，铁叉叉去他处。

驱赶以后家中便得清吉，屋宅内外平安。

注：① 有鬏有毛、有段有节——指凶鬼恶煞奇形怪状的样子。

乖久列乖，

Gweit jub lieb gweit,

度久列度。

Dux jub lieb dux.

列乖扛久，

Lieb gweit gangb jub,

列度扛半。

Lieb dux gangb banb.

列乖补豆加皮加细，

Leib gweit but deux jiad bix jiad xix,

补就加格加怪。 （反复驱遣诀）

But jux jiad gieb jiad guaib.

加皮出扛内抄，

Jiad bix chud gangb neib caot,

加细出扛内棉。

Jiad xix chud gangb neib miab.

加皮出扛内崩，

Jiad bix chud gangb neib bengb,

加细出扛内洽。

Jiad xix chud gangb neib qiax.

皮闹猛龙猛同，

Bix laox mengb longb mengb tongb,

皮豆猛庆猛炮。

Bix deux mengb qix mengb paox.

皮菩冬绒几浪几吼，

Bix pub dongt rongb jib nangb jib hout,

皮挂便同几浪吉话。

Bix guax biat tongb jib nangb jib huax.

皮绒腊葡，

Bix rongb lab pud,

皮便腊挂。

Bix biat lab guax.

几关斗你格绒，

Jid guand dout nib gied rongb,

吉哈斗炯格便。

Jib had dout jiongx gied biax.

皮你周柔周金,

Bix nib zhoub rout zhoub giuongd,

皮炯周图周陇。

Bix jiongx zhoub tub zhoub longd.

皮热先竹,

Bix reb xiand zhub,

皮弟先比。

Bix dix xiand bid.

皮干咱古,

Bix ganb zad gud,

皮咱加穷。

Bix zad jiad qiongd.

皮龙写尼,

Bix longb xied nieb,

皮架写油。

Bix jiax xied yout.

皮龙光中,

Bix longb guangd zhongd,

皮架光抓。

Bix jiab guand zhuab.

几篓皮不半斗,

Jid neb bix bub banx deb,

吉追皮扛半太。

Jib zhuix bix gangb banx tiex.

水学乖告送斗,

Shuit xuob gweit gaob songx doub,

睡梦假通、

Shuix mengx jiad tongd、

度龙穷炯假量。 （镇压诀）

Dux longb qiongb jiongx jiad liax.

乖告送斗几白，

Gweit gaob songx doub jid baid，

度龙穷炯吉袍。 （翻覆诀）

Dux longb qiongb jiongx jid paox.

牙首牙林乙热内补，

Yab shout yab linb yib reb neib bub，

牙闹牙嘎以然内冬。 （押送诀）

Yab laox yab gad yit ranb neib dongt.

抓首抓猛乙热内补，

Zhuab shout zhuab mengb yib reb neib bud，

抓闹抓嘎以然内冬。 （叉送诀）

Zhuab laox zhuab gad yib ranb neib dongt.

乖久追拢查他吉标果齐，

Gweit jiud zhuix longb chab tax jib bioud guot qit，

弟板记竹明汝。 （封锁诀）

Dix band jix zhub mingb rux.

乖久追拢皮腊长细，

Gweit jut zhuix longb bix lab changb xix，

细拿长皮。

Xix nab changb bix.

皮下容吾，

Bix xiax rongb wut，

皮当容斗。

Bix dangb rongb deb.

皮下容青，

Bix xiax rongb qiongd，

皮当容见。

Bix dangb rongb jianb.

皮闹蒙苟，

Bix laox mengb geud，

求猛冬内。

Qiux mengb dongt niex.

皮会猛公，

Bix huix mengb gongt,

闹猛王记。

Laox mengb wangb jix.

长皮长单闹达猛昂猛洽，

Changb bix changb dand laox dad mengb ghangb mengb qiax,

比图猛故猛色。

Bid tub mengb gud mengb seid.

汝皮长单图然告苟，

Rux bix changb dand tux rab gaob geud,

汝细长送图绕比让。

Rux xix changb songx tux raob bid rangb.

汝皮长单几纵苟翁，

Rux bix changb dand jid zongb geud wengd,

汝细长送吉秋够求。

Rux xix changb songx jib quid goud qiux.

阿吉长拢汝国，

Ad jib changb longb rux geib,

呕吉长拢汝包。

Out jib changb longb rux bex.

赶了再赶，驱了再驱。

要赶送了，要驱送完。

要驱三年噩梦噩幻，三载恶蛊恶怪。

噩梦做送人忧，噩幻做送人愁。

噩梦做送人惊，噩幻做送人怕。

梦倒大刀大刃，梦响大铳大炮。

梦垮山梁震动山岭，梦塌山崖震动山岗。

梦山也崩，梦岭也塌。

挂在陡岭，飘在悬崖。

梦在岩牢土牢，梦坐竹牢木牢。

梦落门齿，梦断门牙。

梦见红血，梦见污血。

梦吃牯肠，梦嚼牛肚。

梦吃洋葱，梦嚼洋蒜。

身前梦背柴篓，身后梦负炭篓。①

诀咒驱赶隔去、轩煞消灭、

再用蜡烟隔除。遇这糠香消散，

见此蜡烟消灭。铜隔隔去他方，

铁隔隔去他处。铜叉叉去他方，

铁叉叉去他处。

驱赶以后梦也来幻，幻也来梦。

梦挖水沟，梦开水渠。

梦挖水池，梦开水塘。

梦走大路，走去京城。

梦行大道，行到国都。

好梦转到脚踩大船大舱，头戴大罗大伞。

好梦回到梨树村头，好幻转到栗树寨尾。

好梦回到家中床边，好幻转到屋内枕头。

一觉转来好睡，二觉转来好卧。

注：① 这些内容在本地人们的传统观念中皆是不好的梦境。

乖久列乖，

Gweit jub lieb gweit,

度久列度。

Dux jub lieb dux.

列乖扛久，

Lieb gweit gangb jub,

列度扛半。

Lieb dux gangb banb.

列乖得章猛萨，

Lieb gweit deit zhuangb mengb sad,

得度得树。　　　　　　　　　　　　　（反复驱遣诀）

Deib dux deib shux.

鸟拔鸟浓，

Niaob bab niaob niongx,

鸟让鸟共。

Niaob rangb niaob gongx.

麻乖扑见麻果，

Mab gweit pud jianb mab guet，

麻加扑见麻汝。

Mab jiad pud jianb mab rux.

吉白吉袍，

Jid beib jid paox，

几不吉数。

Jid bub jib sut.

萨空绒苟，

Sax kongt rongb geub，

章虐柔绒。

Zhuangb nub rout rongb.

够寿刀够，

Geud shoux diaot gout，

梅良刀肥。

Meib liangb diaod feib.

产内鸟茶、

Chant neib niaot ceab、

吉奈拢服，

Jib naix longb fub，

吧内弄然、

Bad neib nongb rab、

吉奈拢龙。

Jib naix longb longb.

几服梅照打鸟，

Jid fub met zhaob dad niaob，

几龙梅照达弄。

Jid longb met zhaob dab nongd.

水学乖告送斗，

Shuit xuob gweit gaob songx doub，

睡梦假通、

Shuix mengx jiad tongt、

度龙穷炯假量。 （镇压诀）

Dux longb qiongb jiongx jiad liax.

乖告送斗几白，

Gweit gaob songx doub jid baid,

度龙穷炯吉袍。 （翻覆诀）

Dux longb qiongb jiongx jid paox.

牙首牙林乙热内补，

Yab shout yab linb yib reb neib bub,

牙闹牙嘎以然内冬。 （押送诀）

Yab laox yab gad yit ranb neib dongt.

抓首抓猛乙热内补，

Zhuab shout zhuab mengb yib reb neib bud,

乖久追拢查他吉标果齐，

Gweit jiud zhuix longb chab tax jib bioud guot qit,

弟板记竹明汝。 （封锁诀）

Dix band jix zhub mingb rux.

乖久追拢查他几没得事得录，

Gweit jub zhuix longb chab tax jid meib deib shit deib lub,

度约弟然茶他几斗得章得萨。

Dux yod dix rab chab tax jid doub deib zhuangb deib sax.

赶了再赶，驱了再驱。

要驱送了，要赶送完。

要驱官司官口，官非官讼。

女口男嘴，小口老嘴。

黑的讲成白的，坏的讲成好的。

结伙相欺，结伴相害。

是非口嘴，官非口舌。

教唆传媒，挑拨搬弄。

利口邀约来喝，刀舌邀众来吃。

不喝强灌口中，不吃强塞嘴内。①

诀咒驱赶隔去、斩煞消灭，再用蜡烟隔除。

遇这糠香消散，见此蜡烟消灭。

铜隔隔去他方，铁隔隔去他处。

铜叉叉去他方，铁叉叉去他处。

驱赶以后家中便得清吉，屋宅内外平安。

驱了之后清吉没有是非口嘴，赶了之后平安没有官非牢狱。

注：① 不吃强塞嘴内——指强加的罪名，强迫接受的冤枉。

乖久列乖，

Gweit jub lieb gweit，

度久列度。

Dux jub lieb dux.

列乖扛久，

Lieb gweit gangb jub，

列度扛半。

Lieb dux gangb banb.

列乖棍梦吉标，

Lieb gweit ghunt mengx jib bioub，

棍达几竹。 （反复驱遣诀）

Ghunt dab jid zhub.

棍梦棍斗，

Ghunt mengx ghunt doub，

棍抄棍达。

Ghunt chaod ghunt dab.

声昂几吼吉标，

Shongt ghangb jid houb jib bioud，

声研吉话吉竹。

Shongt yuanb jib huax jid zhub.

提果牛内，

Tib guet niub niex，

呕楼牛麻。

Out loub niub mab.

牛内周滚，

Niub neib zhoud gund,

牛洞周乔。

Niub dongt zhoud qiaob.

纵梦告吹,

Zongb mengt gaob chuid,

纵达告绒。

Zongb dab gaob rongb.

纵篓纵白,

Zongb loub zongb baib,

纵达纵柔。

Zongb dab zongb reub.

水学乖告送斗,

Shuit xuob gweit gaob songx doub,

睡梦假通、

Shuit mengx jiad tongt、

度龙穷炯假量。   (镇压诀)

Dux longb qiongb jiongx jiad liax.

乖告送斗几白,

Gweit gaob songx doub jid baib,

度龙穷炯吉袍。   (翻覆诀)

Dux longb qiongb jiongx jid paox.

牙首牙林乙热内补,

Yab shout yab linb yib reb neib bub,

牙闹牙嘎以然内冬。   (押送诀)

Yab laox yab gad yit ranb neib dongt.

抓首抓猛乙热内补,

Zhuab shout zhuab mengb yib reb neib bud,

抓闹抓嘎以然内冬。   (叉送诀)

Zhuab laox zhuab gad yib ranb neib dongt.

乖久追拢查他吉标果齐,

Gweit jiud zhuix longb chab tax jib bioud guot qit,

弟板记竹明汝。   (封锁诀)

Dix band jix zhub mingb rux.

乖久追拢查他几没灾松，

Gweit jub zhuix longb chab tax jid meib zaid songd，

度约弟然茶他几斗吧难。

Dux yod dix rab chab tax jid doub bad nanb.

赶了再赶，驱了再驱。

要赶送了，要驱送完。

要驱家中病灾常作，宅内死神常犯。

病灾疾厄，悲哀死亡。

哭声常作家中，哀号常响家内。

二柱白布，麻衣孝服。

二柱篓黄，中柱篓篾。①

病床家中，尸床宅内。

病床崩床，尸床柳床。

诀咒驱赶隔去、斩煞消灭，再用蜡烟隔除。

遇这糠烟消散，见此蜡烟消灭。

铜隔隔去他方，铁隔隔去他处。

铜叉叉去他方，铁叉叉去他处。

驱赶以后家中便得清吉，屋宅内外平安。

驱了之后清吉没有灾星，赶了之后平安没有祸害。

注：① 篓黄、篓篾——指出柩时唯恐家中福气随丧而去，故用篓篾留在家中之传统作法，在此段中统指丧事，白事。

乖久列乖，

Gweit jub lieb gweit，

度久列度。

Dux jub lieb dux.

列乖扛久，

Lieb gweit gangb jub，

列度扛半。

Lieb dux gangb banb.

列乖家格吉标，

Lieb gweit jiab gib jib bioud,

加怪吉竹。

(反复驱遣诀)

Jiad guaix jid zhub.

加格出扛内咱,

Jiad gieb chub gangb neib zad,

加怪喂扛内干。

Jiad guaix weib gangb neib ganb.

出格够寿扛容,

Chub gieb ged shoux gangb yongb,

喂怪梅良扛棉。

Weib guaix meib liangb gangb miab.

弄偶报标,

Nongt oub baox bioud,

拢出那柔那金。

Longb chub nat reub nat giuongd.

弄苟报竹,

Nongd geud baob zhub,

拢出巴良图共。

Longb chub bad liab tub gongx.

故敏报标,

Gud miongt baob bioud,

故虐报竹。

Gud nub baob zhub.

竹同不得,

Zhub tongb but deib,

竹纵不同。

Zhub zongb but tongb.

竹同拢出声猛,

Zhub tongb longb chub shongt mengt,

不绕拢让昂走。

But raot longb rangb ghangb zoub.

补产爬迷、

But chant pab mib、

几谋够豆、

Jid mueb gout deux、

拢出声梦,

Longb chub shongt mengt,

补吧爬穷、

But bax pad qiongx、

吉麻比兵、

Jid mab bid biongb、

拢出声达。

Longb chub shongt dab.

潮录告出打温,

Zaox lub ghaox chub dat wengt,

潮弄告提达笑。

Zaox nongx ghaox tib dab xiaox.

水学乖告送斗,

Shuit xuob gweit gaob songx doub,

睡梦假通、

Shuit mengx jiad tongt、

度龙穷炯假量。 （镇压诀）

Dux longb qiongb jiongx jiad liax.

乖告送斗几白,

Gweit gaob songx doub jid baib,

度龙穷炯吉袍。 （翻覆诀）

Dux longb qiongb jiongx jid paox.

牙首牙林乙热内补,

Yab shout yab linb yib reb niex bub,

牙闹牙嘎以然内冬。 （押送诀）

Yab laox yab gad yit ranb neib dongt.

抓首抓猛乙热内补,

Zhuab shout zhuab mengb yib reb neib bud,

抓闹抓嘎以然内冬。 （叉送诀）

Zhuab laox zhuab gad yib ranb neib dongt.

乖久追拢查他吉标果齐,

Gweit jiud zhuix longb chab tax jib bioud guot qit,

弟板记竹明汝。 （封锁诀）

Dix band jix zhub mingb rux.

乖久追拢查他几没斗格，

Gweit jub zhuix longb chab tax jid meib doub gieb,

度约弟然茶他几斗咱怪。

Dux yod dix rad chax tax jid doub zad guaid.

赶了再赶，驱了再驱。
要赶送了，要驱送完。
要驱凶兆现在家中，怪异现在家内。
凶兆出让人知，怪异作送人见。
凶兆带来凶灾，怪异招来恶难。
恶蛇进家、绞搓成绳成索，^①
怪蛇进户，来做抬丧木杠。
青蛙进家，怪蛙进户。
家中出异，宅内现怪。
家中常有病哼，宅内常有病犯。
三千怪蚁进家来做病叹，三百红蚁进户来做哭丧。
大米跳在簸中，小米跳在筛内。
诀咒驱赶隔去，斩煞消灭、再用蜡烟隔除。
遇这糠香消散，见此蜡烟消灭。
铜隔隔去他方，铁隔隔去他处。
铜叉叉去他方，铁叉叉去他处。
驱赶以后家中便得清吉，屋宅内外平安。
驱了之后清吉没有凶兆，赶了之后平安没有怪异。

注：① 绞搓成绳成索——指蛇交尾。

乖久列乖，

Gweit jub lieb gweit,

度久列度。

Dux jub lieb dux.

列乖扛久，

Lieb gweit gangb jub，

列度扛半。

Lieb dux gangb banb.

列乖加绒拢租，

Lieb gweit jiad rongb longb cub，

加棍拢岔。 　　　　　　　　　（反复驱遣诀）

Jiad ghunt longb chax.

加绒抱标拢租拢出，

Jiad rongb baob bioud longb cub longb chub，

加棍抱竹拢仇拢大。

Jiad ghunt baob zhub longb choub longb dab.

棍忙足吾补土，

Ghunt mangb zub wut but tud，

棍达共娘补痛。

Ghunt dab gongx niangb but tongx.

补豆借酒加服，

Bud deux jiet jiud jiad fub，

补就出列加龙。

Bud jiut chub lieb jiab longb.

借酒酒孝，

Jiet jiud jiud xiaot，

出列列虐。

Chud liex liex nub.

得服几周，

Deib fub jib zhoud，

嘎龙几壮。

Gad longb jid zhuangb.

油首几见善缪，

Youb shout jid jianb shait mioub，

唐闹几加善昂。

Tangx laox jid jiad shait ghangb.

列乖呕温列香，

Lieb gweit out wengt liex xiangt,

冲苟达告竹鲁。

Chongx geud dab ghaox zhub lud.

呕笑列昂，

Out xiaox lieb ghangb,

冲照达告竹嘴。

Chongx zhaob dab ghaox zhub zuid.

雄忙阿涌，

Xiongt mangb ad yongd,

陇忙阿够。

Longb mangb ad goud.

窝达香录，

Aot dab xiangt lub,

窝这香瓜。

Aob zheux xiangt guad.

水学乖告送斗，

Shuit xuob gweit gaob songx doub,

睡梦假通、

Shuit mengx jiad tongt、

度龙穷炯假量。　　　　　　　　　　　（镇压诀）

Dux longb qiongb jiongx jiad liax.

乖告送斗几白，

Gweit gaob songx doub jid baib,

度龙穷炯吉袍。　　　　　　　　　　　（翻覆诀）

Dux longb qiongb jiongx jid paox.

牙首牙林乙热内补，

Yab shout yab linb yib rab neib bub,

牙闹牙嘎以然内冬。　　　　　　　　　（押送诀）

Yab laox yab gad yit rab neib dongt.

抓首抓猛乙热内补，

Zhuab shout zhuab mengb yib reb neib bud,

抓闹抓嘎以然内冬。　　　　　　　　　（叉送诀）

Zhuab laox zhuab gad yib rab neib dongt.

乖久追拢查他吉标果齐，

Gweit jiud zhuix longb chab tax jib bioud guot qit，

弟板记竹明汝。　　　　　　　　　　　（封锁诀）

Dix band jix zhub mingb rux.

乖久追拢查他阿标林休，

Gweit jut zhuix longb chax tax ad bioub linb xut，

弟然查他阿竹共让。

Dix rad chax tax ad zhub gongx rangb.

借酒长拢汝服。

Jiet jiud changb longb rux fud.

出列长拢汝龙。

Chub liex changb longb rux longb.

得服长周，

Deit fud changb zhoud，

嘎龙长壮。

Gad longb changb zhuangb.

油首长见善缪，

Youb shoux changb jianb shait mioub，

唐闹长加善昂。

Tangx laox changb jiad shait ghangb.

赶了再赶，驱了再驱。

要赶送了，要驱送完。

要驱凶鬼作祟，恶煞作乱。

凶鬼进屋来促来祟，恶煞进家来打来杀。

死神为殃作祸，死鬼兴灾作难。

三年煮酒不甜，三载煮饭不熟。

儿喝不长，孙吃不肥。

做事不得圆满，打铁不得锋利。

要驱两簸丧饭、摆在堂屋前方，

两筛丧供，摆在大门后面。

丧竹一节，响竹一筒。

菖蒲隔死，桃叶隔丧。①

诀咒驱赶隔去，斩煞消灭、再用蜡烟隔除。

遇这糠香消散，见此蜡烟消灭。

铜隔隔去天崖之处，铁隔隔去海角之地。

铜叉叉去天崖之处，铁叉叉去海角之地。

驱了以后一家大小，

煮酒也甜，煮饭也熟。

儿喝得长，孙吃得肥。

做事皆得圆满，打铁皆得锋利。

注：① 桃叶隔丧——本地传统习俗，有用菖蒲和桃叶来隔除死神的作法，以上几句泛指丧事。

乖久列乖，

Gweit jub lieb gweit，

度久列度。

Dux jub lieb dux.

列乖扛久，

Lieb gweit gangb jub，

列度扛半。

Lieb dux gangb banb.

列乖班乖班达，

Lieb gweit band gweit band dab，

班两班木。

Band liangb band mub.

得标麻乖，

Deib bioud mab gweit，

得相麻共。

Deib xiangd mab gongx.

楼棒抓图够豆，

Loub bangb zhuab tux gout deux，

楼柔抓拢比兵。

Loub reub zhuab longb bit biongt.

广将鲁班，

（反复驱遣诀）

Guangd jiangd lut band,

首龙到然。

Shout longb daox rab.

报尖报借,

Baox jiand baox jiex,

达虾那图。

Dab xiad nab tux.

水学乖告送斗,

Shuit xuob gweit gaob songx doub,

睡梦假通、

Shuit mengx jiad tongt、

度龙穷炯假量。 （镇压诀）

Dux longb qiongb jiongx jiad liax.

乖告送斗几白,

Gweit gaob songx doub jid baib,

度龙穷炯吉袍。 （翻覆诀）

Dux longb qiongb jiongx jid paox.

牙首牙林乙热内补,

Yab shout yab linb yib reb neib bub,

牙闹牙嘎以然内冬。 （押送诀）

Yab laox yab gad yit ranb neib dongt.

抓首抓猛乙热内补,

Zhuab shout zhuab mengb yib reb neib bud,

抓闹抓嘎以然内冬。 （叉送诀）

Zhuab laox zhuab gad yib ranb niex dongt.

乖久追拢查他吉标果齐,

Gweit jiud zhuix longb chab tax jib bioud guot qit,

弟板记竹明汝。 （封锁诀）

Dix band jix zhub mingb rux.

乖久追拢查他几没班楼班怕,

Gweit jut zhuix longb chax tax jid meib lout band pax,

度约弟然茶他几斗班两班特。

Dux yod dix rad chax tax jid dout band liangb band teix.

赶了再赶，驱了再驱。

要赶送了，要驱送完。

要驱棺材棺木，棺埋棺葬。

棺木黑屋，箱子棺椁。

木头木马丧板，丧板木马丧扛。

做棺木匠，利斧刀具。

推光推刨，墨签墨线。

诀咒驱赶隔去，斩煞消灭、再用蜡烟隔除。

遇这糠香消散，见此蜡烟消灭。

铜隔隔去他方，铁隔隔去他处。

铜叉叉去他方，铁叉叉去他处。

驱赶以后家中便得清吉，屋宅内外平安。

驱了之后清吉没有板木棺材，赶了之后平安没有棺木板盖。

乖久列乖，

Gweit jub lieb gweit，

度久列度。

Dux jub lieb dux.

列乖扛久，

Lieb gweit gangb jub，

列度扛半。

Lieb dux gangb banb.

列乖嘎格斗标，

Lieb gweit gat gieb doub bioub，

傩棉柔纵。

Nub miab reub zongx.

嘎苟录格，

Gad geud lub gieb，

嘎欺录麻。

Gad qid lub miax.

狗拢首得阿偶，

Geud longb soud deit ad oud，

琶拔首得阿双。

（反复驱遣诀）

Pax bax soud deit ad shuangt.

嘎陇包就服楼，

Gad longb baod jud fud loub,

琶拢包陇龙得。

Pax longb baod longb longb deib.

就录爷古，

Jud lub yeb gub,

梅热爷穷。

Meib reb yeb qiongb,

禾内拢嘎拢奈，

Aot neit longb gad longb naib,

报告拢楼拢归。

Baob gaob longb loub longb guib.

水学乖告送斗，

Shuit xuob gweit gaob songx doub,

睡梦假通、

Shuit mengx jiad tongt、

度龙穷炯假量。 （镇压诀）

Dux longb qiongb jiongx jiad liax.

乖告送斗几白，

Gweit gaob songx doub jid baib,

度龙穷炯吉袍。 （翻覆诀）

Dux longb qiongb jiongx jid paox.

牙首牙林乙热内补，

Yab shout yab linb yib reb neib bub,

牙闹牙嘎以然内冬。 （押送诀）

Yab laox yab gad yit ranb neib dongt.

抓首抓猛乙热内补，

Zhuab shout zhuab mengb yib reb neib bud,

抓闹抓嘎以然内冬。 （叉送诀）

Zhuab laox zhuab gad yib ranb niex dongt.

乖久追拢查他吉标果齐，

Gweit jiud zhuix longb chab tax jib bioud guot qit,

弟板记竹明汝。 （封锁诀）

Dix band jix zhub mingb rux.

乖久追拢查他几没达爬能得，

Gweit jud zhuix longb chab tax jid meib dab bax nongb deib，

度约弟然茶他几斗打嘎服楼。

Dux yod dix rad chax tax jid doub dab gad fub loub.

　　赶了再赶，驱了再驱。
　　要赶送了，要驱送完。
　　要驱怪鸡家中，怪鸭宅内。
　　怪鸡怪鸭，鸡兆鸭兆。
　　狗来下崽一只，猪来下儿一双。[①]
　　鸡来进窝啄蛋，猪来进窝吃儿。
　　鸡窝流汁，猪窝滴血。
　　母鸡来啼来叫，公鸡来窝来抱。
　　诀咒驱赶隔去，斩煞消灭、再用蜡烟隔除。
　　遇这糠香消散，见此蜡烟消灭。
　　铜隔隔去他方，铁隔隔去他处。
　　铜叉叉去他方，铁叉叉去他处。
　　驱赶以后家中便得清吉，屋宅内外平安。
　　驱了之后清吉没有母猪吃儿，赶了之后平安没有鸡来啄蛋。

　　注：① 狗来下崽一只，猪来下儿一双——据本地传统观念，狗一胎只生一只的便是木棒儿，会打伤主人，猪一胎只生两头的便是抬丧猪，也会殃及主人。

乖久列乖，

Gweit jub lieb gweit，

度久列度。

Dux jub lieb dux.

列乖扛久，

Lieb gweit gangb jub，

列度扛半。

Lieb dux gangb banb.

列乖楼绒兵你腊吾，

Lieb gweit loub rongb biongb nit lab wut，

弄棍兵照路江。 （反复驱遣诀）

Nongx ghunt biongb zhaob lub jiangb.

腊吾江楼几见，

Lab wut jiangd loub jid jianb，

路先标弄几单。

Lux xiand bioub nongx jib dand.

标楼见如，

Bioud loub jianb rub，

照弄见兄。

Zhaob nongx jianb xiongd.

豆剖腊蒙，

Deux bout lab mengb，

陇出哭中。

Longb chub kux zhongb.

假怕腊乙，

Jiad pat lab yib，

陇出哭从。

Longb chub kux congb.

楼兵那便、

Loub biongt nab biat、

陇出列尼，

Longb chub liex nieb，

弄兵那照、

Nongx biongt nab zhaox、

陇出列爬。

Longb chub lieb pax.

楼兵嘎豆嘎柔，

Loub biongt gab deux gad reub，

弄兵嘎公嘎扒。

Nongx biongt gab gongx gad pax.

楼兵加内，

Loub biongt jiad neit,

弄兵加虐。

Nongx biongt jiad nub.

水学乖告送斗，

Shuit xuob gweit gaob songx doub，

睡梦假通、

Shuit mengx jiad tongt、

度龙穷炯假量。 （镇压诀）

Dux longb qiongb jiongx jiad liax.

乖告送斗几白，

Gweit gaob songx doub jid baib，

度龙穷炯吉袍。 （翻覆诀）

Dux longb qiongb jiongx jid paox.

牙首牙林乙热内补，

Yab shout yab linb yib reb neib bub，

牙闹牙嘎以然内冬。 （押送诀）

Yab laox yab gad yit ranb neib dongt.

抓首抓猛乙热内补，

Zhuab shout zhuab mengb yib reb niex bud，

抓闹抓嘎以然内冬。 （叉送诀）

Zhuab laox zhuab gad yib ranb neib dongt.

乖久追拢查他吉标果齐，

Gweit jiud zhuix longb chab tax jib bioud guot qit，

弟板记竹明汝。 （封锁诀）

Dix band jix zhub mingb rux.

乖久追拢茶他纠龙路剖，

Gweit jub zhuix longb chab tax jiub longb lux bout，

弟然茶他谷江路先。

Dax rab chax tax gub jiangb lux xiand.

比楼长见，

Boud loub changb jianb，

便弄长单。

Biat nongx changb dand.

比猛打豆，

Boud mengx dad deux,

猛单产谷产够。

Mengb dand chant guob chant gout.

便猛浪路，

Biat mengb nangb lux,

猛单吧谷吧竹。

Mengb dand bad guob bad zhub.

赶了再赶，驱了再驱。

要赶送了，要驱送完。

要驱败谷出在田里，残米出在土内。

水田栽谷不长，熟土种米不生。

播谷不均，播米不散。

田园垮孔，来做墓井。

地头塌陷，来做坟场。

谷出五月来送牛吃，米出六月来做饲料。

谷穗霉粉土粉，米穗蚁屎烂粉。

谷出凶日，米出凶辰。

诀咒驱赶隔去，斩煞消灭、再用蜡烟隔除。

遇这糠烟消散，见此蜡烟消灭。

铜隔隔去官田官坝，铁隔隔去官土官地。

铜叉叉去官田官坝，铁叉叉去官土官地。

驱赶以后好这九块土耕，彻底好这十丘地种。

播谷得生，播米得长。

播去土中、发出千菀千丛，

种去地内、长出百菀百穗。

乖久列乖，

Gweit jub lieb gweit,

度久列度。

Dux jub lieb dux.

列乖扛久，

Lieb gweit gangb jub,

列度扛半。

Lieb dux gangb banb.

列乖打便浪格，

Lieb gweit dat biat nangb gieb,

打绒浪怪。　　　　　　　　　　　　　（反复驱遣诀）

Dad rongb nangb guaix.

绒岭乖豆，

Rongb lingb gweit deux,

绒捕乖内。

Rongb pub gweit neib.

意苟召风，

Yib geud zhaob fengt,

度则召度。

Dux zeb zhaob dux.

度篓麻林，

Dux loub mab linb,

度则麻布。

Dux zeb mab bux.

将乔昂苟，

Jianb qiaob ghangb geud,

将穷昂绒。

Jiang qiongx ghangb rongb.

几北摧岭，

Jid beib cuit lingb,

吉走摧穷。

Jib zoub cuit qiongb.

斗补浪力，

Deux bud nangb lib,

斗冬浪梅。

Deux dongt nangb meib.

兄休况闹况叫，

Xiongt xiut kangx laod kangx jiaob,

兄柳况豆况斗。

Xiongt liud kangx deux kangx doub.

列乖昂格当苟，

Lieb gweit ghangb gieb dangb geud，

录达当公。

Lub dab dangb gongx.

到昂几尼昂龙，

Daox ghangb jib nib ghangb longb，

到录几尼录用。

Daox lub jib nib lub yongx.

水学乖告送斗，

Shuit xuob gweit gaob songx doub，

睡梦假通、

Shuit mengx jiad tongt、

度龙穷炯假量。 （镇压诀）

Dux longb qiongb jiongx jiad liax.

乖告送斗几白，

Gweit gaob songx doub jid baib，

度龙穷炯吉袍。 （翻覆诀）

Dux longb qiongb jiongx jid paox.

牙首牙林乙热内补，

Yab shout yab linb yib reb niex bub，

牙闹牙嘎以然内冬。 （押送诀）

Yab laox yab gad yit ranb neib dongt.

抓首抓猛乙热内补，

Zhuab shout zhuab mengb yib reb neib bud，

抓闹抓嘎以然内冬。 （叉送诀）

Zhuab laox zhuab gad yib ranb neib dongt.

乖久追拢查他吉标果齐，

Gweit jiud zhuix longb chab tax jib bioud guot qit，

弟板记竹明汝。 （封锁诀）

Dix band jix zhub mingb rux.

乖久追拢茶他纠录乙苟，

Gweit jub zhuix longb chab tax jiut lub yib geud，

弟然茶他谷叉图公。

Dix rab chab tax guob chat tub gongx.

产豆几斗昂格当苟，

Chant deux jid doub ghangb gieb dangd geud，

吧就久斗录达当公。

Bad jiux jub doub lub dab dangd gongt.

　　赶了再赶，驱了再驱。

　　要赶送了，要驱送完。

　　要驱天上作古，天空作怪。

　　黑云满天，乌云满盖。

　　乌天黑地，乌地黑天。

　　大团云流，乌黑云盖。

　　土地的驴，当坊的马。①

　　红云漫天，绿云漫地。②

　　红桌敬神，绿桌赶鬼。③

　　葛藤缠脚缠腿，绳索缠臂缠手。④

　　要驱怪肉当途，死鸟当道。

　　得肉不是肉吃，得鸟不是鸟飞。

　　诀咒驱赶隔去，斩然消灭、再用蜡烟隔除。

　　遇这糠烟消散，见此蜡烟消灭。

　　铜隔隔去神祠之土，铁隔隔去神管之地。

　　铜叉叉去神祠之土，铁叉叉去神管之地。

　　驱赶以后好了九条路途，彻底好了十岔路道。

　　千年没有怪肉当路，百载没有死鸟当道。

注：① 土地的驴，当坊的马——指虎狼，传说虎狼是当坊土地的坐骑，归土地神管。
② 红云漫天，绿云漫地——指会吞食人的恶龙，传说其会变成彩虹来害人。
③ 红桌敬神，绿桌赶鬼——指染患顽疾凶病的灾难而用漆上颜色的桌子敬神赶鬼。
④ 葛藤缠脚缠腿，绳索缠臂缠手——喻被毒蛇咬伤。

乖久列乖，

Gweit jub lieb gweit,

度久列度。

Dux jub lieb dux.

列乖扛久,

Lieb gweit gangb jub,

列度扛半。

Lieb dux gangb banb.

列乖从篓几移,

Lieb gweit congb loub jid yib,

嘎加补皂。 （反复驱遣诀）

Gad jiad but zaod.

招从招打,

Zhaob congb zhaob dad,

招梦招共。

Zhaob mengt zhaob gongx.

谷合麻如如拿背柳,

Guob heb mab rub rub nab bid liud,

告号麻照林拿窝刀。

Gaod haox mab zhaob linb nab aot diaot.

几篓补首就才,

Jid loub but shoux jiux cait,

吉追补叫就夯。

Jib zhuix but jiaob jiux hangx.

锐咒就加,

Ruit zhoub jiux jiad,

锐虐就夯。

Ruit niub jiux hangx.

水学乖告送斗,

Shuit xuob gweit gaob songx doub,

睡梦假通、

Shuit mengx jiad tongt、

度龙穷炯假量。 （镇压诀）

Dux longb qiongb jiongx jiad liax.

乖告送斗几白，

Gweit gaob songx doub jid baib,

度龙穷炯吉袍。 （翻覆诀）

Dux longb qiongb jiongx jid paox.

牙首牙林乙热内补，

Yab shout yab linb yib reb neib bub,

牙闹牙嘎以然内冬。 （押送诀）

Yab laox yab gad yit ranb neib dongt.

抓首抓猛乙热内补，

Zhuab shout zhuab mengb yib reb neib bud,

抓闹抓嘎以然内冬。 （又送诀）

Zhuab laox zhuab gad yib ranb neib dongt.

乖久追拢查他吉标果齐，

Gweit jiud zhuix longb chab tax jib bioud guot qit,

弟板记竹明汝。 （封锁诀）

Dix band jix zhub mingb rux.

乖久追拢茶他比奶锐那，

Gweit jub zhuix longb chab tax bit liet ruit nab,

弟然查他便图锐苟。

Dix rab chab tax biat tub ruit geud.

吧就求补几扛吉咱。

Bat jiut qiux bub jid gangb jib zad.

内达苟吾，

Niex dab geud wut,

否达苟补。

Boub dab goub bub.

内达苟补，

Neib dab geud bub,

否达苟吾。

Woub dab goub wut.

产豆几扛嘎秀然得，

Chant deux jid gangb gad xiux rab deib,

吧就几扛嘎先然木。

Bat jiut jid gangb gad xiand rab mub.

赶了再赶，驱了再驱。
要赶送了，要驱送完。
要驱毒疮伤患，药鬼纠缠。
生疮生疱，肿臭肿烂。
发炎肿大大如瓜果，发病肿壮壮似大瓜。
身前三包臭药，身后三包臭草。
药灾发臭，药患秽污。
诀咒驱赶隔去，斩煞消灭、再用蜡烟隔除。
遇这糠香消散，见此蜡烟消灭。
铜隔隔去山林堂中，铁隔隔去百草堂内。
铜叉叉去山林堂中，铁叉叉去百草堂内。
隔了之后清吉四个药兄，彻底清吉五个药弟。
千年水路不许相见，百载陆路不许相逢。
人走水路，他走陆路。
人走陆路，他走水路。
千年不许患疾上体，百载不许染病上身。

乖久列乖，
Gweit jub lieb gweit，
度久列度。
Dux jub lieb dux.
列乖扛久，
Lieb gweit gangb jub，
列度扛半。
Lieb dux gangb banb.
列乖便松达巧，
Lieb gweit biat songt dab qiaod，
炯松达加。　　　　　　　　　　　　　（反复驱遣诀）
Jiongb songt dab jiad.
楼久楼得，
Loub jiut loub deib，

楼比楼缪。

Loub bid loub mioub.

猛巧猛加，

Mengb qiaot mengb jiad，

猛虐猛让。

Mengb niub mengb rangx.

狗嘎告豆，

Goud gad gaob doub，

琶然比兵。

Pax rad bid biongb.

纵补吾棍，

Zongb bub wut ghunt，

纵潮吾猛。

Zongb zaox wut mengb.

纵补几没内刚，

Zongb bub jid meib neib gangt，

纵潮几没内土。

Zongb zaox jit meib neib tud.

水学乖告送斗，

Shuit xuob gweit gaob songx doub，

睡梦假通、

Shuit mengx jiad tongt、

度龙穷炯假量。 （镇压诀）

Dux longb qiongb jiongx jiad liax.

乖告送斗几白，

Gweit gaob songx doub jid baib，

度龙穷炯吉袍。 （翻覆诀）

Dux longb qiongb jiongx jid paox.

牙首牙林乙热内补，

Yab shout yab linb yib reb neib bub，

牙闹牙嘎以然内冬。 （押送诀）

Yab laox yab gad yit ranb neib dongt.

抓首抓猛乙热内补，

Zhuab shout zhuab mengb yib reb neib bud,

抓闹抓嘎以然内冬。 （叉送诀）

Zhuab laox zhuab gad yib rab neib dongt.

乖久追拢查他吉标果齐，

Gweit jiud zhuix longb chab tax jib bioud guot qit,

弟板记竹明汝。 （封锁诀）

Dix band jix zhub mingb rux.

乖久追陇——

Gweit jub zhuix longb—

瓜苟几崩纵补吾棍，

Guab geub jid bengb zongb bub wut ghunt,

瓜纵吉太纵潮吾猛。 （压山诀）

Guab zongx jib tiex zongb zaox wut mengb.

阿标林休——

Ad bioud linb xut—

刚棍长虫，

Gangt ghunt changb chongx,

学猛长拿。

Xuob mengb changb nab.

周昂长单，

Zhou ghangb changb danb,

照拿长中。

Zhaob nab changb zhongd.

阿谷呕周、

Ad guob out zhoud、

斗欺斗标、

Doub qit doub bioud、

喂乖几久、

Weib gweit jib jub、

葵汝产娥棍空吉候喂乖莎久，

Kuib rux chant eb ghunt kongt jib houx weib gweit sax jub,

阿谷补公、

Ad guob but gongt、

弄力吉竹、

Nongx lib jid zhub、

喂度几板、

Weib dux jib banb、

录汝吧图棍得吉候喂度莎板。

Lub rux bad tub ghunt deib jib houx weib dux sax banb.

喂乖阿斗、

Weib gweit ad doub、

葵汝产娥棍空吉候喂乖产谷产斗，

Kuib rux chant eb ghunt kongt jib houx weib gweit chant guob chant dout，

喂度阿雷、

Weib dux ad leib、

录汝吧图棍得吉候喂度吧谷吧雷。

Lub rux bad tub ghunt deib jib houx weib dux bax guob bax leib.

赶了再赶，驱了再驱。

要赶送了，要驱送完。

要驱五音猖鬼，七姓伤亡。

烂身烂体，烂头烂耳。

死丑死坏，死短死幼。

狗来拉屎门前，猪来撒尿门边。

猖鬼恶耀，伤亡恶煞。

猖鬼没有人理，伤亡没有人敬。[①]

诀咒驱赶隔去，斩煞消灭、再用蜡烟隔除。

遇此糠烟消散，见此蜡烟消灭。

铜隔隔去阳州以西，铁隔隔去阴州一县。

铜叉叉去阳州以西，铁叉叉去阴州一县。

驱赶以后垮山盖死猖鬼恶耀，塌岭盖严伤亡恶煞。

一家大小、

祭祖得吉，敬神得安。

卜事得准，占事得灵。

一十二路、凶煞恶耀、

我没驱了、尊贵的千位祖师帮我驱赶尽了，

一十三道、凶灾恶难、

我未赶完、高贵的百位师尊帮我赶隔全完。

我驱一手、尊贵的千位祖师帮我驱去千打千手，

我隔一道、高贵的百位师尊帮我隔去百打百道。

注：① 猖鬼、伤亡——因伤而亡的人被认为是非正常死亡的，死后不入祖籍。

乖久列乖，

Gweit jub lieb gweit,

度久列度。

Dux jub lieb dux.

列乖扛久，

Lieb gweit gangb jub,

列度扛半。

Lieb dux gangb banb.

列乖就达拍见，

Lieb gweit jux dab peit jianb,

就挂袍嘎。

Jux guax paox gad.

拍见见内篓吾篓斗，

Peit jianb jianb neib loub wut loub deb,

袍嘎见内挂苟挂绒。

Paox gad jianb neib guax geud guax rongb.

首狗狗腊几林，

Soud goud goud lab jid linb,

首爬爬腊几章。

Soud bax bax lab jid zhuangb.

岔见几单白豆，

Chax jianb jid dand baib deux,

岔嘎几到白斗。

Chax gad jid daox baib deb.

见你窝打否腊拍猛，

Jianb nib aot dat boub lab peit mengb,

然召窝桶否腊袍闹。

Rad zhaob aob tongx boub lab paox laox.

打书猛豆,

Dat shut mengb deux,

达水达腊。

Dat shuit dab lab.

水学乖告送斗,

Shuit xuob gweit gaob songx doub,

睡梦假通、

Shuit mengx jiad tongt、

度龙穷炯假量。　　　　　　　　　　　（镇压诀）

Dux longb qiongb jiongx jiad liax.

乖告送斗几白,

Gweit gaob songx doub jid baib,

度龙穷炯吉袍。　　　　　　　　　　　（翻覆诀）

Dux longb qiongb jiongx jid paox.

牙首牙林乙热内补,

Yab shout yab linb yib reb neib bub,

牙闹牙嘎以然内冬。　　　　　　　　　（押送诀）

Yab laox yab gad yit ranb neib dongt.

抓首抓猛乙热内补,

Zhuab shout zhuab mengb yib reb neib bud,

抓闹抓嘎以然内冬。　　　　　　　　　（叉送诀）

Zhuab laox zhuab gad yib ranb neib dongt.

乖久追拢查他吉标果齐,

Gweit jiud zhuix longb chab tax jib bioud guot qit,

弟板记竹明汝。　　　　　　　　　　　（封锁诀）

Dix band jix zhub mingb rux.

乖久追拢查他几没打书猛豆,

Gweit jub zhuix longb chab tax jid meib dat shut mengb deux,

度约弟然茶他几斗达收达腊。

Dux yod dix rab chab tax jid doub dat shout dat lab.

赶了再赶，驱了再驱。

要赶送了，要驱送完。

要来驱赶年头失耗，年尾破财。

失耗如同水消，破财如同山崩。

养狗狗也不长，喂猪猪也不肥。

挣钱不得到手，挣米不得到口。

财在箱中失耗，钱在袋中失落。

猪瘟时气，牛瘟马僵。

诀咒驱赶隔去，斩煞消灭、再用蜡烟隔除。

遇这糠香消散，见此蜡烟消灭。

铜隔隔去他方，铁隔隔去他处。

铜叉叉去他方，铁叉叉去他处。

驱赶以后家中便得清吉，屋宅内外平安。

驱了之后清吉没有猪瘟时气，

赶了之后平安没有牛瘟马僵。

乖久列乖，

Gweit jub lieb gweit,

度久列度。

Dux jub lieb dux.

列乖扛久，

Lieb gweit gangb jub,

列度扛半。

Lieb dux gangb banb.

列乖兵尼汝内，

Lieb gweit biongb nib rux neit,

常照达龙。

Changb zhab dab longd.

兵竹如汝打几，

Biongb zhub rub rux dat jit,

常拢斩松吧难。

Changb longb zaid songd bab nanx.

兵竹走洽走千，

Biongb zhub zoub qiax zoub qiand，

兵吹走拍走袍。

Biongb chuid zoub peid zoub paox.

达柔照闹，

Dab rout zhaob laot，

达紧召掉。

Dab jind zhaob diaox.

走汉加绒当苟，

Zoub hanx jiad rongb dangb geud，

走召加棍当公。

Zoub zhaob jiad ghunt dangb gongt.

几滚吉乖，

Jid ghunt jib gweit，

几白吉袍。

Jib baid jid paox.

得状几转达休，

Deib zhuangb jid zhuanx dab xut，

得萨吉难达久。

Deib sax jib nanb dab jut.

水学乖告送斗，

Shuit xuob gweit gaob songx doub，

睡梦假通、

Shuit mengx jiad tongt、

度龙穷炯假量。　　　　　　　　　　　　（镇压诀）

Dux longb qiongb jiongx jiad liax.

乖告送斗几白，

Gweit gaob songx doub jid baib，

度龙穷炯吉袍。　　　　　　　　　　　　（翻覆诀）

Dux longb qiongb jiongx jid paox.

牙首牙林乙热内补，

Yab shout yab linb yib reb niex bub，

牙闹牙嘎以然内冬。　　　　　　　　　　（押送诀）

Yab laox yab gad yit ranb niex dongt.

抓首抓猛乙热内补，

Zhuab shout zhuab mengb yib reb niex bud,

抓闹抓嘎以然内冬。 （叉送诀）

Zhuab laox zhuab gax yib ranb neib dongt.

乖久追拢查他吉标果齐，

Gweit jud zhuix longb chab tax jib bioud guot qit,

弟板记竹明汝。 （封锁诀）

Dix band jix zhub mingb rux.

乖久追拢查他几没走事走录，

Gweit jub zhuix longb chab tax jid meib zoub shit zoub lub,

度约弟然茶他几斗走加走害。

Dux yod dix rab chab tax jid doub zoub jiad zoub hanx.

赶了再赶，驱了再驱。

要赶送了，要驱送完。

要来驱赶出门好天，转来下雨。

出门之时平安健康，转家染来灾星八难。

出门遇到阻碍干扰，出外碰着意外灾祸。

走路伤脚，行道伤腿。

碰着凶神挡路，遇着恶煞挡道。

冤屈来担，冤枉来当。

官牙案子来担，是非口嘴来当。

诀咒驱赶隔去，斩煞消灭、再用蜡烟隔除。

遇这糠香消散，见此蜡烟消灭。

铜隔隔去他方，铁隔隔去他处。

铜叉叉去他方，铁叉叉去他处。

驱赶以后家中便得清吉，屋宅内外平安。

驱了之后清吉没有凶神恶煞，

赶了之后平安没有凶灾恶难。

乖久列乖，

Gweit jub lieb gweit,

度久列度。

Dux jub lieb dux.

列乖扛久，

Lieb gweit gangb jub，

列度扛半。

Lieb dux gangb banb.

列乖孟豆报标报斗，

Lieb gweit mengt deux baob bioub baob deb，

达腊报纵报秋。

Dab lab baob zongx baob quix.

服嘎见内服吾，

Fu gad jianb neib fud wut，

服江见内服斗。

Fud jiangb jianb neib fud doub.

加孟嘎休然得，

Jiad mengt gad xut rab deib，

加豆嘎先然木。

Jiad deux gad xiand rab mub.

昂内不汉几录，

Ghangb neit bub hanx jid lub，

昂弄秀先踏木。

Ghangb nongx xiux xiand tax mub.

当得当教，

Dangx deib dangx jiaox，

总包总娄。

Zongb bet zongb loud.

水学乖告送斗，

Shuit xuob gweit gaob songx doub，

睡梦假通、

Shuit mengx jiad tongt、

度龙穷炯假量。　　　　　　　　　　　　　（镇压诀）

Dux longb qiongb jiongx jiad liax.

乖告送斗几白，

Gweit gaob songx doub jid baib，

度龙穷炯吉袍。 （翻覆诀）

Dux longb qiongb jiongx jid paox.

牙首牙林乙热内补，

Yab shout yab linb yib reb niex bub，

牙闹牙嘎以然内冬。 （押送诀）

Yab laox yab gad yit ranb neib dongt.

抓首抓猛乙热内补，

Zhuab shout zhuab mengb yib reb neib bud，

抓闹抓嘎以然内冬。 （叉送诀）

Zhuab laox zhuab gad yib ranb niex dongt.

乖久追拢查他吉标果齐，

Gweit jiud zhuix longb chab tax jib bioud guot qit，

弟板记竹明汝。 （封锁诀）

Dix band jix zhub mingb rux.

乖久追拢查他几没猛豆，

Gweit jub zhuix longb chab tax jid meib mengb deux，

度约弟然茶他几斗达腊。

Dux yod dix rab chab tax jid doub dab lab.

赶了再赶，驱了再驱。

要赶送了，要驱送完。

要来驱赶顽疾到家到宅，恶病到门到房。

吃药如同人们吃水，喝药如同人们喝汤。

顽疾染在身中，恶病患在体内。

热天穿大棉衣，冷天气喘欲断。

病床久困，眠床久卧。

诀咒驱赶隔去，斩煞消灭、再用蜡烟隔除。

遇这糠香消散，见此蜡烟消灭。

铜隔隔去他方，铁隔隔去他处。

铜叉叉去他方，铁叉叉去他处。

驱赶以后家中便得清吉，屋宅内外平安。

驱了之后清吉没有病魔，

赶了之后平安没有顽疾。

乖久列乖，

Gweit jub lieb gweit，

度久列度。

Dux jub lieb dux.

列乖扛久，

Lieb gweit gangb jub，

列度扛半。

Lieb dux gangb banb.

列乖中缪浪汉声昂，

Lieb gweit zhongb mioub nangb hanx shongt angt，

良内吉话声年。

Niangb neib jib huax shongt niaob.

咱绒咱棍召篓召追，

Zad rongb zad ghunt zhaob loub zhaob zhuix，

咱格咱怪召抓召尼。

Zad gieb zad guaix zhaob zhuab zhaob nib.

巴鸟几洽，

Bad niaob jid qiat，

巴加几柔。

Bad jiab jid reub.

干然柔先，

Ganb ranb reub xiand，

奶咩柔甲。

Liaib miab reub jiab.

到比拿突拿痛，

Daox bid nab tud nab tongx，

图久拿苟拿绒。

Tub jiud nab ged nab rongb.

召篓列仇列大，

Zhaob loud lieb choub lieb dax，

召追列架列能。

Zhaob zhuix lieb giad lieb nongb.

水学乖告送斗，

Shuit xuob gweit gaob songx doub,

睡梦假通、

Shuit mengx jiad tongt、

度龙穷炯假量。 （镇压诀）

Dux longb qiongb jiongx jiad liax.

乖告送斗几白，

Gweit gaob songx doub jid baib,

度龙穷炯吉袍。 （翻覆诀）

Dux longb qiongb jiongx jid paox.

牙首牙林乙热内补，

Yab shout yab linb yib reb neib bub,

牙闹牙嘎以然内冬。 （押送诀）

Yab laox yab gad yit ranb neib dongt.

抓首抓猛乙热内补，

Zhuab shout zhuab mengb yib reb neib bud,

抓闹抓嘎以然内冬。 （叉送诀）

Zhuab laox zhuab gad yib ranb neib dongt.

乖久追拢查他吉标果齐，

Gweit jiud zhuix longb chab tax jib bioud guot qit,

弟板记竹明汝。 （封锁诀）

Dix band jix zhub mingb rux.

乖久追拢查他几没加绒悄气，

Gweit jub zhuix longb chab tax jid meib jiad rongb qiaox qix,

度约弟然茶他几斗加棍加写。

Dux yod dix rab chab tax jid doub jiad ghunt jiad xied.

赶了再赶，驱了再驱。

要赶送了，要驱送完。

要来驱赶耳朵听那哭丧，幻觉听那哭号。

见鬼见神在前在后，见蛊见怪在左在右。

歪嘴来啄，张口来吞。

大齿如钉，长舌如耙。

鬼头大似木桶，鬼身大如山岚。

在前要提要抓，在后要吞要吃。
诀咒驱赶隔去，斩煞消灭、再用蜡烟隔除。
遇这糠香消散，见此蜡烟消灭。
铜隔隔去他方，铁隔隔去他处。
铜叉叉去他方，铁叉叉去他处。
驱赶以后家中便得清吉，屋宅内外平安。
驱了之后清吉没有凶煞兴风，
赶了之后平安没有恶鬼作浪。

乖久列乖，

Gweit jub lieb gweit,

度久列度。

Dux jub lieb dux.

列乖扛久，

Lieb gweit gangb jub,

列度扛半。

Lieb dux gangb banb.

列乖达炯兵绒豆内，

Lieb gweit dab jiongx biongb rongb deux neib,

达兄兵帮豆总。

Dab xiongd biongt bangd deux zongb.

打弄求周拢嘎，

Dab nongt qiux zhoub longb gad,

打够求处拢豆。

Dab goud qiux chux longb deux.

打且拢千夫比夫缪，

Dab queb longb qiand fut bid fut mioub,

达瓜拢千夫久夫得。

Dab guad longb qiand fut jiud fud deib.

打昂帮处拢嘎拢豆，

Dab ghangb bangx chux longb giax longb doub,

达休帮绒拢固拢不。

Dab xiut bangx rongb longb gub longb bub.

走巧走加，

Zoub qiaot zoub jiad,

走雄走害。

Zoub xiongt zoub hanx.

水学乖告送斗，

Shuit xuob gweit gaob songx doub,

睡梦假通、

Shuit mengx jiad tongt、

度龙穷炯假量。 （镇压诀）

Dux longb qiongb jiongx jiad liax.

乖告送斗几白，

Gweit gaob songx doub jid baib,

度龙穷炯吉袍。 （翻覆诀）

Dux longb qiongb jiongx jid paox.

牙首牙林乙热内补，

Yab shout yab linb yib reb neib bub,

牙闹牙嘎以然内冬。 （押送诀）

Yab laox yab gad yit ranb neib dongt.

抓首抓猛乙热内补，

Zhuab shout zhuab mengb yib reb neib bud,

抓闹抓嘎以然内冬。 （叉送诀）

Zhuab laox zhuab gad yib ranb neib dongt.

乖久追拢查他吉标果齐，

Gweit jiud zhuix longb chab tax jib bioud guot qit,

弟板记竹明汝。 （封锁诀）

Dix band jix zhub mingb rux.

乖久追拢查他几没达炯豆内，

Gweit jub zhuix longb chab tax jid meib dab jiongx doub niex,

度约弟然茶他几斗豹子豆总。

Dux yod dix rab chax tax jid doub baox zid doub zongd.

赶了再赶，驱了再驱。

要赶送了，要驱送完。

要来驱赶老虎出山来咬，豹子出岭来咬。
毒蛇出洞来咬，毒虫出穴来啄。
黄蜂蜇来肿头肿脑，毒蜂蜇来肿身肿体。
山林野兽来吃来咬，毒蛇猛兽来侵来害。
遇凶遇险，当灾当祸。
诀咒驱赶隔去，斩煞消灭、再用蜡烟隔除。
遇这糠香消散，见此蜡烟消灭。
铜隔隔去他方，铁隔隔去他处。
铜叉叉去他方，铁叉叉去他处。
驱赶以后家中便得清吉，屋宅内外平安。
驱了之后清吉没有老虎咬伤，
赶了之后平安没有豹子咬人。

乖久列乖，
Gweit jub lieb gweit,
度久列度。
Dux jub lieb dux.
列乖扛久，
Lieb gweit gangb jub，
列度扛半。
Lieb dux gangb banb.
列乖能锐几没首久，
Lieb gweit nongb ruit jid meib shoux jub,
能列几没首得。
Nongb liex jid meib shoux deib.
能锐走洽走千，
Nongb ruit zoub qiat zoub qiand,
能列关公关咩。
Nongb liex guand gongb guand miab.
能走够巧到梦单久，
Nongb zoub gout qiaox daox mengb dand jut,
能召够加到豆单得。
Nongb zhaob goud jiad daox deux dand deib.

能锐腊召锐巧锐加，

Nongb ruit lab zhaob ruit qiaot ruit jiad，

能列腊召列向列昂。

Nongb liex lab zhaob lieb xiangx lieb ghangb.

度龙穷炯吉袍。 （翻覆诀）

Dux longb qiongb jiongx jid paox.

牙首牙林乙热内补，

Yab shout yab linb yib reb neib bub，

牙闹牙嘎以然内冬。 （押送诀）

Yab laox yab gad yit ranb neib dongt.

抓首抓猛乙热内补，

Zhuab shout zhuab mengb yib reb neib bud，

抓闹抓嘎以然内冬。 （叉送诀）

Zhuab laox zhuab gad yib ranb niex dongt.

乖久追拢查他吉标果齐，

Gweit jiud zhuix longb chab tax jib bioud guot qit，

弟板记竹明汝。 （封锁诀）

Dix band jix zhub mingb rux.

乖久追拢查他几没孟豆达腊，

Gweit jub zhuix longb chab tax jid meib mengt deux dab lab，

度约弟然茶他几斗列向列昂。

Dux yod dix rab chab tax jid doub lieb xiangx lieb ghangb.

　　赶了再赶，驱了再驱。
　　要赶送了，要驱送完。
　　要来驱赶吃菜没有养身，吃饭没有养体。
　　吃菜碰着骨刺，吃饭遇着毒食。
　　吃着毒菌染患恶疾，吃着毒药染患恶病。
　　吃菜吃着有毒有害，吃饭吃着有灾有难。
　　诀咒驱赶隔去，斩煞消灭、再用蜡烟隔除。
　　遇这糠香消散，见此蜡烟消灭。
　　铜隔隔去他方，铁隔隔去他处。
　　铜叉叉去他方，铁叉叉去他处。

驱赶以后家中便得清吉，屋宅内外平安。

驱了之后清吉没有死神纠缠，

赶了之后平安没有亡鬼祸害。

乖久列乖，

Gweit jub lieb gweit，

度久列度。

Dux jub lieb dux.

列乖扛久，

Lieb gweit gangb jub，

列度扛半。

Lieb dux gangb banb.

列乖服吾服召嘎冬尼，

Lieb gweit fud wut fud zhaob gad dongt neib，

服斗服召嘎冬油。

Fud dout fud zhaob gad dongt yout.

斗冲冲召窝边葡，

Doub chongx chongx zhaob aot biand put，

冲边冲召窝边奶。

Chongx biad chongx zhaob aob biad leid.

炯照补浓猛头莎，

Jiongx zhaob but niongb mengb toub sad，

冲到花连哭炯走。

Chongx daox huad lianb kux jiongx zoub.

没内几到内拢酷，

Meib niex jid daox neid longb kut，

没骂几到骂拢首。

Meib max jib daox max longb soud.

水学乖告送斗，

Shuit xuob gweit gaob songx doub，

睡梦假通、

Shuit mengx jiad tongt、

度龙穷炯假量。

（镇压诀）

Dux longb qiongb jiongx jiad liax.

乖告送斗几白，

Gweit gaob songx doub jid baib，

度龙穷炯吉袍。　　　　　　　　　　　　（翻覆诀）

Dux longb qiongb jiongx jid paox.

牙首牙林乙热内补，

Yab shout yab linb yib reb neib bub，

牙闹牙嘎以然内冬。　　　　　　　　　　（押送诀）

Yab laox yab gad yit ranb neib dongt.

抓首抓猛乙热内补，

Zhuab shout zhuab mengb yib reb neib bud，

抓闹抓嘎以然内冬。　　　　　　　　　　（叉送诀）

Zhuab laox zhuab gad yib ranb neib dongt.

乖久追拢查他吉标果齐，

Gweit jiud zhuix longb chab tax jib bioud guot qit，

弟板记竹明汝。　　　　　　　　　　　　（封锁诀）

Dix band jix zhub mingb rux.

乖久追拢查他几没头莎，

Gweit jub zhuix longb chab tax jid meib toub sad，

度约弟然茶他几斗便奶。

Dux yod dix rab chax tax jid doub biat leit.

　　　　赶了再赶，驱了再驱。
　　　　要赶送了，要驱送完。
　　　　要来驱赶吃水吃着牛蹄水，吃汤吃着牛脚汤。
　　　　手拿拿着腐朽木，拿棍拿着短拐棍。
　　　　坐着草把烤糠火，手拿铧镰挖草根。
　　　　有娘没得娘来养，有爹没得爹来育。①
　　　　诀咒驱赶隔去，斩煞消灭、再用蜡烟隔除。
　　　　遇这糠香消散，见此蜡烟消灭。
　　　　铜隔隔去他方，铁隔隔去他处。
　　　　铜叉叉去他方，铁叉叉去他处。
　　　　驱赶以后家中便得清吉，屋宅内外平安。

驱了之后清吉没有夭折，

赶了之后平安没有短命。

注：① 此段讲的是命短夭折的小娃娃，本地方言又叫"化生子"。传说有牛脚印的水是死人水，化生子死后人们怕他们再回来投胎，于是在埋上山的路上连路燃烧数堆粗糠火，每堆旁边置放三个小草把凳，意思是让他们坐在草把凳上烤火而忘了回来。有的还送割稻草用的铧镰，让他去挖草根吃，过去苗乡根本没有糖吃，要吃甜的便去挖草根，小孩挖草根吃到甜味之后便忘记回家。过去由于医疗卫生不发达，农村有三分之一的小孩死亡，这些死亡的小孩多埋在村外的荒郊野地，每个村几乎都有几大片化生子坟地。

乖久列乖，

Gweit jub lieb gweit,

度久列度。

Dux jub lieb dux.

列乖扛久，

Lieb gweit gangb jub,

列度扛半。

Lieb dux gangb banb.

列乖涨吾拢不，

Lieb gweit zhangb wut longb bub,

瓜苟拢特。

Guax geud longb teix.

吾滚不猛得从，

Wut gunb bub mengb deib congt,

吾穷不猛得闹。

Wut qiongx bub mengb deib laox.

背苟葡干葡内，

Beid goub pub ganb pub neix,

背绒葡柔葡紧。

Beid rongb pub rout pub giongd.

拍夯闹豆，

Peit hangb laox deux,

拍共闹岔。

Peit gongd laox chax.

水学乖告送斗,

Shuit xuob gweit gaob songx doub,

睡梦假通、

Shuit mengx jiad tongt、

度龙穷炯假量。 （镇压诀）

Dux longb qiongb jiongx jiad liax.

乖告送斗几白,

Gweit gaob songx doub jid baib,

度龙穷炯吉袍。 （翻覆诀）

Dux longb qiongb jiongx jid paox.

牙首牙林乙热内补,

Yab shout yab linb yib reb neib bub,

牙闹牙嘎以然内冬。 （押送诀）

Yab laox yab gad yit ranb neib dongt.

抓首抓猛乙热内补,

Zhuab shout zhuab mengb yib reb neib bud,

抓闹抓嘎以然内冬。 （叉送诀）

Zhuab laox zhuab gad yib ranb neib dongt.

乖久追拢查他吉标果齐,

Gweit jiud zhuix longb chab tax jib bioud guot qit,

弟板记竹明汝。 （封锁诀）

Dix band jix zhub mingb rux.

乖久追拢查他几没不吾不斗,

Gweit jub zhuix longb chab tax jid meib bub wut bub dout,

度约弟然茶他几斗白豆闹岔。

Dux yod dix rab chab tax jid doub baib deux laox chax.

赶了再赶，驱了再驱。
要赶送了，要驱送完。
要来驱赶涨水来冲，垮山来压。
洪水冲去险滩，泥流冲去凶地。
高山垮山滑坡，大岭垮岩垮土。

垮山滑坡，垮岩落土。

诀咒驱赶隔去，斩煞消灭、再用蜡烟隔除。

遇这糠香消散，见此蜡烟消灭。

铜隔隔去他方，铁隔隔去他处。

铜叉叉去他方，铁叉叉去他处。

驱赶以后家中便得清吉，屋宅内外平安。

驱了之后清吉没有洪水兴灾，

赶了之后平安没有垮蹋祸害。

乖久列乖，

Gweit jub lieb gweit,

度久列度。

Dux jub lieb dux.

列乖扛久，

Lieb gweit gangb jub,

列度扛半。

Lieb dux gangb banb.

列乖加绒报标，

Lieb gweit jiad rongb jiad bioub,

加棍报竹。

Jiad ghunt baob zhub.

加绒报标拢促拢出，

Jiad rongb baob bioub longb zub longb chub,

加棍报竹拢仇拢大。

Jiad ghunt baob zhub longb choub longb dab.

加绒报标苟数拢转，

Jiad rongb baob bioud geud sux longb zhuans,

加棍报竹苟那拢奈。

Jiad ghunt baob zhub geud nab longb naib.

猛数产刚拢转拢数，

Mengb sut chant gangt longb zhuans longb sud,

猛那吧虫拢套拢奈。

Mengb nab bad chongb longb taox longb naib.

几者咱巧走巧,

Jib zhed zab qiaot zoub qiaot,

几锐咱加走加。

Jid ruib zad jiad zoub jiad.

水学乖告送斗,

Shuit xuob gweit gaob songx doub,

睡梦假通、

Shuit mengx jiad tongt、

度龙穷炯假量。　　　　　　　　　　（镇压诀）

Dux longb qiongb jiongx jiad liax.

乖告送斗几白,

Gweit gaob songx doub jid baib,

度龙穷炯吉袍。　　　　　　　　　　（翻覆诀）

Dux longb qiongb jiongx jid paox.

牙首牙林乙热内补,

Yab shout yab linb yib reb neib bub,

牙闹牙嘎以然内冬。　　　　　　　　（押送诀）

Yab laox yab gad yit ranb neib dongt.

抓首抓猛乙热内补,

Zhuab shout zhuab mengb yib reb neib bud,

抓闹抓嘎以然内冬。　　　　　　　　（叉送诀）

Zhuab laox zhuab gad yib ranb neib dongt.

乖久追拢查他吉标果齐,

Gweit jiud zhuix longb chab tax jib bioud guot qit,

弟板记竹明汝。　　　　　　　　　　（封锁诀）

Dix band jix zhub mingb rux.

乖久追拢查他几没棍转棍奈,

Gweit jub zhuix longb chab tax jid meib ghunt zhuans ghunt naib,

度约弟然茶他几斗棍仇棍大。

Dux yod dix rab chab tax jid doub ghunt choub ghunt dab.

赶了再赶, 驱了再驱。
要赶送了, 要驱送完。

要来驱赶凶神进家，恶煞进户。

凶神进家来促来闹，恶煞进户来打来杀。

凶神进家拿锁来锁，恶煞进户拿索来捆。

大锁千斤来套来锁，大索百根来捆来绑。

乱扯乱勒染灾，乱绑乱捆染祸。

诀咒驱赶隔去，斩煞消灭、再用蜡烟隔除。

遇这糠香消散，见此蜡烟消灭。

铜隔隔去他方，铁隔隔去他处。

铜叉叉去他方，铁叉叉去他处。

驱赶以后家中便得清吉，屋宅内外平安。

驱了之后清吉没有鬼锁鬼链，

赶了之后平安没有鬼打鬼杀。

乖久列乖，

Gweit jub lieb gweit,

度久列度。

Dux jub lieb dux.

列乖扛久，

Lieb gweit gangb jub,

列度扛半。

Lieb dux gangb banb.

列乖打便抓汉背斗棍，

Lieb gweit dat biat zhuad hanx beib deb ghunt,

打豆图汉背斗穷。

Dat deux tub hanx beib deb qiongb.

穷斗见风白苟白让，

Qiongb dout jianb fengd baib geud baib rangb,

穷标见度白加白竹。

Qiong bioub jianb dux baib jiad baib zhub.

出汉猛风几油，

Chub hanx mengb fengd jid yout,

当汉猛记吉哨。

Dangb hanx mengb jix jib xiaox.

标炯标你走巧走加，

Bioub jiongx bioub nib zoub qiaot zoub jiad，

标柔标瓦咱滚咱穷。

Bioud rout bioud wab zad gunb zad qiongx.

水学乖告送斗，

Shuit xuob gweit gaob songx doub，

睡梦假通、

Shuit mengx jiad tongt、

度龙穷炯假量。 （镇压诀）

Dux longb qiongb jiongx jiad liax.

乖告送斗几白，

Gweit gaob songx doub jid baib，

度龙穷炯吉袍。 （翻覆诀）

Dux longb qiongb jiongx jid paox.

牙首牙林乙热内补，

Yab shout yab linb yib reb neib bub，

牙闹牙嘎以然内冬。 （押送诀）

Yab laox yab gad yit ranb neib dongt.

抓首抓猛乙热内补，

Zhuab shout zhuab mengb yib reb neib bud，

抓闹抓嘎以然内冬。 （叉送诀）

Zhuab laox zhuab gad yib ranb neib dongt.

乖久追拢查他吉标果齐，

Gweit jiud zhuix longb chab tax jib bioud guot qit，

弟板记竹明汝。 （封锁诀）

Dix band jix zhub mingb rux.

乖久追拢查他几没猛风几油，

Gweit jub zhuix longb chab tax jid meib mengb fengd jid yout，

度约弟然茶他几斗背斗吉当。

Dux yod dix rab chab tax jid doub beid dout jib dangx.

赶了再赶，驱了再驱。

要赶送了，要驱送完。

要来驱赶天上掉下火把星,地上烧火冲天红。
浓烟成团满村满寨,烟火凶猛满家满户。
遭那大风乱吹,遇那恶风乱窜。
家宅住房遭了天火,瓦房木房烧成灰烬。
诀咒驱赶隔去,斩煞消灭、再用蜡烟隔除。
遇这糠香消散,见此蜡烟消灭。
铜隔隔去他方,铁隔隔去他处。
铜叉叉去他方,铁叉叉去他处。
驱赶以后家中便得清吉,屋宅内外平安。
驱了之后清吉没有恶风乱吹,
赶了之后平安没有火灾乱发。

乖久列乖,
Gweit jub lieb gweit,
度久列度。
Dux jub lieb dux.
列乖扛久,
Lieb gweit gangb jub,
列度扛半。
Lieb dux gangb banb.
列乖打尼儿剖拢达,
Lieb gweit dad neib jid pet longb dab,
打油吉刚拢抓。
Dab youb jib gangd longb zhuax.
尼固吉标达闹猛干,
Neib gud jib bioud dab laox mengb ganb,
油忙几竹抓闹猛内。
Youb mangb jid zhub zhuad laox mengb neix.
尼固吉标嘎炯,
Neib gud jib bioud gad jiongx,
油忙记竹嘎将。
Yout mangb jid zhub gad jiangx.
列熟几单公力,

Lieb shub jid dand gongd lib,

列记几单公八。

Lieb jix jid dand gongb bab.

水学乖告送斗，

Shuit xuob gweit gaob songx doub，

睡梦假通、

Shuit mengx jiad tongt、

度龙穷炯假量。 （镇压诀）

Dux longb qiongb jiongx jiad liax.

乖告送斗几白，

Gweit gaob songx doub jid baib，

度龙穷炯吉袍。 （翻覆诀）

Dux longb qiongb jiongx jid paox.

牙首牙林乙热内补，

Yab shout yab linb yib reb neib bub，

牙闹牙嘎以然内冬。 （押送诀）

Yab laox yab gad yit ranb neib dongt.

抓首抓猛乙热内补，

Zhuab shout zhuab mengb yib reb niex bud，

抓闹抓嘎以然内冬。 （叉送诀）

Zhuab laox zhuab gad yib ranb neib dongt.

乖久追拢查他吉标果齐，

Gweit jiud zhuix longb chab tax jib bioud guot qit，

弟板记竹明汝。 （封锁诀）

Dix band jix zhub mingb rux.

乖久追拢查他几没向尼，

Gweit jub zhuix longb chab tax jid meib xiangt neib，

度约弟然茶他几斗向油。

Dux yod dix rab chab tax jid doub xiangt yout.

赶了再赶，驱了再驱。

要赶送了，要驱送完。

要来驱赶水牯用角来抵，黄牯用角乱碰。

水牯掉下悬崖，黄牯掉下悬岩。
水牯染了牛瘟，黄牯染了时气。
要犁不到田里，要耙不到田内。
诀咒驱赶隔去，斩煞消灭、再用蜡烟隔除。
遇这糠香消散，见此蜡烟消灭。
铜隔隔去他方，铁隔隔去他处。
铜叉叉去他方，铁叉叉去他处。
驱赶以后家中便得清吉，屋宅内外平安。
驱了之后清吉没有伤牛，
赶了之后平安没有伤畜。

乖久列乖，

Gweit jub lieb gweit，

度久列度。

Dux jub lieb dux.

列乖扛久，

Lieb gweit gangb jub，

列度扛半。

Lieb dux gangb banb.

列乖抓军报苟，

Lieb gweit zhuab giuongt baob geub，

抢犯报让。

Qiangd fanx baob rangb.

抓军报苟拢娄拢仇，

Zhuab giuongt baob geud longb loub longb choub，

抢犯报让拢抢拢大。

Qiangd fanx baob rangb longb qiangd longb dab.

猛庆几吼，

Mengb qut jib houb，

猛炮吉话。

Mengb paox jib huax.

围标围斗，

Weib bioud weib deb，

围总围秋。

Weib zongb weib quix.

咱拔腊娄苟仇，

Zad bab lab loub geud choub,

咱浓腊娄苟大。

Zad niongx lab loub geud dax.

几吼声昂，

Jib houd shongt ghangb,

吉话声年。

Jib huax shongt nian.

水学乖告送斗，

Shuit xuob gweit gaob songx doub,

睡梦假通、

Shuit mengx jiad tongt、

度龙穷炯假量。 (镇压诀)

Dux longb qiongb jiongx jiad liax.

乖告送斗几白，

Gweit gaob songx doub jid baib,

度龙穷炯吉袍。 (翻覆诀)

Dux longb qiongb jiongx jid paox.

牙首牙林乙热内补，

Yab shout yab linb yib reb neib bub,

牙闹牙嘎以然内冬。 (押送诀)

Yab laox yab giad yit rab niex dongt.

抓首抓猛乙热内补，

Zhuab shout zhuab mengb yib reb neib bud,

抓闹抓嘎以然内冬。 (叉送诀)

Zhuab laox zhuab gad yib rab niex dongt.

乖久追拢查他吉标果齐，

Gweit jiud zhuix longb chab tax jib bioud guot qit,

弟板记竹明汝。 (封锁诀)

Dix band jix zhub mingb rux.

乖久追拢查他几没抓军拢娄，

Gweit jub zhuix longb chab tax jid meib zhuad giuongt liongb loub,
度约弟然茶他几斗抢犯拢大。
Dux yod dix rab chab tax jid doub qiangd fanx longb dax.

赶了再赶，驱了再驱。
要赶送了，要驱送完。
要来驱赶恶军进村，土匪进寨。
恶军进村乱烧乱打，土匪进寨乱抢乱杀。
枪声震村，炮声震寨。
围家围宅，围房围室。
见到女人就打，见到男人就杀。
哭声震天，喊号登地。
诀咒驱赶隔去，斩煞消灭、再用蜡烟隔除。
遇这糠香消散，见此蜡烟消灭。
铜隔隔去他方，铁隔隔去他处。
铜叉叉去他方，铁叉叉去他处。
驱赶以后家中便得清吉，屋宅内外平安。
驱了之后清吉没有兵痞来抓，
赶了之后平安没有抢犯来杀。

(三)然秀·Rax xiut·化堂藏身

【概述】

苗族在历史上是一个多灾多难、七迁八徙而散居各地的民族。远在古代的部落时期，由于部落纷争，涿鹿之战后，苗族被迫不断迁徙，流离失所。恐惧和防范的戒心和行为在苗族人的生活中甚至祭祀中随处可见。本堂法事就是远古的恐惧和防范戒心的延伸和再现。

本堂科仪共分三个内容：其一，化堂。神辞通过神火烈焰、云烟雾团、鱼签肉刺、竹木土石等自然物化变神坛，企图以此混淆干扰一切恶魔凶鬼探视。其二，封堂。在化变坛场的基础上应用天人合一的心态来动用日月阴阳、宇宙自然的力量来封住坛场，使之固如金汤而能有效地抵制恶魔凶鬼的侵袭啖食。其三，藏身。为了生存，保住自身不受侵害而各处躲藏。这种躲藏实际上就是退却，与古代的迁徙极为相似。各处退却、躲藏便是不断的迁徙、散居的生动意喻。只有在这种情况下，祭祀才能顺利进行。

神辞里所述的藏身在名目上虽然泛指各处，然在巴代的具体行持中却始终都在指向自身的各个部位：如以头发来喻青山古木，以口来喻大穴大洞，以肛门来喻雷洞风口，等等。

【神辞】

（若是做到启建法仪的第二番时，此段要根据神辞的内容来结合应用相关的手诀，一边吟诵神辞一边作相应的手诀。一意一诀，一词一式紧紧相随。）

吉哟——亚——夫——夫窝——夫窝——夫窝。
Jid yox—yad—fud—fud aob—fud aob—fud aob.
列够便然浪萨，
Lieb goux biat rax nangd sead,
列扑便龙浪度。
Lieb pub biat longb nangd dub.
列理便从浪公，
Lieb lid biat zongb nangd gongt,
列岔便炯浪几。
Lieb chab biat jiongb nangd jid.
便然浪萨列够然休，
Biat rax nangd seab lieb goub rax xiut,
便龙浪度列扑绒得。
Biat longb nangd dub lieb pub rongx deb.

神韵——
要唱五首的歌，要讲五轮的话。
要理五层的根，要寻五道的基。
五首的歌要唱藏身，五轮的话要说护堂。

喂列然鸟便告斗补，

Weib lieb rab niaob biat gaod doub bub，

再列弄奈照告然冬。

Zaix lieb longb naix zhaox ghaox rab dongt.

阿剖斗补告补，

Ad pout doub bub gaod bub，

阿乜斗冬告绒。

Ad nias doub dongt gaod rongb.

虐西拢立几苟总剖，

Nub xit longb lib jid geud zongd pout，

虐夏拢立几让总乜。

Nub xiat longb lib jid rangb zongb nias.

阿苟内浪剖绒，

Ad geud neib nangd pout rongb，

阿让总浪剖棍。

Ad rangb zongt nangb pout ghunt.

总剖斗白阿苟，

Zongt pout deb beid ad geud，

总乜发白阿让。

Zongt nias fat beid ab rangb.

再斗吉标内浪向剖向乜，

Zaix doub jib bioud neib nangd xiangt pout xiangt nias，

吉高度内几竹向内向骂。

Jid gaod dub neib jid zhub xiangt neib xiangt max.

几纵棍缪得忙吉子，

Jid zongb ghunt mioub deit mangb jib zid，

吉秋棍昂度忙吉录。

Jib quix ghunt ghangb dux mangb jib lub.

再斗得寿产鹅棍空，

Zaix doub deit shet chant eb ghunt kongt，

吉高录汝吧图棍得。

Jib gaod lub rux bax tux ghunt deit.

喂浪补产葵莽告见、

Weib nangd but chant kiub mangx gaod jianb、

喂列抓葡几最吉走，

Weib lieb zhuab pux jid zuib jib zoub，

剖浪补吧傕忙送嘎，

Bout nangd but bax niub mangb songx gad，

莎列寿葡吉走吉板。

Shat lieb shet pux jid zoub jib banb.

就—— （祖师诀）

Jiux—

油喂声然埋腊拢单几图，

Youb weib shongt rab maib lab longb dand jid tub，

告剖弄奈埋莎炯单吉浪。

Gaob bout nangb naix maib sax jiongx dand jib nangb.

拢单拢斗得寿告见，

Longb dand longb dout deib shet gaot jianb，

拢送拢弄告得送嘎。

Longb songx longb nongb gaot deit songx gad.

告见几扛几白纠录乙苟，

Gaot jianb jid gangb jid beib jiub lub yib geud，

送嘎几扛热然谷叉图公。

Songx giax jid gangb reib rab guob chad tux gongt.

告见列扛莎单，

Gaot jianb lieb gangb sax dand，

送嘎列扛莎送。

Songx giax lieb gangb sax songx.

斗你得寿苟娄苟追，

Doub bit deib shet geud neb geud zhuix，

炯弄告得把抓把尼。

Jiongx nangb gaot deit bad zhuab bad nib.

剖扑列扛麻见，

Bout pud lieb gangb mab jianb，

喂岔列扛麻尼。

Weib chanx lieb gangb mab nib.

剖扑列扛莎中，
Bout pud lieb gangb sax zhongd,
喂岔列扛莎见。
Weib chax lieb gangb sax jianb.

神韵——
我要奉请五方土地，还要奉迎六路龙神，
管辖本地老祖公，管理本处老祖婆。
古代来立本村的开始祖，古时来立本寨的开始人。
一村人的总祖，一寨人的总婆。
总祖发满一村，总婆育满一寨。
还有主家人的祖公祖婆，和起主人一家的先母先父。
鱼神司鱼能手郎子，肉神司肉办供郎君，
还有弟子的千位宗师，和起师郎百位祖师。
弟子的三千交钱祖师，我也查名齐来齐到。
师郎的三百度纸宗师，我也点字齐到齐临。
神韵——
闻我奉请你们来到这里，应我奉迎你们来临此间。
来到要和弟子主持，来临要与师郎主祭。
主持不要主歪主偏，主祭不要主坏主乱。
主持要送得准，主祭要送得灵。
祖师你们随前随后，宗师你们随左随右。
我讲就要得应，我说就要灵验。
我讲就要成功，我说就要准数。

几长窝汝意记耸斗，
Jid changb aot rux yid jib songx doub,
得寿列充葵汝产鹅棍空。
Deit shet lieb congd kiub rux chant eb ghunt kongt.
几长窝汝依达穷炯，
Jid changb aot rux yit dat qiongx jiongb,
弄得列然傩汝吧图棍得。 　　　　　　　　　　　（祖师诀）
Niongx deit lieb rab nub rux bax tux ghunt deib.

棍空斗你纵寿吉标，

Ghunt kongt doub nit zongb shex jib bioud，

弄得斗炯秋得记竹。

Niongx deit doub jiongx quix deib jid zhub.

列苟送斗猛充，

Lieb geud songt doub mengb congd，

列共穷炯猛然。　　　　　　　　　　　　　（香碗诀）

Lieb gongx qiongx jiongx mengb rab.

几长窝汝意记送斗，

Jid changb aot rux yid jib songx doub，

几长然鸟葵汝产鹅棍空。

Jid changb rab niaob kiub rux chant eb ghunt kongt.

几长窝汝以打穷炯，

Jid changb aot rux yit dab qiongx jiongx，

几长弄奈录汝吧图棍得。

Jid changb niongx naib lub rux bax tux ghunt deit.

窝汝意记松斗，

Aot rux yid jid songx doub，

柔汝依打穷炯。　　　　　　　　　　　　　（香碗诀）

Roub rux yit dat qiongx jiongb.

产棍几没然鸟，

Chanx ghunt jid meib ranb niaob，

吧母几没弄奈。

Bax mud jid meib nongd naix.

列拢然鸟——　　　　　　　　　　（各宫口的祖师诀）

Lieb liongb rad niaob—

然鸟太棍共米、

Rab niaob tait gunt gongx mit、

公加、首关、四贵，　　　　（巳宫、辰宫、酉宫、寅宫诀）

Gongd jiad、shoud guand、six giux，

太棍米章、巴高、国峰、明鸿，　（午宫、戌宫、巳宫、卯宫诀）

Taix gunt mit zhuangd、bad gaod、guob fengd、mingb hongx，

太棍仕贵、后保，　　　　　　　　　　（巳宫、申宫诀）

Tait gunt shid giux、houx baod,

苟太光珍、勇贤、　　　　　　　　　（申宫、戌宫诀）

Goud taix guangd zhengd、yongd xianb、

光三、老七、跃恩,　　　　　　　　（卯宫、巳宫、申宫诀）

Guangd sand、laod qib、yiex engd,

苟太席乙、江远、林花、老苟、　（未宫、卯宫、子宫、午宫诀）

Goud taib xib yix、jiangd yand、linb huad、laod goud、

共四、老弄、　　　　　　　　　　　（辰宫、寅宫诀）

Gongx six、laod nongt、

千由、天才、炯容、同兰,　　　（丑宫、巳宫、酉宫、亥宫诀）

Qiand youb、tianb caib、jiongx rongb、tongb lan,

苟太强贵、龙贵、　　　　　　　　　（亥宫、丑宫诀）

Goud taib qiangb giux、longb giux、

光合、冬顺、得水,　　　　　　　　（卯宫、申宫、未宫诀）

Guangd hob、dongd shunx、deib shiut,

苟剖双全, 苟剖长先,　　　　　　　　（未宫、午宫诀）

Goud bout shuangd quanb, goud bout changb xiand,

苟打二哥、那那……　　　　　　　　（酉宫、辰宫诀）

Goud dad erx ged、nat nat…

补谷阿柔告寿,

But guot ad roub gaot shout,

补谷欧柔告德。

But guob out roub gaot deit.

补产葵忙告见,

But chanx kuib mangb gaot jianb,

抓葡几最吉走。

Zhuad pux jid zuib jib zoub.

补吧录忙送嘎,

But bad lub mangb songx gad,

寿葡吉走吉板。

Shoux pux jid zoub jib banb.

浪喂声然照修打便郎得,

Nangb weib shongt rad zhaob xiud dat biant liangd deib,

浪喂声然照闹打绒郎秋。

Nangb weib shongt rad zhaob laox dad rongb liangb qiud.

照修纵寿吉标,

Zhaob xiut zongb shoux jib bioud,

照闹秋得记竹。 （降神诀）

Zhaob laox qiud deib jid zhub.

照修补谷补涌提仲,

Zhaob xiud but guob but yongd tib zongb,

照闹补谷补肥图岭。 （下降布条诀）

Zhaob laox but guob but fenb tub liuongb.

照修达香,

Zhaob xiut dab xiangd,

照闹达穷。

Zhaob laox dab qiongx.

就——

Jiux—

补热声棍,

But reb shongt gunt,

拢单纵寿吉标。 （坐坛诀）

Liongb dand zongb shoux jib bioud.

补然弄猛,

But rad nongd mengb,

拢送吉秋照拿。 （坐殿诀）

Liongb songx jib qiud zhaob nab.

拢单你瓦意记送斗,

Liongb dand nit wab yit jid songx doub,

炯龙以打穷炯。 （香炉诀）

Jiongx longb yit dat qiongx jiongx.

你瓦喂斗得寿,

Nit wab weib doub deib shoux,

炯龙剖弄告得。 （绕祖诀）

Jiongx longb boub nongd gaod deib.

几达然鸟埋列嘎修,

Jid dab rad niaox maib lieb gad xiut,

吉炯达奈埋列嘎闹。

Jib jiongx dab naix maib lieb gad laox.

神韵——

诚心焚烧蜂蜡糠香，弟子要请尊敬的千位宗师。

诚意焚燃纸团火烟，师郎要请尊贵的百位祖师。

宗师坐在家中祖坛，祖师坐在家内祖殿。

要烧宝香去请，要用香烟去迎。

虔诚焚烧纸团宝香，虔诚奉请弟子的千位祖师。

虔诚烧起蜂蜡宝烟，虔诚奉迎师郎的百位宗师。

焚烧蜂蜡糠火，燃起纸团糠烟。

要来奉请——

奉请祖太共米、共甲、仕官、首贵，

祖太明章、巴高、国峰、明鸿，

祖太仕贵、后宝，

祖太光朱、勇贤、光三、老七、跃恩，

祖太席玉、江远、林华、老苟、共四、老弄、

千有、天财、进荣、腾兰，

祖太强贵、隆贵、光合、冬顺、得水，

叔公双全，祖公长先，

外祖二哥、大大……

三十一代祖师，三十二代弟子。

三千交钱祖师，查名皆齐皆遍。

三百度纸宗师，点字皆遍皆全。

闻我奉请暂离上天大堂，听我奉迎暂别天宫大殿。

暂离家中祖坛，暂别家内师殿。

暂离三十三块布条，暂别三十三块布幔。

暂离香炉，暂别香碗。

神韵——

三咏神腔，来到信士祭祖场中。

三吟神韵，来临户主敬神堂内。

来到安享纸团宝香，来临安受蜂蜡糠烟。

拥护吾本弟子，守护我这师郎。

同日有请你们莫起，同时有奉你们莫去。

内没见恩头果，

Neib meib jianb engb tel guot,

见抗头浪。

Jianb kangx tel nangb.

几窝尼头尼抗，

Jid aot nib tel nib kangx,

窝拢尼见尼嘎。

Aot liongb nib jianb nib gad.

到见苟猛几白，

Daox jianb goud mengb jid baib,

到嘎苟猛吉炯。

Daox gad goud mengb jib jiongb.

修照埋浪热洞热恩，

Xiut zhaob maib nangb reb dongb reb engb,

见照埋浪热光热量。

Jianb zhaob maib nangb reb guangd reb liangx.

埋列拢斗得寿告见，

Maib lieb liongb dout deib shoux gaod jianb,

莎列拢弄告得送嘎。

Sax lieb liongb nongt gaod deib songx gad.

斗抓埋你，

Doub zhuab maib nit,

斗尼埋炯。

Doub nit maib jiongx.

告见扛单，

Gaod jianb gangb dand,

送嘎扛送。

Songx gad gangb songx.

列休喂斗得寿，

Lieb xiut weib doub deib shout,

归先归得。

Guid xiand giud deib.

候然剖弄告得，

Hex rad boub nongd gaod deib,

归木归嘎。 （莲华诀）

Guid mub giud gad.

修照阿谷呕奶酷绒麻冬几图，

Xiud zhaob ad guob out leit kud rongb mab dongt jid tub,

然照阿谷呕奶酷便麻汝吉浪。 （藏身诀）

Rad zhaob ad guob out leit kud biant mab rux jid nangb.

主人有纸钱冥币，纸帛冥钱。

不烧是纸是帛，烧了是钱是财。

得财拿去共分，得钱拿去共用。

收在金仓银仓，入在金库银库。

你们要和弟子交钱，都要与吾师郎度纸。①

拥在左边，护在右旁。

交钱得到，度纸得达。

收起我的正魂本命，三魂七魄。

收在一十二个深洞之中，藏在一十二个好洞之内。

注：① 交钱、度纸——宗教术语，主持祭祀仪式的意思。下句的"交钱得到，度纸得
达"指敬送祖神的这些供品要如数交到祖神的手中，意为要让主家达到敬神之目的。

几长窝汝意记笪斗，

Jid changb aot rux yid jib songx doub,

得寿列充葵汝产娥棍空。

Deit shet lieb congd kiub rux chant eb ghunt kongt.

几长窝汝依达穷炯，

Jid changb aot rux yit dat qiongx jiongb,

弄得列拢然鸟傩汝吧图棍得。 （祖师诀）

Niongx deit lieb liongb rab niaob nub rux bax tux ghunt deib.

然鸟补谷阿柔告寿，

Rab niaob but guot ad reub gaot shet,

补谷欧柔告德。

But guob out reub gaot deit.

补产葵忙告见,

But chanx kiub mangb gaot jianb,

补吧录忙送嘎,

But bad lub mangb songx gad,

抓葡几最吉走。

Zhuad pux jid ziub jib zoub.

寿葡吉走吉板。

Shoux pux jid zoub jib banb.

　　神韵——
　　诚心焚烧蜂蜡糠香,弟子要请尊敬的千位宗师,
　　诚意焚燃纸团火烟,师郎要请尊贵的百位祖师。
　　三十一代祖师,三十二代弟子。
　　三千交钱祖师,查名皆齐皆遍。
　　三百度纸宗师,点字皆遍皆全。

就——　　　　　　　　　　　　　　　　　　　（祖师诀）

Jiux—

然鸟绒魁龙贵洞庆,

Rab niaob rongb kiub longb guix dongd qinx,

弄奈成久长先补玛。

Longb naix chenb jud changb xiand bub mual.

休鸟喂然埋浪,

Xut niaob weib ranb maib nangb,

然弄喂奈埋洞。

Rab longb weib naix maib dongx.

得寿架格腊咱,

Deit shet jiad giet lab zad,

弄得查梅腊干。

Nongd deit chab meib lab ganb.

棍空斗你喂浪打篓，

Ghunt kongt doub nit weib nangb dat let，

棍得斗炯喂浪达比。

Ghunt deit doub jiongx weib nangd dab bit.

斗你喂浪达起几图，

Doub nit weib nangb dab kid jid tub，

斗炯喂浪达写吉郎。

Doub jiongx weib nangd dab xie jib nangb.

埋自尼剖，

Maib zix nib bout，

剖自尼埋，

Bout zit nib maib，

埋尼喂浪打楼达起，

Maib nib weib nangb dat let dat qit，

喂尼埋浪吉久几得。

Weib nib maib nangd jib jud jid deib.

埋告穷向闹达，

Maib gaob qiongx xiangt laox dab，

埋油穷头拢单。

Maib youb qiongx toub longb dand.

拢单号弄几图，

Longb dand haox nongd jid tub，

拢送号炯吉浪。

Longb songx haox jiongx jib nangb.

几油喂浪声棍扛见，

Jid yout weib nangd shongt ghunt gangb jianb，

吉候喂浪弄母扛拿。

Jib houx weib nangd niongx mux gangb nab.

喂拢告见莎单，

Weib longb gaot jianb seax dand，

喂拢送嘎莎送。

Weib longb songx gad seax songx.

喂扑产固莎见，

Weib pud chant gut seax jianb,

喂出吧汉莎尼。

Weib chux bax hanx seax nib.

烧起银钱冥纸，焚起冥币钱财。

烧起蜂腊糠香，焚起纸团火烟。

千神没有乱请，百鬼没有乱奉。

焚香要来奉请，烧纸要来奉迎。

奉请绒魁龙贵洞冲，奉迎成久长先洞寨。

我讲你们得听，我说你们得闻。

弟子闭眼观想，师郎抬眼观看。

祖师都在我的脑海，祖师坐在我的脑门。

祖师在我心念之中，宗师在我意念之内。

你们就是我们，我们就是你们。

你们就是我们的心脑神魂，我们就是你们的身体骨肉。

你们纵那香烟飘到，你们随那烟雾降临。

来到我们中间，来临我们中内。

帮助我的神腔娓娓，帮助我的神辞朗朗。

我今主持也准，我来主祭也灵。

我说千种也应，我做百样也验。

就——   （祖师诀）

Jiux—

吉斗吉追莎尼棍得。

Jib deb jib zhuix sax nib ghunt deib.

几客几娄莎尼棍空，

Jid kied jib neb sax nib ghunt kongt,

客猛把抓，

Kied mengb bad zhuax,

休最出踏。

Xut zuib chud tax.

客猛巴尼，

Kied mengb beab nib,

休最提提。

Xut zuib tib tib.

棍空候喂出空，

Ghunt kongt houx weib chud kongt,

棍得候喂出卡。

Ghunt deit houx weib chub kat.

棍空候喂出林，

Ghunt kongt houx weib chud liuongb,

棍得候喂出雄。

Ghunt deit houx weib chud xiongb.

棍空列拢出见出尼，

Ghunt kongt lieb longb chud jianb chud nib,

棍得列拢出中出汝。

Ghunt deit lieb longb chud zhongd chud rux.

棍空候喂吉蓄西包打鸟吉弄扛虫，

Ghunt kongt houx weib jib xud xid bet dat niaob jib nangb gangb chongx,

棍得候喂吉蓄那嘎达梅吉弄扛拿。

Ghunt deit houx weib jib xud nab gad dab meib jib nongb gangb nab.

棍空出见出中，

Ghunt kongt chud jianb chud zhongd,

棍得出中出汝。

Ghunt deit chud zhongd chud rux.

往前看去都是祖师，往后看去都是宗师。
看向左边，站齐成排。
看向右边，站齐成团。
祖师帮我神诀，宗师帮我神咒。
祖师帮我做大，宗师帮我做强。
祖师要来做成做到，宗师要来做准做好。
祖师要帮加持仪式程序送稳，
宗师要帮护持法事仪程送当。
祖师做成做准，宗师做准做到。

窝汝见恩头果，

Aot rux jianb ghongx teb guet,

窝约见抗头浪。

Aot yod jianb kangx teb nangb.

窝汝意几耸斗，

Aot rux yit jid songx doub,

柔汝以达穷炯。

Roub rux yit dab qiongx jiongb.

产棍几没然鸟，

Chant ghunt jid meib rab niaob,

吧母几没拢奈。

Bax mub jid meib longb naix.

窝向列拢然鸟，

Aot xiangt lieb longb rab niaob,

窝头列拢弄奈。

Aot teb lieb longb niongb naix.

然鸟绒魁龙贵洞庆，

Rab niaob rongb kiub longb guix dongd qinx,

弄奈成久长先补玛。

Longb naix chenb jiud changb xiand bub mual.

休鸟喂然埋浪，

Xut niaob weib ranb maib nangb,

然弄喂奈埋洞。

Rab longb weib naix maib dongx.

得寿架格腊咱，

Deit shet jid giet lab zad,

弄得查梅腊干。

Nongd deit chab meib lab ganb.

棍空斗你喂浪打篓，

Ghunt kongt doub nit weib nangb dat let,

棍得斗炯喂浪达比。

Ghunt deit doub jiongx weib nangd dab bid.

斗你喂浪达起几图，

Doub nit weib nangb dab kid jid tub,

斗炯喂浪达写吉郎。

Doub jiongx weib nangd dab xiet jib nangb.

埋自尼剖,

Maib zix nib bout,

剖自尼埋,

Bout zit nib maib,

埋尼喂浪打楼达起,

Maib nib weib nangb dat let dat qit,

喂尼埋浪吉久几得。

Weib nib maib nangd jib jud jid deib.

埋告穷向闹达,

Maib gaob qiongx xiangt laox dab,

埋油穷头拢单。

Maib youb qiongx teb longb dand.

拢单号弄几图,

Longb dand haox nongd jid tub,

拢送号炯吉浪。

Longb songx haox jiongx jib niangb.

几油喂浪声棍扛见,

Jid youb weib nangd shongt ghunt gangb jianb,

吉候喂浪弄母扛拿。

Jib houx weib nangd niongx mux gangb nab.

喂拢告见莎单,

Weib longb gaot jianb sax dand,

喂拢送嘎莎送。

Weib longb songx gad sax songx.

喂扑产固莎见,

Weib pud chant gut sax jianb,

喂出吧汉莎尼。

Weib chux bax hanx sax nib.

烧起银钱冥纸,焚起冥币钱财。

烧起蜂腊糠香，焚起纸团火烟。

千神没有乱请，百鬼没有乱奉。

焚香要来奉请，烧纸要来奉迎。

奉请绒魁龙贵洞冲，奉迎成久长先洞寨。

我讲你们得听，我说你们得闻。

弟子闭眼观想，师郎抬眼观看。

祖师都在我的脑海，祖师坐在我的脑门。

祖师在我心念之中，宗师在我意念之内。

你们就是我们，我们就是你们。

你们就是我们的心脑神魂，我们就是你们的身体骨肉。

你们纵那香烟飘到，你们随那烟雾降临。

来到我们中间，来临我们中内。

帮助我的神腔娓娓，帮助我的神辞朗朗。

我今主持也准，我来主祭也灵。

我说千种也应，我做百样也验。

吉斗吉追莎尼棍得。

Jib deb jib zhuix sax nib ghunt deib.

几客几娄莎尼棍空，

Jid kied jib neb sax nib ghunt kongt,

客猛把抓，

Kied mengb bad zhuax,

休最出踏。

Xut zuib chud tax.

客猛巴尼，

Kied mengb beab nib,

休最提提。

Xut zuib tib tib.

棍空候喂出空，

Ghunt kongt houx weib chud kongt,

棍得候喂出卡。

Ghunt deit houx weib chub kat.

棍空候喂出林，

Ghunt kongt houx weib chud liuongb,

棍得候喂出雄。

Ghunt deib houx weib chud xiongb.

棍空列拢出见出尼,

Ghunt kongt lieb longb chud jianb chud nib,

棍得列拢出中出汝。

Ghunt deit lieb longb chud zhongd chud rux.

棍空候喂吉蓄西包打鸟吉弄扛虫,

Ghunt kongt houx weib jib xud xid bet dat niaob jib nangb gangb chongx,

棍得候喂吉蓄那嘎达梅吉弄扛拿。

Ghunt deit houx weib jib xud nab gad dab meib jib nongb gangb nab.

棍空出见出中,

Ghunt kongt chud jianb chud zhongd,

棍得出中出汝。

Ghunt deit chud zhongd chud rux.

往前看去都是祖师,往后看去都是宗师。
看向左边,站齐成排,
看向右边,站齐成团。
祖师帮我神诀,宗师帮我神咒。
祖师帮我做大,宗师帮我做强。
祖师要来做成做到,宗师要来做准做好。
祖师要帮加持仪式程序送稳,
宗师要帮护持法事仪程送当。
祖师做成做准,宗师做准做到。

窝汝见恩头果,

Aot rux jianb ghongx teb guet,

窝约见抗头浪。

Aot yod jianb kangx toub nangb.

窝汝意几耸斗,

Aot rux yit jid songx doub,

柔汝以达穷炯。

Roub rux yit dab qiongx jiongb.

产棍几没然鸟，

Chant ghunt jid meib rab niaob,

吧母几没拢奈。

Bax mub jid meib longb naix.

窝向列拢然鸟，

Aot xiangt lieb longb rab niaob,

窝头列拢弄奈。

Aot teb lieb longb niongb naix.

然鸟绒魁龙贵洞庆，

Rab niaob rongb kiub longb guix dongd qinx,

弄奈成久长先补玛。

Longb naix chenb jiud changb xiand bub mual.

休鸟喂然埋浪，

Xut niaob weib ranb maib nangb,

然弄喂奈埋洞。

Rab longb weib naix maib dongx.

得寿架格腊咱，

Deit shet jid giet lab zad,

弄得查梅腊干。

Nongd deit chab meib lab ganb.

棍空斗你喂浪打篓，

Ghunt kongt doub nit weib nangb dat let,

棍得斗炯喂浪达比。

Ghunt deit doub jiongx weib nangd dab bid.

斗你喂浪达起几图，

Doub nit weib nangb dab kid jid tub,

斗炯喂浪达写吉郎。

Doub jiongx weib nangd dab xiet jib nangb.

埋自尼剖，

Maib zix nib bout,

剖自尼埋，

Bout zit nib maib,

埋尼喂浪打楼达起，

Maib nib weib nangb dat let dat qit，

喂尼埋浪吉久几得。

Weib nib maib nangd jib jud jid deib.

埋告穷向闹达，

Maib gaob qiongx xiangt laox dab，

埋油穷头拢单。

Maib youb qiongx teb longb dand.

拢单号弄几图，

Longb dand haox nongd jid tub，

拢送号炯吉浪。

Longb songx haox jiongx jib niangb.

几油喂浪声棍扛见，

Jid yout weib nangd shongt ghunt gangb jianb，

吉候喂浪弄母扛拿。

Jib houx weib nangd niongx mux gangb nab.

喂拢告见莎单，

Weib longb gaot jianb sax dand，

喂拢送嘎莎送。

Weib longb songx gad sax songx.

喂扑产固莎见，

Weib pud chant gut sax jianb，

喂出吧汉莎尼。

Weib chux bax hanx sax nib.

烧起银钱冥纸，焚起冥币钱财。

烧起蜂腊糠香，焚起纸团火烟。

千神没有乱请，百鬼没有乱奉。

焚香要来奉请，烧纸要来奉迎。

奉请绒魁龙贵洞冲，奉迎成久长先洞寨。

我讲你们得听，我说你们得闻。

弟子闭眼观想，师郎抬眼观看。

祖师都在我的脑海，祖师坐在我的脑门。

祖师在我心念之中，宗师在我意念之内。

你们就是我们，我们就是你们。

你们就是我们的心脑神魂，我们就是你们的身体骨肉。

你们纵那香烟飘到，你们随那烟雾降临。

来到我们中间，来临我们中内。

帮助我的神腔娓娓，帮助我的神辞朗朗。

我今主持也准，我来主祭也灵。

我说千种也应，我做百样也验。

吉斗吉追莎尼棍得。

Jib deb jib zhuix sax nib ghunt deib.

几客几娄莎尼棍空，

Jid kied jib neb sax nib ghunt kongt,

客猛把抓，

Kied mengb bad zhuax,

休最出踏。

Xut zuib chud tax.

客猛巴尼，

Kied mengb beab nib,

休最提提。

Xut zuib tib tib.

棍空候喂出空，

Ghunt kongt houx weib chud kongt,

棍得候喂出卡。

Ghunt deit houx weib chub kat.

棍空候喂出林，

Ghunt kongt houx weib chud liuongb,

棍得候喂出雄。

Ghunt deit houx weib chud xiongb.

棍空列拢出见出尼，

Ghunt kongt lieb longb chud jianb chud nib,

棍得列拢出中出汝。

Ghunt deit lieb longb chud zhongd chud rux.

棍空候喂吉蓄西包打鸟吉弄扛虫，

Ghunt kongt houx weib jib xud xid bet dat niaob jib nangb gangb chongx，

棍得候喂吉蓄那嘎达梅吉弄扛拿。

Ghunt deit houx weib jib xud nab gad dab meib jib nongb gangb nab.

棍空出见出中，

Ghunt kongt chud jianb chud zhongd，

棍得出中出汝。

Ghunt deit chud zhongd chud rux.

往前看去都是祖师，往后看去都是宗师。

看向左边，站齐成排，

看向右边，站齐成团。

祖师帮我神诀，宗师帮我神咒。

祖师帮我做大，宗师帮我做强。

祖师要来做成做到，宗师要来做准做好。

祖师要帮加持仪式程序送稳，

宗师要帮护持法事仪程送当。

祖师做成做准，宗师做准做到。

乖棍莎久，

Gweit ghunt sead jud，

他力莎板。

Tas lib sead biab.

几切列拢然秀，

Jid qieb lieb longd rax xiut，

吉炯列拢见得。　　　　　　　　　　　　（祖师诀）

Jid jiongb lieb longd jianb det.

葵汝斗抓埋你，

Ghuix rub doub zhuab manb nis，

傩汝斗尼埋炯。

Nux rub doub nib manb jiongb.

龙斗得寿鸟扑莎见，

Longd doub deb shout niaox bub sax jianb，

龙弄告得斗出莎尼。

Longd nongb gaob deb doub chub sax nis.

扑苟见苟，

Pub geud jianb geud，

扑绒见绒。

Pub rongx jianb rongx.

扑吾见吾，

Pub wut jianb wut，

扑斗见斗。

Pub ded jianb ded.

喂扑莎见，

Weid pub sax jianb，

剖出莎汝。

Pout chub sax rub.

得寿没到碰秀秀虫，

Ded shout miet daob pengb xiut xiut chongb，

弄得没到太得得拿。 （宝盖决）

Nongb ded miet daob taib ded ded nab.

几篓喂窝补记孺明，

Jid loub wed aob bub jid nob miongb，

求单雷绒、

Qiub danb lieb rongx，

交比穷雄、

Jiaob bid qingx xiongt，

几瓦几达当岁加绒， （左手上方诀）

Jid wab jid dab dangb suit jias rongx，

吉追喂窝补乔孺虐，

Jid zuib wed aob bub qiaob nob niub，

求单雷苟、

Qiub danb lieb goub，

交比穷兄、

Jiaob bid qingx xiongt，

几瓦几达当岁加棍。 （右手上方诀）

Jid wab jid dab dangb suit jias ghunt.

几篓喂封补产千缪，

Jib loub web fengd but chant quand mioub，

就内没林打休。 （前封诀）

Jub neib mieb linb dab xiut.

吉追喂封补吧千昂，

Jid zhuib weid fengd bub bax qianb ghangb，

就那没照打得。 （后封诀）

Jiub lab mieb zhaob dad des.

喂浪闹达周柔柔告，

Weid nangb naob dad zhous roud rous gaob，

比图周柔柔金。 （踏罡诀、护盖诀）

Bit dub zhous roud rous jiongd.

闹达补产冬腊，

Naob dad bub chant dongt lad，

比图补吧冬加。 （踏点诀、护盖诀）

But dub bud bab dongt jiad.

闹达猛昂猛洽，

Laob dad mengb ghangx mengb qiat，

比图猛固猛色。 （踏船诀、戴伞诀）

Bit dub mengb gub mengb sed.

吾汝照吾几特，

Wud rub zhaob wut jid tet，

斗汝照斗几格。 （左右开山诀）

Dous rub zhaob dous jid giex.

剖怕拿脏猛羊，

Poud pab nab zhangs mengb yangx，

喂怕拿卡猛他。 （劈地诀）

Weid pab nab kab mengb tad.

号拢你羊喂斗得寿，

Haob nongb nid yangx weid dout ded shout，

号炯炯羊剖弄告得。 （前后点板诀）

Haob jiongb jiongb yangx poud nongb ghaox des.

麻首你羊喂斗得寿，

Mab shout nid yangx weid dout ded shout，

麻闹炯羊剖弄告得。 （前后点坐诀）

Mab naox jiongb yangx poud nongb ghaox des.

召首你羊喂斗得寿，

Zhaos shout nid yangx wed dout ded shout，

召闹炯羊剖弄告得。 （前后围护诀）

Zhaob naox jiongb yangx poud nongb ghaox des.

召吾龙剖阿昂，

Zhaob wut longd pout ad ghangx，

召补龙剖阿苟。 （龙船诀）

Zhaob bub longd pout ad geud.

召吾龙剖出那，

Zhaob wut longd pout chub nat，

召补龙剖出苟。 （陆地诀）

Zhaob bub longd pout chub gous.

驱鬼已了，遣怪已毕。

接着要来藏身，下来就要护命。

宗师要保右边，祖师要护右边。

与我弟子口讲成法，和吾师郎动手成诀。

化山成山，化岭成岭。

化水成水，化地成地。

我讲便灵，我做便顺。

弟子取得化堂华盖，师郎拿得盖殿宝伞。

前方我烧三堆大火，烧达云山、

烈火猛烧、神火专门挡隔恶龙，

后方我烧三炉大焰，烧达云岭、

烈焰猛燃、神焰专门挡隔恶鬼。

坛前我封三千鱼刺、整日专护祭堂，

坛后我封三百肉刺、整夜专护祭殿。

我的脚踏大岩宝座，头戴大石宝盖。

脚踏三千神土，头戴三百神盖。

脚穿铜鞋银鞋，头戴龙角神角。
脚踩大船大筏，头戴大盖大伞。
好水泼来不湿，好火烧来不着。
我们劈地去隐，我们避处去藏。
这里可隐吾本弟子，此处可藏我这师郎。
铜围可隐吾本弟子，铁围可藏我这师郎。
铜仓可隐吾本弟子，铁库可藏我这师郎。
水里和我一船，陆地和我一道。
水里和我做兄，陆地和我做弟。

几长窝汝意记送斗、
Jid changs aot rub yid jis songb dout,
告讨呕偶绒内、
Gaob taob oud oux rongx niet,
立为召苟康吾，　　　　　　　　　　　　　（护祖师诀）
Lib weib zhaob geud kangb wut,
几长窝汝以达穷炯、
Jid zhangs aod rub yid das qiongb jiongb,
告讨呕偶绒那、
Gaob taob oud oux rongx nab,
良王召公康斗。　　　　　　　　　　　　　（护祖师诀）
Liangb wangb zhaob gongt kangs dous.
内格几咱，
Niex ges jid zas,
棍梦几干。　　　　　　　　　　　　　　　（封锁诀）
Ghunt mengb jid ganx.
内格腊咱补则召风，
Niex ges lab zas bub zeb zhaod fengb,
棍梦腊咱补乔召度。　　　　　　　　　　　（云盖诀）
Ghunt mengb lab zas bub qiaob zhaod dub.
几长窝汝意记送斗、
Jid zhangs aot rub yid jis songb dout,
炯那棍柔、　　　　　　　　　　　　　　　（左上控诀）

Jiongb nat ghunt roux、

抽力阿谷呕周嘎首、

Choub lib ad guob ous zhoud gad shoud,

摧力喂不纵豆、 （左扣指甲诀）

Cuit lib web bub congb doud、

摧力喂不纵斗、

Cuit lib web bub congb dout,

莎见嘎底,

Sead jianb gad dis,

几长窝汝以打穷炯、

Jid zhangs aot rub yid dab qiongt jiongb,

炯苟不穷、 （右上控诀）

Jiongb geud bub qiongt、

抽力阿谷呕周嘎闹、

Choub lib ad guob ous zhoud gad naob,

摧力喂不纵豆、 （右扣指甲诀）

Cuit lib web bub congb doud、

摧力喂不纵斗、

Cuit lib weid bub congb dout,

莎见嘎然。

Sead jianb gad rax.

葵汝候喂、

Ghuix rub houb wed,

吉畜西包大鸟吉弄扛虫, （莲华诀）

Jib xiub xid baob dad niaox jis nongb gangb chongx,

吉畜那嘎达梅吉弄扛拿。 （莲座诀）

Jib xiub lab gad dad mieb jib nongb gangb nab.

葵汝几抓候喂吧龙,

Ghuix rub jid zhab houb weid bas nongx,

录汝吉尼候喂吧同。

Nub rub jid nib houb weid bas tongd.

葵汝修最修走,

Ghuix rub xius zuib xius zoud,

录汝修走修板。

Nub rub xius zuib xius biab.

　　再来烧起纸团糠香、卷曲两条阳龙、
　　围成界线挡水，再来烧起蜂蜡糠烟、
　　卷曲两条阴龙、围起界线挡火。
　　人看不见，鬼视不明。
　　人看只见三团大云，鬼看只见三重大雾。
　　再来烧起纸团糠香、
　　祖师坐坛、竖起一十二面铜墙、
　　隔邪远去他处、隔邪远去他方、已成巩固，
　　再来烧起蜂蜡糠烟、
　　宗师坐殿、竖起一十二道铁壁、
　　隔邪远去他处、隔邪远去他方、已成金汤。
　　祖师帮我系好法身之护，
　　宗师帮我系好华盖之带。
　　祖师在左帮我执刀，
　　本师在右帮我舞枪。
　　祖师站齐站满，宗师站满站遍。

列休阿标林休，

Lieb xiud ad bioud liongx xiut,

阿竹共让。　　　　　　　　　　　　　（莲华藏身诀）

Ad zhub gongb rangb.

归先归得，

Guid xians guid dex,

归木归嘎。　　　　　　　　　　　　　（莲华保身诀）

Guid mub guid gad.

先汝麻林，

Xiand rub mab liongb,

木汝麻头。　　　　　　　　　　　　　（莲华护身诀）

Mub rub mab toux.

修照虫兰，

Xius zhaob chongb lanb,

奈腊虫兄。 （莲华藏身诀）

Nab lab chongb xiongt.

修照阿记松斗，

Xius zhaob ad jid songt dout,

油照阿达穷炯。 （香碗藏身诀）

Youb zhaob ad dad qiongt jiongb.

然秀秀虫，

Rab xius xiud chongb,

见得得拿。 （香碗封锁诀）

Jinb ded des nab.

内客几咱，

Nieb kes jid zas,

棍梦几干。 （香碗宝盖诀）

Ghunt mengb jid ganx.

要藏一家大小，一屋老幼。
好魂长命。良魂子魂，子魂孙魂。
好魂大福，好命长命。
收在本身，系在本体。
收在一碗香炉，系在一炉香碗。
藏魂魂保，收魄魄安。
人看不知，鬼视不见。

（边念下段法语边用"然秀见得"即"藏身诀"藏身，然后双手交叉于胸前，将两手之诀藏于左右腋窝内，然后收回并朝向香碗作反复对戳状，表示已将魂魄收藏于香碗之中，再用"洽秀"即宝盖诀盖上。）

列休见恩吉标，

Lieb xiub jianb ghongx jid bioud,

嘎格记竹。 （莲华收藏诀）

Gab gieb jid zhub.

龙尼忙油，

Longb nid mangb yout,

龙狗忙爬。 （莲华收藏诀）

Longb goub mangb pab.

归楼归弄，

Guis loud guis nongb, （莲华收藏诀）

归傩归炸。

Guis nub guis zab.

公周公节，

Gongt zhoub gongt jieb,

公数公然。 （莲华收藏诀）

Giuongb sub giuongb ranb.

苟得公同，

Goub deib gongd tongb,

产加吧尼。 （莲华收藏诀）

Chant jiad bad nieb.

修照虫兰，

Xiut zhaob chongb lanb,

奈腊虫兄。 （紧身诀）

Naib lab chongb xiongd.

修照阿记松斗，

Xiud zhaob ab jib songd doub,

油照阿达穷炯。 （香碗藏身诀）

Youb zhaob ab dab qiongb jiongx.

然秀秀虫，

Rad xiut xiut chongb,

见得得拿。 （香碗封锁诀）

Jianb deib deib nab.

内客几咱，

Neib kes jid zas,

棍梦几干。 （香碗宝盖诀）

Ghunt mengx jid ganx.

要藏家中银币，宅内金钱。

牛帮羊群，狗帮猪群。

谷魂米魂，糯魂黏魂。

蚕姐蚕娘，蚕丝蚕绸。

蜜蜂蜜糖，千福百财。

收在本身，系在本体。

收在一碗香炉，系在一炉香碗。

藏魂魂保，收魄魄安。

人看不知，鬼视不见。

（边念下段法语边用"封得"即"护坛决"立于前后左右，然后收回并朝向香碗作反复对戳状，表示已护好坛场并将诀法作用于香烟之中，再用"洽秀"即宝盖诀盖上。）

几篓喂立猛苟，

Jib loub weib lib mengb goub,

吉追喂岁猛绒。 　　　　　　　　　　　　　（山岭诀）

Jib zhuix weib suit mengb rongb.

几篓喂立炯格，

Jib loub weib lib jiong ged,

吉追喂立炯昂。 　　　　　　　　　　　　　（河海诀）

Jib zhuix weib lib jiongx ghangb.

几篓喂立猛干，

Jib loub weib lib mengb ganb,

吉追喂封猛江。 　　　　　　　　　　　　　（城墙诀）

Jib zhuix weib fengd mengb jiangb.

苟抓喂巧猛洽，

Geud zhuab weib qiaod mengb qiat,

苟尼喂岁猛干。 　　　　　　　　　　　　（围钎围刺诀）

Geud nib weib suit mengb ganb,

加绒几单窝图，

Jiad rongb jib dand aot tub,

加棍几送吉浪。 　　　　　　　　　　　　　（封锁诀）

Jiad ghunt jib songx jib nangb.

前方我安大山，后面我安大岭。
前方我安七河，后面我安七海。
前方我隔大墙，后面我隔大屏。
左边我围大钎，右边我围大刺。
凶神来不到堂中，恶鬼进不到堂内。

列休喂斗得寿标归，

Lieb xiut weib doub deib shoux bioub giut,

列然剖弄告得且月。

Lieb rad bout nongd gaod deib quex yueb.

几西补谷补奶晚冲，

Jid xit but guob but leit wand chongt,

标归休猛补谷补奶晚冲。

Bioub giut xiut mengb but guob but leit wand chongt.

吉沙炯谷阿奶晚斗，

Jid shax jiongb guob ad leit wand doub,

且月然闹炯谷阿奶晚斗。

Quex yueb rad laox jiongb guob ad leit wand doub.

然休列扛休虫，

Rad xiut leib gangb xiut chongb,

见得列扛得拿。

Jianb deib jiud deib sad nab.

内克莎腊几咱，

Neib kied seab lab jid zad,

棍梦否莎几干。

Ghunt mengx woub sad jid ganb.

内格尼干补谷补奶晚冲，

Neib kied nib gand but guob but leib wand chongb,

久干喂斗得寿。

Jiut ganb weib doub deib shout.

棍梦尼咱炯谷阿奶晚斗，

Ghunt mengb nib zad jiongb guob ad leit wand doub,

久咱剖弄告得。

Jiut zad bout nongd gaod deib.

得寿告见你娘产豆，

Deib shout gaod jianb nit niangb chant deux，

弄得送嘎炯娘吧就。

Nongd deib songx gad jiongx niangb bad jiux.

要藏吾本弟子的良魂，要护我这师郎的好魄。
掀开三十三个大鼎，良魂藏去三十三个大鼎。
翻开七十一口大锅，好魄收去七十一口大锅。
藏身要藏得稳，保命要保得当。
人看人也不知，鬼看鬼也不见。
人看只见三十三个大鼎，不见吾本弟子。
鬼看只见七十一口大锅，不见我这师郎。
弟子主祭坐得千年，师郎主仪活过百岁。

列休喂斗得寿标归，

Lieb xiut weib doub deib shoux bioub giut，

列然剖弄告得且月。

Lieb rad bout nongd gaod deib quex yueb.

标归休猛几得穷力，

Bioub giut xiut mengb jid deib qiongx lib，

且月然闹吉秋穷闹。

Quex yueb rad laox jib quid qiongx laox.

几得穷力，

Jid deib qiongx lib，

阿内当便补产加绒。

Ad neit dangd biat but chant jiad rongb.

吉秋穷闹，

Jib quid qiongx laox，

阿虐当便补吧加棍。

Ad niub dangd biat but bax jiad ghunt.

然休列扛休虫，

Rad xiut lieb gangb xiut chongb，

见得列扛得拿。

Jianb deib lieb gangb deib nab.

内克莎腊几咱，

Neib kied sax lab jid zad，

棍梦否莎几干。

Ghunt mengx wout sad jid ganb.

标归休猛几得穷力，

Bioub giut xiut mengb jid deib qiongx lib，

且月然闹吉秋穷闹。

Quex yueb rad laox jib quid qiongx laox.

得寿告见你娘产豆，

Deib shout gaod jianb nit niangb chant deux，

弄得送嘎炯娘吧就。

Nongd deib songx gad jiongx niangb bad jiux.

> 要藏吾本弟子的良魂，要护我这师郎的好魄。
> 良魂藏去炼铁水处，好魄收去铸铁犁处。
> 炼铁水处，一天要熔三千凶神。
> 铸铁犁处，一日要烧三百恶鬼。
> 藏身要藏得稳，保命要保得当。
> 人看人也不知，鬼看鬼也不见。
> 良魂藏去炼铁水处，好魄收去铸铁犁处。
> 弟子主祭坐得千年，师郎主仪活过百岁。

列休喂斗得寿标归，

Lieb xiut weib doub deib shoux bioub giut，

列然剖弄告得且月。

Lieb rad bout nongd gaod deib quex yueb.

几西补谷补嘎嘎脏，

Jid xit but guob but gad gad zangt，

标归休猛补谷补会嘎脏。

Bioub giut xiut mengb but guob but huix gad zangt.

吉沙炯谷阿嘎嘎力，

Jib shax jiongb guob ad gad gad lib,

且月然闹炯谷阿嘎嘎力。

Quex yueb rad laox jiongb guob ad gad gad lib.

然休列扛休虫，

Rad xiut lieb gangb xiut chongb,

见得列扛得拿。

Jianb deib lieb gangb deib nab.

内克莎腊几咱，

Neib kied sax lab jid zad,

棍梦否莎几干。

Ghunt mengx wout sad jid ganb.

内格尼干补谷补会嘎脏，

Neib kied nib ganb but guob but huix gad zangt,

久干喂斗得寿。

Jiut ganb weib doub deib shout.

棍梦尼咱炯谷阿嘎嘎力，

Ghunt mengx nib zad jiongb guob ad gad gad lib,

久咱剖弄告得。

Jiut zad bout nongd gaod deib.

得寿告见你娘产豆，

Deib shout gaod jianb nit niangb chant deux,

弄得送嘎炯娘吧就。

Nongd deib songx gad jiongx niangb bad jiux.

  要藏吾本弟子的良魂，要护我这师郎的好魄。
  掀开三十三块土块，良魂藏去三十三块土块。
  翻开七十一块犁泥，好魄收去七十一块犁泥。
  藏身要藏得稳，保命要保得当。
  人看人也不知，鬼看鬼也不见。
  人看只见三十三块土块，不见吾本弟子。
  鬼看只见七十一块犁泥，不见我这师郎。
  弟子主祭坐得千年，师郎主仪活过百岁。

列休喂斗得寿标归，

Lieb xiut weib doub deib shoux bioub giut，

列然剖弄告得且月。

Lieb rad bout nongd gaod deib quex yueb.

标归休猛补产召风，

Bioub guit xiut mengb but chant zhaob fengt，

且月然闹补吧召度。

Quex yueb rad laox but bax zhaob dux.

然休列扛休虫，

Rad xiut lieb gangb xiut chongb，

见得列扛得拿。

Jianb deib lieb gangb deib nab.

内克莎腊几咱，

Neib kied sad lab jid zad，

棍梦否莎几干。

Ghunt mengx wout sad jid ganb.

内克腊干补产召风，

Neib kied lab ganb but chant zhaob fengt，

棍梦腊咱补吧召度。

Ghunt mengx lab zad but bax zhaob dux.

得寿告见你娘产豆，

Deib shout gaod jianb nit niangb chant deux，

弄得送嘎炯娘吧就。

Nongd deib songx gad jiongx niangb bad jiux.

要藏吾本弟子的良魂，要护我这师郎的好魄。
良魂藏去三千云朵，好魄收去三百雾团。
藏身要藏得稳，保命要保得当。
人看人也不知，鬼看鬼也不见。
人看只见三千云朵，鬼看只见三百雾团。
弟子主祭坐得千年，师郎主仪活过百岁。

列休喂斗得寿标归，

Lieb xiut weib doub deib shoux bioub giut,

列然剖弄告得且月。

Lieb rad bout nongd gaod deib quex yueb.

标归休猛补产录图，

Bioub giut xiut mengb but chant lub tux,

且月然闹补万录拢。

Quex yueb rad laox but want lub longb.

然休列扛休虫，

Rad xiut lieb gangb xiut chongb,

见得列扛得拿。

Jianb deib lieb gangb deib nab.

内克莎腊几咱，

Neib kied sad lab jid zad,

棍梦否莎几干。

Ghunt mengx wout sad jid ganb.

内克腊干补产录图，

Neib kied lab ganb but chant lub tux,

棍梦腊咱补万录拢。

Ghunt mengx lab zad but want lub longb.

得寿告见你娘产豆，

Deib shout gaod jianb nit niangb chant deux,

弄得送嘎炯娘吧就。

Nongd deib songx gad jiongx niangb bad jiux.

要藏吾本弟子的良魂，要护我这师郎的好魄。
良魂藏去三千树丫，好魄收去三万竹叶。
藏身要藏得稳，保命要保得当。
人看人也不知，鬼看鬼也不见。
人看只见三千树丫，鬼看只见三万竹叶。
弟子主祭坐得千年，师郎主仪活过百岁。

列休喂斗得寿标归，

Lieb xiut weib doub deib shoux bioub giut,

列然剖弄告得且月。

Lieb rad bout nongd gaod deib quex yueb.

标归休猛补产流吾，

Bioub giut xiut mengb but chant liub wut,

且月然闹补吧流斗。

Quex yueb rad laox but bax liub doub.

然休列扛休虫，

Rad xiut lieb gangb xiut chongb,

见得列扛得拿。

Jianb deib lieb gangb deib nab.

内克莎腊几咱，

Neib kied sad lab jid zad,

棍梦否莎几干。

Ghunt mengx wout sad jid ganb.

内克腊干补产流吾，

Neib kied lab ganb but chant liub wut,

棍梦腊咱补吧流斗。

Ghunt mengx lab zad but bax liub dout.

得寿告见你娘产豆，

Deib shout gaod jianb nit niangb chant deux,

弄得送嘎烔娘吧就。

Nongd deib songx gad jiongx niangb bad jiux.

　　要藏吾本弟子的良魂，要护我这师郎的好魄。
　　良魂藏去三千树丫，好魄收去三万竹叶。
　　藏身要藏得稳，保命要保得当。
　　人看人也不知，鬼看鬼也不见。
　　人看只见三千树丫，鬼看只见三万竹叶。
　　弟子主祭坐得千年，师郎主仪活过百岁。

列休喂斗得寿标归，

Lieb xiut weib doub deib shoux bioub giut,

列然剖弄告得且月。

Lieb rad bout nongd gaod deib quex yueb.

标归休猛补产见乖，

Bioub giut xiut mengb but chant jianb gweit，

且月然闹补万瓦汝。

Quex yueb rad laox but want wad rux.

然休列扛休虫，

Rad xiut lieb gangb xiut chongb，

见得列扛得拿。

Jianb deib lieb gangb deib nab.

内克莎腊几咱，

Neib kied sad lab jid zad，

棍梦否莎几干。

Ghunt mengx wout sad jid ganb.

内克腊干补产见乖，

Neib kied lab ganb but chant jianb gweit，

棍梦腊咱补万瓦汝。

Ghunt mengx lab zad but want wad rux.

得寿告见你娘产豆，

Deib shout gaod jianb nit niangb chant deux，

弄得送嘎炯娘吧就。

Nongd deib songx gad jiongx niangb bad jiux.

要藏吾本弟子的良魂，要护我这师郎的好魄。
良魂藏去三千黑砖，好魄收去三万青瓦。
藏身要藏得稳，保命要保得当。
人看人也不知，鬼看鬼也不见。
人看只见三千黑砖，鬼看只见三万青瓦。
弟子主祭坐得千年，师郎主仪活过百岁。

列休喂斗得寿标归，

Lieb xiut weib doub deib shoux bioub giut，

列然剖弄告得且月。

Lieb rad bout nongd gaod deib quex yueb.

标归休猛补产标杂，

Bioub giut xiut mengb but chant bioud zab,

且月然闹补吧标瓦。

Quex yueb rad laox but bax bioud wab.

然休列扛休虫，

Rad xiut lieb gangb xiut chongb,

见得列扛得拿。

Jianb deib lieb gangb deib nab.

内克莎腊几咱，

Neib kied sad lab jid zad,

棍梦否莎几干。

Ghunt mengx wout sad jid ganb.

内克腊干补产标杂，

Neib kied lab ganb but chant bioud zab,

棍梦腊咱补吧标瓦。

Ghunt mengx lab zad but bax bioud wab.

得寿告见你娘产豆，

Deib shout gaod jianb nit niangb chant deux,

弄得送嘎炯娘吧就。

Nongd deib songx gad jiongx niangb bad jiux.

> 要藏吾本弟子的良魂，要护我这师郎的好魄。
> 良魂藏去三千木房，好魄收去三万瓦屋。
> 藏身要藏得稳，保命要保得当。
> 人看人也不知，鬼看鬼也不见。
> 人看只见三千木房，鬼看只见三万瓦屋。
> 弟子主祭坐得千年，师郎主仪活过百岁。

列休喂斗得寿标归，

Lieb xiut weib doub deib shoux bioub giut,

列然剖弄告得且月。

Lieb rad bout nongd gaod deib quex yueb.

标归休猛吉标桶良，

Bioub giut xiut mengb jib bioud tongb liangb,

且月然闹吉秋桶潮。

Quex yueb rad laox jib quid tongb zaox.

桶良产谷产乡，

Tongb liangb chant guob chant xiangd,

桶潮万谷万这。

Tongb zaox wanx guob wanx zheux.

然休列扛休虫，

Rad xiut lieb gangb xiut chongb,

见得列扛得拿。

Jianb deib lieb gangb deib nab.

内克莎腊几咱，

Neib kied sad lab jid zad,

棍梦否莎几干。

Ghunt mengx wout sad jid ganb.

得寿告见你娘产豆，

Deib shout gaod jianb nit niangb chant deux,

弄得送嘎炯娘吧就。

Nongd deib songx gad jiongx niangb bad jiux.

标归休猛吉标桶良，

Bioub giut xiut mengb jib bioub tongb liangb,

且月然闹吉秋桶潮。

Quex yueb rad laox jib quid tongb zaox.

要藏吾本弟子的良魂，要护我这师郎的好魄。
良魂藏去家中米桶，好魄收去屋内仓库。
米桶千上千升，仓库万上万碗。
藏身要藏得稳，保命要保得当。
人看人也不知，鬼看鬼也不见。
弟子主祭坐得千年，师郎主仪活过百岁。
良魂藏去家中米桶，好魄收去屋内仓库。

列休喂斗得寿标归，

Lieb xiut weib doub deib shoux bioub giut,

列然剖弄告得且月。

Lieb rad bout nongd gaod deib quex yueb.

标归休猛补产当敏,

Bioub giut xiut mengb but chant dangd miongt,

且月然闹补吧当怕。

Quex yueb rad laox but bax dangd pax.

当敏白吾白斗,

Dangt miongt baib wut baib doud,

当怕白格白昂。

Dangt pax baib gieb baib ghangb.

然休列扛休虫,

Rad xiut lieb gangb xiut chongb,

见得列扛得拿。

Jianb deib lieb gangb deib nab.

内克莎腊几咱,

Neib kied sad lab jid zad,

棍梦否莎几干。

Ghunt mengx wout sad jid ganb.

标归休猛补产当敏,

Bioub giut xiut mengb but chant dangt miongt,

且月然闹补吧当怕。

Quex yueb rad laox but bax dangt pax.

得寿告见你娘产豆,

Deib shout gaod jianb nit niangb chant deux,

弄得送嘎炯娘吧就。

Nongd deib songx gad jiongx niangb bad jiux.

要藏吾本弟子的良魂,要护我这师郎的好魄。

良魂藏去三千湖泊,好魄收去三百池塘。

湖泊满水满泉,池塘满水满池。

藏身要藏得稳,保命要保得当。

人看人也不知,鬼看鬼也不见。

　　　　良魂藏去三千湖泊，好魄收去三百池塘。
　　　　弟子主祭坐得千年，师郎主仪活过百岁。

列休喂斗得寿标归，

Lieb xiut weib doub deib shoux bioub giut,

列然剖弄告得且月。

Lieb rad bout nongd gaod deib quex yueb.

标归休猛补产酷弄，

Bioub giut xiut mengb but chant kux nongb,

且月然闹补吧酷处。

Quex yueb rad laox but bax kux chux.

然休列扛休虫，

Rad xiut lieb gangb xiut chongb,

见得列扛得拿。

Jianb deib lieb gangb deib nab.

内克莎腊几咱，

Neib kied sad lab jid zad,

棍梦否莎几干。

Ghunt mengx wout sad jid ganb.

内克腊干补产酷弄，

Neib kied lab ganb but chant kux nongb,

棍梦腊咱补吧酷处。

Ghunt mengx lab zad but bax kux chux.

得寿告见你娘产豆，

Deib shout gaod jianb nit niangb chant deux,

弄得送嘎烔娘吧就。

Nongd deib songx gad jiongx niangb bad jiux.

　　　　要藏吾本弟子的良魂，要护我这师郎的好魄。
　　　　良魂藏去三千山谷，好魄收去三百洞穴。
　　　　藏身要藏得稳，保命要保得当。
　　　　人看人也不知，鬼看鬼也不见。
　　　　人看只见三千山谷，鬼看只见三百洞穴。

弟子主祭坐得千年，师郎主仪活过百岁。

列休喂斗得寿标归，

Lieb xiut weib doub deib shoux bioub giut，

列然剖弄告得且月。

Lieb rad bout nongd gaod deib quex yueb.

标归休猛补产棒孺，

Bioub giut xiut mengb but chant bangx rud，

且月然闹补吧棒图。

Quex yueb rad laox but bax bangx tux.

然休列扛休虫，

Rad xiut lieb gangb xiut chongb，

见得列扛得拿。

Jianb deib lieb gangb deib nab.

内克莎腊几咱，

Neib kied sad lab jid zad，

棍梦否莎几干。

Ghunt mengx wout sad jid ganb.

内克腊干补产棒孺，

Neib kied lab ganb but chant bangx rux，

棍梦腊咱补吧棒图。

Ghunt mengx lab zad but bax bangx tux.

得寿告见你娘产豆，

Deib shout gaod jianb nit niangb chant deux，

弄得送嘎炯娘吧就。

Nongd deib songx gad jiongx niangb bad jiux.

内克尼咱补产棒孺，

Neib kied nib zad but chant bangx rux，

棍梦尼干补吧棒图。

Ghunt mengx nib ganb but bax bangx tux.

要藏吾本弟子的良魂，要护我这师郎的好魄。
良魂藏去三千树丫，好魄收去三万竹叶。

藏身要藏得稳，保命要保得当。

人看人也不知，鬼看鬼也不见。

人看只见三千树丫，鬼看只见三万竹叶。

弟子主祭坐得千年，师郎主仪活过百岁。

列休喂斗得寿标归，

Lieb xiut weib doub deib shoux bioub giut，

列然剖弄告得且月。

Lieb rad bout nongd gaod deib quex yueb.

标归休猛柔连柔滚，

Bioub giut xiut mengb reub lianb reub gund，

且月然闹柔公柔录。

Quex yueb rad laox reub gongt reub lub.

然休列扛休虫，

Rad xiut lieb gangb xiut chongb，

见得列扛得拿。

Jianb deib lieb gangb deib nab.

内克莎腊几咱，

Neib kied sad lab jid zad，

棍梦否莎几干。

Ghunt mengx wout sad jid ganb.

标归休猛柔连柔滚，

Bioub giut xiut mengb reub lianb reub gund，

且月然闹柔公柔录。

Quex yueb rad laox reub gongt reub lub.

得寿告见你娘产豆，

Deib shout gaod jianb nit niangb chant deux，

弄得送嘎炯娘吧就。

Nongd deib songx gad jiongx niangb bad jiux.

要藏吾本弟了的良魂，要护我这师郎的好魄。

良魂藏去蕎鹰巢中，好魄收去百鸟巢内。

藏身要藏得稳，保命要保得当。

人看人也不知，鬼看鬼也不见。

良魂藏去薔鹰巢中，好魄收去百鸟巢内。

弟子主祭坐得千年，师郎主仪活过百岁。

列休喂斗得寿标归，

Lieb xiut weib doub deib shoux bioub giut,

列然剖弄告得且月。

Lieb rad bout nongd gaod deib quex yueb.

标归休猛牛图牛拢几图，

Bioub giut xiut mengb niub tub niub longb jid tub,

且月然闹牛标牛斗吉浪。

Quex yueb rad laox niub bioub niub doux jid nangb.

然休列扛休虫，

Rad xiut lieb gangb xiut chongb,

见得列扛得拿。

Jianb deib lieb gangb deib nab.

内克莎腊几咱，

Neib kied seax lab jid zad,

棍梦否莎几干。

Ghunt mengx wout sad jid ganb.

内格尼咱牛图牛拢，

Neib kied nib zad niub tub niub longb,

棍梦腊咱牛标牛斗。

Ghunt mengx lab zad niub bioub niub doub.

得寿告见你娘产豆，

Deib shout gaod jianb nit niangb chant deux,

弄得送嘎炯娘吧就。

Nongd deib songx gad jiongx niangb bad jiux.

要藏吾本弟子的良魂，要护我这师郎的好魄。

良魂藏去木柱竹柱之中，好魄收去屋柱中柱之内。

藏身要藏得稳，保命要保得当。

人看人也不知，鬼看鬼也不见。

人看只见木柱竹柱，鬼看只见屋柱中柱。
弟子主祭坐得千年，师郎主仪活过百岁。

列休喂斗得寿标归，

Lieb xiut weib doub deib shoux bioub giut,

列然剖弄告得且月。

Lieb rad bout nongd gaod deib quex yueb.

标归休猛补产录就，

Bioub giut xiut mengb but chant lub jiut,

且月然闹补万录免。

Quex yueb rad laox but want lub mianb.

然休列扛休虫，

Rad xiut lieb gangb xiut chongb,

见得列扛得拿。

Jianb deib lieb gangb deib nab.

内克莎腊几咱，

Neib kied sad lab jid zad,

棍梦否莎几干。

Ghunt mengx wout sad jid ganb.

内克腊干补产录就，

Neib kied lab ganb but chant lub jiut,

棍梦腊咱补吧录免。

Ghunt mengx lab zad but bax lub mianb.

得寿告见你娘产豆，

Deib shout gaod jianb nit niangb chant deux,

弄得送嘎炯娘吧就。

Nongd deib songx gad jiongx niangb bad jiux.

要藏吾本弟子的良魂，要护我这师郎的好魄。
良魂藏去三千芭蕉树叶中，好魄收去三万柿子树叶内。
藏身要藏得稳，保命要保得当。
人看人也不知，鬼看鬼也不见。
人看只见三千芭蕉树叶，鬼看只见三万柿子树叶。

弟子主祭坐得千年，师郎主仪活过百岁。

列休喂斗得寿标归，
Lieb xiut weib doub deib shoux bioub giut,
列然剖弄告得且月。
Lieb rad bout nongd gaod deib quex yueb.
标归休猛几得锤首，
Bioub giut xiut mengb jid deib chuib shout,
且月然闹吉秋唐闹。
Quex yueb rad laox jid qiud tangb laox.
几得锤首，
Jid deib chuib shout,
阿内当锤补产加绒。
Ad neit dangd chiub but chant jid rongb.
吉秋唐闹，
Jib quid tangb laox,
阿虐当唐补吧加棍。
Ad niub dangd tangb but bax jid ghunt.
然休列扛休虫，
Rad xiut lieb gangb xiut chongb,
见得列扛得拿。
Jianb deib lieb gangb deib nab.
内克莎腊几咱，
Neib kied sad lab jid zad,
棍梦否莎几干。
Ghunt mengx wout sad jid ganb.
标归休猛几得锤首，
Bioub giut xiut mengb jid deib chuib shout,
且月然闹吉秋唐闹。
Quex yueb rad laox jid quid tangb laox.
得寿告见你娘产豆，
Deib shout gaod jianb nit niangb chant deux,
弄得送嘎炯娘吧就。

Nongd deib songx gad jiongx niangb bad jiux.

要藏吾本弟子的良魂，要护我这师郎的好魄。
良魂藏去打铁铺里，好魄收去打钢铺内。
打铁铺里，一天打死三千凶神。
打钢铺内，一日打灭三百恶鬼。
藏身要藏得稳，保命要保得当。
人看人也不知，鬼看鬼也不见。
良魂藏去打铁铺里，好魄收去打钢铺内。
弟子主祭坐得千年，师郎主仪活过百岁。

列休喂斗得寿标归，
Lieb xiut weib doub deib shoux bioub giut,
列然剖弄告得且月。
Lieb rad bout nongd gaod deib quex yueb.
标归休猛把抓玛林，
Bioub giut xiut mengb bax zhuax mab liongb,
且月然闹把尼玛章。
Quex yueb rad laox bax nib mab zhuangb.
休标到先到木，
Xiut bioub daox xiand daox mub,
然归到卡到绒。
Rad giut daox keax daox rongb.
然休列扛休虫，
Rad xiut lieb gangb xiut chongb,
见得列扛得拿。
Jianb deib lieb gangb deib nab.
内克莎腊几咱，
Neib kied sad lab jid zad,
棍梦否莎几干。
Ghunt mengx wout sad jid ganb.
得寿告见你娘产豆，
Deib shout gaod jianb nit niangb chant deux,

弄得送嘎炯娘吧就。

Nongd deib songx gad jiongx niangb bad jiux.

标归休猛把抓玛林，

Bioub giut xiut mengb bax zhuax mab liongb，

且月然闹把尼玛章。

Quex yueb rad laox bax nib mab zhuangb.

> 要藏吾本弟子的良魂，要护我这师郎的好魄。
> 良魂藏去左奶宫中，好魄收去右奶宫内。
> 藏身得福得气，保命得力得神。
> 藏身要藏得稳，保命要保得当。
> 人看人也不知，鬼看鬼也不见。
> 弟子主祭坐得千年，师郎主仪活过百岁。
> 良魂藏去左奶宫中，好魄收去右奶宫内。

列休喂斗得寿标归，

Lieb xiut weib doub deib shoux bioub giut，

列然剖弄告得且月。

Lieb rad bout nongd gaod deib quex yueb.

标归休猛补产背然，

Bioub giut xiut mengb but chant beid rab，

且月然闹补万背绕。

Quex yueb rad laox but want beid raob.

补产背然没吾没炯，

But chant beid rab meib wut meib jiongb，

补万背绕没服没能。

But want beid raob meib fub meib nengb.

然休列扛休虫，

Rad xiut lieb gangb xiut chongb，

见得列扛得拿。

Jianb deib lieb gangb deib nab.

内克莎腊几咱，

Neib kied sad lab jid zad，

棍梦否莎几干。

Ghunt mengx wout sad jid ganb.

内克腊干补产背然，

Neib kied lab ganb but chant beid rab，

棍梦腊咱补万背绕。

Ghunt mengx lab zad but want beid raob.

得寿告见你娘产豆，

Deib shout gaod jianb nit niangb chant deux，

弄得送嘎炯娘吧就。

Nongd deib songx gad jiongx niangb bad jiux.

要藏吾本弟子的良魂，要护我这师郎的好魄。
良魂藏去三千梨果，好魄收去三万板栗。
三千梨果有味有汁，三万板栗有香有吃。
藏身要藏得稳，保命要保得当。
人看人也不知，鬼看鬼也不见。
人看只见三千梨果，鬼看只见三万板栗。
弟子主祭坐得千年，师郎主仪活过百岁。

几切列拢然秀，

Jid qiex lieb longb rad xiut，

吉炯列拢见得。 （祖师诀）

Jib jiongx lieb longb jianb deib.

葵汝斗抓埋你，

Kuib rux doub zhuab maib nit，

傩汝斗尼埋炯。

Nub rux doub nit maib jiongx.

龙斗得寿鸟扑莎见，

Longb dout deib shout niaob pud sax jianb，

龙弄告得斗出莎尼。

Longb nongt gaod deib dout chub sax nib.

扑苟列扛见苟，

Pub geub lieb gangb jianb geud，

扑绒列扛见绒。

Pud rongb lieb gangb jianb rongb.

扑吾列扛见吾，

Pud wut lieb gangb jianb wut，

扑斗列扛见斗。

Pud deb lieb gangb jianb deb.

喂扑窝求莎见，

Weib pux aot qiub sax jianb，

剖出全见莎汝。

Bout chub quanb jianx sax rux.

得寿没到碰秀秀虫，

Deib shout meit daox pengx xiux xiux chongb，

弄得没到太得得拿。　　　　　　　　　　　　　（宝盖决）

Nongd deib meit daox teix deit deit nab.

几篓喂窝补记孺明，

Jid loub weib aot bud jid rux miongt，

求单雷绒、

Qiux dand leib rongb、

交比穷雄、

Jiaod bid qiongb xiongt、

几瓦几达当岁加绒，　　　　　　　　　　　　　（左手上方诀）

Jid wab jib dab dangd suit jiad rongb，

吉追喂窝补乔孺虐，

Jib zhuix weib aot but qiaob rub niub，

求单雷苟、

Qiux dand leid geud、

交比穷兄、

Jiaod bid qiongb xiongt、

几瓦几达当岁加棍。　　　　　　　　　　　　　（右手上方诀）

Jid wab jib dab dangd suit jiad ghunt.

接着要来藏身，下来就要护命。

宗师要保右边，祖师要护右边。

与我弟子口讲成法，和吾师郎动手成诀。
化山就要成山，化岭就要成岭。
化水就要成水，化地就要成地。
我讲就要得灵，我做就要得顺。
弟子取得化堂华盖，师郎拿得盖殿宝伞。
前方我烧三堆大火，烧达云山、
烈火猛烧、神火专门挡隔恶龙，
后方我烧三炉大焰，烧达云岭、
烈焰猛燃、神焰专门挡隔恶鬼。

几篓喂封补产千缪，

Jib neb web fengd but chant quand mioub,

就内没林打休。　　　　　　　　　　　　（前封诀）

Jud neib meib linb dab xiut.

吉追喂封补吧千昂，

Jib zhuix weib fengt bul bax qiand ghangb,

就那没照打得。　　　　　　　　　　　　（后封诀）

Jud liax meit zhaob dat deib.

加绒几扛长苟，

Jiad rongs jid gangb changb geud,

加棍几扛长竹。

Jiad ghunt jid gangb changb zhus.

你茶你猛产豆，

Nit ceat nil mengb chant deux,

炯汝炯猛吧就。

Jiongx rux jiongx mengb bax jux.

门前我封三千鱼刺、整日专护家堂，
门后我封三百肉刺、整夜专护家殿。
凶神不许进家，恶鬼不准进户。
清康坐得千年，安康坐过百载。

几篓喂窝补记孺明，

Jid neb weib aot bul jid rux miongs,

求单雷绒、

Quix dand lis rongs、

交比穷雄、

Jiaod bid qiongx xiongt、

几瓦几达当岁加绒，　　　　　　　　　　　　（左手上方诀）

Jid wab jid dab dangd suit jiad rongs,

吉追喂窝补乔孺虐，

Jib zhuix weib aot but qiaob rux nub,

求单雷苟、

Quix dand lis geud、

交比穷兄、

Jiaod bid qiongx xiongt、

几瓦几达当岁加棍。　　　　　　　　　　　　（右手上方诀）

Jid wab jid dab dangd suit jid ghunt.

加绒几扛长苟长公，

Jiad rongs jid gangb changb geud changb gongt,

加棍几扛长竹长吹。

Jiad ghunt jid gangb changb zhus changb chuid.

扣竹你茶你猛产豆，

Ket zhus nil ceat nil mengs chant deux,

扣吹炯汝炯猛吧就。

Ket chuid jiongx rux jiongx mengb bax jux.

前方我烧三堆大火，

烧达云山、烈火猛烧、

神火专门挡隔恶龙，

后方我烧三炉大焰，

烧达云岭、烈焰猛燃、

神焰专门挡隔恶鬼。

凶神不许回来转家，恶鬼不准回来进户。

关门清吉坐得千年，闭户安康坐过百载。

几长窝汝意记送斗、

Jid changb aot rux yis jid songx doub、

告讨呕偶绒内、

Ghaod taol out ub rongb neit、

立为召苟康吾,　　　　　　　　　　　　　（护祖师诀）

Lis wes zhaob geud kangd wut,

几长窝汝以达穷炯、

Jid changb aot ux yil dal qiongx jiongb、

告讨呕偶绒那、

Ghaod taot out ub rongs liax、

良王召公康斗。　　　　　　　　　　　　　（护祖师诀）

Liangs wangb zhaob gongt kangd deb.

内格内莎几咱,

Neib kied neib sax jid zad,

棍梦莎腊几干。　　　　　　　　　　　　　（封锁诀）

Ghunt mengx sax leas jid gans.

内格腊咱补则召风,

Nieb kied leas zad bul zies zhaod fengt,

棍梦腊咱补乔召度。　　　　　　　　　　　（云盖诀）

Ghunt mengx leas zad bul qiaos zhaod dux.

加绒几扛长标长斗,

Jiad rongs jid gangb changb bioud changb deb,

加棍几扛长纵长秋。

Jiad ghunt jid gangb changb zongb changb quix.

吉标你茶你猛产豆,

Jib bioud nit ceat nit mengs chant deux,

几竹炯汝炯猛吧就。

Jid zhus jiongx rux jiongx mengs bax jux.

　　再来烧起纸团糠香、卷曲两条阳龙、
　　围成界线挡水,
　　再来烧起蜂蜡糠烟、卷曲两条阴龙、
　　围起界线挡火。

人看不见，鬼视不明。

人看只见三团大云，鬼看只见三重大雾。

凶神不许进家入宅，恶鬼不准进门入户。

家下清吉坐得千年，屋内安康坐过百载。

几长窝汝意记送斗、

Jid changb aot rux yis jib songx doub、

炯那棍柔、　　　　　　　　　　　　　　（左上控诀）

Jiongx liax ghunt reub、

抽力阿谷呕周嘎首、

Choud lis ad guob out zhoud gad sout、

摧力喂不纵豆、　　　　　　　　　　　　（左扣指甲诀）

Cuid lis weib bus zongb doub、

摧力喂不纵斗、

Cuid lis weib bus zongb doub、

莎见嘎底，

Sax jianb gad did，

几长窝汝以打穷炯、

Jid changb aot rux yit dat qiongx jiongb、

炯苟不穷、　　　　　　　　　　　　　　（右上控诀）

Jiongb geud bus qiongx、

抽力阿谷呕周嘎闹、

Choud lis ad guob out zhoud gad laox、

摧力喂不纵豆、　　　　　　　　　　　　（右扣指甲诀）

Cuid lis weib bus zongb doub、

摧力喂不纵斗、

Cuid lis weib bus zongb doub、

莎见嘎然。

Sax jianb gad rab.

加绒几扛出悄几图，

Jiad rongs jid gangb chud qiaot jid tus，

加棍几扛出加吉浪。

Jiad ghunt jid gangb chud jiad jib nangs.

总在你茶你猛产豆，

Zongl zaid nil ceat nil mengb chant deux，

头板炯汝炯猛吧就。

Toub banb jiongx rux jiongx mengb bax jux.

     再来烧起纸团糠香、祖师坐坛、

     竖起一十二面铜墙、隔邪远去他处、

     隔邪远去他方、已成巩固。

     再来烧起蜂蜡糠烟、宗师坐殿、

     竖起一十二道铁壁、隔邪远去他处、

     隔邪远去他方、已成金汤。

     凶神不许兴风捣乱，恶鬼不准作浪惹灾。

     自在清吉坐得千年，如意安康坐过百载。

列休阿标林休，

Lieb xiut ad bioud liongb xut，

列然阿竹共让。   （莲华藏身诀）

Lieb rab ad zhus gongx rangx.

得拔得浓归先归得，

Deit pad deit niongx guil xiand guil deit，

得让得共归木归嘎。   （莲华保身诀）

Deit rangx deit gongx guil mus guil gad.

麻共麻让先头麻林，

Mas gongx mab rangx xiand toub mab liongb，

麻林麻休木汝麻头。   （莲华护身诀）

Mab liongb mab xut mus rux mab toub.

先头麻林修照虫兰，

Xiand toub mab liongb xiud zhaob chongb lanb，

木汝麻头奈腊虫兄。   （莲华藏身诀）

Mus rux mab toub naix leas chongx xiongd.

修照内浪桶粮占标，

Xiut zhaob neib nangb tongx liangb jib bioud，

然照内浪桶潮几竹。   （莲华护身诀）

Rad zhaob neib nangb tongx zaox jid zhus.

然秀几秀莎虫，

Rab xuit jil xuit sax chongx,

见得久得莎拿。 （香碗封锁诀）

Jianb deb jiud deb sax nab.

内格内莎几咱，

Neib kied neib sax jid zad,

棍梦莎腊几干。 （香碗宝盖诀）

Ghunt mengx sax leas jid gans.

加绒几扛几立几图，

Jiad rongb jid gangb jid lis jid tus,

加棍几扛吉良吉浪。

Jiad ghunt jid gangb jib liangs jis nangb.

内虐你茶你猛产豆，

Neib nub nil ceat nil mengs chant deux,

内话炯汝炯猛吧就。

Neib huax jiongx rux jiongx mengs bax jux.

要藏一家大小，一屋老幼。
男男女女好命长命，老老少少子魂孙魂。
老的少的儿魂孙魂，大的小的好魂大福。
好命长命收在本身，好气福气系在本体。
收在他们家中粮仓，藏在他们家内粮库。
藏魂魂要得保，收魄魄要得安。
人看人也不知，鬼看鬼也不见。
凶神不许心想侵入，恶鬼不准起意侵犯。
人们清吉坐得千年，大众安康坐过百载。

苟篓喂安狗乖柔鸟，

Geud neb weit ant guoud gweit reub niaob,

吉追喂立狗滚柔先。

Jib zhuix weib lis guoud gunx reub xiand.

苟抓喂封炯西嘎鸟，

Geud zhuab weib fengt jiongs xil gad niaob,

苟尼喂将巧连巧滚。

Geud nis weib jiangx qiaol lianb qiaol gunx.

苟达喂安打跌麻巧,

Geud dab weib ant dad ties mas qiaol,

苟炯喂立达瓜麻千。

Geud jiongx weib lis das guad mas qiand.

加绒几扛格咱几图,

Jiad rongs jid gangb kied zad jid tus,

加棍几扛格干吉浪。

Jiad ghunt jid gangb kied gans jib nangb.

弟然你茶你猛产豆,

Dix rab nil ceat nil mengs chant deux,

茶他炯汝炯猛吧就。

Ceat tax jiongx rux jiongx mengb bax jux.

> 前面我安黑狗龇牙,后面我立黄狗咧嘴。
> 左边我化饿虎龇牙,右边我放凶鹰恶鹜,
> 前门我安黄蜂毒针,后门我立马蜂毒刺。
> 凶神不许靠近里边,恶鬼不准靠近里内。
> 清吉平安坐得千年,康泰祥和坐过百载。

苟篓喂安师子吉苟背奶克,

Geud neb weib ant shid zid jib geud beid leit giet,

吉追喂立报子嘎鸟吉追先。

Jib zhuix weib lis baox zid gad niaob jib zhuid xiand.

苟抓喂封棍抱乖目,

Geud zhuab weib fengt ghunt beb gweit mus,

苟尼喂将棍仇皂梅。

Geud nis weib jiangx ghunt cheb zaob meib.

苟达喂安棍豆棍巧,

Doud dab weib ant ghunt deux ghunt qiaot,

苟炯喂立棍加棍大。

Geud jiongx weib lis ghunt jiad ghunt dax.

加绒几扛几嘎单途,

Jiad rongs jid gangb jid gad dand tus,

加棍几扛吉柔单羊。

Jiad ghunt jid gangb jib reub dand yangs.

吉标你茶你猛产豆,

Jib bioud nil ceat nil mengs chant deux,

吉竹炯汝炯猛吧就。

Jid zhus jiongx rux jiongx mengs bax jux.

前面我安豹子威威瞪眼,后面我立狮子咧嘴龇牙。
左边我化黑脸凶兵,右边我放恶脸凶将,
前门我安乱打乱刺,后门我立乱捉乱杀。
凶神不许进入里边,恶鬼不准进到里头。
信士清吉坐得千年,户主安康坐过百载。

苟篓喂安炯西柔鸟,

Geud neb weib ant jiongd xis reub niaob,

吉追喂立炯克锐先。

Jib zhuix weib lis jiongd kied ruit xiand.

苟抓喂封棍嘎棍豆,

Geud zhuab weib fengt ghunt gad ghunt doub,

苟尼喂将棍固棍架。

Geud nis weib jiangx ghunt gux ghunt ghax.

苟达喂安嘎风嘎度,

Geud dab weib ant gad fengt gad dux,

苟炯喂立嘎乖嘎布。

Geud jiongx weib lis gad gweit gad bus.

加绒几扛单标单斗,

Jiad rongs jid gangb dand bioud dand deb,

加棍几扛单纵单秋。

Jiad ghunt jid gangb dand zongb dand quix.

冬豆你茶你猛产豆,

Dongt deux nil ceat nil mengs chant deux,

冬腊炯汝炯猛吧就。

Dongt leas jiongx rux jiongx mengs bax jux.

> 前面我安饿虎龇牙，后面我立恶狼咧嘴。
> 左边我化乱咬乱嚼，右边我放狼吞虎咽，
> 前门我安乌云恶云，后门我立黑雾恶雾。
> 凶神不许进家进门，恶鬼不准进宅进户。
> 凡间清吉坐得千年，凡尘安康坐过百载。

得昂喂立猛格，

Deit angd weib lis mengs gied,

得闹喂立猛昂，

Deib laox weib lis mengs ghangb,

得平喂立产奶猛苟，

Deib piongs weib lis chant leit mengs geud,

得处喂立吧奶猛绒，

Deib chux weib lis bax leit mengs rongs,

得夯抓风庆苟，

Deit hangb zhuab fengt qiongt geud,

得共抓记庆绒。

Deit gongx zhuab jid qiongt rongs.

加绒几扛白目几长，

Jiad rongs jid gangb beis mus jid changb,

加棍几扛泡梅吉仇。

Jiad ghunt jid gangb paox meib jib choux.

度标你茶你猛产豆，

Dus bioud nil ceat nil mengs chant deux,

度竹炯汝炯猛吧就。

Dud zhus jiongx rux jiongx mengs bax jux.

> 低地我化大海，川谷我化大河，
> 平地我立千重大岭，平洋我立百重岗岚。

峡谷我化大风倒山，川谷我化恶风倒岭。
凶神不许回身转面，恶鬼不准转面回头。
主家清吉坐得千年，主人安康坐过百载。

几篓喂立补产猛苟，
Jid loub weib lit but chant meng geub，
吉追喂岁补吧猛绒。 （山岭诀）
Jib zhuix weib suit but bax mengb rongb.
几篓喂立炯谷阿格，
Jid loub weib lit jiongb guob ad gied，
吉追喂立乙谷欧昂。 （河海诀）
Jib zhuix weib lit yib guob out ghangb.
几篓喂立补产猛干，
Jid loub weib lit but chant mengb ganb，
吉追喂封补吧猛江。 （城墙诀）
Jib zhuix weib fengd but bax meng jiangb.
苟抓喂巧补产猛洽，
Geud zhuab weib qiaod but chant mengb qiat，
苟尼喂岁补吧猛千。 （围钎围刺诀）
Geud nib weib suit but bax mengb qiand.
加绒几单窝图，
Jiad rongb jid dand aot tub，
加棍几送吉浪。 （封锁诀）
Jiad ghunt jid songx jib nangb.

前方我安三千大山，后面我安三百大岭。
前方我安七十一河，后面我安八十二海。
前方我隔三千大墙，后面我隔三百大屏。
左边我围三千大钎，右边我围三百大刺。
凶神来不到堂中，恶鬼进不到堂内。

几篓喂安补产猛庆，
Jib loub weib and but chant mengb qix，

吉追喂将补吧猛炮。　　　　　　　　　　　　　（大小炮诀）

Jib zhuix weib jiangx but bax mengb paox.

几篓喂安纠产军马，

Jid loub weib and jiub chant jund mad，

吉追喂立吧万总忙。　　　　　　　　　　　　　（千兵诀）

Jib zhuix weib lib bab wanx zongb mangb.

几篓喂立补产猛叉，

Jid loub weib lib but chant mengb chad，

吉追喂封补吧猛色。　　　　　　　　　　　　　（刀叉诀）

Jib zhuix weib fengd but bax mengb seid.

苟抓喂巧补产猛能，

Geud zhuab weib qiaod but chant mengb nengb，

苟尼喂岁补吧猛同。　　　　　　　　　　　　　（刀枪诀）

Geud nib weib suit but bax mengb tongb.

苟弄喂安补产嘎风，

Geud nongd weib and but chant gad fengd，

苟绒喂将补吧嘎度。

Geud rongb weib jiangb but bax gad dux.

几篓喂抱补产猛拢，

Jid loub weib baod but chant mengb longb，

吉追喂唐补吧猛炯。

Jib zhuix weib tangb but bax mengb jiongx.

加绒几单窝图，

Jiad rongb jid dand aot tub，

加棍几送吉浪。　　　　　　　　　　　　　　　（封锁诀）

Jiad ghunt jib songx jib nangb.

前方我安三千火铳，后面我安三百铁炮。
前方我安九千将军，后面我安百万猛将。
前方我竖三千大叉，后面我竖三百大刺。
左边我围三千大刀，右边我围三百人斧。
上空我化三千团雾，上天我化三百朵云。
前面我打三千大鼓，后面我鸣三百大锣。

凶神来不到堂中，恶鬼进不到堂内。

葵汝候剖酷豆扛洞，

Kiub rux houx bout kux deux gangb dongt，

傩汝候扣酷柔扛汝。

Nub rux houx kout kux rout gangb rux.

列封补产加绒，

Lieb fengt but chant jiad rongb，

列扣补吧加棍。

Lieb kout but bax jiad ghunt.

列封得忙巧起，

Lieb fengt deib mangb qiaod qid，

列扣度忙加写。

Lieb kout dux mangb jiad xied.

列封加猛加豆，

Lieb fengt jiad mengb jiad deux，

列扣加度加树。

Lieb kout jiad dux jiad shux.

列封加哈加篓，

Lieb fengt jiad had jiad loub，

列扣加鸟加弄。

Lieb kout jiad niaob jiad nongb.

扣照窝酷麻冬，

Kout zhaob aot kux mab dongt，

封照窝酷麻乖。

Fengt zhaob aot kux mab gweit.

就苟麻林勾牙，

Jiub geud mab liongb goud yab，

就绒麻兰勾特。

Jiub rongb mab lanb goud teix.

嘎会嘎寿，

Gad huix gad shout，

嘎求嘎闹。

Gad qiux gad laox.

> 祖师要化土牢地牢，本师要化地牢黑牢。
> 要封三千凶神，要关三百恶鬼。
> 要封坏心邪师，要关坏肚邪教。
> 要封疾病瘟疫，要关胡作非为。
> 要封灾难时气，要关邪诀邪鬼。
> 要封口角争讼，要关捣乱弄非。
> 封在深孔之中，关在黑牢之内。
> 搬来大山来压，搬来大岭来盖。
> 莫惊莫动，莫走莫行。

绒得列苟首力扛几，

Rongb deib lieb geud shout lit gangt jid,

绒堂列苟猛固猛色。

Rongb tangb lieb geud mengb gux mengb seid.

首力扛几岁猛加绒加棍，

Shout lit gangt jid suit mengb jiad rongb jiad ghunt,

猛固猛色洽固度标度竹。

Mengb gux mengb seid qiax gux dud bioud dux zhub.

葵汝候喂吉畜、

Kiub rux houx weib jib xut、

西包大鸟吉弄扛虫，　　　　　　　　　　　　　　（祖师决）

Xid baod dab niaod jib nongd gangb chongx,

录汝候喂吉畜、

Lub rux houx weib jib xut、

那嘎达梅吉弄扛拿。

Nab gad dab meib jib nongd gangb nab.

葵汝几抓候喂吧龙，　　　　　　　　　　　　　　（莲华诀）

Kiub rux jid zhuab houx weib bad longb,

录汝古尼候喂吧同。

Lub rux jib nib houx weib bad tongb.

葵汝修最修走，

Kiub rux xiut ziub xiut zoub,

录汝修走修板。

Lub rux xiut zoub xiut band.

护坛要用铜墙铁壁，保殿要用皇伞大盖。

铜墙铁壁隔去凶神恶鬼，皇伞大盖护住信士众人。

祖师帮我系好法身之护，宗师帮我系好华盖之带。

祖师在左帮我执刀，本师在右帮我舞枪。

祖师站齐站满，宗师站满站遍。

葵汝埋列候休麻悄，

Kiub rux maib lieb houx xiut mab qiaot,

傩汝埋列候休麻加。

Nub rux maib lieb houx xiut mab jiad.

加绒加棍，

Jiad rongb jiad ghunt,

加出加葡。

Jiad chub jiad pud.

麻悄列休加起加写，

Mab qiaot lieb xiut jiad qit jiad xied,

麻加列休加鸟加弄。

Mab jiad lieb xiut jiad niaob jiad nongt.

阿半加哈加篓，

Ad bant jiad hab jiad loub,

阿汉加弄加然。

Ad hanx jiad nongt jiad rab.

加起加写出弄出够，

Jiad qit jiad xied chub nongx chub goub,

加鸟加弄出够出妻。

Jiad niaob jiad nongx chub goub chub qid.

加哈加篓出交出记，

Jiad had jiad loub chub jiaot chub jit,

加弄加然出八出怕。

Jiad nongt jiad rab chub bab chub pax.

几齐休闹乙热内补,

Jid qit xiud laox yib reb neib bud,

吉叫休闹依染内冬。

Jib jiaod xiut laox yid rand neib dongt.

几扛拢单号弄几图,

Jid gangb longb dand haox nongd jid tub,

几扛拢送号弄吉浪。

Jid gangb longb songx haox nongb jib nangb.

隔否几够,

Geb wout jid gout,

怕否吉越。

Pax woub jib yued.

封否几乖,

Fengd woub jid gweit,

扣否吉布。

Kout wout jib bux.

祖师你们要隔邪师，宗师你们要隔邪教。
邪神邪鬼，邪诀邪法。
要隔心肠不好的邪师，要隔破坏捣乱的邪教。
那些起心害人的恶魔，那些胡作非为的恶鬼。
起心害人用那邪教，为非作歹用那邪法。
挑拨教唆结仇结怨，挑事弄非结冤结仇。
统统隔去他乡别里，全部隔去他地别处。
不许来到祭祀场里，不准来临祭祖场内。
隔他远去，遣他远离。
封到深坑，关去黑洞。

葵汝埋腊候勾,

Kiut rub manb lab houb gous,

录汝埋腊候共。

Nub rub manb lab houb gongb.

候勾格岭白吾白补，

Houb gous gieb liongb biab wud biab pub,

格穷白补白冬。

Gieb qiongb biab bub biab dongt.

扑内几北偷楼，

Pub nieb jid biab toub loub,

吉走偷嘴。 （供神大桌）

Jid zoub toub zuis.

纠奶达齐这汝，

Jiub lias dab qib zheb rub,

纠图达恩泻格。 （九只碗）

Jiub dub dad ghongx xieb ghiax.

（炯奶达齐这汝，

（Jiongb lias dab qib zheb rub,

炯图达恩泻格。） （七只碗）

Jiongb dub dad ghongx xieb ghiax. ）

麻汝潮录告斗，

Mab rub chaob nub gaot dout,

麻明潮弄告香。

Mab miongb chaob nongd gaot xiangt.

再斗公色告如，

Zaib dous gongx sed gaot rub,

吉高傩然告柔。

Jid gaos nub rab ghaox rout.

昂斩几锐公色，

Ghangx zhad jid ruit gongb sed,

公色傩然。

Gongb sed nub rab.

够斗公色纠如，

Goub dout gongb sed jiub rub,

吉高傩然纠柔。

Jid gaos nub rab jiub roux.

（够斗公色炯如，

（Goub dout gongb sed jiongb rub,

吉高傩然炯柔。）

Jid gaos nub rab jiongb roux.）

便斗公色便如，

Biat dout gongb sed biat rub,

吉高傩然便柔。

Jid gaos nub rab biat roux.

阿偶图书写容。

Ad ous tux shub xieb yongb.

（阿奶比尼麻林，

（Ad liat bid nib mab liongx,

阿图比油麻章。）

Ad dub bid youd mab zhangb.）

得寿意记送斗，

Des shout yid jid songb dout,

弄得以达穷炯。

Nongb des yid das qiongx jiongb.

再斗勇陇穷雄，

Zaib dout yongd longb qiongb xiongd,

吉高禾走抗闹，

Jid gaod aob zous kangb naob,

阿汉穷梅雄棍。

Ad haib qiongt mieb xiongd ghunt.

葵汝苟最苟走，

Kiux rub geud zuid gous zoud,

傩汝苟走苟板。

Nub rub geud zuos gous biab.

吉牙——亚——夫——夫窝——夫窝——夫窝。

Jid yax—yad—fud——fud aob——fud aob——fud aob.

    喜了祖师你们帮拿，爱了宗师你们帮抬。

    帮拿这绿旗满山满水，红旗满坪满地。

    祭祖神的供桌，敬神神的供案。

九只好碗净碗，九个金碗银碗。

（七只好碗净碗，七个金碗银碗。）

好的糯米在斗，亮的黏米在升。

还有糍粑成堆，与那供粑成柱。

配合供粑的肉，配套糍粑糯供。

好的糍粑九堆，香的供粑九柱。

（好的糍粑七堆，香的供粑七柱。）

一头供神的羊。

弟子蜂蜡糠香，师郎纸团糠烟。

还有竹柝神筒、与那问事骨卦、招请铜铃。

祖师拿齐拿全，本师拿了拿完。

神韵——

竖起门板、来挡九条路头，

竖起门扇、来挡十条路道。

门板挡得严严，门扇挡得实实。

堵了一十二路路落路漏，

塞了一十三路路漏路散。

（怕在敬神过程中漏落各种供品供具。）

堵了祖师你们帮拿，

塞了宗师你们帮抬。

吉哟——亚——夫——夫窝——夫窝——夫窝。

Jid yox—yad—fud—fud aob—fud aob—fud aob.

列够照然浪萨，

Lieb goux zhaob rax nangd sead,

列扑照龙浪度。

Lieb pub zhaob longb nangd dub.

列理照从浪公，

Lieb lid zhaob zongb nangd gongt,

列岔照炯浪几。

Lieb chab zhaob jiongb nangd jid.

照然浪萨、

Zhaob rax nangd sead、

列够求绒猛然，

Lieb goub qiub rongb mengb rab，

照龙浪度、

Zhaob longb nangd dub、

列扑求棍猛充。

Lieb pub qiub ghunt mengb chongb.

葵汝苟最苟走，

Kiut rub geud zuid gous zoud，

傩汝苟走苟板。

Nub rub geud zuos gous biab.

神韵——

要唱六首的歌，要讲六轮的话。

要理六层的根，要寻六道的基。

六首的歌，要唱上边去迎，

六轮的话，要说上堂去请。

祖师拿齐拿全，宗师拿全拿遍。

吉哟——亚——夫——夫窝——夫窝——夫窝。

Jid yox—yad—fud—fud aob—fud aob—fud aob.

列够得寿浪萨，

Lieb ged deib shet nangb sad，

列扑弄代浪度。

Lieb pud niongx deit nangb dux.

列理巴代浪公，

Lieb lid bad deit nangb gongt，

列岔巴寿浪几。

Lieb chax bad shet nangb jid.

照然浪萨、

Zhaox rab nangb sad、

列够求绒猛然，

Lieb goub qiux rongb mengb rab，

照龙浪度、

Zhaox longb nangb dux、

列扑求棍猛充。

Lieb pud qiux ghunt mengb congd.

葵汝勾最勾走，

Kiub rux ged zuib ged zed，

录汝勾走勾板。

Lub rux goud zed goud banb.

    神韵——

    要唱六首的歌，要讲六轮的话。

    要理六层的根，要寻六道的基。

    六首的歌，要唱上边去迎。

    六轮的话，要说上堂去请。

    祖师拿齐拿全，宗师拿全拿遍。

吉哟——亚——夫——夫窝——夫窝——夫窝。

Jid yox—yad—fud—fud aob—fud aob—fud aob.

阿热声棍，

Ad reib shongt ghunt，

求单几纵棍缪。   （上肉神堂诀）

Qiux dand jid zongb ghunt mioub.

阿然弄猛，

Ad rab niongx mengb，

求送吉秋棍昂。

Qiux songx jib quix ghunt ghangb.

棍缪埋腊候勾，

Ghunt mioub maib lab hex ged，

棍昂埋腊候共。

Ghunt ghangb maib lab hex gongx.

葵汝勾最勾走，

Kiub rux ged zuib ged zed，

录汝勾走勾板。

Lub rux goud zed goud banb.

吉哟——亚——夫——夫窝——夫窝——夫窝。

Jid yox—yad—fud—fud aob—fud aob—fud aob.

呕热声棍，

Out reib shongt ghunt,

求单西留西向。   （上家祖堂诀）

Qiux dand xid liub xid xiangt.

呕然弄猛，

Out rab niongx mengb,

求送意苟格补。

Qiux songx yib geud gieb bub.

向剖向娘埋拿候勾，

Xiangt pout xiangt niangb maib liab hex ged，

向内向玛埋拿候共。

Xiangt neid xiangt max maib liab hex giuongx.

吉约——亚——夫——夫窝——夫窝——夫窝。

Jib yod—yad—fud—fud aod—fud aod—fud aod.

补热声棍，

But reib shongt ghunt,

求单拔竹岭豆萨够斗标。   （上元祖堂诀）

Qiux dand bal zhus liuongt dout sax ged doub bioud.

补然弄猛，

But ranb niongx mengb,

求送浓竹岭且萨肥柔纵。   （定静诀）

Qiux songx niongx zhus liuongs quex sax feib rout zongb.

汝斗嘎庆喂斗得寿，

Rux doub gad qiongd weib doub deib shet,

汝弄嘎大剖弄告得。

Rux niongx gad dax pout longb gaod deit.

得寿没松叉腊求单，

Dcib shet meib songd chad lab qiux dand,

弄得没萨叉腊求送。

Niongx deit meib sax chad lab qiux songx.

没吾先绍，

Meit wut xiand shaot，

没林喂斗得寿周娥，

Meit longb weib doub deib shet zhoud eb，

让吾先拢，

Rangb wut xiant longb，

让林剖弄告得况公。

Rangb liongb pout niongd gaod deib kangb gongd.

扛喂声棍汝见吾达吾篓，

Gangb weib shongt ghunt rux jianb wut dab wut loub，

弄猛汝加吾充吾汝。

Niongx mengb rux jiad wut congt wut rux.

声棍汝见背求，

Shongt ghunt rux jianb beid qiut，

弄猛汝加背柳。

Niongx mengb rux jiab beid liud.

就目当洞喂走蒙浪乙热汝松，

Jub mub dangb dongd weib zed mengb nangb yid reib rux songt，

喳梅当洞喂走蒙浪乙然汝萨。

Chad meib dangd dongb weib zed mengb nangb yid rab rux sad.

祖师拿齐拿全，宗师拿全拿遍。

腔韵——

一轮神腔、上达鱼神堂中，

一番神韵、上到肉神堂内。

鱼神你们帮拿，肉神你们帮抬。

祖师拿齐拿全，宗师拿全拿遍。

腔韵——

二轮神腔、上达先祖堂中，

二番神韵、上到先宗堂内。

家亡先祖你们帮拿，家先等众你们帮抬。

祖师拿齐拿全，宗师拿全拿遍。

腔韵——

三轮神腔、上达古女车祖的住屋神堂，
三番神韵、上到老男车宗的坐宅神殿。①
好手莫推吾本弟子，好口莫骂我这师郎。
弟子有事这才上达，师郎有话这才上到。
取那润油、润湿吾本弟子喉管，
取那香油、润湿我这师郎喉头。
让我的神韵清彻如同水流水咏，
使我的腔韵清脆好似水清水吟。
神韵如同琴响，腔韵好似琴奏。
侧耳请听我吟你的八篇好诗，
注意倾听我唱你的八首好歌。

注：① 神堂、神殿——指车祖神所住的地方。

吉哟——亚——夫——夫窝——夫窝——夫窝。
Jid yox—yad—fud—fud aob—fud aob—fud aob.
列够内浪告够，
Lieb geb neib nangb gaot gout,
到扑内浪背柳。
Daox pub neib nangb beid liud.
列理内浪窝公，
Lieb lid neib nangb aot gongt,
列岔内浪窝几。
Lieb chax neib nangb aot jid.
内腊几娘补豆加格加怪，
Neib lab jid niangb but deux jiad gieb jiad guaib,
几挂补就加皮加细。
Jid guab but jux jiad bix jiad xix.
嘎拢抱纠服楼，
Gad longb baob jius fud noul,
琶拢抱陇能得。
Bax longb baob longb nengb deit.
内嘎拢嘎拢奈，

Neid gad longb gad longb naix，

报告拢搂拢归。

Baod gaob longb noub longb guib.

竹冬几转谷嘎麻滚，

Zhub dongt jid zhuans guob gad mab gun，

竹纵吉哈谷嘎麻乖。

Zhub zongb jib had guob gad mab gweit.

突茶单汉够滚，

Tud cat dand hanx goub gunb，

痛潮单汉够怪。

Tongx zaox dand hanx goub guaix.

潮录告台达温，

Zaox nub gaod taib dab wengt，

潮弄告提达笑。

Zaox nongx gaod tib dab xiaod.

补路兵汉楼绒，

Bub lux biongb hanx noub rongb，

比路兵汉弄棍。

Bid lux biongb hanx nongx ghunt.

昂格当苟，

Ghangb gib dangb geud，

糯达当公。

Nub dab dangb gongt.

弄偶几描那班，

Nongt oub jid mueb liax band，

弄苟吉干那途。

Nongt geud jib gand liax tux.

出格苟扛内咱，

Chub gib geud gangb neib zad，

出加苟扛内干。

Chub jiad geud gangb neib ganb.

再斗加皮几纵苟翁，

Zaix doub jiad bix jid zongb geud wengd，

加细吉秋够求。

Jiad xix jib quix goud qiux.

几图吉用，

Jid tub jib yongx,

几白吉袍。

Jid beib jib paox.

皮葡冬绒，

Bix pub dongt rongb,

皮挂便同。

Bix guax bait tongb.

穷斗吉翁，

Qiongx dout jib wengd,

穷标吉哨。

Qiongx bioud jib saox.

比竹先白咱古，

Bid zhub xiand beid zad gud,

比鸟先拢咱穷。

Bid niaob xiand longb zad qiongb.

神韵——

要唱主家的缘起，要讲主人的源头。

要理主家的根菀，要寻主人的根基。

主家难抵三年的凶兆怪异，难受三载的噩梦凶幻。

鸡来进窝啄蛋，猪来进栏吃崽。

母鸡来啼来鸣，公鸡来蛋来抱。

大门挂起黄丝蛛网，小门挂起黑丝蛛织。

谷桶长出黄菌子，米桶生出怪菌来。

大米自跳筛中，小米自跳筛内。

田中出那残谷，地中出那败米。

怪肉当格，死鸟当道。

大蛇缠绕系棺的索，小蛇缠绕抬棺的绳。

凶兆做给人见，怪异做让人看。

还有那噩梦做在枕头，噩幻做在床上。

飞上飞下，恍恍惚惚。

梦山也垮，梦岭也塌。

火烟滚滚，烟雾茫茫。

门牙脱出见红，唇齿断落见血。

吉牙——亚——夫——夫窝——夫禾——夫窝

Jib yab—yad—fud—fud aob—fud aob—fud aob

列够欧然浪萨，

Lieb geub out rab nangb sad，

列扑欧龙浪度。

Lieb pus out longs nangb dux.

列理欧从浪公，

Lieb lid out congs nangb gongt，

列岔欧炯浪几。

Lieb chax out jiongb nangb jid.

欧然浪萨列够窝够，

Out rab nangb sad lieb gout aol gout，

欧龙浪度列扑背柳。

Out longs nangb dux lieb pus beid liud.

就共亚猛，

Jux gongs yax mengb，

就先亚挂。

Jux xiand yeax guax.

那林拢单，

Liax liongs longs dand，

那休拢送。

Liax xiut longs songx.

内腊排到汝内，

Neb leas paid daox rux net，

寿到汝虐。

Shet daox rux nub.

排到那腊迷谷迷内，

Paib daox lax leas mib guob mib nieb，

陀罗告写，

Tuob luob ghaox xied，

告走蒙热。

Ghaox zout mengb reix.

（注：若是晚上做则称"告走蒙忙"。）

（'Ghaox zeud mengb mangx'.）

阿标林休、

Ad bioud liongs xut、

产豆几没窝汝意记松斗、

Chant deux jid meb aot rux yis jis songx doub、

拢林告豆，   （香炉诀）

Longs liongs ghaod deux，

阿竹共让、

Ad zhus gongx rangx、

吧就几没窝汝以达穷炯、

Bax jux jid meb aot rux yib dat qiongx jiongb、

拢送比兵。   （香碗诀）

Longs songx bid biongb.

冬豆几修苟萨，

Dongt deux jid xiut geud sad，

冬腊几修苟章。

Dongt leal jid xiut geud zhuangb.

冬豆你虫，

Dongt deux nil chongx，

冬腊炯拿。

Dongt leas jiongx nal.

　　神韵——
　　要唱两首的歌，要讲两轮的话。
　　要理两层的根，要寻两道的基。
　　两首的歌要唱源起，

两轮的话要说源头。

旧岁已去，新年已过。

大月来到，小月来临。

信士算得好天，择得好日。

算得某月某日某时，

日吉时良，清早良旦。

（或"夜晚良旦"）

一家大小、

千年没烧纸团糠香、在此敬神的门前，

一屋老幼、

百载没焚蜂蜡糠烟、^①在这祭祖的门外。

凡间没起口嘴，凡尘没起口舌。

凡间居稳，凡尘坐实。^②

注：① 纸团糠香、蜂蜡糠烟——一种在纸钱内包上一点蜂蜡而后揉成一团放在香炉内，再加上一些粗糠一起焚烧来敬奉神灵的香。

② 居稳、坐实——意为世间没有什么大的波动。

他拢窝汝意记松斗，

Tax nongd aot rux yis jid songx doub,

忙弄窝汝衣打穷炯。 　　　　　　　　（香炉碗诀）

Mangb nongd aot rux yid dat qiongx jiongb.

拢单打纵告豆，

Longb dand dat zongb ghaod doub,

拢送吉秋比兵。 　　　　　　　　　（地楼托香碗诀）

Longs songx jib quix bid biongb.

几味苟萨苟章，

Jid wueib geud sad geud zhuangb,

几味苟吉都吉弟。

Jid wueib geud jid dud jib dix.

几味能空服虐，

Jid wueib nongb kongt fus nus,

几味吉走吉从。

Jid wueib jib zeud jib congs.

尼味——

Nil wueib—

产豆几没抱矮立补，

Chant deux jid meb beub anl lis bus，

吧就几没抱口立冬。

Bax jux jid meb beub keud lis dongt.

禾斗几炯内尼、

Aob doub jib jiongx neb nieb、

追主几不内得，

Zhuix zhus jid bus neid det，

禾斗几炯内油、

Aob doub jid jiongx neid yout、

追主几不内补。

Zhuix zhus jid bus neib pus.

千卢阿小，

Qiand lus ad xiaod，

千达阿炯。

Qand dab ad jiongt.

麻然亏麻加，

Mab rab kuid mab jiad，

麻久亏麻要。

Mab jul kuid mab yaox.

内腊鸟茶吉赌扛服，

Neib leas niaob ceat jib dud gangb fus，

弄然吉弟扛龙。

Nongx rab jid dix gangb longs.

比路腊兵楼绒，

Bid lus leas biongb loub rongs，

补路腊兵弄棍。

Bus lus leas biongb nongx ghunt.

爬迷出苟报龙，

Bead mis chud geud baob longs，

爬穷出公报热。

Bead qiongx chud gongt baob reb.

出格苟你斗标，

Chud gied geud nil doub bioud,

喂怪苟照柔纵。

Wel guaix geud zhaob reub zongb.

度标兵苟几照汝内，

Dud bioud biongb geud jid zhaob rux nieb,

度竹兵公几照汝虐。 　　　　　　　　　　　　（出掌诀）

Dud zhus biongb gongt jid zhaob rux nus.

猛单瓦吹告斗，

Mengb dand wad chuid ghaox dout,

会送瓦绒比兵。 　　　　　　　　　　　　　　　（田园诀）

Huix songx wad rongs bid biongb.

猛单纠录乙苟，

Mengb dand jul nub yib geud,

会送谷叉图公。 　　　　　　　　　　　　　　　（路道诀）

Huix songx guob chad tux gongx.

猛单几得后散，

Mengb dand jid del hout sant,

会送吉秋喂茶。 　　　　　　　　　　　　　　　（山地诀）

Huix songx jib quix wel ceax.

窝内格偏几穷苟拢见苟猛豆， 　　　　　　　　　（上扬诀）

Aod neb gied pant jid qiongb geub longs jianb geud mengb deux,

窝忙格偏吉勇苟拢见公猛炯。 　　　　　　　　　（下扬诀）

Aod mangb gied panb jib yongd geud longs jianb gongt mengb jiongx.

见苟各合麻如，

Jianb geud geut heut mab rul,

见公告号麻照。 　　　　　　　　　　　　　　　（肿胀诀）

Jianb gaox ghaox haox mab zhaob.

阿休标友要卡，

Ab xiut bioud youd yaox keax,

阿虫标卡要绒。

Ad chongx bioud keax yaox rongs.

见苟休先求兰，

Jianb geud xiux xiand quix lanb，

见公休木求常。

（旋掌心诀）

Jianb gongt xiut mus quix changb.

内腊见苟猛起，

Neib leas jianb geud mengt qit，

内莎见公猛写。

Neib seax jianb gongt mengt xied.

内腊见苟猛鲁，

Neib leas jianb geud mengt nlux，

内莎见公嘎穷……

Neib sax jianb gongt gad qiongd......

见苟虫柔麻不几久，

Jianb geud chongx rout mab bus jid jus，

虫闹麻共几娘。

Chongx laox mab gongx jid niangb.

阿内腊冬洽斩，

Ad net leas dongl qax zaid，

阿内腊冬几斩。

Ad net leas dongl jid zaid.

阿虐腊冬洽汝，

Ad nul leas dongd qax rux，

阿虐腊冬几汝。

Ad nul leas dongd jid rux.

内腊汝目几毕几咱，

Neib leas rux mus jid bid jib zead，

内莎汝梅几咱几干。

Neib sad rux meib jid zead jid gans.

今天梵这蜂蜡宝香，

烧这纸团糠烟。

来到地楼板上，来临地楼坛中。

不为是非口嘴，不为赌咒誓盟。

不为弱肉强食，不为零乱狼藉。

只为——

千年没有打坛立地，百载没有打罐立园。①

手中没牵别家的水牯，背上没背拐别人的小儿。

手中没牵别家的黄牛，背上没背拐别人的妻室。

香炉一个，香碗一只。

聪明欺负蠢人，富贵欺负贫穷。

被人恶口赌来（血）送喝，遭人毒嘴咒来送吃。

田角出了残谷，地尾出了败米。

毒蚁成群进家，红蚁结队进户。

凶兆出在家中，怪异出在家内。

信士家人出门没碰好天，

户主眷属出路没遇好日。

行至菜地之中，走到园铺之内。

行至九条路途，走到十岔路道。

行至耕作田里，走到耕种地头。

白天风刮才来得疾在体，

黄昏风吹这才染病在身。

得疾浮肿浮胖，染病浮起浮胀。

身上萎弱少力，体内萎靡少气。

得疾闷在胸中，染病肿胀在肺。

得疾痛在心肠，染病痛在肚肺。

得疾不断屙血，染病不停屙痢……

一天盼望得好，一天也不见好。

一日盼望痊愈，一日也不见愈。

凡间好目不能得知，凡尘好眼不能得见。②

注：① 打坛立地，打罐立园——传统作法，一种占立地盘安家建园的方式。
② 好目、好眼——指凡间俗人的眼睛看不见阴间的事情，不知是什么样的缘故。

内腊几咱苟老，

Neb leas jid zead geud laox，

内莎几干公会。

Neb sax jid gans gongt huix.

冬豆几穷理起，

Dongt deux jid qiongx lid qid,

冬腊几到掰出。

Dongt leas jid daox pet chub.

照嘎楼豆几没咱休，

Zhaox gad loul deux jid meib zead xut,

照江楼爷几没咱汝。　　　　　　　　（反复旋掌诀）

Zhaox jiangx loul yueb jid meb zead rux.

比乃锐那久魄，

Bid let ruit nat jud ped,

便图锐苟久抓。

Biat tux ruit geud jud zhuab.

内叉梅到潮粮照几斗标，

Neb chad met daox zaox liangs zhaox jid doub bioud,

哈到潮香照几柔纵。　　　　　　　　（出掌诀）

Had daox zaox xiangt zhaox jid reub zongb.

苟猛沙吾乖奶纵寿，

Geud mengb shax wut gweit let zongb shet,

窝潮乖卡秋得。　　　　　　　　　　（照看祖师诀）

Aob zaox gweit keax quix deb.

产棍莎腊几周，

Chant ghunt sad leas jid zhout,

吧母内莎几干。

Bax mub neb sad jid gans.

腊尼干埋——

Leas nil gans maib—

"帕竹林豆几内，

'Pad zhus liongs deux jid net,

浓出林且吉虐"。

Niongx chud liongs quex jib nub'.

（"帕出林豆布目，

（'Pad chud liongs deux bus mus,
浓出林且则厄"）
Niongx chud liongs quex zed giel'）
吉苟报标让服，
Jib geud baob bioud rangb fus,
吉秋抱竹让龙。
Jib quix baob zhus rangb longb.
叉扛加绒拢占，
Chad gangb jiad rongs longs zhanb,
叉召加棍拢奈。
Chad zhaob jid ghunt longs naix.

人们不见路走，也都不明道行。
凡人没处打理，凡夫没法解除。
医治多日没有见好，治疗累月没有痊愈。
四位草药哥无方，五个草药弟无法。
信士取得香米从家中来，拿得白米从家内来。
去照水碗大师坛头，去看米占小师坛尾。
千神也都不出，百鬼也都不见。
只见你们——
"最古的白天女车祖，最老的白天男车神"。
（最古的黑夜女车祖，最老的晚上男车神）。①
你们不给作主，你们不予保护。
才让鬼魅来缠，方使恶煞来侵。

注：① 最古的女车祖，最老的男车神——即日月车祖神的神名称号。

冬豆儿出林善，
Dongt deux jid chub liongs shait,
冬腊儿出林写。
Dongt leas jid chub liongs xied.
内腊算到汝内，
Neib leas suant daox rux net,

内莎寿到汝虐。

Neib sad shoux daox rux nus.

奈到纵那纵苟，

Naix daox zongs nat zongs geud,

寿到纵玛纵得。

Shoux daox zongs max zongs det.

出见纠八纠麻，

Chud jianb jiul biab jiul mab,

纠苟纠够。

Jiul geud jiub goux.

（出见炯八炯麻，炯苟炯够。）

（Chud jianb jiongs biab jiongs mab, jiongs geud jiongb goux. ）

苟拢依尼帕竹岭豆几内，

Geud longs yid nil pad zhus liuongt deux jid neib,

照抗浓竹林且吉虐。

Zhaox kangx niongx zhus liongs quex jib nub.

（苟拢依尼帕竹岭豆布目，

（Goud longs yid nil pad zhus liuongt deux bus mus,

照抗浓竹林且则厄。）

Zhaox kangx niongx zhus liongs quex zeux giel. ）

凡间不做长心，凡尘不敢大胆。

信士算得好天，户主择得好日。

喊得哥兄老弟，叫来叔爷伯子。

做成九编九篾，九块九条。

（做成七编七篾，七块七条。）

拿来表示要敬最古的白天女车祖，

许祭最老的白日男车神。

（拿来表示要敬最古的晚上女车祖，

许祭最老的黑夜男车神。）

依尼拔竹岭豆，

Yid nib bal zhus liuongt deux,

照抗浓竹岭且。 （双大指祖神诀）

Zhaox kangx niongx zhus liuongt quex.

依尼汝哟阿先，

Yid nil rux yod ad xiand,

照抗汝件阿气。

Zhaox kangx rux jianb ab qix.

依尼几没麻召，

Yid nil jid meb mab zhaod,

照抗几没麻周。

Zhaox kangx jid meb mab zhout.

依尼内列拢共拢两，

Yid nil neb lieb longs gongx longs liax,

照抗内列拢西拢笑。

Zhaox kangx neb lieb longs xid longs xiaox.

那0拢单，

Lieab 0 longs dand,

那0拢送。

Liab 0 longs songx.

内腊排到汝内，

Neb leas paib daox rux net,

寿到汝虐。 （掐指纹诀）

Shex daox rux nus.

排到那0迷谷迷内，

Paib daox liab 0 mib guob mib neit,

陀罗告写，

Tuob luob ghaod xied,

告走蒙热。

Ghaox zout mengb reb.

（注：若是晚上做则称"告走蒙忙"。）

（"Ghaot zout mengb mangx."）

叩了最古的女车祖，许了最老的男车神。

叩了病情好了半分，许了疾厄退了半步。

叩了不能拖延，许了即要还愿。

叩了便要来迎来请，许了便要来敬来还。

某季来到，某月来临。

信士算得好天，择得好日。

算得某月某日某时，

日吉时良，清早良旦。（或"夜晚良旦"）

汉拢莎尼棍那棍苟，

Hanx longb sax nib ghunt nat ghunt geud,

半拢腊尼棍骂棍得。 （五指诀）

Band longs leas nib ghunt max ghunt deit.

莎尼柔剖浪哈，

Sax nib reub pout nangb had,

腊尼柔娘浪屡。

Leas nib reub nias nangb loud.

奈到纵那纵苟，

Naix daox zongb nat zongb geud,

寿到纵玛纵得。

Shex daox zongs max zongs det.

保苟嘎到几北偷楼，

Baob geud gad daox jid beid toud loub,

保让嘎到吉走偷嘴。

Baob rangb gad daox jib zoud toud zuid.

内腊几江长苟，

Neb leas jid jiangb changb geud,

内叉吉共长公。 （回堂诀）

Neib chad jib gongx changb gongx.

长单大得哨吾，

Changb dand dat det saot wut,

长送吉秋送龙。

Changb songx jib quix songx longs.

偷到吾斩茶齐，

Teut daox wut zaib cat qit,

苟汉吾龙飘明。 （清洗诀）

Geud hanx wut longs peux miongb.

几北茶齐尖尖，

Jid beib cat qit jiand jiand，

吉走飘明忙忙。

Jib zout peud miongb mangb mangb.

几北偷楼、

Jid beid toud loub、

苟拢江林告豆， （顿掌诀）

Geud longs jiangx longs ghaot deux，

吉走偷嘴、

Jib zout toud zuid、

苟拢江照比兵。

Geud longs jiangx zhaob bid bongb.

敬祖是哥兄老弟的事，祭神是叔爷伯子的活。

这是祖宗留下的习惯，爷娘定下的规矩。

喊来哥兄老弟，叫来叔爷伯子。

借得祭祖的供桌，借得敬神的供案。

人们抬得回转，他们搬得回来。

转到屋檐之下，回到门外坪场。

舀得清水洗遍，用那泉水洗净。

供桌洗得明明，供案擦得亮亮。

祭祖供桌、拿来摆在门外，

敬神供案、拿来放在阶檐。①

注：① 门外、阶檐——指大门外面的屋檐底下坪场。

让达几如，

Rangb das jid rus，

让这几柔。

Rangb zheux jid reub.

内拿没到纠奶达齐这汝，

Neib leas met daox jiub leit dal qit zheux rux,

纠图达恩泻格。

Jius tus das ghongx xiex gieb.

（内拿没到炯奶达齐这汝，

（Neib leas met daox jiongb leit dal qit zheux rux,

炯图达恩泻格。）

Jiongb tus das ghongx xiex gieb.）

偷到吾斩茶齐，

Teut daox wut zaib cat qit,

吾龙飘明。

Wut longs peux miongb.

茶齐尖尖，

Cat qit jiand jiand,

飘明忙忙。

Peud miongb mangb mangb.

达齐这汝，

Dal qit zheux rux,

苟拢江林吉弄几北偷楼。

Geud longs jiangx liongs jid nongx jid beib toud loul.

达恩泻格，

Das ghongx xiex gieb,

苟拢江照吉弄吉走偷嘴。

Geud longs jiang zhaob jib nongx jib zout toud zuid.

找盘来摆，寻碗来放。

人们取得九只好碗净碗，

九个金碗银碗。

（人们取得九只好碗净碗，九个金碗银碗。）

舀得清水洗好，泉水洗净。

洗得明明，擦得亮亮。

好碗净碗、拿来摆在祭祖桌上，

金碗银碗、拿来放在敬神案中。①

注：① 放在敬神案中——摆在供神的桌子上面。

总那总苟岔到得拢，

Zongb nat zongb geud chax daox deit longb，

总骂总得都到得图。

Zongb max zongb deit dud daox deit tux.

得拢丧见面汝，

Deitb longb sangd jianb mianb rux，

得图丧汝面良。

Deit tu sangd rux mianb liab.

怕见得块，

Pad jianb deit kuand，

抽见得条。

Chud jianb deit tiaob.

喂斗得寿，

Weib doub deib shet，

斗抓冲到齐洞齐恩。

Doub zhuab chongx daox qit dongb qit ghongx.

剖弄告得，

Pout niongd gaot deib，

斗尼冲到齐首齐闹。

Doub nib chongx daox qit sout qit liaox.

嘎见产录头果见恩，

Gad jianb chant lub teb guet jianb ghongx，

嘎汝吧录头忙嘎格。

Gad rux bax lub teb mangb gad gieb.

出见纠得谷拢力为，

Chub jianb jiub deib guob longb lib wenb，

出见纠竹谷条良王。

Chud jianb jiub zhub guob tiaob liangb wangb.

房族人等砍得竹子，叔伯兄弟找木条。

竹子削得光滑，木条削得光面。

劈成篾块，削成篾条。

师郎弟子，左手拿得金剪银剪。

弟子师人，右手拿得铜剪铁剪。

剪成千张白纸钱串，剪成百张冥币钱形。

做成九杆长钱纸帛，做成十杆长钱纸币。

内腊斗抓冲到能茶，

Niex lab doub zhuab chongx daox niongb cat,

内莎斗尼冲到木然。

Niex sax doub nit chongx daox mub rab.

求单帮孺告伞汝拢，

Qiux dand bangx rud gaot sait rux longd,

会送帮处告岔汝图。

Huix songx bangx chux gaot chad rux tux.

扣到阿得麻单，

Koud daox ad deib mab dand,

都到阿得麻面。

Dud daox ad deib mab mianb.

几江长单打得哨吾，

Jid jiangb changb dand dat deib saot wut,

吉共长送吉秋送龙。

Jib gongb changb songx jib quix songx longb.

怕见纠嘎谷嘎汝拢，

Pat jianb jiub gad guob gad rux longd,

出见纠竹谷竹汝桥。

Chud jianb jiub zhub guob zhub rux qiaox.

得寿出见产恩头果，

Deit shet chud jianb chant ghongx teb guet,

弄得出汝吧格头浪。

Niongx dit chud rux bax gieb teb nangb.

江林纠得谷拢立为，

Jiangb liuongb jiub deib guob longd lib wenb,

江照纠竹谷桥良王。

Jiangb zhaob jiub zhub guob qiaox liangb wangb.

江林打总刚棍，

Jiangb liongb dat zongb gangt ghunt，

江照吉秋削猛。

Jiangb zhaob jib quix xiox mengb.

主家左手拿得快刀，主人右手拿得快镰。
上到山坡去找好竹，走到山上去寻好木。
砍得一根直的，找得一根好的。
扛在肩上抬回家中，抬着竹子回到家内。
劈成九块十块篾条，破成九块十块篾片。
弟子剪成长钱冥币，师郎剪成长串冥钱。
扣在九块篾片杆头，夹在九块十块杆上。
摆在祭祀堂中，插在敬祖堂内。

拢共列出窝够青抱，

Longs gongb leb chud aot gout qiongd beb，

窝考青钱。 （二指诀）

Aot kaod qiongd qianx.

列出见恩头果，

Leb chud jianb ghongx toub geut，

列没见抗头浪。

Leb met jianb kangx teub nangb.

达起出见出尼，

Das kid chud jianb chud nib，

达起出汝出虫。

Das kid chud rux chud chongx.

内腊几修能茶照几斗标， （刀诀）

Neib leas jid xiut nongb cat zhaob jid doub bioud，

窝秀到然照几柔纵。

Aox xiux daox rab zhaob jid rout zongx.

几茶苟猛几茶吉弄柔茶告斗， （磨刀诀）

Jid ceat geud mengb jid cat jib nongx rout cat ghaot dout，

吉然苟猛吉然吉弄柔然比兵。

Jib rab geud mengb jib rab jib nongx rout rab bid biongb.

猛单告就，会送告孺。 （出掌诀）

Mengb dand ghaod jus, huix songx ghaox rul.

绍陇便告斗补，

Shaox liuongd biat ghaox doub bus,

岔图照告然冬。 （砍竹诀）

Chax tux zhaox ghaox rab dongt.

都陇几没几穷告浪斗补，

Dud liuongd jid meb jid qiongx ghaox nangb doub bus,

岔图几没吉话禾绒棍冬。

Chax tux jid meb jib huax aob rongs ghunt dongt.

几江长苟，

Jid jiangb changb geud,

吉共长冬。 （抬竹诀、入掌诀）

Jib gongx changb dongt.

够陇照豆，

Geud liuongd zhaob doub,

便陇照追。

Biat liuongd zhaob zhuix.

长单大得哨吾，

Changb dand dat deib saot wut,

长送吉秋送龙。

Changb songx jib quix songx longs. （顿掌诀）

> 敬奉要做车柱车树，车梁车根。
> 要造银钱白纸，要有金币冥钱。
> 这才做成做好，做好做实。
> 于是人们找得柴刀从家中来，
> 寻得快刀从家内来。
> 先在磨岩上面磨好，
> 先在磨石上面磨利。
> 行至山坡，走到竹林。

寻竹五面山头，找木六面山尾。

砍竹没有惊动五方山脉，

伐木没有惊扰六处土地。

抬得回转，扛得回来。

竹根在前，竹尾在后。

转到屋檐底下，回到门外坪场。

内拿出见补得猛青喳内，

Neib leas chud jianb bul deb mengb qiongd cheab net，

弄力喳郎。

Nongx lis cheab liangs.

（内拿出见补得猛青喳格，

（Neib leas chud jianb bul deb mengb qiongd cheab giel，

弄力喳那。）

Nongx lis chab lias.）

告够青抱，

Ghaot gout qiongd bes，

告考青钱。

Ghaot kaod qiongd qianx.

格岭白吾白补，

Gib liongs bed wut bed bus，

格穷白补白冬。

Gib qiongx bed bus bed dongt.

格岭背固傕茶，

Gib liongs bed gus nub cat，

格穷背同傕虐。

Gib qiongx bed tongb niub nus.

告够青抱，

Ghaox gout qiongd beus，

告考青钱。

Ghaox kaod qiongd qianx.

纠八纠麻，

Jiul biab jiul mab，

纠苟纠够。

Jiul geud jiul goux.

(炯八炯麻，

(Jiongb biab jiongb mab,

炯苟炯够。)

Jiongb geud jiongb goux.)

人们做成三根车柱登天，神柱登日。

(人们做成三根车柱登星，神柱登月。)

柱底的桩，柱根的钉。

绿旗满山满水，红旗满坪满地。

绿旗柱顶竹叶，红旗柱头绿叶。[①]

柱底的桩，柱根的钉。

九块九篾，九编九条。

(九块九篾，九编九条)

注：① 竹叶、绿叶——在扎车柱花旗的时候，其竹杆顶端要留一两枝竹叶。

内再出见潮录告斗，

Neib zaix chub jianb zaox nus ghaox doud,

潮弄告香。

Zaox nongx ghaox xiangd.

公色告如，

Gongd sed ghaod rus,

傩然告柔。

Nus ranx ghaod reub.

昂斩几锐公色，

Ghangb zaib jid ruib gongd sed,

公色傩然。

Gongd sed nus ranx.

够斗出见公色纠如，

Gout dout chub jianb gongd sed jiul rus,

傩然纠柔。

Nus ranx jiul reub.

（够斗出见公色炯如，

（Gout dout chud jianb gongd sed jiongb rus,

傩然炯柔。）

Nus ranx jiongb reub.）

便斗出见公色便如，

Biat doub chud jianb gongd sed biat rus,

傩然便柔。

Nus ranx biat reub.

莎拿苟陇江林吉弄几北偷楼，

Sax leas geud longs jiangb liongs jib nongx jid beid toud loub,

江照吉弄吉走偷嘴。

Jiangb zhaob jib nongx jib zeut toud zuid.

  人们装成糯米在斗，

  黏米在升。

  糍粑成堆，供粑成柱。

  下供粑的肉，糍粑糯供。

  大桌摆好糍粑九堆，供粑九柱。

  （大桌摆好糍粑七堆，供粑七柱。）

  副桌摆好糍粑五堆，供粑五柱。

  也都摆好在这供祖的桌上，摆在敬神的桌中。

内腊将得猛见乙热内补，

Niex leas jiangx det mengb jianb yis reb neb bus,

将度乙嘎猛加以然内冬。

Jiangx dux yis gad mengb jiad yil rab neb dongt.

内腊不见白久。

Niex leas bus jianb bed jiud.

不嘎白得。

Bus gad beid deb.

猛单羊强羊枪，

Mengb dand yangs qiongb yangs qiangd,

会送羊干羊屋。

Huix songx yangs ganl yangs wus.

几洞金鸡莎江，

Jid dongs ghiongt gid sax jiangb,

吉内买卖莎空。

Jib neb maib maix sax kongx.

斗抓吉良见恩嘎格，

Doub zhuab jib lieab jiangb ghongx gead gieb,

斗尼吉良兄油那容。

Doub nib jib lieab xiongt yus lax yangs.

几江长苟，

Jid jiangb changb geud,

吉共长公。

Jib gongb changb gongt.

长单大得哨吾，

Changb dand dat deib saot wut,

长送吉秋送龙。

Changb songx jib quix songx longs.

阿偶图书写容，

Ad ghus tux shut xied yangs,

书起转嘎，

Shut kid zhuanb gieax,

书强奈那。

Shut qiangx naix leas.

冬豆最走，

Dongt deux zuib zeud,

莎最莎走。

Sad zuib sax zeud.

冬腊仇楼，

Dongt leas cheud loud,

莎走莎板。

Seax zeud sad banb.

人们带得大钱要走远方，
拿得大款要走远处。
收钱在身，拿款在手。
行至交易场中，走到贸易市内。
探听经济也喜，打问买卖也爱。
左手交去金银钱财，
右手牵得卖羊绳索。
赶着回转，牵着回来。
转到屋檐底下，回到滴水坪场。
一头供神的羊，
捆在场中，系在场内。
凡供齐备，皆齐皆备。
凡仪齐全，皆齐皆全。

吉牙——亚——夫——夫窝——夫禾——夫窝。
Jib yab—yad—fud—fud aob—fud aob—fud aob.
列够欧然浪萨，
Lieb geub out rab nangb sad,
列扑欧龙浪度。
Lieb pus out longs nangb dux.
列理欧从浪公，
Lieb lid out congs nangb gongt,
列岔欧炯浪几。
Lieb chax out jiongb nangb jid.
补然浪萨列够麻充巴代，
But rab nangb sad lieb geub mab congd bad det,
补龙浪度列扑麻然棍空。
But nongx nangb dux lieb pud mab rad ghunt kongt.

神韵——
要唱三首的歌，要讲三轮的话。
要理三层的根，要寻三道的基。
三首的歌要唱去喊巴代，

三轮的话要说去请祖师。

吉牙——亚——夫——夫窝——夫禾——夫窝。

Jib yab—yad—fud—fud aob—fud aob——fud aob.

列够欧然浪萨，

Lieb geub out rab nangb sad，

列扑欧龙浪度。

Lieb pus out longs nangb dux.

列理欧从浪公，

Lieb lid out congs nangb gongt，

列岔欧炯浪几。

Lieb chax out jiongb nangb jid.

得寿浪萨列够麻充巴代，

Deb shet nangb sad lieb geub mab congd bad det，

弄代浪度列扑麻然棍空。

Nongx det nangb dux lieb pud mab rab ghunt kongt.

神韵——
要唱"得寿"的歌，
要讲"弄代"的话。
要理"巴代"的根，
要寻"巴寿"的基。
"得寿"的歌要唱去喊巴代，
"弄代"的话要说去请祖师。

得寿喂你几苟，

Deib shout weib nit jid geud，

弄得剖炯几让。

Niongx deib bout jiongx jib rangb.

喂你喂浪萨够斗标，

Weib nit weib nangb sad goud doub bioud，

剖炯剖浪萨肥柔纵。

Bout jiongx bout nangb sad feib rout zongx.

喂你萨够喂腊你差，

Weib nit sad gout weib lab nit cat，

剖炯萨肥剖莎炯汝。

Bout jiongx sad feib bout sad jiongx rux.

昂内喂出苟伞苟茶，

Ghangb neib weib chud geud sait geud ceax，

昂弄剖嘎苟斗苟炯。

Ghangb niongx bout gad geud deib geud jiongb.

首得腊气葡剖葡乜，

Shoud deit lab qix pux bout pux nial，

首嘎莎去葡内葡骂。

Shoud gad sax qux pux neid pux max.

首得腊气得寿告见，

Shoud deit lab qix deib shout gaod jianb，

首嘎莎气弄得送嘎。

Shoud gad sax qix niongx deit songx giax.

腊尼窝鲁麻刚，

Lab nib aot lux mab gangt，

莎尼窝松麻不。

Sax nib aox songd mab bub.

弟子我住村中，师郎我居寨内。
我住我的安乐家堂，我居我的清净家殿。
我住家堂很是清吉，我居家殿十分平安。
夏季我务农耕活，冬季我打柴割草。
养儿也可承根接祖，育孙也可传宗接代。
养儿也可传承主持，育孙也可传接主祭，
都是继承祖艺，也是传承祖教。

告见列理告够，

Gaod jianb lieb lid gaod goud，

送嘎列岔背柳。

Songx gad lieb chax beid liud.

列理剖乜浪得，

Lieb lid pout niab nangb deib,

列会内骂浪苟。

Lieb huix neid max nangb geud.

内腊几查扛到充白，

Neib lab jid chab gangb daox congt beib,

内莎吉内扛到公几。

Neib sax jib neib gangb daox gongt jid.

度标达起单标单斗，

Dub bioud dab qix dand bioud dand deb,

度内否叉单纵单秋。

Dux neib woub chad dand zongb dand quix.

单标拢充喂斗得寿告见，

Dand bioud longb congd weib doub deib shet gaod jianb,

单纵拢奈剖弄告得送嘎，

Dand zongb longb naib bout niongd gaod deib songx gad,

喂莎竹洞久扣，

Weib sax zhub dongb jut ket,

剖腊竹纵久压。

Bout lab zhub zongb jut yad.

窝斗几没几庆，

Aod doub jid meib jit qet,

巴鸟几雄吉吹。

Bad niaob jid xiongt jib chuix.

不鸟洞拢候否告见，

But niaob dongb longb houx woub gaod jianb,

不弄洞空候否送嘎。

Bub niongx dongb kongt houx woub songx gad.

　　主持要理根基，主祭要找源头。
　　要理祖宗坛头，要请父母香火。
　　他们查访才得清楚，通过访问才得明白。
　　主家这才到家到户，主人他才到屋到宅。

到家来请我去给他主持，到户来迎我去给他主祭。

我大门也没关，小门也都没闭。

言辞没有推诿，嘴舌没有推辞。

嘴上答应帮他主持，口中应承帮他主祭。

达用告见列将棍空，

Dab yongx gaod jianb lieb jiangb ghunt kongt,

候内送嘎列将棍得。

Houx neib songx gad lieb jiangb ghunt deib.

棍空斗你纵寿吉标，

Ghunt kongt doub nit zongb shet jib bioud,

棍得斗炯秋得几竹。

Ghunt deit doub jiongx quix deib jid zhub.

喂斗得寿窝汝松斗，

Weib doub deib shet aot rux songd doub,

剖弄告得窝汝穷炯。

Bout niongd gaod deib aot rux qiongb jiongx.

然鸟产娥棍空莎江，

Rab niaob chant oub ghunt kongt sax jiangb,

弄奈吧图棍得莎空。

Niongx naib bax tub ghunt deib sax kongt.

喂斗得寿、

Weib doub deib shet、

斗抓没到意记送斗，

Doub zhuax meib daox yib jit songx doub,

剖弄告得、

Bout niongb gaod deib、

斗尼没到以达穷炯。

Doub nib meib daox yit dat qiongb jiongx.

勇陇穷雄、

Yongd liongl qiongx xiongt、

禾走抗闹，

Aob zeb gangb naob,

背巧穷梅，

Beit qiaot qiongd meib,

窝边雄棍。

Aob biand xiongt ghunt.

苟扛度标候不，

Geud gangb dud bioud houx bub,

叉扛度内候共。

Chat gangb dud neib houx gongx.

拢单否浪吉标几斗，

Longb dand woub nangb jid bioud jid deb,

炯送否浪几纵吉秋。

Jiongx songx woub nangb jid zongb jid quix.

答应主持先要奉请祖师出动，去帮主祭先要奉迎宗师出坛。
祖师坐在家中祖坛，宗师坐在屋内祖殿。
弟子烧起蜂蜡糠香，师郎燃起纸团火烟。
奉请千位祖师出坛也肯，奉迎百位宗师出动也应。
吾本弟子，左手拿得蜂蜡糠香，
我这师郎，右手拿得纸团火烟。
竹筒竹枥，问卜神卦。
布条神铃，击枥竹棒。
取送主家背起，拿送主人抬去。
来到主人家中，坐到主家屋内。

几长窝汝意记筻斗，

Jid changb aot rux yid jib songx doub,

得寿列充葵汝产鹅棍空。

Deit shet lieb congd kiub rux chant eb ghunt kongt.

几长窝汝依达穷炯，

Jid changb aot rux yit dat qiongx jiongb,

弄得列然傩汝吧图棍得。 （祖师诀）

Niongx deit lieb rab nub rux bax tux ghunt deib.

棍空斗你纵寿吉标，

Ghunt kongt doub nit zongb shex jib bioud,

弄得斗炯秋得记竹。

Niongx deit doub jiongx qiux deib jid zhub.

列苟送斗猛充，

Lieb geud songt doub mengb congd,

列共穷炯猛然。   （香碗诀）

Lieb gongx qiongx jiongx mengb rab.

几长窝汝意记送斗，

Jid changb aot rux yid jib songx doub,

几长然鸟葵汝产鹅棍空。

Jid changb rab niaob kiub rux chant eb ghunt kongt.

几长窝汝以打穷炯，

Jid changb aot rux yit dab qiongx jiongx,

几长弄奈录汝吧图棍得。

Jid changb niongx naib lub rux bax tux ghunt deit.

窝汝意记松斗，

Aot rux yid jid songx doub,

柔汝依打穷炯。   （香碗诀）

Roub rux yit dat qiongx jiongb.

产棍几没然鸟，

Chanx ghunt jid meib rad niaob,

吧母几没弄奈。

Bax mud jid meib nongd naix.

列拢然鸟——   （各宫口的祖师诀）

Lieb liongb rad niaob—

然鸟太棍共米、

Rab niaob tait gunt gongx mit、

公加、首关、四贵，   （巳宫、辰宫、酉宫、寅宫诀）

Gongd jiad、shoud guand、six giux,

太棍米章、巴高、国峰、明鸿， （午宫、戌宫、巳宫、卯宫诀）

Taix gunt mit zhuangd、bad gaod、guob fengd、mingb hongx,

太棍仕贵、后保，   （巳宫、申宫诀）

Tait gunt shid giux、houx baod,

苟太光珍、勇贤、　　　　　　　　　　　（申宫、戌宫诀）

Goud taix guangd zhengd、yongd xianb、

光三、老七、跃恩，　　　　　　　（卯宫、巳宫、申宫诀）

Guangd sand、laod qib、yiex engd,

苟太席乙、江远、林花、老苟、　（未宫、卯宫、子宫、午宫诀）

Goud taib xib yix、jiangd yand、linb huad、laod goud、

共四、老弄、　　　　　　　　　　　　（辰宫、寅宫诀）

Gongx six、laod nongt、

千由、天才、炯容、同兰，　　（丑宫、巳宫、酉宫、亥宫诀）

Qiand youb、tianb caib、jiongx rongb、tongb lan,

苟太强贵、龙贵、　　　　　　　　　　（亥宫、丑宫诀）

Goud taib qiangb giux、longb giux、

光合、冬顺、得水，　　　　　　　（卯宫、申宫、未宫诀）

Guangd hob、dongd shunx、deib shiut,

苟剖双全，苟剖长先，　　　　　　　（未宫、午宫诀）

Goud bout shuangd quanb, goud bout changb xiand,

苟打二哥、那那……　　　　　　　　　（酉宫、辰宫诀）

Goud dad erx ged、nat nat…

补谷阿柔告寿，

But guot ad roub gaot shout,

补谷欧柔告德。

But guob out roub gaot deit.

补产葵忙告见，

But chanx kuib mangb gaot jianb,

抓葡几最吉走。

Zhuad pux jid zuib jib zoub.

补吧录忙送嘎，

But bad lub mangb songx gad,

寿葡吉走吉板。

Shoux pux jid zoub jib banb.

浪喂声然照修打便郎得，

Nangb weib shongt rad zhaob xiud dat biant liangd deib,

浪喂声然照闹打绒郎秋。

Nangb weib shongt rad zhaob laox dad rongb liangb qiud.

照修纵寿吉标，

Zhaob xiut zongb shoux jib bioud,

照闹秋得记竹。　　　　　　　　　　（降神诀）

Zhaob laox qiud deib jid zhub.

照修补谷补涌提仲，

Zhaob xiud but guob but yongd tib zongb,

照闹补谷补肥图岭。　　　　　　　　（下降布条诀）

Zhaob laox but guob but fenb tub liuongb.

照修达香，

Zhaob xiut dab xiangd,

照闹达穷。

Zhaob laox dab qiongx.

就——

Jiux—

补热声棍，

But reb shongt gunt,

拢单纵寿吉标。　　　　　　　　　　（坐坛诀）

Liongb dand zongb shoux jib bioud.

补然弄猛，

But rad nongd mengb,

拢送吉秋照拿。　　　　　　　　　　（坐殿诀）

Liongb songx jib qiud zhaob nab.

拢单你瓦意记送斗，

Liongb dand nit wab yit jid songx doub,

炯龙以打穷炯。　　　　　　　　　　（香炉诀）

Jiongx longb yit dat qiongx jiongx.

你瓦喂斗得寿，

Nit wab weib doub deib shoux,

炯龙剖弄告得。　　　　　　　　　　（绕祖诀）

Jiongx longb boub nongd gaod deib.

几达然鸟埋列嘎修，

Jid dab rad niaox maib lieb gad xiut,

吉炯达奈埋列嘎闹。

Jib jiongx dab naix maib lieb gad laox.

　　神韵——
　　诚心焚烧蜂蜡糠香，弟子要请尊敬的千位宗师。
　　诚意焚燃纸团火烟，师郎要请尊贵的百位祖师。
　　宗师坐在家中祖坛，祖师坐在家内祖殿。
　　要烧宝香去请，要用香烟去迎。
　　虔诚焚烧纸团宝香，虔诚奉请弟子的千位祖师。
　　虔诚烧起蜂蜡宝烟，虔诚奉迎师郎的百位宗师。
　　焚烧蜂蜡糠火，燃起纸团糠烟。
　　要来奉请——
　　奉请祖太共米、共甲、仕官、首贵，
　　祖太明章、巴高、国峰、明鸿，
　　祖太仕贵、后宝，
　　祖太光朱、勇贤、光三、老七、跃恩，
　　祖太席玉、江远、林华、老苟、共四、老弄、
　　千有、天财、进荣、腾兰，
　　祖太强贵、隆贵、光合、冬顺、得水，
　　叔公双全，祖公长先，
　　外祖二哥、大大……
　　三十一代祖师，三十二代弟子。
　　三千交钱祖师，查名皆齐皆遍。
　　三百度纸宗师，点字皆遍皆全。
　　闻我奉请暂离上天大堂，听我奉迎暂别天宫大殿。
　　暂离家中祖坛，暂别家内师殿。
　　暂离三十三块布条，暂别三十三块布幔。
　　暂离香炉，暂别香碗。
　　神韵——
　　三咏神腔，来到信士祭祖场中。
　　三吟神韵，来临户主敬神堂内。
　　来到安享纸团宝香，来临安受蜂蜡糠烟。
　　拥护吾本弟子，守护我这师郎。

同日有请你们莫起，同时有奉你们莫去。

内没见恩头果，

Neib meib jianb engb tel guot,

见抗头浪。

Jianb kangx tel nangb.

几窝尼头尼抗，

Jid aot nib tel nib kangx,

窝拢尼见尼嘎。

Aot liongb nib jianb nib gad.

到见苟猛几白，

Daox jianb goud mengb jid baib,

到嘎苟猛吉炯。

Daox gad goud mengb jib jiongb.

修照埋浪热洞热恩，

Xiut zhaob maib nangb reb dongb reb engb,

见照埋浪热光热量。

Jianb zhaob maib nangb reb guangd reb liangx.

埋列拢斗得寿告见，

Maib lieb liongb dout deib shoux gaod jianb,

莎列拢弄告得送嘎。

Sax lieb liongb nongt gaod deib songx gad.

斗抓埋你，

Doub zhuab maib nit,

斗尼埋炯。

Doub nit maib jiongx.

告见扛单，

Gaod jianb gangb dand,

送嘎扛送。

Songx gad gangb songx.

列休喂斗得寿，

Lieb xiut weib doub deib shout,

归先归得。

Guid xiand giud deib.

候然剖弄告得，

Hex rad boub nongd gaod deib,

归木归嘎。 （莲华诀）

Guid mub giud gad.

修照阿谷呕奶酷绒麻冬几图，

Xiud zhaob ad guob out leit kud rongb mab dongt jid tub,

然照阿谷呕奶酷便麻汝吉浪。 （藏身诀）

Rad zhaob ad guob out leit kud biant mab rux jid nangb.

主人有纸钱冥币，纸帛冥钱。

不烧是纸是帛，烧了是钱是财。

得财拿去共分，得钱拿去共用。

收在金仓银仓，入在金库银库。

你们要和弟子交钱，都要与吾师郎度纸。[1]

拥在左边，护在右旁。

交钱得到，度纸得达。

收起我的正魂本命，三魂七魄。

收在一十二个深洞之中，藏在一十二个好洞之内。

注：① 交钱、度纸——宗教术语，主持祭祀仪式的意思。下句的"交钱得到，度纸得达"指敬送祖神的这些供品要如数交到祖神的手中，意为要让主家达到敬神之目的。

几长窝汝意记耸斗，

Jid changb aot rux yid jib songx doub,

得寿列充葵汝产鹅棍空。

Deit shet lieb congd kiub rux chant eb ghunt kongt.

几长窝汝依达穷炯，

Jid changb aot rux yit dat qiongx jiongb,

弄得列拢然鸟傩汝吧图棍得。 （祖师诀）

Niongx deit lieb longb rab niaob nub rux bax tux ghunt deib.

然鸟补谷阿柔告寿，

Rab niaob but guot ad reub gaot shet,

补谷欧柔告德。

But guob out reub gaot deit.

补产葵忙告见，

But chanx kiub mangb gaot jianb,

补吧录忙送嘎，

But bad lub mangb songx gad,

抓葡几最吉走。

Zhuad pux jid ziub jib zoub.

寿葡吉走吉板。

Shoux pux jid zoub jib banb.

　　诚心焚烧蜂蜡糠香，弟子要请尊敬的千位宗师，
　　诚意焚燃纸团火烟，师郎要请尊贵的百位祖师。
　　三十一代祖师，三十二代弟子。
　　三千交钱祖师，查名皆齐皆遍。
　　三百度纸宗师，点字皆遍皆全。

然鸟绒魁龙贵洞庆，

Rab niaob rongb kiub longb guix dongd qinx,

弄奈成久长先补玛。

Longb naix chenb jiud changb xiand bub mual.

休鸟喂然埋浪，

Xut niaob weib ranb maib nangb,

然弄喂奈埋洞。

Rab longb weib naix maib dongx.

得寿架格腊咱，

Deit shet jid giet lab zad,

弄得查梅腊干。

Nongd deit chab meib lab ganb.

棍空斗你喂浪打篓，

Ghunt kongt doub nit weib nangb dat let,

棍得斗炯喂浪达比。

Ghunt deit doub jiongx weib nangd dab bid.

斗你喂浪达起几图，

Doub nit weib nangb dab kid jid tub,

斗炯喂浪达写吉郎。

Doub jiongx weib nangd dab xie jib nangb.

埋自尼剖，

Maib zix nib bout,

剖自尼埋，

Bout zit nib maib,

埋尼喂浪打楼达起，

Maib nib weib nangb dat let dat qit,

喂尼埋浪吉久几得。

Weib nib maib nangd jib jud jid deib.

埋告穷向闹达，

Maib gaob qiongx xiangt laox dab,

埋油穷头拢单。

Maib youb qiongx teb liongb dand.

拢单号弄几图，

Longb dand haox nongd jid tub,

拢送号炯吉浪。

Longb songx haox jiongx jib niangb.

几油喂浪声棍扛见，

Jid youb weib nangd shongt ghunt gangb jianb,

吉候喂浪弄母扛拿。

Jib houx weib nangd niongx mux gangb nab.

喂拢告见莎单，

Weib longb gaot jianb sax dand,

喂拢送嘎莎送。

Weib longb songx gad sax songx.

喂扑产固莎见，

Weib pud chant gut sax jianb,

喂出吧汉莎尼。

Weib chux bax hanx sax nib.

奉请绒魁龙贵洞冲，奉迎成久长先洞寨。

我讲你们得听，我说你们得闻。

弟子闭眼观想，师郎抬眼观看。

祖师都在我的脑海，祖师坐在我的脑门。

祖师在我心念之中，宗师在我意念之内。

你们就是我们，我们就是你们。

你们就是我们的心脑神魂，我们就是你们的身体骨肉。

你们纵那香烟飘到，你们随那烟雾降临。

来到我们中间，来临我们中内。

帮助我的神腔娓娓，帮助我的神辞朗朗。

我今主持也准，我来主祭也灵。

我说千种也应，我做百样也验。

吉斗吉追莎尼棍得。

Jib deb jib zhuix sax nib ghunt deib.

几客几娄莎尼棍空，

Jid kied jib neb sax nib ghunt kongt,

客猛把抓，

Kied mengb bad zhuax,

休最出踏。

Xut zuib chud tax.

客猛巴尼，

Kied mengb beab nib,

休最提提。

Xut zuib tib tib.

棍空候喂出空，

Ghunt kongt houx weib chud kongt,

棍得候喂出卡。

Ghunt deit houx weib chub kat.

棍空候喂出林，

Ghunt kongt houx weib chud liongb,

棍得候喂出雄。

Ghunt deit houx weib chud xiongb.

棍空列拢出见出尼，

Ghunt kongt lieb longb chud jianb chud nib，

棍得列拢出中出汝。

Ghunt deit lieb longb chud zhongd chud rux.

棍空候喂吉蓄西包打鸟吉弄扛虫，

Ghunt kongt houx weib jib xud xid bet dat niaob jib nangb gangb chongx，

棍得候喂吉蓄那嘎达梅吉弄扛拿。

Ghunt deit houx weib jib xud nab gad dab meib jib nongb gangb nab.

棍空出见出中，

Ghunt kongt chud jianb chud zhongd，

棍得出中出汝。

Ghunt deit chud zhongd chud rux.

往前看去都是祖师，往后看去都是宗师。

看向左边，站齐成排，

看向右边，站齐成团。

祖师帮我神诀，宗师帮我神咒。

祖师帮我做大，宗师帮我做强。

祖师要来做成做到，宗师要来做准做好。

祖师要帮加持仪式程序送稳，

宗师要帮护持法事仪程送当。

祖师做成做准，宗师做准做到。

棍空几叟拢单几图，

Ghunt kongt jid seut longs dand jid tus，

棍得吉研拢送吉浪。

Ghunt deb jib ghanb longs songx jib nlangb.

拢单喂列扑内，

Longs dand web lieb pus neb，

拢送喂列扑扛。

Longs songx web lieb pus gangb.

扑内格岭白吾白补，

Pus neb gib liongl bed wut bed bus，

格穷白补白冬。

Gib qiongx bed bus bed dongt.

扑内几北偷楼，

Pud neb jid beb toud loub,

吉走偷嘴。 （供神大桌）

Jib zeud teut zuid.

纠奶达齐这汝，

Jius let dat qit zheux rux,

纠图达恩泻格。 （九只碗）

Jius tux dat ghongx xiex gieb.

（炯奶达齐这汝，

（Jiongb let dat qit zheux rux,

炯图达恩泻格。） （七只碗）

Jiongb tux dat ghongx xiex gieb.）

潮录告斗，

Zaox lus ghaox doub,

潮弄告香。

Zaox nongx ghaox xiangd.

公色告如，

Gongd sed ghaox rus,

傩然告柔。

Nus rad ghaox reub.

昂斩几锐公色，

Ghangb zaib jid ruib gongd sed,

公色傩然。

Gongd sed nus rad.

够斗出见公色纠如，

Gout doub chub jianb gongd sed jius rus,

傩然纠柔。

Nus ranx jius reub.

（够斗出见公色炯如，

（Gout doub chub jianb gongd sed jiongx rus,

傩然炯柔。）

Nus ranx jiongb reub.)

便斗扑内公色便如，

Biat doub pud neb gongd sed biat rub,

傩然便柔。

Nus ranx bat reub.

图书写容。

Tus shut xied yongs.

（比尼麻林，

（Bid nieb mab liongs,

比油麻章。）

Bid yus mab zhuangb.)

意记送斗，

Yid jib songx doub，

以达穷炯。

Yit dat qiongx jiongb.

勇陇穷雄，

Yongd longs qiongx xiongd，

禾走抗闹，

Aob zout kangx niaol，

穷梅雄棍。

Qiongx meb xiongt ghunt.

扑内苟扛葵汝产鹅棍空，

Pud neb geud gangb kuib rux chant eb ghunt kongt，

扑内苟扛傩汝吧图棍得。

Pud neb geud gangb nub rux bax tux ghunt deib.

几最奶江，

Jid zuib let jiangb，

埋汉莎江。

Maib hanx sax jiangb，

几最奶久，

Jid zuib let jus，

埋汉莎久。

Maix hanx sax jus.

汝江汝久，

Rux jiangb rux jus,

汝久汝板。

Rux jus rux banb.

江久吉相扛服，

Jiangx jus jid xiangd gangb fus,

江半吉相扛龙。

Jiangx banb jid xiangd gangb longb.

宗师喜悦来到这里，
祖师喜欢来临此间。
到此我要说清，到边我要讲明。
讲这绿旗满山满水，红旗满坪满地。
祭祖供桌，敬神供案。
九只好碗净碗，九个金碗银碗。
（七只好碗净碗，七个金碗银碗。）
糯米在斗，黏米在升。
糍粑成堆，供粑成柱。
下供粑的肉，糍粑糯供。
糍粑九堆，供粑九柱。
（糍粑七堆，供粑七柱）
糍粑供粑五柱。供神的羊。
蜂蜡糠香，纸团糠烟。
竹柝神筒，问事骨卦，招请铜铃。
讲此来让尊贵的千位祖师，
说此来让高贵的百位师尊。
齐皆欢喜，你们皆喜。
齐皆喜爱，你们皆爱。
好欢好喜，好喜好爱。
喜了还未给喝，爱了还未送吃。

江久葵汝求猛扑内，

Jiangb jub kuib rux qiux mengb pud neib,

江板录汝求猛扑扛。

Jiangb banb lub rux qiux mengb pud gangb.

扑内格岭白吾白补，

Pub nieb gieb liongb biab wud biab pub,

格穷白补白冬。

Gieb qiongb biab bub biab dongt.

扑内几北偷楼，

Pub nieb jid biab toub loub,

吉走偷嘴。

Jid zoub toub zuis.

纠奶达齐这汝，

Jiub lias dab qib zheb rub,

纠图达恩泻格。

Jiub dub dad ghongx xieb ghiax.

（炯奶达齐这汝，

（Jiongb lias dab qib zheb rub,

炯图达恩泻格。）

Jiongb dub dad ghongx xieb ghiax. ）

潮录告斗，

Chaob nub gaot dout,

潮弄告香。

Chaob nongd gaot xiangt.

公色告如，

Gongx sed gaot rub,

傩然告柔。

Nub rab gaot roux.

昂斩几锐公色，

Ghangb zhad jid ruit gongb sed,

公色傩然。

Gongb sed nub rab.

够斗出见公色纠如，

Goub dout chub jianb gongb sed jiub rub,

傩然纠柔。

Nub rab jiub roux.

（够斗出见公色炯如，

（Goub dout chub jianb gongb sed jiongb rub,

傩然炯柔。）

Nub rab jiongb roux.）

便斗扑内公色便如，

Biat dout bub nieb gongt sed biat rub,

傩然便柔。

Nub rab biat roux.

图书写容。

Tux shub xieb yongb.

（比尼麻林，

（Bid nib mab liongx,

比油麻章）

Bid yout mab zhuangb）.

意记送斗，

Yid jid songb dout,

以达穷炯。

Yid das qiongx jiongb.

勇陇穷雄，

Yongd longb qiongb xiongd,

禾走抗闹，

Aob zous kangb naob,

穷梅雄棍。

Qiongt mieb xiongd ghunt.

扑内苟扛葵汝产鹅棍空。

Bub nieb geud gangb ghuib rub chant eb ghunt kongt.

几最奶江，

Jid zuid liet jiangd,

埋汉莎江。

Mand haib seax jiangd.

几最奶久，

Jid zuid liet jud,

埋汉莎久。

Mand haib seax jud.

汝江汝久,

Rub jiangd rub jud,

汝久汝半。

Rub jud rub biad.

江久吉相扛服,

Jiangd jud jib xiangt gangb fub,

江板吉相扛能。

Jiangd biad jib xiangt gangb nongx.

江久葵汝求猛扑内,

Jiangd jud ghuix rub qiub mengb pub niex,

江板录汝求猛扑扛。

Jiangd biad nub rub qiub mengb pub gangb.

扑内格岭白吾白补,

Pub nieb gieb liongb biad wud biad bub,

格穷白补白冬。

Gieb qiongb biad bub biad dongt.

扑内几北偷楼,

Pub nieb jid biab toub loub,

吉走偷嘴。

Jid zoub toub zuis.

纠奶达齐这汝,

Jiub lias dab qib zheb rub,

纠图达恩泻格。

Jiub dub dad ghongx xieb ghiax.

(炯奶达齐这汝,

(Jiongb lias dab qib zheb rub,

炯图达恩泻格。)

Jiongb dub dad ghongx xieb ghiax.)

潮录告斗,

Chaob nub gaot dout,

潮弄告香。

Chaob Nongd gaot xiangt.

公色告如，

Gongx sed gaot rub，

傩然告柔。

Nub rab ghaox roux.

昂斩几锐公色，

Ghangb zhad jid ruit gongb sed，

公色傩然。

Gongb sed nub rab.

够斗出见公色纠如，

Goub dout chub jianb gongb sed jiub rub，

傩然纠柔。

Nub rab jiub roux.

（够斗出见公色炯如，

（Goub dout chub jianb gongb sed jiongb rub，

傩然炯柔。）

Nub rab jiongb roux.）

便斗扑内公色便如，

Biat dout bub nieb gongt sed biat rub，

傩然便柔。

Nub rab biat roux.

图书写容。

Tux shub xieb yongb.

（比尼麻林，

（Bid nib mab liongx，

比油麻章。）

Bid yout mab zhuangb.）

意记送斗，

Yid jid songb dout，

以达穷炯。

Yid das qiongx jiongb.

勇陇穷雄，

Yongd longb qiongb xiongd，

禾走抗闹，

Aob zous kangb naob,

穷梅雄棍。

Qiongt mieb xiongd ghunt.

扑内苟扛拔竹林豆几内，

Pub nieb geud gangb bas zhux liongx deux jid niet,

浓竹林且吉虐。

Nongb zhux liongx qied jis niub.

（扑内苟扛拔竹林豆布目，

（Pub nieb geud gangb bas zhux liongx deux bub mus,

浓竹林且则厄。）

Nongb zhux liongx qied zex eb.）

几最奶江，

Jid zuid liet jiangd,

埋汉莎江。

Mand haib seax jiangd.

几最奶久，

Jid zuid liet jud,

埋汉莎久。

Mand haib seax jud.

汝江汝久，

Rub jiangd rub jud,

汝久汝半。

Rub jud rub biad.

江久吉相扛服，

Jiangd jud jib xiangt gangb fub,

江板吉相扛能。

Jiangd biad jib xiangt gangb nongx.

江久要先几最炯先麻头几初，

Jiangd jud yaob xianb jid zuix jiongb xianb mab toux jid chub,

江板要木吉候炯木麻汝吉仰。

Jiangd biad yaob mub jid houb jiongb mub mab rub jis yangb.

喜了祖师上去表明，爱了宗师上去讲清。

讲这绿旗满山满水，红旗满坪满地。

祭祖供桌，敬神供案。

九只好碗净碗，九个金碗银碗。

（七只好碗净碗，七个金碗银碗。）

糯米在斗，黏米在升。

糍粑成堆，供粑成柱。

下供粑的肉，糍粑糯供。

糍粑九堆，供粑九柱。

（糍粑七堆，供粑七柱。）

糍粑五堆，供粑五柱。

供神的羊。

蜂蜡糠香，纸团糠烟。

竹柝神筒、问事骨卦、招请铜铃。

讲此来让最古的女车祖，最老的男车神。

齐皆欢喜，你们皆喜。

齐皆喜爱，你们皆爱。

好欢好喜，好喜好爱。

喜了还未给喝，爱了还未送吃。

喜了少气帮助赐那生气来加，少福帮助赐那洪福来添。

吉哟——亚——夫——夫窝——夫窝——夫窝。

Jid yox—yad—fud—fud aob—fud aob—fud aob.

列够比然浪萨，

Lieb goux bid rax nangd sead,

列扑比龙浪度。

Lieb pub bid longb nangd dub.

列理比龙浪公，

Lieb lid bid longb nangd gongt,

列岔比烔浪儿。

Lieb chab bid jiongb nangd jid.

比然浪萨列够烔先，

Bid rax nangd sead lieb goux jiongb xianb,

比龙浪度列扑炯木。

Bid longb nangd dux lieb pub jiongb mub.

> 神韵——
> 要唱四首的歌，要讲四轮的话。
> 要理四层的根，要寻四道的基。
> 四首的歌要唱保气，四轮的话要说保福。

（四）炯先炯木·**Jiongb xiand Jiongb mub**·保佑福寿

炯先阿标林休——

Jiongb xiand ad bioud liuongb xut—

比就你茶，

Bit jux nit cat,

便就炯汝。

Biat jux jiongx rux.

比就你茶到汝先头，

Bit jux nit cat daox rux xiand toub,

便就炯汝到头木汝。

Biat jux jiongx rux daox toub mub rux.

虐内龙锐阿晚、

Nub neib longb ruit ab wanb、

几扛奶冬奶良，

Jid gangb leit dongt leit liangb,

虐弄龙列阿借、

Nub nongd longb lieb ab jiex、

几扛奶差奶抱。

Jid gangb leit chat leit baox.

得拔汝见然拿然为，

Deit bab rux jianb rad nab rad weib,

得浓汝加然达然这。

Deib niongx rux jiad rab dab rab zheux.

抄昂列扛够苟，

Chat ghangb lieb gangb geud geb，

将狗列扛够绒。

Jiangx guoud lieb gangb goud rongb.

你拢几扛斩莎斗标，

Nit longb jid gangb zait sad doub bioud，

炯拢几扛斩肥柔纵。

Jiongx longb jid gangb zait feib rout zongb.

你拢几吼吉标汝见声陇，

Nit longb jib houb jib bioud rux jianb shongt longl，

炯拢吉话几竹汝加陇朋。

Jiongx longb jib huax jid zhub rux jiad longl bengx.

炯先阿标林休——

Jiongx xiand ad bioud liuongb xut—

你气葡剖葡娘，

Nit qix pux boub pub niangb，

炯气葡内葡玛。

Jiongx qix pux neib pub max.

你气禾柔斗补，

Nit qix aot reub doub bub，

炯气禾图然冬。

Jiongx qix aot tub rad dongt.

你气冬林夯公，

Nit qix dongt liuongb hangb gongt，

炯气绒善夯踏。

Jiongx qix rongb shait hangb tax.

炯先阿标林休，

Jiongb xiand ad bioud liuongb xut，

几最莎到先头。

Jid zuib sad daox xiand toub.

良木阿竹共让，

Liangb mux ad zhub gongx rangx，

几最莎到木汝。

Jid zuix sad daox mub rux.

炯先炯汉先头，

Jiongb xiand jiongb hanx xiand toub，

炯木炯汉木汝。

Jiongb mub jiongb hanx mub rux.

先头炯猛产豆，

Xiand toub jiongb mengb chant deux，

木汝炯猛吧就。

Mub rux jiongb mengb bax jux.

炯先产豆、

Jiongb xiand chant deux、

先头你猛产豆，

Xiand toub nit mengb chant deux，

炯木吧就、

Jiongd mub bad jux、

木汝炯猛吧就。

Mux rux jiongx mengb bax jux.

久抓久头，久稍久热。

Jub zhuab jub toub，jub xiaod jub reb.

留气一家大小，
年头清吉，年尾平安。
年头清吉居得生气，年尾平安坐得长命。
热天吃菜一锅、不许有病有疾，
冷天吃饭一甑，不许有病有患。
女儿多如塘内莲藕，男儿多似柜内的碗堆。
攒肉要送登坡，放狗要送登岭。
居来不送冷屋冷房，坐来不送冷房冷宅。
居来热闹家中如同鼓响，坐来响动宅内好似鼓鸣。
留气一家大小，
居来光宗耀祖，坐来荣母耀父。
居如古老大岩，坐如古老大树。

居如大川大坝，坐如高山大地。
保得一家大小，完全皆得长寿。
佑得一屋老幼，完全皆得洪福。
留气要留长命富贵，赐福要赐齐天洪福。
长命居得千年，洪福坐过百岁。
留气千年、长气居过千年，
赐福百岁、洪福坐过百岁。
不落不脱，不松不掉。

炯先见恩吉标，
Jiongb xiand jianb ghongx jib bioud，
良木嘎格几竹。
Liab mub gad gied jid zhub.
汝恩汝格，
Rux ghongx rux gieb，
汝见汝嘎。
Rux jianb rux gad.
汝恩汝格白矮白纵，
Rux ghongx rux gieb beid ait beid zongb，
汝见汝嘎白斗白冲。
Rux jianb rux gad beid doub beid chongx.
秋岁麻汝禾召，
Quid suit mab rux aot zhaob，
秋萨麻汝禾雷。
Quid sad mab rux aot leix.
向头向奶，
Xiangt teb xiangt leix，
向牙向羊。
Xiangt yab xiangt yangb.
崩冬崩量，
Bengd dongt bengd liangb，
兄卡列先。
Xiongd keax lieb xiant.

见拢几苗，

Jianb longb jid mueb,

补公比吹报标。

But gongt bid chuid baob bioud.

嘎拢吉麻，

Gad longb jib mab,

补公比吹便然报竹。

But gongt bid chuid biat rad baob zhub.

见拢拿尼见空，

Jianx longb nab nib jianb kongt,

嘎拢拿尼嘎岭。

Gad longb nab nib gad liongx.

苟达送见几初，

Geud dab songx jianb jid chud,

苟炯送嘎吉仰。

Geud jiongx songx gad jib yangb.

炯先见恩吉标——

Jiongb xiand jianb ghongx jib bioud—

苟照喳大斗标，

Geud zhaob chab dat doub bioud,

几最莎到先头。

Jid zuix sax daox xiand toub.

良木嘎格几竹——

Liab mub gad gied jid zhub—

苟照丧偷柔纵，

Geud zhaob sangd toub reub zongx.

几最莎到先头。

Jid zuib sad daox xiand toub.

良木阿竹共让，

Liangb mux ad zhub gongx rangx,

几最莎到木汝。

Jid zuix sad daox mub rux.

炯先炯汉先头，

Jiongb xiand jiongb hanx xiand toub,

炯木炯汉木汝。

Jiongb mub jiongb hanx mub rux.

先头炯猛产豆，

Xiand toub jiongb mengb chant deux,

木汝炯猛吧就。

Mub rux jiongb mengb bax jiux.

炯先产豆、

Jiongb xiand chant deux、

先头你猛产豆，

Xiand toub nit mengb chant deux,

炯木吧就、

Jiongd mub bad jux、

木汝炯猛吧就。

Mux rux jiongx mengb bax jux.

久抓久头，久削久热。

Jub zhuab jub toub, jub xiaod jub reb.

　　留气家中银财，佑福屋内金宝。
　　好金好银，好钱好财。
　　好金好银满罐满坛，好钱好财满手满得。
　　首饰大好大块，银饰大好大套。
　　长的短的，美的华的。
　　发光发亮，衣丰食足。
　　白财涌来三路四道进家，大宝涌来三路四道五方进门。
　　财来也是白财，宝来也是富价。
　　左路涌钱来加，右道涌财来添。
　　保得家中银财、
　　保在家中银仓、完全皆得盈满，
　　佑得户内金宝、
　　保在户内金库、完全皆得盈登。
　　留气要留长命富贵，赐福要赐齐天洪福。
　　长命居得千年，洪福坐过百岁。

留气千年、长气居过千年，
赐福百岁、洪福坐过百岁。
不落不脱，不松不掉。

炯先大书达收，
Jiongb xiand dat shut dab shoud,
炯木打首达嘎。
Jiongb mub dab shoud dat giat.
达书达收白重白扣，
Dab shud dat shout beid chongb beid ket,
打首达嘎白忙白强。
Dat shout dat giat beid mangb beid jiangx.
几不吉数，
Jid bub jib sud,
出忙出强。
Chub mangb chub qiangx.
龙尼忙油、
Longb nieb mangb yout、
良木龙狗忙爬、
Liax mub longb guoud mangb pax、
龙力忙梅、
Longb lib mangb meib、
龙容忙麻。
Longb rongb mangb mab.
尼抱吉标、
Nieb baob jib bioud、
汝见如柔如金，
Rux jiant rub rout rub giuongd,
油抱几竹、
Yout baob jid zhub、
汝加孺图孺陇。
Rux jiad rut tux rud liongl.
几照扛锐腊林腊章，

Jid zhaob gangb ruit lab liuongb lab zhuangb,

几照扛列腊炯腊壮。

Jid zhaob gangb lieb lab jiongb lab zhuangx.

尼共挂猛打豆,

Nieb gongt guax mengb dat deux,

油先求送吉仰。

Youb xiand qiux songx jib yangb.

阿中扣力、

Ad zhongb ket lib、

纠中谷中扣力,

Jiub zhongb guob zhongb ket lib,

阿吹扣报、

Ad chuid ket baob、

纠吹谷吹扣报。

Jiub chuid guob chuid ket baob.

斗偶列扛毕包,

Doub wub lieb gangb bib baot,

斗洽列扛楼归。

Doub qiead lieb gangb loud guid.

炯先龙尼忙油——

Jiongb xiand longb nieb mangb youb—

苟照补中、

Geud zhaob but zhongb、

几最莎到先头,

Jid zuix sax daox xiand toub,

良木龙狗忙爬——

Lial mub longb guoud mangb pax—

苟照补嘴、

Geud zhaob but zuid、

几最莎到先头。

Jid zuib sad daox xiand toub.

良木阿竹共让,

Liangb mux ad zhub gongx rangx,

几最莎到木汝。

Jid zuix sad daox mub rux.

炯先炯汉先头，

Jiongb xiand jiongb hanx xiand toub，

炯木炯汉木汝。

Jiongb mub jiongb hanx mub rux.

先头炯猛产豆，

Xiand toub jiongb mengb chant deux，

木汝炯猛吧就。

Mub rux jiongb mengb bax jiux.

炯先产豆、

Jiongb xiand chant deux、

先头你猛产豆，

Xiand toub nit mengb chant deux，

炯木吧就、

Jiongd mub bad jux、

木汝炯猛吧就。

Mux rux jiongx mengb bax jux.

久抓久头，久削久热。

Jub zhuab jub toub，jub xiaod jub reb.

留气六畜牛马，佑福养牲群畜。

六畜牛马满栏满殿，养牲群畜满群满邦。

成群结队，成邦成砣。

水牯牛群，狗群猪群。

驴群马群，羊群畜群。

水牯卧在栏中，如同大岩大石。

黄牛卧在栏内，好似林木竹园。

不要喂食自大自长，不要喂料自肥自壮。

老牛老了过去，新牛马上替换。

一栏关驴、九栏十栏关驴，

一栏关进、九栏十栏关进。

牛只要送发旺，畜群要送发登。

保得水牯牛群、保在栏中、完全皆得满栏，
保佑狗群猪群、保在圈内、完全皆得满圈。
留气要留长命富贵，赐福要赐齐天洪福。
长命居得千年，洪福坐过百岁。
留气千年、长气居过千年，
赐福百岁、洪福坐过百岁。
不落不脱，不松不掉。

炯先麻服麻能，

Jiongb xiand mab fud mab nongb，

良木麻口麻抽。

Lial mub mab koud mab chex.

够就能元能包，

Goub jux nongb yuanb nongb beb，

便就能疏能仗。

Biat jux nongb sut nongb zhuangb.

归楼归弄，

Guit noub guit nongx，

良木归录归炸。

Lial mub guit lub guit zax.

归楼服江，

Guit noub fub jiangb，

归弄服迷。

Guit nongx fub mib.

当内内苟猛标猛求，

Dangd neib neib geud mengb bioub mengb qiub，

当就内苟猛便猛照。

Dangd jux neib geud mengb biab mengb zhaob.

标猛打豆、

Bioub mengb dat deux、

猛单产谷产够，

Mengb dand chant guob chant gout，

便猛浪路、

Biab mengb liangb lux、

猛单吧谷吧竹。

Mengb dand bax guob bax zhub.

那便收沙、

Nab biat shout shat、

锐哈冬久,

Ruit had dongt jub,

那照吉内、

Nab zhaox jib neib、

锐同莎板。

Ruit tongb sax banb.

补路久斗鲁锐鲁够,

But lux jub doub lux ruit lux gout,

比路久斗鲁猛鲁浓。

Bit lux jub doub lux mengb lux niongx.

敏从才才够苟,

Miongt congb caix caix gout geud,

明汝襄让够绒。

Miongb rux rangx rangx gout rongb.

得忙候散内西猛克,

Deib mangb houx said neib xid mengb kied,

汝见帮录,

Rux jianb bangx lub,

度忙喂茶告忙猛梦,

Dux mangb weib chab gaob mangb mengb mengx,

汝加帮染。

Rux jiad bangx ras.

要奶照奶儿初,

Yaox leib zhao leib jid chub,

要旧照旧吉仰。

Yaox jiub zhaob jiub jib yangb.

那炯先单,

Nat jiongb xiand dand,

那乙先送。

Nat yib xiand songx.

奶楼汝见奶沙，

Leit noub rux jianb leit shad,

奶弄汝加奶白。

Leit nongx rux jiad leit beid.

归楼咱半嘎崩，

Guit noux zad band gad bengb,

归弄咱几嘎洽。

Guit nongx zad jid gad qiax.

咱半寿报半你，

Zad banb shout baob banb nit,

咱几寿报几炯。

Zad jid shout baob jit jiongx.

扛内江楼锐锐长苟，

Gangb neib jiangb loub ruit ruit changb geud,

江弄让让长公。

Jiangb nongx rangx rangx changb gongt.

江楼拢粗，

Jiangb loub longb cud,

呕奶补奶热杂够豆，

Out leit but leit reb zab goub deux,

江楼拢粗。

Jiangb loub longb cul.

呕图补图热板比兵。

Out tub but tub reb banb bid biongb.

打豆他崩他中，

Dat deux tax bengb tax zhongb,

打便他高他太。

Dat biat tax gaod tax teix.

产内腊龙几娘到见，

Chant neib lab liongb jid niangb daox jianb,

吧内腊龙几娘到嘎。

Bad neib lab longb jid niangb daox gad.

炯先归楼归弄——

Jiongb xiand guit noub guit nongx—

苟照热杂够豆、

Geud zhaob red zab goub deux、

几最莎到先头，

Jid zuib sax daox xiand toub，

良木归录归炸——

Lial mub guit lux guit zax—

苟照热板比兵、

Geud zhaob reb banb bid biongb、

几最莎到先头。

Jid zuib sad daox xiand toub.

良木阿竹共让，

Liangb mux ad zhub gongx rangx，

几最莎到木汝。

Jid zuix sad daox mub rux.

炯先炯汉先头，

Jiongb xiand jiongb hanx xiand toub，

炯木炯汉木汝。

Jiongb mub jiongb hanx mub rux.

先头炯猛产豆，

Xiand toub jiongb mengb chant deux，

木汝炯猛吧就。

Mub rux jiongb mengb bax jux.

炯先产豆、

Jiongb xiand chant deux、

先头你猛产豆，

Xiand toub nit mengb chant deux，

炯木吧就、

Jiongd mub bad jux、

木汝炯猛吧就。

Mux rux jiongx mengb bax jux.

久抓久头，
Jub zhuab jud toub,
久削久热。
Jub xiaod jub reb.

　　保气喝的吃的，佑福食的饱的。
　　年头吃剩吃发，年尾吃饱吃肥。
　　谷财米财，糯财黏财。
　　谷财吃甜，米财喝蜜。
　　开春人拿去播去撒，开年人拿去播去种。
　　播去土中、去生千苑千丛，
　　种去土内、去恒百株百对。
　　五月锄禾锄得完好，六月中耕耕得满遍。
　　土中没有异物杂草，地内没有异类杂物。
　　色青油油满坡，色亮油油遍岭。
　　主家耕者上午去看如同森林，
　　田地主人下午去望好似竹园。
　　缺了要补来加，少了要栽来添。
　　七月熟了，八月熟透。
　　谷粒壮如冰雹，米粒白似冰雪。
　　谷财见筐莫惊，米财见篓莫怕。
　　见筐跑进筐居，见篓跑进篓坐。
　　见筐涌进筐中，见篓涌进篓内。
　　送人抬谷急急回转，背米忙忙回程。
　　抬谷来装两个三个屋前谷仓，
　　背米来装屋边两重三重米库。
　　仓底装实装满，仓盖装满装盈。
　　千人也吃不完存谷，百众也吃不了存米。
　　保得家中谷财、
　　保在家中前仓、完全皆得装满，
　　佑得家内米财、
　　保在家内后库、完全皆得装盈。
　　留气要留长命富贵，赐福要赐齐天洪福。

长命居得千年，洪福坐过百岁。
留气千年、长气居过千年，
赐福百岁、洪福坐过百岁。
不落不脱，不松不掉。

炯先麻拢麻放，

Jiongb xiand mab longb mab fangx，

良木窝提窝豆。

Lial mub aob tib aob doux.

提炯炮节，

Tib jiongb paox jieb，

提尖炮抓。

Tib jiand paox zhuab.

拢没麻元，

Longb meib mab yuanb，

照没麻养。

Zhaod meib mab yangb.

炯先公炯公节，

Jiongb xiand gongt jiongb gongt jieb，

炯木公数公然。

Jiongx mub gongt sut gongt rab.

补温果良禾超潮录，

But wengt gueb lial aob chaod zaox lub，

补笑明拿禾超潮弄。

But xiaox miongb nab aob chaob zaox nongx.

龙锐见内穷沙，

Longb ruit jianb neib qiongb shad，

龙列加内穷白。

Longb lieb jid neib qiongb beid.

求八猛单，

Qiux bab mengb dand，

求处猛送。

Qiux chux mengb songx.

出标如见背柳，

Chud bioud rub jianb beid liut，

出处如加背干。

Chud chux rub jiad beid ganb.

内腊得碗拢油，

Neib lab deib wanb longb yout，

猛碗拢号。

Mengb wanb longb haox.

到公到见，

Daox gongt daox jianb，

到忙到嘎。

Daox mangb daox gad.

炯先公炯公节——

Jiongb xiand gongt jiongb gongt jieb—

苟照几头、

Geud zhaob jid toub、

几最莎到先头。

Jid zuib sax daox xiand toub.

良木公数公然——

Lial mub gongt sut gongt rab—

苟照几提、

Geud zhaob jid tib、

几最莎到先头。

Jid zuib sad daox xiand toub.

良木阿竹共让，

Liangb mux ad zhub gongx rangx，

几最莎到木汝。

Jid zuix sad daox mub rux.

炯先炯汉先头，

Jiongb xiand jiongb hanx xiand toub，

炯木炯汉木汝。

Jiongb mub jiongb hanx mub rux.

先头炯猛产豆，

Xiand toub jiongb mengb chant deux，

木汝炯猛吧就。

Mub rux jiongb mengb bax jux.

炯先产豆、

Jiongb xiand chant deux、

先头你猛产豆，

Xiand toub nit mengb chant deux，

炯木吧就、

Jiongd mub bad jux、

木汝炯猛吧就。

Mux rux jiongx mengb bax jux.

久抓久头，

Jub zhuab jud toub，

久削久热。

Jub xiaod jub reb.

　　保气穿的暖体，佑福布匹布缎。
　　绫罗绸缎，绸缎细布。
　　穿有剩的，戴有余的。
　　保气蚕儿蚕虫，佑福蚕丝蚕绸。
　　三簸白如大颗糯米，三筛亮似大颗米粒。
　　吃桑如同撒冰，吃叶好似下雪。
　　爬遍枝丫上面，坐遍枝丫上头。
　　结茧如同大果，结球密似葡萄。
　　让人小锅来煮，大锅来热。
　　得丝得钱，得绸得财。
　　保得蚕儿蚕虫、
　　保在纸片，完全皆得丰果，
　　佑得蚕丝蚕绸、
　　佑在布帛、完全皆得丰足。
　　留气要留长命富贵，赐福要赐齐天洪福。
　　长命居得千年，洪福坐过百岁。
　　留气千年、长气居过千年，

赐福百岁、洪福坐过百岁。

不落不脱，不松不掉。

炯先打便扛拢，

Jiongb xiand dat biat gangb longb，

打豆白到。

Dat dou beit daox.

扛拢几江几明，

Gangb longb jid jiangb jid miongb，

白到几不吉强。

Beid daox jid bub jib jiangx.

拢汉苟得公同、

Longb hanx geud deib gongt tongb、

你拢没吾没炯，

Nit longb meib wut meib jiongx，

到汉公数公然、

Daox hanx gongt sut gongt rab、

炯拢没卡没绒。

Jiongx longb meib keax meib rongb.

你粗帮突够豆，

Bit cud bangx tud goud deux，

炯他帮痛比兵。

Jiongx tax bangx tongb bid biongb.

内西高围见内穷沙，

Neit xit gaob weib jianb neib qiongx shad，

禾忙告瓦加内穷白。

Aot mangb gaob wab jiad neib qiongx beid.

内西猛刚崩瓦告苟，

Niex xit mengb gangb bengb wab gaob geud，

禾忙猛刚崩刚比让。

Aot mangb mengb gangb bengb gangb bid rangb.

那纠拢单，

Nab jiub longb dand，

那谷拢送。

Nab guob longb songx.

扛内算内没同，

Gangb neib suand neib meib tongb,

寿牛没得。

Shoux niub meit deib.

德碗拢油，

Deb wanb longb youb,

猛碗拢号。

Mengb wanb longb haox.

溶同见内溶干，

Rongl tongb jianb neib rongl gand,

溶得加内溶白。

Rongl deib jiad neib rongl beix.

照棉白棉，

Zhaox mianb beid mianb,

照痛白痛。

Zhaox tongx beid tongx.

产内拿服几娘到见，

Chant neib nal fud jid niangb daox jianb,

吧内拿龙几娘到嘎。

Bax neib nal longb jid niangb daox gad.

炯先苟得公同——

Jiongb xiand geud deib gongt tongb—

苟照帮突够豆、

Geud zhaob bangx tud gout deux、

几最莎到先头，

Jid zuix sax daox xiand toub,

良木公数公然——

Liab mub gongt sut gongt rab—

苟照帮痛比兵、

Geud zhaob bangx tongx bid biongb、

几最莎到先头。

Jid zuib sad daox xiand toub.

良木阿竹共让，

Liangb mux ad zhub gongx rangx，

几最莎到木汝。

Jid zuix sad daox mub rux.

炯先炯汉先头，

Jiongb xiand jiongb hanx xiand toub，

炯木炯汉木汝。

Jiongb mub jiongb hanx mub rux.

先头炯猛产豆，

Xiand toub jiongb mengb chant deux，

木汝炯猛吧就。

Mub rux jiongb mengb bax jux.

炯先产豆、

Jiongb xiand chant deux、

先头你猛产豆，

Xiand toub nit mengb chant deux，

炯木吧就、

Jiongd mub bad jux、

木汝炯猛吧就。

Mux rux jiongx mengb bax jux.

久抓久头，

Jub zhuab jud toub，

久削久热。

Jub xiaod jub reb.

　　留气天降百宝，佑福地生百财。
　　送来甜甜蜜蜜，赐来成堆成邦。
　　来那蜂蜜白财、居来有蜜有蜡，
　　得那蜜财糖财、坐来有浆有力。
　　居在木桶之中，坐在蜂桶之内。
　　白天飞出如同下冰，黄昏归剿好似下雪。
　　整日去采村头花汁，整天去采野外花糖。

九月来到，十月来临。

人们择日取蜜，择吉取糖。

小锅来煮，大锅来熬。

溶汁如同溶冰，溶糖好似溶雪。

装盆满盆，装桶满桶。

千人也喝不完蜜糖，百众也吃不了白财。

保得蜂蜜白财、

保在木桶之中、完全皆得装满，

佑得蜜蜂糖财、

佑在蜂桶之内、完全皆得装登。

留气要留长命富贵，赐福要赐齐天洪福。

长命居得千年，洪福坐过百岁。

留气千年、长气居过千年，

赐福百岁、洪福坐过百岁。

不落不脱，不松不掉。

炯先见空见岭，

Jiongb xiand jianb kongt jianb liuongb,

良木见乖见汝。

Lial mub jianb gweit jianb rux.

苟达到汝见空，

Geud dab daox rux jianb kongt,

苟炯到汝嘎岭。

Geud jiongx daox rux gad liuongb.

苟篓到汝见乖，

Geud noub daox rux jianb gweit,

苟追到久见汝。

Geud zhuix daox jub jianb rux.

空豆兵竹，

Kongt deux biongb zhux,

到见长标。

Daox jianb changb bioud.

几忙猛岔拿走，

Jib mangb mengb chax nab zoub,

久想猛嘎拿到。

Jux xiangx mengb gad nab daox.

从猛岔见,

Congb mengb chax jianb,

长忙到嘎。

Changb mangx daox gad.

到见白豆白斗,

Daox jianb beid deux beid deb,

到嘎白休白虫。

Daox gad beid xut beid chongb.

见拢几炯见苟,

Jianb longb jid jiongx jianb geud,

嘎拢吉麻见公。

Gad longb jib mab jianb gongx.

打气想出腊见,

Dat qit xiangd chub lab jianb,

达写想岔腊到。

Dab xied xiangd chax lab daox.

汝恩汝格,

Rux ghongx rux gieb,

汝见汝嘎。

Rux jianb rux gad.

汝恩汝格白标白斗,

Rux ghongx rux gieb beid bioud beid deb,

汝见汝嘎白纵白秋。

Rux jianb rux gad beid zongb beid quid.

秋岁麻汝禾召,

Qiud suit mab rux aot zhaob,

秋萨麻汝禾雷。

Qiud sad mab rux aot leib.

向头向奶,

Xiangx toub xiangx leid,

向牙向羊。

Xiangx yab xiangx yangb.

崩冬崩量，

Bengb dongt bengb liax,

兄卡列先。

Xiongt keax lieb xiand.

见拢几苗补公比吹报标，

Jianb longb jid mueb but gongt bit chuid baob bioud,

嘎拢吉麻补公比吹便然报竹。

Gad longb jib miab but gongt bit chuid biat rab baob zhux.

见拢拿尼见空，

Jianb longb nab nib jianb kongt,

嘎拢拿尼嘎岭。

Gad longb nab nib giad liuongx.

苟达送见几初，

Gout dab songx jianb jit chut,

苟炯送嘎吉仰。

Gout jiongx songx gad jib yangb.

齐夫阿标林休，

Qid fut ad bioud liuongb xut,

吉标热恩、

Jib bioud reb ghongx、

几最莎到白标。

Jid zuib sax daox beid bioud.

吉卡阿竹共让，

Jib keax ad zhux gongx rangx,

嘎格几竹、

Gad gieb jid zhux、

几最莎到白斗。

Jid zuib sax daox beid deb.

祝福白财横财，祈福旺财鸿财。

东边得好白财，西边得好富财。

前方得好旺财，后方得多横财。

空手出门，抱财归家。

不预去找也得，不想去求也获。

早出求财，夜归满载。

得钱满手满拿，得财满装满袋。

钱来涌入成路，财来涌进成道。

心中所谋如意，理想追求如愿。

好金好银，好钱好财。

好金好银满仓满库，好钱好财满家满户。

首饰美好大块，银饰美好大套。

长的短的，美的华的。

发光发亮，珍贵弥足。

白财涌来三路四道进家，大宝涌来三路四道五方进门。

财来也是白财，宝来也是富价。

左路大钱来加，右道横财来添。

保佑一家大小，

家中银仓、完全皆得装满，

祈福一屋老少，

户内金库完全皆得装登。

炯先阿高麻抓，

Jiongb xiand ad gaod mab zhuab,

良木阿半麻让。

Lial mub ad banb mab rangx.

得拔到汝窝得让服，

Deib bab daox rux aot deib rangb fud,

得义到汝窝秋让能。

Deib yid daox rux aot qiud rangb nongb.

想嘎腊单，

Xiangb gad lab dand,

想单腊见。

Xiangd dand lab jianb.

打起想单猛出莎见，

Dax qix xiangd dand mengb chub sax jianb,

达写想送猛岔莎到。

Dab xied xiangd songx mengb chax sax daox.

阿闹会求闹闹会求得善,

Ab liaot huix qiux liaot liaot huix qiux deib shait,

阿冬会求冬冬会求得汝。

Ab dongt huix qiux dongt dongt huix qiux deib rux.

内内腊岔猛见,

Neit neit lab chax mengb jianb,

虐虐腊到猛嘎。

Niub niub lab daox mengb gad.

到见白豆白斗,

Daox jianb beid deux beid deb,

到嘎白休白虫。

Daox gad beid xiut beib chongb.

窝拔岔秋腊到汝秋,

Aod bab chax qiud lab daox rux qiud,

窝浓出兰腊见汝兰。

Aob niongx chud lanb lab jianb rux lanb.

汝拔汝浓,

Rux bab rux niongx,

汝崩汝欧。

Rux bengd rux oud.

几酷吉汝,

Jid kux jib rux,

几沙吉龙。

Jib shax jib longb.

出话出求,

Chud huat chud qiux,

出楼出归。

Chud loub chud guib.

出笔出包,

Chud bib chud baob,

出乖出岭。

Chud gweit chud liuongb.

同陇发拢白走白仁，

Tongb longl fat liongb beid zoub beid rongb,

同图发拢白夯白共。

Tongb tux fat longb beid hangb beid gongx.

你拢白加白竹，

Nit longl beid jiad beid zhux,

炯拢白苟白让。

Jiongx longb beid geub beid rangb.

笔拿打声，

Bib nab dat shongt,

包拿打缪。

Baob nab dab mioub.

祝福那些年轻，祈福那些年壮。
女人得好地方找喝，男人得好地处找吃。
谋事如意，心想事成。
心中想的事业就好，意中所谋盘算就成。
一脚高升脚脚高升，一步高就步步高就。
天天也得大钱，日日也进大财。
大钱满抓满手，大财满仓满库。
女人得到意中男子，男子得到心中女人。
郎才女貌，恩爱夫妻。
互敬互受，互尊互重。
发达兴旺，子添孙发。
大发大旺，大兴大盛。
如竹发来满山满岭，似木发来满地满坪。
居来满村满地，坐来满坪满寨。
发如群虾，多似群鱼。

炯先麻服麻能，

Jiongb xiand mab fud mab nongb,

良木麻江麻照。

Lial mub mab jiangb mab zhaox.

几得苟散纠龙路剖,

Jid deib geud sant jiub longb lux bet,

吉秋苟荼谷江路先。

Jib quix geud chab gub jiangb lux xiand.

那阿麻剖麻熟,

Bab ad mab bet mab shud,

那欧麻刨麻内。

Nab out mab pet mab neit.

几哨嘎豆见西见莎,

Jid saot gad deux jianb xid jianb sax,

吉当腊板见格见昂。

Jib dangx lab band jianb gied jianb angx.

那补麻标麻照,

Nab but mab biout mab zhaox,

那比麻者麻江。

Nab bit mab zheb mab jiangb.

标猛打豆猛单产谷产够,

Biout mengb dat deux mengb dand chant guob chant gout,

照猛浪路猛单吧谷吧竹。

Zhaox mengb liangb lux mengb dand bax gub bax zhux.

者秧白干白见,

Zhet yangt beid ganb beid jianb,

江秧白夯白共。

Jiangb yangt beid hangb beid gongx.

那便麻哈,

Nab biat mab hat,

那照麻同。

Nab zhaox mab tongx.

哈猛板苟板绒,

Hat mengb banb geub banb rongb,

同猛板夯板共。

Tongx mengb banb hangb banb gongt.

包柔敏良儒拢，

Bed roud miongt liangb rud liongl，

腊楼从良儒图。

Lab noub congx liangb rut tux.

敏从才才够苟，

Miongt congt caib caib goub geub，

明汝让让够绒。

Miongb rux rangb rangb goub rongb.

那阿起剖，

Nab ad qid pet，

那欧起熟。

Nab out qid shud.

那补起秧，

Nab but qid yangt，

那比起照。

Nab bit qid zhaox.

那便起哈，

Nab biat qid hat，

那照起同。

Nab zhaox qid tongx.

那炯先单，

Nab jiongb xiand dand，

那乙先送。

Nab yib xiand songx.

汝搂几良，

Rux noub jid liab，

汝弄几斗。

Rux niongx jib doub.

几滚吉昂板苟板绒，

Jib gunb jib ghangb banb geub banb rongb，

几召几穷板夯板共。

Jib zhaob jib qiongx banb hangb banb gongx.

抱楼长苟，

Beb noub changb geud，

修弄长公。

Xiut niongx changb gongt.

奶楼汝见奶沙，

Leit noub rux jianb leit shad，

奶弄汝加奶白。

Leit niongx rux jiab leit beid.

修拢白标白斗，

Xiut longb beid bioud beid deb，

板拢白纵白秋。

Band longb beid zongx beid quid.

列且扛齐，

Lieb quet gangb qit，

列受扛扛。

Lieb shoud gangb gangx.

照白热楼热弄，

Zhaox beid reib noub reib niongx，

休白热录热炸。

Xiut beid reib lub reib zax.

头久几良，

Toub jut jid liab，

头令几斗。

Toub liongx jib doub.

产豆腊服几久，

Chant deux leab fud jid jub，

吧就腊能几娘。

Bax jux leab nongb jid niangb.

祝福喝的吃的，赐福栽的种的。
在那山野九块地头，在那山坡十丘田内。
正月挖土犁田，二月铲土耕地。
松那土块成沫成粉，练那田水成泊成湖。

三月抛谷下种，四月扯秧栽插。

播去土中生出千株千丛，种子下地长出百株百对。

扯秧满田满丘，插秧满坪满坝。

五月中耕，六月除草。

中耕遍山遍岭，除草遍坪遍坝。

苞谷绿似竹园，稻禾密如森林。

绿色悠悠遍山，青色油油遍野。

正月开挖，二月开耕。

三月下秧，四月下种。

五月中耕，六月除草。

七月熟登，八月熟透。

粮食丰产，谷米丰收。

金黄色的稻穗遍野，熟透了的秋粮遍山。

打谷回家，收米回屋。

谷粒如那冰颗，米粒似那雪白。

收得满家满屋，摆来满屋满宅。

要车送净，要晒送干。

装满谷仓米仓，装满糯库黏库。

粮食丰产，富裕丰足。

千年也喝不了，百载也吃不完。

炯先打书达收，

Jiongb xiand dat shut dab shoud,

良木麻首麻卡。

Lial mub mab shoud mab keax.

首狗腊林，

Shoud guoud leab liuongb,

首爬腊章。

Shoud pax lab zhuangb.

首尼腊林，

Shoud nieb leab liongb,

首油腊壮。

Shoud yout leab zhuangx.

首嘎见邦，

Shoud giat jianb bangt,

首录见强。

Shoud lub jianb qiangx.

首业白中白吹，

Shoud yeb beid zhongb beid chuid,

首油白忙白祥。

Shoud youb beid mangb beid yangb.

吾见腊拢，

Wut jianb lab longb,

吾嘎腊到。

Wut giat lab daox.

出乖出岭，

Chud gweit chud liuongb,

出楼出归。

Chud noub chud guib.

出见出到，

Chud jianb chud daox,

出斗出他。

Chud dout chud tax.

茶他猛久，

Ceab tax mengb jub,

弟然猛半。

Dix rab mengb banb.

炯先阿标林休，

Jiongb xiand ad bioud liuongb xut,

你茶炯汝。

Nib ceax jiongx rux.

良木阿竹共让，

Lial mub ad zhux gongx rangx,

发财求谢！

Fab caib qiux xiex!

祝福家中六畜，祈福家内养牲。

养狗也大，养猪也肥。

水牯也大，黄牛也肥。

养鸡成帮，养鸭成群。

水牯满栏满圈，黄牛满邦满群。

大钱广得，横财广进。

大富大贵，大繁大荣。

大成大就，大通大顺。

平安健康，大吉大利！

祝福一家大小，清吉平安。

祈福一屋老幼，发财兴旺！

（五）读妻他力·Dub qud tad lib·消灾灭煞

斗妻列读几齐，

Doub qud lieb dub jid qit，

弄力列他吉叫。

Nongx lib lieb tad jib jiaob.

读约再读几久吉够，

Dub yod zaix dub jid jub jid goub，

他约再他几嘎吉八。

Tad yod zaix tad jid gad jib bad.

读约列扛头炯头高，

Dub yod lieb gangb toub jiongb toub gaod，

他约列扛头久头得。

Tad yod lieb gangb toub jut toub deib，

读约列扛则鲁则炯，

Dux yod lieb gangb zeit lux zeib jiongb，

他约列扛则齐则叫。

Tad yod lieb gangb zeid qib zeid jiaob.

列他——

Lieb tad——

服吾服召嘎冬尼，

Fud wut fud zhaob gad dongt neib，

服斗服召嘎冬油。

Fud dout fud zhaob gad dongt yout.

斗冲冲召窝边葡，

Doub chongx chongx zhaob aot biand put，

冲边冲召窝边奶。

Chongx biad chongx zhaob aob biad leid.

炯照补浓猛头莎，

Jiongx zhaob but niongb mengb toub sad，

冲到花连哭炯走。

Chongx daox huad lianb kux jiongx zoub.

没内几到内拢酷，

Meib niex jid daox neid longb kut，

没骂几到骂拢首。

Meib max jib daox max longb soud.

白久追弄——

Baib jub zhuix nongd——

斗妻嘎你龙标龙斗，

Doub qud gad nit longb bioud longb deb，

弄力嘎炯龙纵龙秋。

Nongx lib gad jiongx longb zongb longb quix.

嘎你千兔，

Gad nit qiant miant，

嘎炯千乖。

Gad jiongx qiant gweit.

嘎你千图，

Gad nit qiant tub，

嘎炯千陇。

Gad jiongx qiant longd.

嘎你禾突潮录麻果，

Gad nit aot tud zaox lub mab giuet，

嘎炯禾痛潮弄麻明。

Gad jiongx aot tongx zaox nongx mab miongb.

嘎你禾矮昂肖，

Gad nit aot aid ghangb xiaot,

嘎炯禾纵酒共。

Gad jiongx aot zongb jiud gongx.

几猛走比麻八，

Jid mengb zoub bid mab bad,

斗冲蒙嘎半弟、

Doub chongt mengb gad banb dib、

斗尼锐蒙吉仰。

Doub nib ruib mengb jib yangd.

扛蒙召半楼腊楼嘎，

Gangb mengb zhaob banb loub lab loub gad,

召共楼猛楼浓。

Zhaob gongx loub mengb loub niongx.

扛蒙产豆腊长几单号弄板纵，

Gangb mengb chant deux lab changb jid dand haox nongd band zongb,

扛蒙吧旧腊长几送号弄板秋。

Gangb mengb bax jux lab changb jid songx haox nongd banb quid.

> 魑魅要灭彻底，魍魉要杀干尽。
> 灭了再灭完全彻底，杀了再杀全部干净。
> 灭了要灭断根断苑，杀了要杀烂体烂身。
> 灭了要灭魑魅之种，杀了要杀魍魉之苗。
> 要灭——
> 吃水吃着牛蹄水，吃汤吃着牛脚汤。
> 手拿拿着腐朽木，拿棍拿着短拐棍。
> 坐着草把烤糠火，手拿铧镰挖草根。
> 有娘没得娘来养，有爹没得爹来育。①
> 鬼魅莫在屋角房角，邪魔莫坐房角宅角。
> 莫躲楼上，莫藏楼脚。
> 莫在穿枋，莫坐牌坊。

莫躲糯米白米桶中，莫藏小米亮米桶内。

莫躲酸肉坛里，莫藏酸鱼罐内。

不走抓发打脸、打出大门之外，右手提你翻滚。

送你滚坪烂土烂泥，滚坡烂杂烂草。

送你千年也回不转这里家堂，送你百岁也回不转此间家殿。

注：① 此段讲的是命短夭折的小娃娃，本地方言又叫"化生子"。传说有牛脚印的水是死人水，化生子死后人们心怕他们再回来投胎，于是在埋上山的路上连路燃烧数堆粗糠火，每堆旁边置放三个小草把凳，意思是让他们坐在草把凳上烤火而忘了回来。有的还送割稻草用的铧镰，让他们去挖草根吃，过去苗乡根本没有糖吃，要吃甜的便去挖草根，小孩挖草根吃到甜味之后忘记回家。过去由于医疗卫生不发达，农村有三分之一的小孩死亡，这些死亡的小孩多埋在村外的荒郊野地，每个村几乎都有几大片化生子坟地。

斗妻列读几齐，

Doub qud lieb dub jid qit,

弄力列他吉叫。

Nongx lib lieb tad jib jiaob.

读约再读几久吉够，

Dub yod zaix dub jid jub jid goub,

他约再他几嘎吉八。

Tad yod zaix tad jid gad jib bad.

读约列扛头炯头高，

Dub yod lieb gangb toub jiongb toub gaod,

他约列扛头久头得。

Tad yod lieb gangb toub jut toub deib,

读约列扛则鲁则炯，

Dux yod lieb gangb zeit lux zeib jiongb,

他约列扛则齐则叫。

Tad yod lieb gangb zeid qib zeid jiaob.

列他——

Lieb tad—

列乖涨吾拢不，

Lieb gweit zhangb wut longb bub,

瓜苟拢特。

Guax geub longb teix.

吾滚不猛得从，

Wut gunb bub mengb deib congt,

吾穷不猛得闹。

Wut qiongx bub mengb deib laox.

背苟葡干葡内，

Beid goub pub ganb pub neix,

背绒葡柔葡紧。

Beid rongb pub rout pub giongd.

拍夯闹豆，

Peit hangb laox deux,

拍共闹岔。

Peit gongd laox chax.

白久追弄——

Baib jub zhuix nongd—

斗妻嘎你龙标龙斗，

Doub qud gad nit longb bioud longb deb,

弄力嘎炯龙纵龙秋。

Nongx lib gad jiongx longb zongb longb quix.

嘎你千兔，

Ghad nit qiant miant,

嘎炯千乖。

Ghad jiongx qiant gweit.

嘎你千图，

Ghad nit qiant tub,

嘎炯千陇。

Ghad jiongx qiant liongd.

嘎你禾突潮录麻果，

Ghad nit aot tud zaox lub mab giuet,

嘎炯禾痛潮弄麻明。

Ghad jiongx aot tongx zaox nongx mab miongb.

嘎你禾矮昂肖，

Ghad nit aot aid ghangb xiaot,

嘎炯禾纵酒共。

Ghad jiongx aot zongb jiud gongx.

几猛走比麻八，

Jid mengb zoub bid mab bad,

斗冲蒙嘎半弟、

Doub chongt mengb gad banb dib、

斗尼锐蒙吉仰。

Doub nib ruib mengb jib yangd.

扛蒙召半楼腊楼嘎，

Gangb mengb zhaob banb loub lab loub gad,

召共楼猛楼浓。

Zhaob gongx loub mengb loub niongx.

扛蒙产豆腊长几单号弄板纵，

Gangb mengb chant deux lab changb jid dand haox nongd band zongb,

扛蒙吧旧腊长几送号弄板秋。

Gangb mengb bax jux leab changb jid songx haox nongd banb quix.

    魑魅要灭彻底，魍魉要杀干尽。

    灭了再灭完全彻底，杀了再杀全部干净。

    灭了要灭断根断苑，杀了要杀烂体烂身。

    灭了要灭魑魅之种，杀了要杀魍魉之苗。

    要灭——

    涨水来冲，垮山来压。

    洪水冲去险滩，泥流冲去凶地。

    高山垮山滑坡，大岭垮岩垮土。

    垮山滑坡，垮岩落土。

    鬼魅莫在屋角房角，邪魔莫坐房角宅角。

    莫躲楼上，莫藏楼脚。

    莫在穿枋，莫坐牌坊。

    莫躲糯米白米桶中，莫藏小米亮米桶内。

    莫躲酸肉坛里，莫藏酸鱼罐内。

    不走抓发打脸、打出大门之外，右手提你翻滚。

送你滚坪烂土烂泥，滚坡烂杂烂草。

送你千年也回不转这里家堂，送你百岁也回不转此间家殿。

斗妻列读几齐，

Doub qud lieb dub jid qit,

弄力列他吉叫。

Nongx lib lieb tad jib jiaob.

读约再读几久吉够，

Dub yod zaix dub jid jub jid goub,

他约再他几嘎吉八。

Tad yod zaix tad jid gad jib bad.

读约列扛头炯头高，

Dub yod lieb gangb toub jiongb toub gaod,

他约列扛头久头得。

Tad yod lieb gangb toub jut toub deib,

读约列扛则鲁则炯，

Dux yod lieb gangb zeit lux zeib jiongb,

他约列扛则齐则叫。

Tad yod lieb gangb zeid qib zeid jiaob.

列他——

Lieb tad—

列乖加绒报标，

Lieb gweit jiad rongb baob bioub,

加棍报竹。

Jiad ghunt baob zhub.

加绒报标拢促拢出，

Jiad rongb baob bioub longb zub longb chub,

加棍报竹拢仇拢大。

Jiad ghunt baob zhub longb choub longb dab.

加绒报标苟数拢转，

Jiad rongb baob bioud geud sux longb zhuans,

加棍报竹苟那拢奈。

Jiad ghunt baob zhub geud nab longb naib.

猛数产刚拢转拢数，

Mengb sut chant gangt longb zhuans longb sud，

猛那吧虫拢套拢奈。

Mengb nah bad chongb longb taox longb naib.

几者咱巧走巧，

Jib zhed zab qiaot zoub qiaot，

几锐咱加走加。

Jid ruib zad jiad zoub jiad.

白久追弄——

Baib jub zhuix nongd—

斗妻嘎你龙标龙斗，

Doub qud gad nit longb bioud longb deb，

弄力嘎炯龙纵龙秋。

Nongx lib giad jiongx longb zongb longb quix.

嘎你千兔，

Giad nit qiant miant，

嘎炯千乖。

Giad jiongx qiant gweit.

嘎你千图，

Giad nit qiant tub，

嘎炯千陇。

Giad jiongx qiant liongd.

嘎你禾突潮录麻果，

Giad nit aot tud zaox lub mab giuet，

嘎炯禾痛潮弄麻明。

Giad jiongx aot tongx zaox nongx mab miongb.

嘎你禾矮昂肖，

Giad nit aot aid ghangb xiaot，

嘎炯禾纵酒共。

Giad jiongx aot zongb jiud gongx.

几猛走比麻八，

Jid mengb zoub bid mab bad，

斗冲蒙嘎半弟、

Doub chongt mengb gad banb dib、

斗尼锐蒙吉仰。

Doub nib ruib mengb jib yangd.

扛蒙召半楼腊楼嘎，

Gangb mengb zhaob banb loub lab loub gad，

召共楼猛楼浓。

Zhaob gongx loub mengb loub niongx.

扛蒙产豆腊长几单号弄板纵，

Gangb mengb chant deux lab changb jid dand haox nongd band zongb，

扛蒙吧旧腊长几送号弄板秋。

Gangb mengb bax jux leab changb jid songx haox nongd banb quix.

魑魅要灭彻底，魍魉要杀干尽。

灭了再灭完全彻底，杀了再杀全部干净。

灭了要灭断根断苑，杀了要杀烂体烂身。

灭了要灭魑魅之种，杀了要杀魍魉之苗。

要灭——

凶神进家，恶煞进户。

凶神进家来促来闹，恶煞进户来打来杀。

凶神进家拿锁来锁，恶煞进户拿索来捆。

大锁千斤来套来锁，大索百根来捆来绑。

乱扯乱勒染灾，乱绑乱捆染祸。

鬼魅莫在屋角房角，邪魔莫坐房角宅角。

莫躲楼上，莫藏楼脚。

莫在穿枋，莫坐牌坊。

莫躲糯米白米桶中，莫藏小米亮米桶内。

莫躲酸肉坛里，莫藏酸鱼罐内。

不走抓发打脸、打出大门之外，右手提你翻滚。

送你滚坪烂土烂泥，滚坡烂杂烂草。

送你千年也回不转这里家堂，送你百岁也回不转此间家殿。

斗妻列读几齐，

Doub qud lieb dub jid qit，

弄力列他吉叫。

Nongx lib lieb tad jib jiaob.

读约再读几久吉够，

Dub yod zaix dub jid jub jid goub，

他约再他几嘎吉八。

Tad yod zaix tad jid gad jib bad.

读约列扛头炯头高，

Dub yod lieb gangb toub jiongb toub gaod，

他约列扛头久头得。

Tad yod lieb gangb toub jut toub deib，

读约列扛则鲁则炯，

Dux yod lieb gangb zeit lux zeib jiongb，

他约列扛则齐则叫。

Tad yod lieb gangb zeid qib zeid jiaob.

列他——

Lieb tad—

列乖打便抓汉背斗棍，

Lieb gweit dat biat zhuad hanx beib deb ghunt，

打豆图汉背斗穷。

Dat deux tub hanx beib deb qiongb.

穷斗见风白苟白让，

Qiongb dout jianb fengd baib geud baib rangb，

穷标见度白加白竹。

Qiong bioub jianb dux baib jiad baib zhub.

出汉猛风几油，

Chub hanx mengb fengd jid yout，

当汉猛记吉哨。

Dangb hanx mengb jix jib xiaox.

标炯标你走巧走加，

Bioub jiongx bioub nib zoub qiaot zoub jiad，

标柔标瓦咱滚咱穷。

Bioud rout bioud wab zad gunb zad qiongx.

白久追弄——

Baib jub zhuix nongd—

斗妻嘎你龙标龙斗，

Doub qud gad nit longb bioud longb deb，

弄力嘎炯龙纵龙秋。

Nongx lib gad jiongx longb zongb longb quix.

嘎你千兔，

Giad nit qiant miant，

嘎炯千乖。

Giad jiongx qiant gweit.

嘎你千图，

Giad nit qiant tub，

嘎炯千陇。

Giad jiongx qiant longd.

嘎你禾突潮录麻果，

Giad nit aot tud zaox lub mab guet，

嘎炯禾痛潮弄麻明。

Giad jiongx aot tongx zaox nongx mab miongb.

嘎你禾矮昂肖，

Giad nit aot aid ghangb xiaot，

嘎炯禾纵酒共。

Giad jiongx aot zongb jiud gongx.

几猛走比麻八，

Jid mengb zoub bid mab bad，

斗冲蒙嘎半弟、

Doub chongt mengb giax banb dib、

斗尼锐蒙吉仰。

Doub nib ruib mengb jib yangd.

扛蒙召半楼腊楼嘎，

Gangb mengb zhaob banb loub lab loub gad，

召共楼猛楼浓。

Zhaob gongx loub mengb loub niongx.

扛蒙产豆腊长几单号弄板纵，

Gangb mengb chant deux lab changb jid dand haox nongd band zongb，

扛蒙吧旧腊长几送号弄板秋。

Gangb mengb bax jux leab changb jid songx haox nongd banb quix.

魑魅要灭彻底，魍魉要杀干尽。

灭了再灭完全彻底，杀了再杀全部干净。

灭了要灭断根断苑，杀了要杀烂体烂身。

灭了要灭魑魅之种，杀了要杀魍魉之苗。

要灭——

天上掉下火把星，地上烧火冲天红。

浓烟成团满村满寨，烟火凶猛满家满户。

遭那大风乱吹，遇那恶风乱窜。

家宅住房遭了天火，瓦房木房烧成灰烬。

鬼魅莫在屋角房角，邪魔莫坐房角宅角。

莫躲楼上，莫藏楼脚。

莫在穿枋，莫坐牌坊。

莫躲糯米白米桶中，莫藏小米亮米桶内。

莫躲酸肉坛里，莫藏酸鱼罐内。

不走抓发打脸、打出大门之外，右手提你翻滚。

送你滚坪烂土烂泥，滚坡烂杂烂草。

送你千年也回不转这里家堂，送你百岁也回不转此间家殿。

斗妻列读几齐，

Doub qud lieb dub jid qit,

弄力列他吉叫。

Nongx lib lieb tad jib jiaob.

读约再读几久吉够，

Dub yod zaix dub jid jub jid goub,

他约再他几嘎吉八。

Tad yod zaix tad jid gad jib bad.

读约列扛头炯头高，

Dub yod lieb gangb toub jiongb toub gaod,

他约列扛头久头得。

Tad yod lieb gangb toub jut toub deib,

读约列扛则鲁则炯，

Dux yod lieb gangb zeit lux zeib jiongb，

他约列扛则齐则叫。

Tad yod lieb gangb zeid qib zeid jiaob.

列他——

Lieb tad—

列乖打尼儿剖拢达，

Lieb gweit dad neib jid pet longb dab，

打油吉刚拢抓。

Dab yout jib gangd longb zhuax.

尼固吉标达闹猛干，

Neib gud jib bioud dab laox mengb ganb，

油忙几竹抓闹猛内。

Youb mangb jid zhub zhuad laox mengb neix.

尼固吉标嘎炯，

Neib gud jib bioud gad jiongx，

油忙记竹嘎将。

Youb mangb jid zhub gad jiangx.

列熟几单公力，

Lieb shub jid dand gongd lib，

列记几单公八。

Lieb jix jid dand gongb bab.

白久追弄——

Baib jub zhuix nongd—

斗妻嘎你龙标龙斗，

Doub qud giad nit longb bioud longb deb，

弄力嘎炯龙纵龙秋。

Nongx lib gad jiongx longb zongb longb qiud.

嘎你千兔，

Giad nit qiant miant，

嘎炯千乖。

Giad jiongx qiant gweit.

嘎你千图，

Giad nit qiant tub,

嘎炯千陇。

Giad jiongx qiant longd.

嘎你禾突潮录麻果，

Giad nit aot tud zaox lub mab giuet,

嘎炯禾痛潮弄麻明。

Giad jiongx aot tongx zaox nongx mab miongb.

嘎你禾矮昂肖，

Giad nit aot aid ghangb xiaot,

嘎炯禾纵酒共。

Giad jiongx aot zongb jiud gongx.

几猛走比麻八，

Jid mengb zoub bid mab bad,

斗冲蒙嘎半弟、

Doub chongt mengb gad banb dib、

斗尼锐蒙吉仰。

Doub nib ruib mengb jib yangd.

扛蒙召半楼腊楼嘎，

Gangb mengb zhaob banb loub lab loub gad,

召共楼猛楼浓。

Zhaob gongx loub mengb loub niongx.

扛蒙产豆腊长几单号弄板纵，

Gangb mengb chant deux lab changb jid dand haox nongd band zongb,

扛蒙吧旧腊长几送号弄板秋。

Gangb mengb bax jux leab changb jid songx haox nongd banb quix.

魑魅要灭彻底，魍魉要杀干尽。

灭了再灭完全彻底，杀了再杀全部干净。

灭了要灭断根断苑，杀了要杀烂体烂身。

灭了要灭魑魅之种，杀了要杀魍魉之苗。

要灭——

水牯用角来抵，黄牯用角乱碰。

水牯掉下悬崖，黄牯掉下悬岩。

水牯染了牛瘟，黄牯染了时气。

要犁不到田里，要耙不到田内。

鬼魅莫在屋角房角，邪魔莫坐房角宅角。

莫躲楼上，莫藏楼脚。

莫在穿枋，莫坐牌坊。

莫躲糯米白米桶中，莫藏小米亮米桶内。

莫躲酸肉坛里，莫藏酸鱼罐内。

不走抓发打脸、打出大门之外，右手提你翻滚。

送你滚坪烂土烂泥，滚坡烂杂烂草。

送你千年也回不转这里家堂，送你百岁也回不转此间家殿。

斗妻列读几齐，

Doub qud lieb dub jid qit,

弄力列他吉叫。

Nongx lib lieb tad jib jiaob.

读约再读几久吉够，

Dub yod zaix dub jid jub jid goub,

他约再他几嘎吉八。

Tad yod zaix tad jid giat jib bad.

读约列扛头炯头高，

Dub yod lieb gangb toub jiongb toub gaod,

他约列扛头久头得。

Tad yod lieb gangb toub jut toub deib,

读约列扛则鲁则炯，

Dux yod lieb gangb zeit lux zeib jiongb,

他约列扛则齐则叫。

Tad yod lieb gangb zeid qib zeid jiaob.

列他——

Lieb tad—

列乖抓军报苟，

Lieb gweit zhuab jund baob goub,

抢犯报让。

Qiangd fanx baob rangb.

抓军报苟拢娄拢仇，

Zhuab jund baob geub longb loub longb choub，

枪犯报让拢抢拢大。

Qiangd fanx baob rangb longb qiangd longb dab.

猛庆几吼，

Mengb qut jib houb，

猛炮吉话。

Mengb paox jib huax.

围标围斗，

Weib bioud weib deb，

围总围秋。

Weib zongb weib quid.

咱拔腊娄苟仇，

Zad bab lab loub geud choub，

咱浓腊娄苟大。

Zad niongx lab loub geud dax.

几吼声昂，

Jib houd shongt ghangb，

吉话声年。

Jib huax shongt nianb.

白久追弄——

Baib jub zhuix nongd—

斗妻嘎你龙标龙斗，

Doub qud gad nit longb bioud longb deb，

弄力嘎炯龙纵龙秋。

Nongx lib gad jiongx longb zongb longb quix.

嘎你千兔，

Giad nit qiant miant，

嘎炯千乖。

Giad jiongx qiant gweit.

嘎你千图，

Giad nit qiant tub，

嘎炯千陇。

Giad jiongx qiant longd.

嘎你禾突潮录麻果,

Giad nit aot tud zaox lub mab giuet,

嘎炯禾痛潮弄麻明。

Giad jiongx aot tongx zaox nongx mab miongb.

嘎你禾矮昂肖,

Giad nit aot aid ghangb xiaot,

嘎炯禾纵酒共。

Giad jiongx aot zongb jiud gongx.

几猛走比麻八,

Jid mengb zoub bid mab bad,

斗冲蒙嘎半弟、

Doub chongt mengb gad banb dib、

斗尼锐蒙吉仰。

Doub nib ruib mengb jib yangd.

扛蒙召半楼腊楼嘎,

Gangb mengb zhaob banb loub lab loub gad,

召共楼猛楼浓。

Zhaob gongx loub mengb loub niongx.

扛蒙产豆腊长几单号弄板纵,

Gangb mengb chant deux lab changb jid dand haox nongd band zongb,

扛蒙吧旧腊长几送号弄板秋。

Gangb mengb bax jux lab changb jid songx haox nongd banb quid.

　　魑魅要灭彻底,魍魉要杀干尽。
　　灭了再灭完全彻底,杀了再杀全部干净。
　　灭了要灭断根断苑,杀了要杀烂体烂身。
　　灭了要灭魑魅之种,杀了要杀魍魉之苗。
　　要灭——
　　恶军进村,土匪进寨。
　　恶军进村乱烧乱打,土匪进寨乱抢乱杀。
　　枪声震村,炮声震寨。
　　围家围宅,围房围室。

见到女人就打，见到男人就杀。

哭声震天，喊号登地。

鬼魅莫在屋角房角，邪魔莫坐房角宅角。

莫躲楼上，莫藏楼脚。

莫在穿枋，莫坐牌坊。

莫躲糯米白米桶中，莫藏小米亮米桶内。

莫躲酸肉坛里，莫藏酸鱼罐内。

不走抓发打脸、打出大门之外，右手提你翻滚。

送你滚坪烂土烂泥，滚坡烂杂烂草。

送你千年也回不转这里家堂，送你百岁也回不转此间家殿。

斗妻列读几齐，

Doub qud lieb dub jid qit，

弄力列他吉叫。

Nongx lib lieb tad jib jiaob.

读约再读几久吉够，

Dub yod zaix dub jid jub jid goub，

他约再他几嘎吉八。

Tad yod zaix tad jid gad jib bad.

读约列扛头炯头高，

Dub yod lieb gangb toub jiongb toub gaod，

他约列扛头久头得。

Tad yod lieb gangb toub jut toub deib，

读约列扛则鲁则炯，

Dux yod lieb gangb zeit lux zeib jiongb，

他约列扛则齐则叫。

Tad yod lieb gangb zeid qib zeid jiaob.

列他——

Lieb tad—

列乖苟让几抱，

Lieb gweit geub rangb jid beb，

加竹吉大。

Jiat zhub jib dax.

窝拔共能共同，

Aot bab gongx nongb gongx tongb,

窝浓共色共炮。

Aot niongb gongx seib gongx paox.

蒙纵喂退，

Mengb zongb weib tuit,

喂求蒙闹。

Weib qiub mengb laox.

吉总列扛透蒙透喂，

Jib zongd lieb gangb toub mengb toub weib,

吉他列扛透松透标。

Jib tax lieb gangb toub songd toub biaox.

几抱列扛干古，

Jid beb lieb gangb ganb gud,

吉大列扛干穷。

Jib dax lieb gangb ganb qiongx.

几没越那越苟，

Jid meib yueb nat yueb geud,

几没越秋越兰。

Jid meib yueb quix yueb lanb.

白久追弄——

Baib jub zhuix nongd—

斗妻嘎你龙标龙斗，

Doub qud gad nit longb bioud longb deb,

弄力嘎炯龙纵龙秋。

Nongx lib gad jiongx longb zongb longb quix.

嘎你千免，

Giad nit qiant miant,

嘎炯千乖。

Giad jiongx qiant gweit.

嘎你千图，

Giad nit qiant tub,

嘎炯千陇。

Giad jiongx qiant longd.

嘎你禾突潮录麻果,

Giad nit aot tud zaox lub mab giuet,

嘎炯禾痛潮弄麻明。

Giad jiongx aot tongx zaox nongx mab miongb.

嘎你禾矮昂肖,

Giad nit aot aid ghangb xiaot,

嘎炯禾纵酒共。

Giad jiongx aot zongb jiud gongx.

几猛走比麻八,

Jid mengb zoub bid mab bad,

斗冲蒙嘎半弟、

Doub chongt mengb gad banb dib、

斗尼锐蒙吉仰。

Doub nib ruib mengb jib yangd.

扛蒙召半楼腊楼嘎,

Gangb mengb zhaob banb loub lab loub gad,

召共楼猛楼浓。

Zhaob gongx loub mengb loub niongx.

扛蒙产豆腊长几单号弄板纵,

Gangb mengb chant deux lab changb jid dand haox nongd band zongb,

扛蒙吧旧腊长几送号弄板秋。

Gangb mengb bax jux lab changb jid songx haox nongd banb quid.

魑魅要灭彻底,魍魉要杀干尽。

灭了再灭完全彻底,杀了再杀全部干净。

灭了要灭断根断苑,杀了要杀烂体烂身。

灭了要灭魑魅之种,杀了要杀魍魉之苗。

要灭——

村中打架,寨内械斗。

女人拿刀拿刃,男人拿枪拿炮。

你进我退,我上你下。

相争要送伤你伤我,相骂要送伤心伤肺。

相打要送见伤，相斗要送见血。

也不认兄认弟，更不认亲认眷。

鬼魅莫在屋角房角，邪魔莫坐房角宅角。

莫躲楼上，莫藏楼脚。

莫在穿枋，莫坐牌坊。

莫躲糯米白米桶中，莫藏小米亮米桶内。

莫躲酸肉坛里，莫藏酸鱼罐内。

不走抓发打脸、打出大门之外，右手提你翻滚。

送你滚坪烂土烂泥，滚坡烂杂烂草。

送你千年也回不转这里家堂，送你百岁也回不转此间家殿。

斗妻列读几齐，

Doub qud lieb dub jid qit,

弄力列他吉叫。

Nongx lib lieb tad jib jiaob.

读约再读几久吉够，

Dub yod zaix dub jid jub jid goub,

他约再他几嘎吉八。

Tad yod zaix tad jid gad jib bad.

读约列扛头炯头高，

Dub yod lieb gangb toub jiongb toub gaod,

他约列扛头久头得。

Tad yod lieb gangb toub jut toub deib,

读约列扛则鲁则炯，

Dux yod lieb gangb zeit lux zeib jiongb,

他约列扛则齐则叫。

Tad yod lieb gangb zeid qib zeid jiaob.

列他——

Lieb tad—

列乖得拔几没洞沙，

Lieb gweit deit bab jid meib dongx shat,

得浓几没洞保。

Deib niongx jit meib dongx baod.

包洞嘎侬偏年列侬，

Baod dongx giad yib piand nianb lieb yid,

沙洞嘎出偏年列出。

Shad dongb giad chub piand nianb lieb chub.

出八几没得休，

Chud bab jid meib deit xiut,

出爬几没得退。

Chub pax jid meib deib tuib.

白久追弄——

Baib jub zhuix nongd—

斗妻嘎你龙标龙斗，

Doub qud gad nit longb bioud longb deb,

弄力嘎炯龙纵龙秋。

Nongx lib gad jiongx longb zongb longb quix.

嘎你千免，

Giad nit qiant miant,

嘎炯千乖。

Giad jiongx qiant gweit.

嘎你千图，

Giad nit qiant tub,

嘎炯千陇。

Giad jiongx qiant longd.

嘎你禾突潮录麻果，

Giad nit aot tud zaox lub mab giuet,

嘎炯禾痛潮弄麻明。

Giad jiongx aot tongx zaox nongx mab miongb.

嘎你禾矮昂肖，

Giad nit aot aid ghangb xiaot,

嘎炯禾纵酒共。

Giad jiongx aot zongb jiud gongx.

几猛走比麻八，

Jid mengb zoub bid mab bad,

斗冲蒙嘎半弟、

Doub chongt mengb gad banb dib、
斗尼锐蒙吉仰。
Doub nib ruib mengb jib yangd.
扛蒙召半楼腊楼嘎，
Gangb mengb zhaob banb loub lab loub gad，
召共楼猛楼浓。
Zhaob gongx loub mengb loub niongx.
扛蒙产豆腊长几单号弄板纵，
Gangb mengb chant deux lab changb jid dand haox nongd band zongb，
扛蒙吧旧腊长几送号弄板秋。
Gangb mengb bax jux lab changb jid songx haox nongd banb quix.

魑魅要灭彻底，魍魉要杀干尽。
灭了再灭完全彻底，杀了再杀全部干净。
灭了要灭断根断苑，杀了要杀烂体烂身。
灭了要灭魑魅之种，杀了要杀魍魉之苗。
要灭——
女儿不听教导，男儿不听教育。
叫她莫做偏要去做，喊他莫为偏要去为。
做差不可收拾，做错不能退脚。
鬼魅莫在屋角房角，邪魔莫坐房角宅角。
莫躲楼上，莫藏楼脚。
莫在穿枋，莫坐牌坊。
莫躲糯米白米桶中，莫藏小米亮米桶内。
莫躲酸肉坛里，莫藏酸鱼罐内。
不走抓发打脸、打出大门之外，右手提你翻滚。
送你滚坪烂土烂泥，滚坡烂杂烂草。
送你千年也回不转这里家堂，送你百岁也回不转此间家殿。

斗妻列读几齐，
Doub qud lieb dub jid qit，
弄力列他吉叫。
Nongx lib lieb tad jib jiaob.

读约再读几久吉够，

Dub yod zaix dub jid jub jid goub，

他约再他几嘎吉八。

Tad yod zaix tad jid gad jib bad.

读约列扛头炯头高，

Dub yod lieb gangb toub jiongb toub gaod，

他约列扛头久头得。

Tad yod lieb gangb toub jut toub deib，

读约列扛则鲁则炯，

Dux yod lieb gangb zeit lux zeib jiongb，

他约列扛则齐则叫。

Tad yod lieb gangb zeid qib zeid jiaob.

列他——

Lieb tad—

列乖得拔外内，

Lieb gweit deit bab waid neid，

得浓外骂。

Deib niongx waid max.

大内加鸟加弄，

Dax niex jiad niaob jiad nongx，

大骂加麻度加树。

Dax max jiad mab dux jiad shux.

麻林久酷麻休，

Mab linb jut kut mab xut，

麻让久酷麻共。

Mab rangx jut kut mab gongx.

麻炯苟出麻假，

Mab jiongb geud chub mab jiad，

麻够苟出麻柔。

Mab gout geud chub mab roux.

麻林苟出麻休，

Mab linb geud chub mab xut，

麻共苟出缪头。

Mab gongx geud chub mioub toub.

白久追弄——

Baib jub zhuix nongd—

斗妻嘎你龙标龙斗，

Doub qud gad nit longb bioud longb deb，

弄力嘎炯龙纵龙秋。

Nongx lib giad jiongx longb zongb longb quix.

嘎你千免，

Giad nit qiant miant，

嘎炯千乖。

Giad jiongx qiant gweit.

嘎你千图，

Giad nit qiant tub，

嘎炯千陇。

Giad jiongx qiant longd.

嘎你禾突潮录麻果，

Giad nit aot tud zaox lub mab giuet，

嘎炯禾痛潮弄麻明。

Giad jiongx aot tongx zaox nongx mab miongb.

嘎你禾矮昂肖，

Giad nit aot aid ghangb xiaot，

嘎炯禾纵酒共。

Giad jiongx aot zongb jiud gongx.

几猛走比麻八，

Jid mengb zoub bid mab bad，

斗冲蒙嘎半弟、

Doub chongt mengb gad banb dib、

斗尼锐蒙吉仰。

Doub nib ruib mengb jib yangd.

扛蒙召半楼腊楼嘎，

Gangb mengb zhaob banb loub lab loub gad，

召共楼猛楼浓。

Zhaob gongx loub mengb loub niongx.

扛蒙产豆腊长几单号弄板纵，

Gangb mengb chant deux lab changb jid dand haox nongd band zongb,

扛蒙吧旧腊长几送号弄板秋。

Gangb mengb bax jux lab changb jid songx haox nongd banb quix.

> 魑魅要灭彻底，魍魉要杀干尽。
> 灭了再灭完全彻底，杀了再杀全部干净。
> 灭了要灭断根断苑，杀了要杀烂体烂身。
> 灭了要灭魑魅之种，杀了要杀魍魉之苗。
> 要灭——
> 女儿瞒母，男儿瞒父。
> 骂母恶言恶语，骂父恶口恶嘴。
> 大的不关心小的，青年不孝老年。
> 亲人拿当仇人，远的拿做近的。
> 大的拿当小的，老的不拿当数。
> 鬼魅莫在屋角房角，邪魔莫坐房角宅角。
> 莫躲楼上，莫藏楼脚。
> 莫在穿枋，莫坐牌坊。
> 莫躲糯米白米桶中，莫藏小米亮米桶内。
> 莫躲酸肉坛里，莫藏酸鱼罐内。
> 不走抓发打脸、打出大门之外，右手提你翻滚。
> 送你滚坪烂土烂泥，滚坡烂杂烂草。
> 送你千年也回不转这里家堂，送你百岁也回不转此间家殿。

斗妻列读几齐，

Doub qud lieb dub jid qit,

弄力列他吉叫。

Nongx lib lieb tad jib jiaob.

读约再读几久吉够，

Dub yod zaix dub jid jub jid goub,

他约再他几嘎吉八。

Tad yod zaix tad jid gad jib bad.

读约列扛头炯头高，

Dub yod lieb gangb toub jiongb toub gaod，

他约列扛头久头得。

Tad yod lieb gangb toub jut toub deib，

读约列扛则鲁则炯，

Dux yod lieb gangb zeit lux zeib jiongb，

他约列扛则齐则叫。

Tad yod lieb gangb zeid qib zeid jiaob.

列他——

Lieb tad—

列乖出散几没见散，

Lieb gweit chud sait jid meib jianb sait，

出茶几没见茶。

Chub ceax jid meib jianb zax.

出散召公，

Chub sait zhao gongt，

出茶召忙。

Chud ceax zhaob mangb.

标楼几没见楼，

Bioud noub jid meib jianb noub，

照弄几没单弄。

Zhaox nongx jid meib dand nongx.

加楼召梦召豆，

Jiad noub zhaob mengt zhaob deux，

加弄召公召忙。

Jiad nongx zhaob gongt zhaob mangb.

列能几单嘎弄，

Lieb nongb jid dand gad longx，

列用几送窝斗。

Lieb yongx jid songx aob doub.

白久追弄——

Baib jub zhuix nongd—

斗妻嘎你龙标龙斗，

Doub qud giad nit longb bioud longb deb，

弄力嘎炯龙纵龙秋。

Nongx lib gad jiongx longb zongb longb quix.

嘎你千兔，

Giad nit qiant miant，

嘎炯千乖。

Giad jiongx qiant gweit.

嘎你千图，

Giad nit qiant tub，

嘎炯千陇。

Giad jiongx qiant longd.

嘎你禾突潮录麻果，

Giad nit aot tud zaox lub mab giuet，

嘎炯禾痛潮弄麻明。

Giad jiongx aot tongx zaox nongx mab miongb.

嘎你禾矮昂肖，

Giad nit aot aid ghangb xiaot，

嘎炯禾纵酒共。

Giad jiongx aot zongb jiud gongx.

几猛走比麻八，

Jid mengb zoub bid mab bad，

斗冲蒙嘎半弟、

Doub chongt mengb gad banb dib、

斗尼锐蒙吉仰。

Doub nib ruib mengb jib yangd.

扛蒙召半楼腊楼嘎，

Gangb mengb zhaob banb loub lab loub gad，

召共楼猛楼浓。

Zhaob gongx loub mengb loub niongx.

扛蒙产豆腊长几单号弄板纵，

Gangb mengb chant deux lab changb jid dand haox nongd band zongb，

扛蒙吧旧腊长几送号弄板秋。

Gangb mengb bax jux lab changb jid songx haox nongd banb quix.

魑魅要灭彻底，魍魉要杀干尽。

灭了再灭完全彻底，杀了再杀全部干净。

灭了要灭断根断苑，杀了要杀烂体烂身。

灭了要灭魑魅之种，杀了要杀魍魉之苗。

要灭——

务农没有得收，做工没有得利。

阳春着了虫灾，庄稼着了病害。

种下土中不见生，播下土内不见长。

生出的着了病害，长出的着了虫灾。

要吃不得到口，要用不得到手。

鬼魅莫在屋角房角，邪魔莫坐房角宅角。

莫躲楼上，莫藏楼脚。

莫在穿枋，莫坐牌坊。

莫躲糯米白米桶中，莫藏小米亮米桶内。

莫躲酸肉坛里，莫藏酸鱼罐内。

不走抓发打脸、打出大门之外，右手提你翻滚。

送你滚坪烂土烂泥，滚坡烂杂烂草。

送你千年也回不转这里家堂，送你百岁也回不转此间家殿。

斗妻列读几齐，

Doub qud lieb dub jid qit,

弄力列他吉叫。

Nongx lib lieb tad jib jiaob.

读约再读几久吉够，

Dub yod zaix dub jid jub jid goub,

他约再他几嘎吉八。

Tad yod zaix tad jid gad jib bad.

读约列扛头炯头高，

Dub yod lieb gangb toub jiongb toub gaod,

他约列扛头久头得。

Tad yod lieb gangb toub jut toub deib,

读约列扛则鲁则炯，

Dux yod lieb gangb zeit lux zeib jiongb,

他约列扛则齐则叫。

Tad yod lieb gangb zeid qib zeid jiaob.

列他——

Lieb tad—

列乖炯谷阿得出差，

Lieb gweit jiongb guob ad deib chud cat，

乙谷阿秋出错。

Yib guob ad quid chud cuox.

出差打便达起几竹，

Chud cat dat biat dab qix jid zhub，

出错打绒达起吉洽。

Chud cuox dab rongb dab qix jid qiax.

抱汉猛拢打豆几竹，

Baot hanx mengb longb dad deux jid zhub，

片汉猛打便吉洽。

Piant hanx mengb dad biat jib qiax.

依昂照急急嘎度乖，

Yid ghangb zhaob jib jib gad dux gweit，

乙求照急急嘎度布。

Yib qiux zhaob jib jib gad dux bub.

奶格吉苟，

Leit giet jib geud，

豆拢吉洽。

Doub longb jib qiax.

几竹打起，

Jid zhub dab qix，

吉洽达写。

Jib qiax dab xied.

白久追弄——

Baib jub zhuix nongd—

斗妻嘎你龙标龙斗，

Doub qud gad nit longb bioud longb deb，

弄力嘎炯龙纵龙秋。

Nongx lib gad jiongx longb zongb longb quix.

嘎你千兔，

Giad nit qiant miant，

嘎炯千乖。

Giad jiongx qiant gweit.

嘎你千图，

Giad nit qiant tub，

嘎炯千陇。

Giad jiongx qiant longd.

嘎你禾突潮录麻果，

Giad nit aot tud zaox lub mab giuet，

嘎炯禾痛潮弄麻明。

Giad jiongx aot tongx zaox nongx mab miongb.

嘎你禾矮昂肖，

Giad nit aot aid ghangb xiaot，

嘎炯禾纵酒共。

Giad jiongx aot zongb jiud gongx.

几猛走比麻八，

Jid mengb zoub bid mab bad，

斗冲蒙嘎半弟、

Doub chongt mengb gad banb dib、

斗尼锐蒙吉仰。

Doub nib ruib mengb jib yangd.

扛蒙召半楼腊楼嘎，

Gangb mengb zhaob banb loub lab loub gad，

召共楼猛楼浓。

Zhaob gongx loub mengb loub niongx.

扛蒙产豆腊长几单号弄板纵，

Gangb mengb chant deux lab changb jid dand haox nongd band zongb，

扛蒙吧旧腊长几送号弄板秋。

Gangb mengb bax jux lab changb jid songx haox nongd banb quix.

魑魅要灭彻底，魍魉要杀干尽。

灭了再灭完全彻底，杀了再杀全部干净。

灭了要灭断根断苑，杀了要杀烂体烂身。

灭了要灭魑魅之种，杀了要杀魍魉之苗。

要灭——

七十一处做差，八十二处做错。

做差上天才来震动，做错上空才来震怒。

打那大鼓大地震抖，吹那大风上天震动。

擂动那黑呼呼的乌云，掀起那乌黑黑的天雾。

鼓起天眼，擂动天鼓。

振破了胆，抖裂心肺。

鬼魅莫在屋角房角，邪魔莫坐房角宅角。

莫躲楼上，莫藏楼脚。

莫在穿枋，莫坐牌坊。

莫躲糯米白米桶中，莫藏小米亮米桶内。

莫躲酸肉坛里，莫藏酸鱼罐内。

不走抓发打脸、打出大门之外，右手提你翻滚。

送你滚坪烂土烂泥，滚坡烂杂烂草。

送你千年也回不转这里家堂，送你百岁也回不转此间家殿。

斗妻列读几齐，

Doub qud lieb dub jid qit,

弄力列他吉叫。

Nongx lib lieb tad jib jiaob.

读约再读几久吉够，

Dub yod zaix dub jid jub jid goub,

他约再他几嘎吉八。

Tad yod zaix tad jid gad jib bad.

读约列扛头炯头高，

Dub yod lieb gangb toub jiongb toub gaod,

他约列扛头久头得。

Tad yod lieb gangb toub jut toub deib,

读约列扛则鲁则炯，

Dux yod lieb gangb zeit lux zeib jiongb,

他约列扛则齐则叫。

Tad yod lieb gangb zeid qib zeid jiaob.

列他——

Lieb tad—

列乖苟抓窝交巧起加写，

Lieb gweit geud zhuab aot jiaot qiaod qid jiad xied，

苟尼窝记加鸟加弄。

Geud nib aot jit jiad niaob jiad nongx.

苟娄得忙加度加树，

Geud loub deit mangb jiad dux jiad shux，

苟追度忙加弄加然。

Geud zhuix dux mangb jiad nongt jiad rab.

得忙巧起加哈加楼，

Deit mangb qiaod qid jiad hab jiad loub，

度忙加写加走加板。

Dux mangb jiad xied jiad zoub jiad banb.

出巧出记，

Chub qiaot chud jit，

出元出养。

Chud yuanb chud yangb.

出巧出加，

Chud qiaot chud jiad，

出八出拔。

Chud bal chud bax.

白久追弄——

Baib jub zhuix nongd—

斗妻嘎你龙标龙斗，

Doub qud gad nit longb bioud longb deb，

弄力嘎炯龙纵龙秋。

Nongx lib giad jiongx longb zongb longb quid.

嘎你千兔，

Giad nit qiant miant，

嘎炯千乖。

Giad jiongx qiant gweit.

嘎你千图，

Giad nit qiant tub，

嘎炯千陇。

Giad jiongx qiant longd.

嘎你禾突潮录麻果，

Giad nit aot tud zaox lub mab giuet，

嘎炯禾痛潮弄麻明。

Giad jiongx aot tongx zaox nongx mab miongb.

嘎你禾矮昂肖，

Giad nit aot aid ghangb xiaot，

嘎炯禾纵酒共。

Giad jiongx aot zongb jiud gongx.

几猛走比麻八，

Jid mengb zoub bid mab bad，

斗冲蒙嘎半弟、

Doub chongt mengb gad banb dib、

斗尼锐蒙吉仰。

Doub nib ruib mengb jib yangd.

扛蒙召半楼腊楼嘎，

Gangb mengb zhaob banb loub lab loub gad，

召共楼猛楼浓。

Zhaob gongx loub mengb loub niongx.

扛蒙产豆腊长几单号弄板纵，

Gangb mengb chant deux lab changb jid dand haox nongd band zongb，

扛蒙吧旧腊长几送号弄板秋。

Gangb mengb bax jux leab changb jid songx haox nongd banb quix.

魑魅要灭彻底，魍魉要杀干尽。

灭了再灭完全彻底，杀了再杀全部干净。

灭了要灭断根断苑，杀了要杀烂体烂身。

灭了要灭魑魅之种，杀了要杀魍魉之苗。

要灭——

左边冤家坏肠坏心，右边仇人坏口坏嘴。

前方冤家坏言坏语，后方仇人坏动坏作。

冤家对头前来捣乱，仇人暗地进行破坏。

用心作反，故意作对。

暗中挑拨，捣乱破坏。

鬼魅莫在屋角房角，邪魔莫坐房角宅角。

莫躲楼上，莫藏楼脚。

莫在穿枋，莫坐牌坊。

莫躲糯米白米桶中，莫藏小米亮米桶内。

莫躲酸肉坛里，莫藏酸鱼罐内。

不走抓发打脸、打出大门之外，右手提你翻滚。

送你滚坪烂土烂泥，滚坡烂杂烂草。

送你千年也回不转这里家堂，送你百岁也回不转此间家殿。

吉记久扛斗绒斗棍，

Jib jix jut gangb doub rongb doub ghunt,

吉压久扛斗格斗怪。

Jib yad jut gangb doub gied doub guaix.

列乖久扛没猛没斗，

Lieb gweit jut gangb meib mengt meib dout,

列度久扛没斩没难。

Lieb dux jut gangb meib zaid meib nanx.

吉记久扛斗事斗录，

Jib jix jut gangb doub shix doub lub,

吉压久扛没章没萨。

Jib yax jut gangb mengb zhuangb meib sad.

吉记扛否久斗窝得麻你，

Jib jix gangb woub jut doub aot deib mab nit,

吉压扛否久斗窝秋麻炯。

Jib yax gangb woub jut doub aot quid mab jiongx.

吉记扛猛几齐吉叫，

Jib jix gangb mengb jid qit jib jiaob,

吉牙扛猛几嘎吉八。

Jib yax gangb mengb jid gad jib bad.

吉记——

Jib jix—

> 驱除不让有那凶神恶鬼，赶杀不让有那凶兆怪异。
> 要赶不让再有疾病缠体，要除不让再有灾难祸害。
> 驱除不让再有是非口嘴，赶杀不让再有官非欺压。
> 驱除不让它有躲藏之地，赶杀不让它有栖身之处。
> 驱除赶去完全彻底，赶杀赶去祸根断除。

记否苟闹哭内追补，

Jix woub geud laox kux neib zhuix bub,

压否苟闹哭那追绒。

Yax woub geud laox kux nab zhuix rongb.

记否苟闹哭吾不猛得够，

Jix woub geud laox kux wut bub mengb deib gout,

压否苟闹哭斗不猛得越。

Yax woub geud laox kux dout bub mengb deib yueb.

记否儿扛否长单补单冬，

Jix woub jid gangb woub changb dand bub dand dongt,

压否儿扛否长单纵单秋。

Yax woub jid gangb woub changb dand zongb dand quix.

> 赶它赶去日洞深坑，遣它遣去月穴深潭。
> 赶它赶去暗流让水冲去天涯，遣它遣去天坑让水冲去海角。
> 赶它让它永远转不到这里，遣它让它永久回不到此间。

斗妻列读几齐，

Doub qud lieb dub jid qit,

弄力列他吉叫。

Nongx lib lieb tad jib jiaob.

读约再读几久吉够，

Dub yod zaix dub jid jub jid goub,

他约再他几嘎吉八。

Tad yod zaix tad jid gad jib bad.

读约列扛头炯头高，

Dub yod lieb gangb toub jiongb toub gaod，

他约列扛头久头得。

Tad yod lieb gangb toub jut toub deib，

读约列扛则鲁则炯，

Dux yod lieb gangb zeit lux zeib jiongb，

他约列扛则齐则叫。

Tad yod lieb gangb zeid qib zeid jiaob.

列他——

Lieb tad—

魑魅要灭彻底，魍魉要杀干尽。

灭了再灭完全彻底，杀了再杀全部干净。

灭了要灭断根断蔸，杀了要杀烂体烂身。

灭了要灭魑魅之种，杀了要杀魍魉之苗。

要灭——

白久追弄——

Baib jiub zhuix nongd—

斗妻嘎你龙标龙斗，

Doub qud gad nit longb bioud longb deb，

弄力嘎炯龙纵龙秋。

Nongx lib gad jiongx longb zongb longb quid.

嘎你千兔，

Giad nit qiant miant，

嘎炯千乖。

Giad jiongx qiant gweit.

嘎你千图，

Giad nit qiant tub，

嘎炯千陇。

Giad jiongx qiant longd.

嘎你禾突潮录麻果，

Giad nit aot tud zaox lub mab giuet，

嘎炯禾痛潮弄麻明。

Giad jiongx aot tongx zaox nongx mab miongh.

嘎你禾矮昂肖，

Giad nit aot aid ghangb xiaot，

嘎炯禾纵酒共。

Giad jiongx aot zongb jiud gongx.

几猛走比麻八，

Jid mengb zoub bid mab bad，

斗冲蒙嘎半弟、

Doub chongt mengb gad banb dib、

斗尼锐蒙吉仰。

Doub nib ruib mengb jib yangd.

扛蒙召半楼腊楼嘎，

Gangb mengb zhaob banb loub lab loub gad，

召共楼猛楼浓。

Zhaob gongx loub mengb loub niongx.

扛蒙产豆腊长几单号弄板纵，

Gangb mengb chant deux lab changb jid dand haox nongd band zongb，

扛蒙吧旧腊长几送号弄板秋。

Gangb mengb bax jux lab changb jid songx haox nongd banb quix.

鬼魅莫在屋角房角，邪魔莫坐房角宅角。

莫躲楼上，莫藏楼脚。

莫在穿枋，莫坐牌坊。

莫躲糯米白米桶中，莫藏小米亮米桶内。

莫躲酸肉坛里，莫藏酸鱼罐内。

不走抓发打脸、打出大门之外，右手提你翻滚。

送你滚坪烂土烂泥，滚坡烂杂烂草。

送你千年也回不转这里家堂，送你百岁也回不转此间家殿。

周先洞久，

Zhoub xiand dongt jub,

良木洞板。

Lial mub dongt band.

闹达列拢修力，

Laox dab lieb longb xuit lib,

闹送列拢油章。

Laox songx lieb longb yout zhuangb.

窝汝送斗、

Aot rux songx doub、

几修阿标林休归先归得，

Jid xuit ad bioud liuongb xut guid xiand guid deib,

窝汝穷炯、

Aot rux qiongb jiongx、

几修阿竹共让归木归嘎。

Jid xuit ad zhub gongx rangx guid mub guid gad.

内浪先头转嘎虫兰，

Neib nangb xiand toub zhuans gad chongb lanb,

木汝奈拿虫兄。

Mub rux naib nal chongb xiongd.

窝汝送斗，

Aot rux songx doub,

列修补就内绒吉标、

Lieb xuit but jux neib rongb jib bioud、

加皮几纵苟翁、

Jiad pix jid zongb geud wengd、

穷斗吉翁吉标见风、

Qiongb de jib wengd jib bioud jianb fengt、

弄偶报标、

Nongt oub baob bioud、

棍忙足吾补土、

Ghunt mangb zub wut but tud、

嘎苟录格、

Giat geud lub gied、

楼帮够斗、

Noub bangx goub dout、

豆剖腊蒙、

Deux bout lab mengb、

意苟招凤、

Yib goub zhaob fengt、

从篓几乙、

Congb loud jid yib、

狗嘎告豆。

Guoud giat gaob deux.

修嘎篓滚浪补，

Xuit giab loub gunb nangb bub，

油嘎篓穷浪冬。

Youb giab loud qiongx nangb dongt.

补路列修楼绒，

But lux lieb xuit loud rongb，

比路列修弄棍。

Bid lux lieb xuit nongb ghunt.

列修爬迷报能，

Lieb xuit pax miongb baob nongb，

爬穷报热。

Pax qiongx baob reib.

出格斗标，

Chud gieb doub bioud，

喂怪柔纵。

Weix guaib reub zongx.

修嘎得忙禾交便告斗补，

Xuit gad deib mangb aob jiaot biat gaob doub bub，

油嘎度忙禾茶照告然冬。

Youb gad dux mangb aob cad zhaob gaob rab dongt.

阿酒——阿酒。　　　　　　　　　　　（摇铃放筶）

Ab jiux—ab jiux.

留气已了，佑福已完。
上达要来收煞，上到要来解祸。
烧好糠香、不收一家大小生气儿气，
烧好蜡烟、不收一屋老幼洪福孙福。
信士的生气收在身中，洪福系在体内。
烧好糠蜡宝香，
要收三年恶煞家中、噩梦做在床头、
是非口舌、浓烟乱起家中、
恶蛇进家、死鬼作祟、
亡神丧木、鸡怪鸭兆、
田中坟井、乌云黑雾、
毒疮伤患、狗屎门前。
收去阳州以西，解去阴州一县。
土中要收稻瘟，地头要收米疫。
要收毒蚁进家，红蚁进库。
凶兆家中，怪异家内。
收去冤家仇人、五方山地，
解送仇人冤尊，六方山脉。
神韵——

修力洞久，
Xiud lib dongx jub，
油章洞板。
Youb zhangs dongx bianb.
喂扑久洽埋难当，
Wed pub jus qiax manb nanx dangs，
扑要洽埋难留。
Pub yaob qiax manb nanx liut.
内沙几单腊扑几单。
Niex sat jid dand lax pub jid dand.
内包几哭，
Niex baod jid kud，
腊扑几哭。

Lax pub jid kud.

打久打炯嘎秋喂斗得寿告见，

Dad jub dad jiongb gab quid wed dout ded shout ghaox jianb,

打要打逃嘎怪剖弄告得送嘎。

Dad yaob dad taob gab guaid pout nongd ghaox des songb gab.

声棍喂扑几久腊召，

Shong ghunt wed pub jid jud leas zhaob,

弄猛喂寿几报腊将。

Nongb mengd wed shout jid baod leas jiangb.

喂列几瓦长猛冬豆，

Wed lieb jid wab changd mengd dongt deux,

吉嘎长闹冬腊。

Jid gab changb naob dongt lab.

收煞已了，解祸已完。

我讲多恐怕你难等，讲少怕你难待。

人教直的也讲直的，

人教曲的也讲曲的。

若多几句莫怪吾本弟子交钱，

若少几句莫怪我这师郎度纸。

神辞我讲不了也罢，

神韵我吟不完也放。

我要调头回转凡间，

转面回去凡尘。

吉哟——亚——夫——夫窝——夫窝——夫窝。

Jid yox—yad—fud—fud aob—fud aob—fud aob.

列够谷然浪萨，

Lieb goux guox rax nangd sead,

列扑谷龙浪度。

Lieb pub guox longb nangd dub.

列理谷从浪公，

Lieb lid guox congb nangd gongt,

列岔谷炯浪几。

Lieb chab guox jiongb nangd jid.

谷然浪萨，

Guox rax nangd sead,

列够几瓦长猛冬豆，

Lieb goux jid wax changs mengd doungt deux,

谷龙浪度、

Guot longb nangd dub,

列扑几无长闹冬蜡。

Lieb pub jid wub changs naob dongt lab.

　　神韵——
　　要唱十首的歌，要讲十轮的话。
　　要理十层的根，要寻十道的基。
　　十首的歌、要唱调头回去凡间，
　　十轮的话、要说转身回去凡尘。

几瓦格岭白吾白补，

Jid wab gieb liongb biab wud biab pub.

格穷白补白冬。

Gieb qiongb biab bub biab dongt.

几北偷楼，

Jid biab toub loub,

吉走偷嘴。　　　　　　　　　　　　　（供神大桌）

Jid zoub toub zuis.

纠奶达齐这汝，　　　　　　　　　　　（九只碗）

Jiub lias dab qib zheb rub,

纠图达恩泻格。

Jiub dub dad ghongx xieb ghiax.

（炯奶达齐这汝，

（Jiongb lias dab qib zheb rub,

炯图达恩泻格。）　　　　　　　　　　（七只碗）

Jiongb dub dad ghongx xieb ghiax.）

潮录告斗，

Chaob nub gaot dout，

潮弄告香。

Chaob nongd gaot xiangt.

公色告如，

Gongx sed gaot rub，

傩然告柔。

Nub rab gowt roux.

昂斩几锐公色，

Ghangx zhad jid ruit gongb sed，

公色傩然。

Gongb sed nub rab.

够斗出见公色纠如，

Goub dout chub jianb gongb sed jiub rub，

傩然纠柔。

Nub rab jiub roux.

（够斗出见公色炯如，

（Goub dout chub jianb gongb sed jiongb rub，

傩然炯柔。）

Nub rab jiongb roux.）

便斗扑内公色便如，

Biat dout bub nieb gongt sed biat rub，

傩然便柔。

Nub rab biat roux.

图书写容。

Tux shub xieb yongb.

（比尼麻林，

（Bid nib mab liongx，

比油麻章。）

Bid yout mab zhuangb.）

意记送斗，

Yid jid songb dout，

以达穷炯。

Yid das qiongx jiongb.

勇陇穷雄，

Yongd longb qiongb xiongd，

禾走抗闹，

Aob zous kangb naob，

穷梅雄棍。

Qiongt mieb xiongd ghunt.

几瓦长猛冬豆，

Jid wab changs mengb dongt deux，

吉嘎长闹冬腊。

Jid gab changs naob dongt lab.

  抬回绿旗满山满水，红旗满坪满地。

  祭祖供桌，敬神供案。

  九只好碗净碗，九个金碗银碗。

  （七只好碗净碗，七个金碗银碗。）

  糯米在斗，黏米在升。

  糍粑成堆，供粑成柱。

  配合供粑的肉，糍粑糯供。

  糍粑九堆，供粑九柱。

  （糍粑七堆，供粑七柱。）

  糍粑五堆，供粑五柱。

  供神的羊。

  蜂蜡糠香，纸团糠烟。

  竹析神筒、问事骨卦、招请铜铃。

  抬回凡间，转下凡尘。

产棍几没然鸟，

Chant ghunt jid miex rax niaox，

吧猛几没拢奈。

Bab mengb jid miex longb niab.

够斗列拢然鸟——

Gous dout lieb longb rax niaox—

"拔竹岭豆几内，

'Bas zhux liongx deux jis niet，

浓竹林且吉虐"。

Nongb zhux liongx qieb jid niub'．

("拔竹岭豆布木，

('Bas zhux liongx deux bub mud，

浓竹林且则厄。")

Nongb zhux liongx qieb zex eb．')

便斗列拢然鸟——

Biab doub lieb longb rax niaox—

内棍青，

Nieb ghunt qiongd，

骂棍留。

Mab ghunt liux．

内和和，

Nieb hob hob，

骂格格。

Mab giex giex．

纠舍斗妻郎苟，

Jiub seb doub qid nangb geud，

弄力郎绒。

Nongb lix nangb rongx．

(炯舍斗妻郎苟，

(Jiongb seb doub qid nangb geud，

弄力郎绒。)

Nongb lix nangb rongx．)

偷楼归容，

Tout loub guid yongx，

松梅千曹。

Songd miex qiand caob．

然鸟埋闹冬豆，

Rax niaox manb naob dongt deux，

弄奈埋闹冬腊。

Nongb niab manb naob dongt lab.

拔达嘎苟吾鸟，

Bias dad gab goub wub niaox，

浓闹嘎苟嘎缪。

Nongb naob gab goub gad mioud.

拔达嘎苟提果，

Bias dad gab goub tib guod，

浓闹嘎苟呕雷。

Nongb naob gab goub out lib.

拔达嘎苟声够声除，

Bias dad gab goub shongt goub shongt chud，

浓闹嘎苟声商比良。

Nongb naob gab goub shongt shangb bid liangb.

吾鸟嘎缪、

Wut niaox gax mieb，

提果呕雷、

Tib guob ous lid，

声够声除、

Shongt goub shongt chud，

声商比良，

Shongt shangb bid liangb.

怕猛纠录乙苟，

Pab mengb jiub nub yid goub，

怕猛谷叉图公。

Pab mengb guox cab tub gongt.

拔达拔苟先头麻林，

Biad das biad goub xianb toux mab liongx，

浓闹浓苟木汝麻头。

Nongb naob nongb goub mub rub mab toud.

拔达拔苟吾见扛拢，

Biad dab biad goub wut jianb gangb longx，

浓闹浓苟吾嘎扛到。

Nongb naob nongb goub wut gab gangb daob.

苟扛得忙西吾笑斗，

Goub gangb des mangb xid wut xiaob dout，

苟扛度忙西补笑冬。

Goub gangb dub mangb xid bub xiaox dongt.

千神没有来请，百神没有来奉。

主坛要来奉请——

"最古的白天女车祖，最老的白日男车神"。

（"最古的白天女车祖，最老的白日男车神"）

副坛要来奉请——

"娘车祖，爷车神。

娘忙忙，爷急急。

九层赶鬼走山，消灾走岭。①

（七层赶鬼走山，消灾走岭）

赶鬼归穴，消灾归洞"。②

奉请你们下界，迎请你们下凡。

女来莫带口水，男下莫带鼻涕。

女来莫带白布，男下莫带孝服。

女来莫带唱声哼声，男下莫带悲丧哀号。

口水鼻涕，白布孝服。

唱声哼声，悲丧哀号。

隔去九条路途，收去十叉路道。

女来女带生气长寿，男下男带洪福好气。

女来女带财源送来，男下男带财运送得。

拿送信士光宗耀祖，好让户主祭祖敬神。

注：① 九层赶鬼走山，消灾走岭——指把户主家中的鬼怪灾难赶到九层的深山老林里面去，使其不再祸害户主。

② 赶鬼归穴，消灾归洞——指把户主家中的鬼怪灾难赶到日月洞穴（天涯海角）里面去，让户主永享太平。

喂列吧奈便告斗补、

Weib lieb bax naix biat ghaox doub bub、

照告然冬、

Zhaob ghaox rab dongt、

棍缪棍昂、

Ghunt mioub ghunt ghangb、

得寿产鹅棍空，

Deib shet chant eb ghunt kongt,

录汝吧图棍得。

Lub rux bax tub ghunt deit,

浪喂声然几最布告送斗，

Nangb weib shongt rab jid zuib bub gaod songx doub,

洞剖弄奈吉麻布龙穷炯。

Dongt pout nongd naix jib miab bub longb qiongx jiongb.

得寿巴为归先归得，

Deib shet bad weib guib xiand guib deit,

弄得巴牙归木归嘎.

Nongx deit bad yab guib mub guib gad.

吉哟——亚——夫——夫窝——夫窝——夫窝。

Jid yox—yad—fud—fud aob—fud aob—fud aob.　　　　（下元祖堂诀）

阿热声棍、

Ad reib shongt ghunt、

长单以留西向，

Changb dand yid liub xid xiangt,

阿然弄猛、

Ad rab nongd mengb、

长送意苟格补。

Changb songx yib geud gib bub.

向剖向娘、

Xiangt pout xiangt niangb、

埋拿召修以留西向，

Maib lab zhaob xiut yid liub xid xiangt,

向内向玛、

Xiangt neid xiangt max、

埋列召闹意苟格补。

Maib lieb zhaob laox yib geud gib bub.

吉哟——亚——夫——夫窝——夫窝——夫窝。　　（下家祖堂诀）

Jib yod—yad—fud—fud aod—fud aod—fud aod.

呕热声棍、

Out reib shongt ghunt、

长单几纵棍缪，

Changb dand jid zongb ghunt mioub，

呕然弄猛、

Out rab nongd mengb、

长送吉秋棍昂。

Changb songx jib quix ghunt ghangb.

棍缪召修达纵，

Ghunt mioub zhaob xiut dab zongb，

棍昂召闹这胜。

Ghunt ghangb zhaob laox zheux shongx.

吉哟——亚——夫——夫窝——夫窝——夫窝。　　（下肉神堂诀）

Jib yod—yad—fud—fud aod—fud aod—fud aod.

补热声棍、

But reib shongt ghunt、

莎腊纵豆拢久，

Sax lab zongb deux longb jub，

补然弄猛、

But rab nongd mengb、

全见纵腊拢板。　　　　　　　　　　　　　　（回祭坛诀）

Quanx jianb zongb lab longb banb.

纵豆归先归得喂不白久，

Zongb deux guib xiand guib deit weib bub beid jiud，

纵腊归木归嘎、

Zongb lab guib mub guib gad、

喂先喂研、

Weib xiand weib yuanb、

喂不白得。

Weib bub beid deb.

我要奉请五方土地，六面龙神(寨祖)。

鱼神肉神、弟子的千位祖师，尊贵的百位宗师。

听我声请齐齐驾赴糠香，闻我声奉齐聚驾赴蜡烟。

弟子紧收生气儿气，师郎藏好长寿洪福。

神韵——

一番神腔、回到家祖大堂，

一次神韵、转到家宗大殿。

祖公祖婆、暂离家祖大堂下来，

祖母祖父、出离家宗大殿下来。

神韵——

二番神腔、回到鱼神堂中，

二次神韵、转到肉神大殿。

鱼神暂离鱼神堂中下来，肉神出离肉神堂内下来。

神韵——

三番神腔、也都来到凡间，

三次神韵、全部下到凡尘。

回到凡间长寿生气我负满体，

转临凡尘儿孙洪福福我得我载、我带满身。

吉哟——亚——夫——夫窝——夫窝——夫窝。

Jid yox—yad—fud—fud aob—fud aob—fud aob.

列够阿谷阿然浪萨，

Lieb goux ad guox ad rax nangd sead,

列扑阿谷阿龙浪度。

Lieb pub ad guox ad longb nangd dub.

列理阿谷阿从浪公，

Lieb lid ad guox ad zongb nangd gongt,

列岔阿谷阿炯浪儿。

Lieb chab ad guox ad jiongb nangd jid.

阿谷阿然浪萨、

Ad guox ad rax nangd sead,

列够赐绒召得刚棍，

Lieb goux cib rongb zhaob ded gangb ghunt,

阿谷阿龙浪度、

Ad guox ad longb nangd dub、

列扑赐棍召秋学猛。

Lieb pub cib ghunt zhaob quib xieb mengb.

神韵——

要唱一十一首的歌，要讲一十一轮的话。

要理一十一层的根，要寻一十一道的基。

一十一首的歌，要唱安神在这祭场之中，

一十一轮的话，要说安位在这祭坛之内。

几北偷楼、

Jid biab toub loub,

长拢江林打纵刚棍，

Changb longb jiangd liongb dat zongb gangb ghunt,

吉走偷嘴、

Jid zoub toub zuis、

长拢长照吉秋学猛。

Changb longb changb zhaob jib qieb xieb mengb.

纠奶达齐这汝、

Jiub lias dab qib zheb rub,

长拢江林吉弄几北偷楼，

Changb longb jiangd liongb jid nongx jid biab toub loub,

纠图达恩泻格、

Jiub dub dad ghongx xieb ghiax.

长拢江照吉弄吉走偷嘴。

Changb longb jiangb zhaob jib nongx jid zoun toub zuis.

（炯奶达齐这汝、

（Jiongb lias dab qib zheb rub,

长拢江林吉弄几北偷楼，

Changb longb jiangd liongb jid nongx jid biab toub loub,

炯图达恩泻格、

Jiongb dub dad ghongx xieb ghiax,

长拢江照吉弄吉走偷嘴。）

Changb longb jiangb zhaob jib nongx jid zoun toub zuis. ）

格岭白吾白补，

Gieb liongb biab wud biab pub，

格穷白补白冬。

Gieb qiongb biab bub biab dongt.

潮录告斗，

Chaob nub gaot dout，

潮弄告香。

Chaob nongd gaot xiangt.

公色告如，

Gongx sed gaot rub，

傩然告柔。

Nub rab gaot roux.

昂斩几锐公色，

Ghangb zhad jid ruit gongb sed，

公色傩然。

Gongb sed nub rab.

够斗出见公色纠如，

Goub dout chub jianb gongb sed jiub rub，

傩然纠柔。

Nub rab jiub roux.

（够斗公色炯如，

（Goub dout gongb sed jiongb rub，

傩然炯柔。）

Nub rab jiongb roux. ）

便斗扑内公色便如，

Biat dout bub nieb gongt sed biat rub，

傩然便柔。

Nub rab biat roux.

图书写容。

Tux shub xieb yongb.

（比尼麻林，

（Bid nib mab liongx，
比油麻章。）
Bid yout mab zhuangb.）
意记送斗，
Yid jid songb dout，
以达穷炯。
Yid das qiongx jiongb.
勇陇穷雄，
Yongd longb qiongb xiongd，
禾走抗闹，
Aob zous kangb naob，
穷梅雄棍。
Qiongt mieb xiongd ghunt.
长拢江林告豆，
Changb longb jiangb liongx ghaox deux，
江照比兵。
Jiangb zhaob bid biongb.

祭祖供桌、回来摆在祭祖堂中，
敬神供案、转来放在敬神堂内。
九只好碗净碗，九个金碗银碗。
（九只好碗净碗，九个金碗银碗。）
回来摆在供桌之上，转来放在供案之中。
糯米在斗，黏米在升。
糍粑成堆，供粑成柱。
下供粑肉，糍粑糯供。
糍粑九堆，供粑九柱。
（糍粑七堆，供粑七柱。）
糍粑供粑五柱。供神的羊。
蜂蜡糠香，纸团糠烟。
竹枡神筒、问事骨卦、招请铜铃。
转来摆在祭坛，回来放在祭场。

几长窝汝意记送斗，

Jid changb aob rub yid jid songb dout,

几长然鸟。

Jid changb rax niaox.

够斗列拢然鸟——

Goub dout lieb longs rax niaox—

"拔竹岭豆几内，

"Bas zhux liongx deux jis niet,

浓竹林且吉虐"。

Nongb zhux liongx qieb jid niub".

（"拔竹岭豆几内，

（"Bas zhux liongx deux jis niet,

浓竹林且吉虐。"）

Nongb zhux liongx qieb jid niub."）

补热声棍纵豆拢久，

Bub reb shongt ghunt zongb deux longb jub,

补然弄猛纵腊拢板。

Bub rax nongb mengb zongb lab longb bianb.

纵豆你瓦几北偷楼，

Zongb deux nib wab jid biab toub loub,

炯龙吉走偷嘴。

Jiongb longb jid zoun toub zuis.

几达然鸟嘎修，

Jid das rax niaox gab xiut,

吉炯达奈嘎闹。

Jid jiongb dab niab gab naob.

你当喂斗得寿、

Nid dangb wed dout ded shout,

然鸟纵豆列袍扛服，

Rax niaox zongb deux lieb paob gangb fub,

炯当剖弄告得、

Jiongb dangs poud nongs gaob des,

弄奈纵腊列奈扛龙。

Nongs niab zongb lad lieb niab gangb nongx.

埋你埋当，

Manb nid manb dangd，

坪炯坪畱。

Manb jiongb manb liux.

又来烧好蜂蜡糠香，又来奉请：
主坛要来奉请——
"最古的白天女车祖，最老的白日男车神"。
（"最古的白天女车祖，最老的白日男车神"）
三番神腔、来到凡间，
三次神韵、光临凡尘。
来到请坐祭祖桌旁，光临请坐敬神案边。
同日有请莫起，同时有敬莫去。
稍等吾本弟子、奉请到齐要供给喝，
稍待我这师郎、奉迎到全要敬送吃。
你们稍等，敬请稍候。

几长窝汝意记松斗，

Jid changb aob rub yid jid songb dout，

几长然鸟。

Jid changb rax niaox.

便斗列拢然鸟——

Biat dout lieb longs rax niaox—

内棍青，

Nieb ghunt qiongd，

骂棍畱。

Mab ghunt liux.

内和和，

Nieb hob hob，

骂格格。

Mab giex giex.

纠舍斗妻郎苟，

Jiub seb doub qid nangb geud，

弄力郎绒。

Nongb lix nangb rongx.

（炯舍斗妻郎苟，

（Jiongb seb doub qid nangb geud，

弄力郎绒。）

Nongb lix nangb rongx. ）

偷楼归容，

Tout loub guid yongx，

松梅千曹。

Songd miex qiand caob.

补热声棍纵豆拢久，

Bub reb shongt ghunt zongb deux longb jub，

补然弄猛纵腊拢板。

Bub rax nongb mengb zongb lab longb bianb.

纵豆你瓦几北便标，

Zongb deux nib wab jid biab biat bioud，

炯龙吉走便竹。

Jiongb longd jid zout biat zhud.

几达然鸟嘎修，

Jid das rax niaox gab xiut，

吉炯达奈嘎闹。

Jid jiongb dab niab gab naob.

你当喂斗得寿、

Nid dangb weid dout ded shout，

然鸟纵豆列袍扛服，

Rax niaox zongb deux lieb paob gangb fub，

炯当剖弄告得、

Jiongb dangs poud nongs gaob des，

弄奈纵腊列奈扛龙。

Nongs niab zongb lad lieb niab gangb nongx.

埋你埋当，

Manb nid manb dangd，

埋炯埋留。

Manb jiongb manb liux.

千神没有来请，百神没有来奉。

副坛要来奉请——

"娘车祖，爷车神。

娘忙忙，爷急急。

九层赶鬼走山，消灾走岭。①

（七层赶鬼走山，消灾走岭。）

赶鬼归穴，消灾归洞"。②

三番神腔、来到凡间，

三次神韵、光临凡尘。

来到请坐边屋桌旁，

光临请坐副坛案边。

同日有请莫起，同时有敬莫去。

稍等吾本弟子、奉请到齐要供给喝，

稍待我这师郎、奉迎到全要敬送吃。

你们稍等，敬请稍候。

注：① 九层赶鬼走山，消灾走岭——指把户主家中的鬼怪灾难赶到九层的深山老林里面去，使其不再祸害户主。

② 赶鬼归穴，消灾归洞——指把户主家中的鬼怪灾难赶到日月洞穴（天涯海角）里面去，让户主永享太平。

然鸟向剖向娘，

Rab niaob xiangt pout xiangt niangb,

向内向骂。　　　　　　　　　　　　　（返请诀）

Xiangt neid xiangt max.

便告斗补、

Biat ghaox doub bub、

照告然冬、

Zhaox ghaox rab dongt、

棍缪棍昂、

Ghunt mioub ghunt ghangb、

得寿产鹅棍空、

Deib shet chant eb ghunt kongt、

录汝吧图棍得。 （临坛诀）

Lub rux bax tux ghunt deit.

补热声棍、

But reib shongt ghunt、

纵豆拢久,

Zongb deux longs jub,

补然弄猛、

But rab nongd mengb、

纵腊拢板。

Zongb lab longb banb.

纵豆你瓦意记送斗,

Zongb deux nit wab yib jib songx doub,

炯龙以打穷炯。 （安位诀）

Jiongx longb yit dat qiongx jiongb.

你瓦喂斗得寿,

Nit wab weib doub deib shet,

炯龙剖弄告得。

Jiongx longb pout nongd gaot deit.

几达然鸟嘎修,

Jid dab rab niaob gad xiut,

吉炯达奈嘎闹。

Jib jiongx dab naix gad laox.

葵汝葵将声棍、

Kiub rux kiub jiangx shongt ghunt、

几将归先归得,

Jid jiangb guib xiand guib deib,

录汝录将弄猛、

Lub rux lub jiangb nongd mengb、

几将归木归嘎。

Jid jiangb guib mub guib gad.

吉哟——亚——夫——夫窝——夫窝——夫窝。　　　（收魂诀）

Jib yod—yad—fud—fud aod—fud aod—fud aod.

奉请祖公祖婆，祖母祖父。

五方土地，六面龙神。

鱼神肉神、弟子的千位祖师、尊贵的百位宗师。

三番神腔、来到凡间，

三次神韵、光临凡尘。

来到坐享纸团糠香，光临坐受蜂蜡糠烟。

坐拥吾本弟子，守护我这师郎。

同日有请莫起，同时有敬莫去。

祖师放下神腔、不放长寿生气，

本师放下神韵、不放儿孙洪福。

神韵——

然鸟埋莎纵豆拢久，

Rab niaob maib sax zongb deux longb jub，

弄难埋莎纵腊拢板。

Nongx nanb maib sax zongb lab longb banb.

喂斗得寿，

Weib doub deib shet，

喂拢告见喂到先头。

Weib longb gaot jianb weib daox xiand toub.

剖弄告得，

Pout nongd gaot deit，

剖弄送嘎剖到木汝。

Pout nongd songx gad pout daox mub rux.

你娘产谷产豆，

Nit niangb chant guob chant deux，

炯挂吧谷吧就。

Jiongx guax bax guob bax jux.

度标度竹莎你莎汝，

Dub bioud dud zhub sax nit sax rux，